新版 現代会計用語辞典

興津裕康
大矢知浩司 監修

高須教夫
倉田幸信
佐藤信彦
浦崎直浩 編

税務経理協会

新版へのまえがき

　興津裕康・大矢知浩司編『現代会計用語辞典』第3版が出版（平成17年）されてからすでに11年の歳月が経過した。

　この間，さまざまな会計基準の新設や改正が行われ，また実務においては国際会計基準の影響力が増してきたが，なかでも平成17年の会社法の創設はわが国の会計制度にも大きな影響を与えることになった。

　第3版はこの会社法成立の直前に出版されたことから，当然のことながらこれを反映していない内容となっており，編者の一人，興津裕康先生は制度が落ち着きを見せた平成22年の夏頃から本格的な改訂作業を行うべく準備を始められていた。しかし，翌年，平成23年1月19日，興津先生は忽然と天国へと召されてしまったのである。

　そこで，興津先生の生前から，所属大学あるいは学会活動を通じて，興津先生の謦咳に接してきた高須教夫，倉田幸路，佐藤信彦，浦崎直浩の4名を編集委員とし，これに事務局として橋本武久が加わって作業を開始した。

　しかしながら，この改訂作業は思いの外，多数の項目に及び，また途中，事務局の橋本の体調不良も重なり，4年以上の月日が経過してしまった。また，この間にも会計基準の新設や国際会計基準との整合性など会計を取り巻く環境の変化も重なり作業は困難を極め，さらに時間を費やすこととなった。この点，早々に原稿の提出をされ責務を果たされた執筆者各位に深くお詫び申し上げる次第である。

　また，この改訂が大規模になり，単純に3版の後継とは言えない状況となったことから，本書を「興津裕康・大矢知浩司監修　高須教夫・倉田幸路・佐藤信彦・浦崎直浩編」としてその編集の責任の所在を明確にし，新版として公刊することとした。ご理解をいただければ幸いである。

まえがき

　本書ではここでいちいち掲示はしないが，できる限り最新の会計基準に即した内容に書き改めている。その一方で，情報化社会における会計を見越して初版が出版されてからすでに16年あまりの年月が経過しており，今日ではその説明の必要がない，あるいは陳腐化した用語については，編者の責任で大胆に削除していることを明記する。

　最後になったが，本書の執筆に際しては，非常に多くの先生方のご協力を賜った。お名前は執筆者一覧に譲るとして，ここに感謝の意を表したい。また，（株）税務経理協会　大坪嘉春代表取締役社長には，出版事情の非常に困難な中，本書の出版を快くお引き受けいただき厚く御礼申し上げる。また，編集作業では峯村英治氏，板倉誠氏に長期間にわたりお世話になった。感謝申し上げる次第である。

平成28年4月

高 須 教 夫
倉 田 幸 路
佐 藤 信 彦
浦 崎 直 浩

監　　修

元近畿大学経営学部教授　　興　津　裕　康
元青山学院大学経営学部教授　大矢知　浩　司

編　　者

兵庫県立大学大学院会計研究科教授　　　　　　高　須　教　夫
立教大学経済学部教授　　　　　　　　　　　　倉　田　幸　路
熊本学園大学大学院会計専門職研究科教授　　　佐　藤　信　彦
近畿大学経営学部教授　　　　　　　　　　　　浦　崎　直　浩

編集委員

日本大学商学部教授　　　　堀　江　正　之
近畿大学経営学部教授　　　羽　藤　憲　一
京都産業大学経営学部教授　橋　本　武　久（事務局）

編集協力者

九州産業大学経営学部教授　　　　　　　　　金　川　一　夫
早稲田大学大学院ファイナンス研究科教授　　薄　井　　　彰
神戸大学大学院経営学研究科教授　　　　　　清　水　泰　洋
大原大学院大学会計研究科准教授　　　　　　尾　上　選　哉

執　筆　者

（あ行）	五百竹　宏　明	石　原　裕　也
	池　田　喜志高	異　島　須賀子
明　田　安　正	池　田　健　一	石　光　　　裕
浅　野　敬　志	池　田　公　司	泉　　　宏　之
安　部　智　博	石　井　康　彦	井　瀧　秀　和
阿　部　　　仁	石　川　博　行	市　川　直　樹
荒　鹿　善　之	石　田　万由里	伊　藤　清　己

まえがき

伊藤　　進
稲山　訓央
井上　英理佳
井上　定子
井上　達男
井上　善弘
井上　善文
井上　良二
井原　理代
伊豫田隆俊
魏　　　巍
上野　清貴
鵜飼　哲夫
浮田　　泉
氏原　茂樹
丑丸　智弘
薄井　　彰
内川　正夫
梅津　亮子
浦川　章司
浦崎　直浩
江頭　幸代
胡　　義博
及川　勝美
大崎　美泉
大下　勇二
大城　建夫
太田　正博
大成　利広
大矢知　浩司

岡　　　敏
岡田　依里
小形　健介
岡野　憲治
岡野　　浩
岡部　孝好
尾上　選哉
興津　裕康
小倉　康三
小津　稚加子
音川　和久
帯谷　泰輔

(か行)

笠井　昭次
笠井　敏男
梶浦　昭友
春日　克則
金澤　　薫
金森　絵里
可児島達夫
金川　一夫
兼杉　明法
金戸　　武
神谷　健司
河﨑　照行
川﨑　紘宗
河内　　満
川端　保至
川原　千明

四　太賀
瓦田　　人
菊谷　正紀
岸川　公人
岸　　　牧
木戸田　力
記虎　優子
木下　貴博
木村　充男
木本　圭一
清村　英之
草野　真樹
工藤　栄一郎
倉田　幸路
来栖　正利
黒川　行治
桑原　正行
郡司　　健
孔　　炳龍
河内山　潔
古賀　智敏
國部　克彦
越野　啓一
児島　幸治
小菅　正伸
小関　　勇
後藤　雅敏
権　　大煥
近藤　隆史

丸　栄子
邦利　治
髙橋　邦博己
髙原　清志司
髙山　輝聡
髙瀧　田口　憲一
瀧田　竹内　隆敬
田口　田中　一弘[*2]
竹内　田中　勝
武田　田中　嘉穂代
田中　田中　道威文昌
田中　田村　澤孝啓司
田谷　近澤　千葉在紋
近千　全陳　琦起
千　辻川　尚雄也
全　津田　秀俊
陳　土田　築洋一郎
辻川　都築村　怜花
津田　土井　明充
土田　道徳　義賀弘信
都築　徳前　元統久
津村　戸鞘　大杉輔
土井　　　　　芳正
道徳
徳前
戸
鞘友

弘正伸
全山吉
芝柴島　美智子
田島　水啓介
島清　水茂良匡
清　水信洋人
清　水泰和古
清　下中司樹愷雯雄
庄朱　納義樹史男
白神　永英武志子
末　杉田　山晶一
杉山　山　　学
杉　木一水哉
鈴木　一和昭一
鈴木　田　　学[*1]
鈴田　　裕幸太
須角　訪有健香嗣
諏外島

（た行）
高須　教夫幸
高橋　和

（さ行）

齋藤　真哉
齋藤　雅子
齊野　純子
竿田　嗣夫
阪　　智香
酒井　朋子
境　　宏恵
酒井　文一
坂上　　学
坂下　紀彦
坂手　恭介
酒巻　政章
桜井　貴憲
桜井　久勝
櫻田　照雄
佐々木　重人
佐々木　隆志
佐藤　靖
佐藤　清和
佐藤　信彦
佐藤　渉
澤登　千恵
三光寺　由実子
潮崎　智美
志賀　理
篠原　敦子
柴　　健次
柴　　理梨亜

（な行）

内藤　文雄
長尾　則久
仲尾次　洋子
中川　優
中島　稔哲
中嶌　道靖
中田　清
中田　範夫
永戸　正生
中西　基
中野　常男
中溝　晃介
中村　映美
中村　恒彦
中村　信博
西口　清治
西田　芳次郎
西村　慶一
西村　重富
西村　幹仁
西村　美奈雄
新田　忠誓

（は行）

朴　大栄
峺山　幸繁
狭間　義隆
橋口　徹
橋本　武久
長谷川　拓三
長谷川　博史
畑山　紀
羽藤　憲一
濱沖　典之
濱田　英治
濱田　麗史
林　隆敏
林　昌彦
林　良治
原　俊雄
原田　満範
挽　直治
土方　久
火原　克二
兵頭　和花子
平野　由美子
平松　一夫
福島　孝夫
福島　吉春
福田　直樹
福田　泰幸
藤井　則彦
藤井　秀樹
藤井　誠
藤岡　英治
藤川　義雄
藤田　晶子
藤永　弘
藤本　大造
船木　高司
船本　修三
古木　稔
古庄　修
古田　隆紀
古田　美保
平敷　慶武
堀井　愃暢
堀内　伸浩
堀江　正之
堀口　真司
本田　良巳

（ま行）

前川　道生
牧浦　健二
牧田　正裕
桝岡　源一郎
松井　隆幸
松井　富佐男
松井　泰則
松田　有加里
松村　勝弘
松村　健
松本　康一郎
松本　敏史
松本　祥尚
松脇　昌美
三島　徹也

水谷　文宣
宮川　裕之
宮崎　修行
宮本　幸平
三代川　正秀
向山　敦夫
村井　秀樹
村上　宏之
目崎　哲久
毛利　敏彦
望月　信幸
森　　美智代
森田　知香子
盛田　良久
森本　和義
森本　三義

（や行）

矢野　沙織
山口　忠昭
山地　範明
山地　秀俊
山下　和宏
山下　寿文
山下　正喜
山田　　恵
山田　康裕
山本　哲三
山本　真樹夫
山本　昌弘
百合草　裕康
百合野　正博
尹　　志煌
姚　　小佳
吉岡　一郎
吉岡　沙季子
吉川　栄一
吉田　栄介
吉田　一将
吉田　忠彦

吉田　康久
米川　　清
頼　　　誠

（ら行）

李　　　精

（わ行）

若林　公美
脇浦　則行
和田　博志
渡邉　　泉
渡邊　大介
渡邉　泰宏

＊1の所属は元近畿大学豊岡短期大学，＊2の所属は近畿大学

　本書では，第3版出版以降の多くの制度改革を踏まえて，既存項目についても執筆者各位の原稿に，編集委員（現編者）の責任において，多くの加筆修正を施しました。なお，すでにご連絡のつかない方も多く，また，すでに制度上消滅した項目も多数に上り，このうち参照項目として残すべきとしたものは「(旧制度)」として残し，その他はすべて削除いたしました。そのため，第3版執筆者の項目がすべて削除されている場合もありますが，本書が同版の後継であることを示すため，ここには第3版の執筆者全員と追加項目執筆者のお名前を掲載させていただきました。

利用の手引き

例
> **ようえきせんざいりょく【用役潜在力】** service potentials
>   用役潜在力とは，ある財貨（資産）が生み出す将来の用役（純収入）を一定の利子率で割り引いた現在価値であり，この財貨を取得するにあたり支払われた貨幣額（取得原価）がその概算額を示すものとみなされる。つまり，用役潜在力とは財貨がもつそれ自体の収益価値であり，取得原価はそれを貨幣額をもって表現したものであるといって差し支えない。取得原価は資産のもつ用役潜在力の貨幣的表現である。資産の本質を規定する類似概念として将来の経済的便益という用語がある。
> ⇨ 取得原価 　　　　　　　　（浦崎直浩）

1　項目の読み方は，原則として一般に用いられているところに従っている。
2　項目は，すべてひらがなによる見出しを最初に示し，五十音順に配列している。濁音，半濁音は清音に直して配列している。
　　（例）　会計原則→かいけいけんそく
　　　　英文についてもすべて五十音順に配列している。
　　（例）　finance lease は，ファイナンス・リースとし，リースはリイスとして配列している。
3　項目の見出しは，すべて<u>ひらがな</u>，<u>漢字またはカタカナ</u>，<u>英文</u>の順に配列している。各項目の漢字表記，カタカナ表記については，原則として一般に用いられているものを使用している。
　　（例）　**ようえきせんざいりょく【用役潜在力】** service potentials

4 英文の項目見出しは，必要なものに限り示している。英文以外の独文，仏文はすべて省略している。また，英語の略称は次のとおりである。

英文略語一覧

ABC	Activity Based Costing
ABM	Activity Based Management
AIA	American Institute of Accountants
AICPA	American Institute of Certified Public Accountants
AMA	American Management Association
ARPANET	Advanced Research Projects Agency Network
ASB	Accounting Standards Board
ASOBAT	A Statement of Basic Accounting Theory
CALS	Continuous Acquisition and Life cycle Support
CASB	Cost Accounting Standards Board
DSS	Decision Support System
EDGAR	Electronic Data Gathering, Analysis, and Retrieval System
EDPS	Electronic Data Processing System
EMAS	Environmental Management Audit Scheme
EU	European Union
FA	Factory Automation
FASB	Financial Accounting Standards Board
FTP	File Transfer Protocol
GAAP	Generally Accepted Accounting Principles
IAS	International Accounting Standards
IASB	International Accounting Standards Board
IASC	International Accounting Standards Committee
ICC	International Chamber of Commerce
IFRS	International Financial Reporting
IOSCO	International Organization of Securities Commissions
IPX	Internetwork Packet Exchange
IRR	Internal Rate of Return
ISAs	International Standards on Auditing
JIT	Just In Time
MAS	Management Advisory Service
MCS	Management Consulting Service
MIS	Management Information System

10 利用の手引き

NetBEUI	NetBIOS Extended User Interface
NPV	Net Present Value
OECD	Organization for Economic Co-operation and Development
OR	Operations Research
OS	Operating System
PBR	Price Book-value Ratio
QC	Quality Control
ROA	Return On Assets
ROE	Return On Equity
ROI	Return On Investment
SEC	Securities and Exchange Commission
SFAS	Statements of Financial Accounting Standards
SIS	Strategy Information System
TCP/IP	Transmission Control Protocol/Internet Protocol
UN	United Nations
VE	Value Engineering
WWW	World Wide Web

5 項目名は，原則として，正式名称を主として使用し，説明を行ったが，その際，必要に応じて略称，別称も掲げている。さらに，項目の説明文のあとに，⇨を入れて関連項目を示している。

   （例） ⇨取得原価

6 法令・原則は可能な限り，以下の場合を除いて略称の使用を行わないようにしている。

金商法	金融商品取引法
証取法	証券取引法
一般原則	企業会計原則　第一　一般原則
損益計算書原則	企業会計原則　第二　損益計算書原則
貸借対照表原則	企業会計原則　第三　貸借対照表原則
商法特例法	株式会社の監査等に関する商法の特例に関する法律
商規	商法施行規則
財務諸表等規則 （財規）	財務諸表等の用語，様式及び作成方法に関する規則
財務諸表等規則	「財務諸表等の用語，様式及び作成方法に関する

ガイドライン (財規ガイドライン)	規則」の取扱いに関する留意事項
連続意見書	企業会計原則と関係諸法令との調整に関する連続意見書

7　項目の説明文中で引用する条文等は「　」でくくり，使用漢字，送りがな，かな遣いとも原文のままとしている。

8　年月日の表示は，原則として和暦を使用し，内容によっては西暦を用いている。

9　見出し語は，簿記，財務会計，原価計算，管理会計，監査，税務会計，国際会計，環境会計，情報システム，コンピュータに使用されるもののうち，1,140語程度を選んでこれについて執筆している。したがって，最低必要な用語をこの辞典に収録している。

10　項目の説明文のあとに，執筆者名を入れている。

11　制度上消滅した項目のうち，参照項目として残すべきとしたものは「(旧制度)」として残している。

目　次

まえがき
利用の手引き

(あ)

IFRS ····················· 1
青色申告制度 ·············· 1
アキュミュレーション ··· 1
アクセス時間 ·············· 1
預り金 ····················· 2
預り有価証券 ·············· 2
ASOBAT ··················· 2
圧縮記帳 ··················· 2
アップ・ストリーム
　取引 ····················· 2
後入先出法 ················· 3
後給付 ····················· 3
アモーティゼーション ··· 3
洗替法 ····················· 3
有高貸借対照表 ·········· 4
安全性 ····················· 4

(い)

意見形成の基礎 ·········· 4
意見不表明控 ·············· 4
意思決定会計 ·············· 5
意思決定支援システム ··· 5
意思決定有用性 ·········· 5
委託販売 ··················· 5
一時差異 ··················· 6
一取引基準 ················· 6
一年基準 ··················· 6
一括的・期間的対応
　(期間関連的対応) ······ 7
一括法 ····················· 7
一般寄付金 ················· 7
一般原則 ··················· 7
一般社団法人及び
　一般財団法人 ·········· 7
一般に認められた
　会計原則 ················· 8
移動平均法 ················· 8
インカム・ゲイン ········ 8
インサイダー取引 ········ 8

インサイダー取引規制
　(情報) ··················· 9
インサイダー取引規制
　(対象者) ················· 9
インタレスト・
　カバレッジ・レシオ ··· 9

(う)

Webベース・
　レポーティング ········ 10
受取勘定 ··················· 10
受取手形 ··················· 10
受取手形裏書譲渡高 ······ 10
受取手形勘定 ············· 11
受取手形記入帳・
　支払手形記入帳 ········ 11
受取手形割引高 ·········· 11
受取手付金 ················· 11
受取配当金 ················· 11
受取利息・支払利息 ······ 12
打歩発行 ··················· 12
裏書手形勘定 ············· 12
売上勘定 ··················· 12
売上計算書 ················· 12
売上原価 ··················· 13
売上原価率 ················· 13
売上債権回転率 ·········· 13
売上総利益 ················· 13
売上高減価償却費率 ······ 13
売上高広告費率 ·········· 14
売上高純利子負担率 ······ 14
売上高人件費率 ·········· 14
売上高販管費率 ·········· 14
売上高費用率 ············· 14
売上高利益率 ············· 14
売上帳 ····················· 15
売上値引き ················· 15
売上割引き ················· 15
売上割戻し ················· 15
売掛金 ····················· 15
売掛金勘定 ················· 16
売掛金元帳 ················· 16
運転資本 ··················· 16

運動貸借対照表 ·········· 16

(え)

永久差異 ··················· 17
営業外収益 ················· 17
営業外損益の部 ·········· 17
営業外費用 ················· 17
営業キャッシュ・フロー
　対設備投資比率 ········ 18
営業権 ····················· 18
営業循環基準 ············· 18
営業損益計算 ············· 18
営業損益の部 ············· 18
営業報告書 ················· 19
営業利益 ··················· 19
営業レバレッジ ·········· 19
英米式決算法 ············· 19
益金 ························· 19
SEC ························ 20
SHM会計原則 ·········· 20
XBRL ····················· 20
EDINET ··················· 20
EDGARシステム ········ 21
M&A ······················· 21

(お)

往査 ························· 22
オールソン・モデル ······ 22
オプション ················· 22
オプション取引 ·········· 23
オフバランス取引 ········ 23
オペレーティング・
　リース ··················· 23
親会社(支配会社) ········ 23
親会社概念 ················· 24

(か)

買入償還 ··················· 25
外貨換算 ··················· 25
買掛金 ····················· 25
買掛金勘定 ················· 25
買掛金元帳 ················· 25
外貨建金銭債権債務 ······ 26

2 目次

外貨建取引 …………… 26
開業貸借対照表 ……… 26
開業費 ………………… 26
会計 …………………… 26
会計監査 ……………… 27
会計監査人 …………… 27
会計期間 ……………… 27
会計期間の公準 ……… 27
会計基準 ……………… 28
会計行為 ……………… 28
会計公準 ……………… 28
会計参与 ……………… 28
会計主体論 …………… 29
会計情報基準 ………… 29
会計責任 ……………… 29
会計帳簿 ……………… 30
会計方針 ……………… 30
会計方針の変更 ……… 30
開始記入 ……………… 31
会社計算規則 ………… 31
会社分割 ……………… 32
会社分割差益 ………… 32
会社法 ………………… 33
会社法会計 …………… 33
会社法監査 …………… 33
回収基準 ……………… 34
外注加工費 …………… 34
開発費 ………………… 34
外部監査 ……………… 34
外部証拠 ……………… 34
外部取引 ……………… 35
価格変動準備金 ……… 35
確定給付型年金 ……… 35
確定拠出型年金 ……… 35
確定決算主義 ………… 36
確定申告 ……………… 36
確認 …………………… 36
額面株式 ……………… 36
掛取引 ………………… 37
過去勤務費用 ………… 37
過去勤務費用の
　会計処理 …………… 37
貸方 …………………… 37
貸倒償却 ……………… 37
貸倒損失 ……………… 38
貸倒引当金 …………… 38
貸倒引当金繰入額 …… 38

貸倒引当金戻入 ……… 38
貸倒引当損 …………… 38
貸倒見積高の算定 …… 38
貸付金 ………………… 39
貸付金勘定 …………… 39
課税所得 ……………… 39
学校法人会計 ………… 39
活動基準原価管理 …… 40
活動基準原価計算 …… 40
活動ドライバー ……… 40
割賦売掛金 …………… 41
割賦基準 ……………… 41
割賦販売 ……………… 41
合併交付金 …………… 41
合併差益 ……………… 41
合併比率 ……………… 41
株価キャッシュ・フロー
　倍率 ………………… 42
株価収益率 …………… 42
株式移転差益 ………… 42
株式会社 ……………… 42
株式交換差益 ………… 43
株式交付費 …………… 43
株式配当 ……………… 43
株式払込剰余金 ……… 43
株式分割 ……………… 44
株式併合 ……………… 44
株式申込証拠金 ……… 44
株主資本 ……………… 44
株主資本等変動計算書 … 44
株主総会 ……………… 45
株主代表訴訟 ………… 45
貨幣性資産 …………… 45
貨幣的評価の公準 …… 45
貨幣・非貨幣法 ……… 46
借入金 ………………… 46
借入金勘定 …………… 46
仮受金勘定 …………… 46
借方 …………………… 46
仮払金勘定 …………… 47
仮払法人税 …………… 47
カレント・コスト会計 … 47
為替差損益 …………… 47
為替差損益の処理 …… 47
為替手形 ……………… 47
為替手形の要件 ……… 48
為替予約 ……………… 48

環境会計 ……………… 48
環境会計システム …… 49
環境監査 ……………… 49
環境税 ………………… 49
環境マネジメント
　システム …………… 50
関係会社貸付金 ……… 50
関係会社長期借入金 … 50
関係会社有価証券 …… 50
監査 …………………… 50
監査意見 ……………… 51
監査一般基準 ………… 51
監査技術 ……………… 51
監査計画 ……………… 52
監査公準 ……………… 52
監査実施基準 ………… 52
監査証拠 ……………… 52
監査証跡 ……………… 52
監査調書 ……………… 53
監査手続 ……………… 53
監査人の職業倫理 …… 53
監査人の責任 ………… 53
監査人の独立性 ……… 54
監査の品質管理 ……… 54
監査報告基準 ………… 54
監査報告書 …………… 54
監査法人 ……………… 55
監査役 ………………… 55
監査役監査 …………… 55
監査要点 ……………… 55
監査リスク …………… 56
勘定 …………………… 56
勘定記録 ……………… 56
勘定分析 ……………… 56
完成工事未収入金 …… 56
間接費の配賦 ………… 57
間接法(キャッシュ・
　フロー計算書) ……… 57
間接法(減価償却) …… 57
カンパニー制 ………… 57
管理会計 ……………… 57
関連会社 ……………… 57
関連当事者 …………… 58

(き)

機会原価 ……………… 58
期間損益計算 ………… 58

目次 3

企業会計原則 …………59
企業結合会計 …………59
企業実体の公準 ………59
企業予算 ………………60
機能通貨アプローチ …60
基本金 …………………60
基本財産 ………………60
期末商品棚卸高 ………60
脚注 ……………………61
キャッシュ・フロー …61
キャッシュ・
　フロー計算書 ………61
キャッシュ・
　フロー比率 …………61
キャッシュ・
　フロー・ヘッジ ……62
キャッシュ・
　フロー・マージン …62
キャピタル・ゲイン …62
級数法 …………………63
強制評価減 ……………63
業績管理会計 …………63
業務監査 ………………63
切放法 …………………64
銀行勘定調整表 ………64
銀行簿記 ………………64
金銭債権 ………………64
金銭債務 ………………64
金銭信託 ………………65
金融先物取引 …………65
金融資産 ………………65
金融商品取引法 ………66
金融商品取引法会計
　（金商法会計） ………66
金融手形 ………………66
金融派生商品 …………66
金融負債 ………………67
金利スワップ …………67

(く)

偶発債務 ………………68
偶発事象 ………………68
口別損益計算 …………68
区分基準 ………………69
区分・対応表示の原則…69
組別総合原価計算 ……69
繰越試算表 ……………70

繰越商品勘定 …………69
繰延べ …………………70
繰延勘定 ………………70
繰延資産 ………………70
繰延資産の償却 ………70
繰延ヘッジ損益 ………70
繰延法 …………………71
クレジット・カード …71
グローバル・
　スタンダード ………71
クロスセクション分析…71
クロス・ヘッジ ………72

(け)

経営監査 ………………72
経営資本 ………………72
経営者からの書面による
　確認 …………………73
経営成績 ………………73
経済的単一体概念 ……73
計算擬制の資産 ………73
計算擬制の負債 ………74
計算書類 ………………74
経常損益計算 …………74
経常損益の部 …………74
経常利益 ………………75
継続価値 ………………75
継続企業（ゴーイング・
　コンサーン） ………75
継続企業監査 …………75
継続記録法 ……………76
継続性の原則 …………76
経理自由の原則 ………76
計量可能性 ……………76
決済基準 ………………76
決算 ……………………77
決算修正 ………………77
決算整理 ………………77
決算整理仕訳 …………77
決算貸借対照表 ………78
決算短信 ………………78
決算日レート法 ………78
決算振替仕訳 …………78
月次決算 ………………79
原価 ……………………79
限界利益 ………………79
原価管理 ………………79

原価企画 ………………80
原価計算基準 …………80
原価計算制度 …………80
減価原因 ………………81
原価差異 ………………81
原価集合 ………………81
原価主義会計 …………81
減価償却 ………………81
減価償却性資産 ………82
減価償却の本質 ………82
減価償却費 ……………82
減価償却法 ……………82
減価償却累計額 ………83
原価配分（費用配分）…83
原価部門 ………………83
原価分析 ………………83
原価法 …………………84
原価元帳 ………………84
原価要素 ………………84
原価要素別計算 ………84
研究開発費 ……………84
現金 ……………………85
現金及び預金 …………85
現金過不足勘定 ………85
現金勘定 ………………85
現金主義会計 …………85
現金出納帳 ……………86
現金同等物 ……………86
現金割引 ………………86
現在価値 ………………86
現在価値法 ……………87
減債基金 ………………87
現在原価会計 …………87
現在原価情報 …………87
減債積立金 ……………88
原材料 …………………88
減資 ……………………88
減資差益 ………………88
検収基準 ………………88
検証可能性 ……………88
建設仮勘定 ……………89
建設助成金 ……………89
建設利息 ………………89
源泉所得税預り金勘定…90
源泉徴収 ………………90
減損会計 ………………90
限定意見 ………………90

4 目次

現物出資 …………… 91
現物出資説 …………… 91

(こ)

公益財団法人 …………… 91
公益社団法人 …………… 91
公益法人(旧制度) …… 91
公益法人(新制度) …… 92
公益法人会計 …………… 92
公益法人会計基準 …… 92
公会計 …………… 93
交換(固定資産の取得) ‥ 93
交換取引 …………… 93
鉱業権 …………… 94
工業簿記 …………… 94
工具器具備品 …………… 94
合計試算表 …………… 94
合計転記 …………… 94
貢献利益 …………… 95
合資会社 …………… 95
工事完成基準 …………… 95
工事収益 …………… 95
工事進行基準 …………… 95
工事負担金 …………… 96
工場会計 …………… 96
工場元帳 …………… 96
公正価値 …………… 96
公正価値ヘッジ ……… 97
公正な評価額
　(固定資産の取得) ‥… 97
公正なる会計慣行 …… 97
工程別総合原価計算 … 98
合同会社 …………… 98
公認会計士 …………… 98
後発事象 …………… 98
合名会社 …………… 99
合理的な基礎 …………… 99
子会社(被支配会社) … 99
国際会計 …………… 99
国際会計基準
　(IFRS以前) ………… 100
国際監査基準 …………… 100
小口現金 …………… 100
小口現金勘定 …………… 101
小口現金出納帳 ……… 101
コスト対ベネフィット
　………………………… 101

コスト・ドライバー … 101
国庫補助金 …………… 101
固定資産 …………… 102
固定資産回転率 ……… 102
固定資産除却損 ……… 102
固定資産台帳 …………… 103
固定資産売却損益 …… 103
固定性配列法 …………… 103
固定長期適合率 ……… 103
固定費 …………… 103
固定比率 …………… 103
固定負債 …………… 103
誤謬 …………… 104
個別意見 …………… 104
個別原価計算 …………… 104
個別財務諸表 …………… 104
個別的・直接的対応 … 105
個別転記 …………… 105
個別法 …………… 105
コマーシャル・
　ペーパー …………… 105
コーポレート・ガバナンス
　(企業統治) …………… 106
混合勘定 …………… 106
コンテンラーメン …… 106
コントローラー制度 … 106

(さ)

債券先物取引 …………… 107
財産 …………… 107
財産状態 …………… 107
財産貸借対照表 ……… 107
財産法 …………… 107
財産目録 …………… 108
最終仕入原価法 ……… 108
財政状態 …………… 108
財政状態変動表 ……… 109
再調達原価 …………… 109
財務会計 …………… 109
財務構成要素
　アプローチ …………… 109
財務諸表 …………… 109
財務諸表監査 …………… 110
財務諸表附属明細表 … 110
財務諸表分析 …………… 110
財務制限条項 …………… 110
債務返済能力 …………… 111

財務リスク …………… 111
財務流動性 …………… 111
財務レバレッジ ……… 111
材料費 …………… 111
材料元帳 …………… 112
差額補充法 …………… 112
先入先出法 …………… 112
先物取引 …………… 112
先渡取引 …………… 112
雑益勘定・雑損勘定 … 113
雑損勘定 …………… 113
残高 …………… 113
残高勘定 …………… 113
残高試算表 …………… 113
三分法 …………… 114
残余持分請求権 ……… 114

(し)

仕入勘定 …………… 115
仕入先元帳 …………… 115
仕入諸掛 …………… 115
仕入帳 …………… 115
仕入値引 …………… 116
仕入割引 …………… 116
時価 …………… 116
仕掛品 …………… 116
自家建設 …………… 116
時価主義 …………… 117
時間基準 …………… 117
次期繰越 …………… 117
事業税 …………… 117
事業・セグメント …… 117
事業部制 …………… 118
事業報告 …………… 118
事業報告書 …………… 118
仕切精算書 …………… 118
資金概念 …………… 118
資金計算書 …………… 119
資金調達コスト ……… 119
資金動態論 …………… 119
時系列分析 …………… 119
試験研究費 …………… 120
自己株式 …………… 120
自己金融 …………… 120
自己資本 …………… 120
自己資本の表示 ……… 121
自己資本比率 …………… 121

自己資本利益率 ……… 121	資本等式 …………… 131	純財産増加説 ……… 141
試査 …………………… 121	資本取引 …………… 131	純仕入高 …………… 141
資産（FASB） ………… 122	資本取引・損益取引	純資産 ……………… 141
資産（初学者の	区分の原則 ……… 131	純資産直入 ………… 142
ための定義） …… 122	資本予算 …………… 131	純資産の部 ………… 142
資産構成比率 ……… 122	資本連結 …………… 131	純損益計算の区分 … 142
資産除去債務 ……… 124	シミュレーション …… 132	使用価値 …………… 142
試算表 ………………… 123	社会会計 …………… 132	償却原価法 ………… 142
試算表等式 ………… 123	社会監査 …………… 132	償却債権取立益 …… 143
資産負債法 ………… 123	社会福祉法人会計 … 133	償却債権取立益勘定 … 143
支出基準 …………… 124	社債 ………………… 133	商業手形 …………… 143
システム監査 ……… 124	社債の償還 ………… 133	商業簿記 …………… 143
事前積立方式 ……… 124	社債発行費 ………… 134	証券アナリスト …… 144
持続可能性 ………… 124	社債利息 …………… 134	条件付債務 ………… 144
自治体監査 ………… 124	収益 ………………… 134	証券法 ……………… 144
実現原則 …………… 125	収益還元価値 ……… 134	使用総資本 ………… 144
実効税率 …………… 125	収益勘定 …………… 134	使用総資本回転率 … 144
実査 ………………… 125	収益事業 …………… 135	試用販売 …………… 144
実際原価計算 ……… 125	収益性分析 ………… 135	商標権 ……………… 145
実質資本維持 ……… 126	収益的支出 ………… 135	証憑書類 …………… 145
実態監査 …………… 126	収益の認識基準 …… 135	証憑書類
実体資本維持 ……… 126	収益・費用対応の	（種類と管理） …… 145
実地棚卸高 ………… 126	原則 ……………… 136	商品有高帳 ………… 145
質問 ………………… 127	収穫基準 …………… 136	商品回転率 ………… 145
実用新案権 ………… 127	従業員数 …………… 136	商品勘定 …………… 146
指定寄附金 ………… 127	集合損益勘定 ……… 136	商品券 ……………… 146
支店勘定 …………… 127	修正原価 …………… 137	商品券勘定 ………… 146
支店独立会計 ……… 127	修正テンポラル法 …… 137	商品先買取引 ……… 146
使途不明金 ………… 128	修繕費 ……………… 137	商品売買益勘定 …… 146
支配力基準 ………… 128	修繕費勘定 ………… 137	商品評価損 ………… 147
支払手形 …………… 128	修繕引当金 ………… 137	商品評価の方法 …… 147
支払手形勘定 ……… 128	収入支出額基準 …… 138	情報 ………………… 147
支払手形記入帳 …… 128	重要性の原則 ……… 138	情報会計（情報利用者
支払利息 …………… 128	重要性の原則の適用 … 138	指向的会計） …… 147
四半期財務諸表 …… 128	授権資本制度 ……… 138	情報科学 …………… 147
資本回転率 ………… 129	受託販売勘定 ……… 138	情報監査 …………… 148
資本概念 …………… 129	出資金 ……………… 139	情報検索 …………… 148
資本勘定 …………… 129	取得原価（棚卸資産）… 139	商法施行規則
資本金 ……………… 129	取得原価	（旧規定） ……… 148
資本金勘定	（有形固定資産） …… 139	正味現在価値法 …… 149
（株式会社） ……… 129	取得原価主義会計 … 139	正味財産額 ………… 149
資本金勘定	主要材料費 ………… 140	正味財産増減計算書 … 149
（個人企業） ……… 130	主要簿 ……………… 140	正味実現可能額 …… 149
資本コスト ………… 130	種類株式 …………… 140	正味売却価額 ……… 149
資本準備金 ………… 130	純売上高 …………… 140	剰余金 ……………… 149
資本剰余金 ………… 130	準拠性テスト ……… 141	剰余金区分の原則 …… 150
資本的支出 ………… 131	純財産 ……………… 141	剰余金の処分 ……… 150

剰余金の配当 ………… 150
賞与引当金 …………… 151
将来加算一時差異 …… 151
将来キャッシュ・フロー
　………………………… 151
将来キャッシュ・フロー
　の割引現在価値 …… 151
将来減算一時差異 …… 151
除外事項 ……………… 151
職業の専門家としての
　正当な注意 ………… 152
所得源泉説 …………… 152
所得税 ………………… 152
所有権が留保された
　固定資産 …………… 152
仕訳 …………………… 153
仕訳帳 ………………… 153
人格承継説 …………… 153
新株予約権 …………… 153
新株予約権付社債 …… 153
真実かつ公正な概観 … 154
真実性の原則 ………… 154
人名勘定 ……………… 155
信用監査 ……………… 155
信用分析 ……………… 155
信頼性 ………………… 155

（す）

ストック・
　オプション ………… 156
ストック式正味財産
　増減計算書 ………… 156
スループット会計 …… 156
スワップ取引 ………… 157

（せ）

正規の減価償却 ……… 157
正規の簿記の原則 …… 157
正規の簿記の諸原則 … 157
税効果会計 …………… 158
清算価値 ……………… 158
生産基準 ……………… 158
清算貸借対照表 ……… 159
生産高比例法 ………… 159
正常営業循環基準 …… 159
製造勘定 ……………… 159
製造間接費 …………… 159

製造間接費差異 ……… 160
製造原価 ……………… 160
製造原価報告書 ……… 160
製造指図書 …………… 160
成長性分析 …………… 160
静的貸借対照表論
　（静態論）…………… 161
制度会計 ……………… 161
税引前当期純利益 …… 161
製品 …………………… 161
製品原価 ……………… 161
製品別原価計算 ……… 162
製品保証引当金 ……… 162
製品ライフサイクル … 162
精密監査(精査) ……… 162
税務会計 ……………… 162
整理記入 ……………… 163
税理士 ………………… 163
セール・リースバック
　取引 ………………… 163
積送品 ………………… 163
積送品勘定 …………… 164
セグメント情報等の
　開示 ………………… 164
セグメント情報の関連
　情報（主要な顧客に
　関する情報）………… 164
セグメント情報の関連
　情報（製品及びサー
　ビスに関する情報）… 164
セグメント情報の関連
　情報（地域に関する
　情報）………………… 165
積極財産 ……………… 165
前期損益修正 ………… 165
全体期間的対応 ……… 165
全体利益 ……………… 166
全体利益計算 ………… 166
全部原価計算 ………… 166

（そ）

増価 …………………… 167
総額主義の原則 ……… 167
総勘定元帳 …………… 169
総記法 ………………… 167
総原価 ………………… 168
総合意見 ……………… 168

総合原価計算 ………… 168
総合償却 ……………… 168
総合仕訳帳 …………… 169
増資 …………………… 169
総資産利益率 ………… 169
総資本 ………………… 169
総資本回転率 ………… 169
総資本利益率 ………… 170
相続税 ………………… 172
相対的真実性 ………… 170
総平均法 ……………… 172
贈与 …………………… 171
創立費 ………………… 171
遡及義務 ……………… 171
属性法 ………………… 171
測定ベース
　（測定基礎）………… 171
組織的監査 …………… 172
租税公課 ……………… 172
租税特別措置法 ……… 172
損益勘定 ……………… 172
損益計算 ……………… 172
損益計算書 …………… 172
損益計算書（系統の）
　勘定 ………………… 173
損益計算書原則 ……… 173
損益計算書等式 ……… 173
損益計算書の区分 …… 174
損益計算書分析 ……… 174
損益取引 ……………… 174
損益分岐点分析 ……… 174
損益法 ………………… 175
損金 …………………… 175
損失 …………………… 175

（た）

対応原則 ……………… 177
貸借対照表 …………… 177
貸借対照表監査 ……… 177
貸借対照表完全性の
　原則 ………………… 178
貸借対照表等式 ……… 178
貸借対照表日 ………… 178
貸借対照表表示原則 … 178
貸借複記の原理 ……… 179
対照勘定(手形) ……… 179
退職給付会計 ………… 179

目 次 7

退職給付債務 ………… 179
退職給付引当金 ……… 180
退職給付費用の処理 … 180
タイム・ベーシス …… 180
耐用年数 ……………… 180
大陸式決算法 ………… 181
ダウン・ストリーム
　取引 ………………… 181
他勘定振替高 ………… 181
立替金勘定 …………… 181
妥当性監査 …………… 182
棚卸減耗損 …………… 182
棚卸資産 ……………… 182
棚卸資産回転率 ……… 182
棚卸表 ………………… 182
棚卸評価損 …………… 183
他人資本 ……………… 183
単一仕訳帳 …………… 183
単一仕訳帳制度 ……… 183
単一仕訳帳・単一元帳制
　(帳簿組織の原型) … 183
単一仕訳帳・補助簿併
　用制・分割元帳制 … 184
単一性の原則 ………… 184
段階法 ………………… 184
単式簿記 ……………… 184
単純総合原価計算 …… 185
短文式監査報告書 …… 185

(ち)

チェックリスト ……… 186
力の貯蔵庫 …………… 186
中間監査 ……………… 186
中間監査基準 ………… 186
中間財務諸表 ………… 187
中間配当額 …………… 187
中間法人 ……………… 187
注記 …………………… 187
注記表 ………………… 188
中小会社会計基準 …… 188
中小会社監査 ………… 188
中立性 ………………… 188
中和化 ………………… 188
長期借入金 …………… 189
長期前払費用 ………… 189
調整年金
　(厚生年金基金) …… 189

長文式監査報告書 …… 190
帳簿 …………………… 190
帳簿決算 ……………… 190
帳簿組織 ……………… 190
帳簿棚卸高 …………… 191
直接経費 ……………… 191
直接原価計算 ………… 191
直接材料費 …………… 191
直接標準原価計算 …… 191
直接法(減価償却) …… 192
直接法(キャッシュ・
　フロー計算書) …… 192
直接労務費 …………… 192
貯蔵品 ………………… 193

(つ)

通貨先物予約 ………… 193
突合 …………………… 193
月割経費 ……………… 194

(て)

TQM ………………… 194
TQC ………………… 194
低価基準 ……………… 195
定額資金前渡法
　(インプレスト・
　システム) ………… 195
定額法 ………………… 195
ディスクロージャー
　(会社法の開示) …… 195
ディスクロージャー
　(金商法の開示) …… 196
定率法 ………………… 196
データ ………………… 196
データ処理システム … 196
データベース ………… 196
データベース管理
　システム …………… 197
手形裏書義務勘定・手形
　裏書義務見返勘定 … 197
手形貸付金 …………… 197
手形貸付金勘定 ……… 197
手形借入金 …………… 197
手形借入金勘定 ……… 197
手形取引 ……………… 197
手形の裏書譲渡 ……… 197
手形の更改 …………… 198

手形割引義務勘定 …… 198
適格年金 ……………… 198
適正意見 ……………… 198
適正性監査 …………… 198
デフォルト・リスク … 199
デリバティブ ………… 199
転換株式 ……………… 199
転換社債 ……………… 199
転換予約権付株式 …… 200
転記 …………………… 200
電子公告 ……………… 200
電子商取引 …………… 200
電子帳簿 ……………… 201
電子ファイリング
　システム …………… 201
電子マネー …………… 201
伝票式会計 …………… 201
テンポラル法 ………… 201

(と)

当期業績主義
　損益計算書 ………… 202
当期純損失 …………… 202
当期純利益 …………… 202
当期未処分利益 ……… 203
等級別総合原価計算 … 203
統合報告 ……………… 203
当座借越勘定 ………… 203
当座借越契約 ………… 203
当座勘定 ……………… 204
当座比率 ……………… 204
当座預金 ……………… 204
当座預金勘定 ………… 204
当座預金出納帳 ……… 204
倒産 …………………… 204
投資価値 ……………… 205
投資その他の資産 …… 205
投資有価証券 ………… 205
動的貸借対照表 ……… 205
動的貸借対照表の
　構造 ………………… 206
得意先元帳 …………… 206
特殊仕訳帳制 ………… 206
特定寄附金 …………… 207
特別修繕引当金 ……… 207
特別償却 ……………… 207
特別損益の部 ………… 207

特許権 …………… 208
取替法 …………… 208
取引 ……………… 208
取引の8要素 …… 208
取引日レート …… 208

(な)

内部監査 ………… 209
内部牽制システム … 209
内部証拠 ………… 210
内部統制 ………… 210
内部取引 ………… 210
内部利益 ………… 210
内部利益率法 …… 210
内部留保率 ……… 211
なし崩し償却 …… 211

(に)

荷為替手形 ……… 211
二重記帳 ………… 211
二重責任の原則 … 212
二取引基準 ……… 212
任意積立金 ……… 212

(ね)

値洗基準 ………… 213
根抵当 …………… 213
年金会計 ………… 213
年金債務 ………… 214
年金資産 ………… 214
年金資産の公正価値 … 214
年金費用 ………… 214

(の)

のれん …………… 215
のれん償却 ……… 215

(は)

パーチェス法 …… 216
売価還元原価法 … 216
売価還元低価法 … 216
廃棄法 …………… 216
廃棄法(環境) …… 216
売却時価 ………… 217
売却時価会計 …… 217
排出権取引 ……… 217
配当可能利益の
　限度額 ………… 217
配当金 …………… 218
配当性向 ………… 218
配当平均積立金 … 218
売買目的有価証券 … 218
配分法 …………… 218
配列基準 ………… 218
パチョーリ ……… 219
発生給付方式 …… 219
発生原則 ………… 219
発生主義会計 …… 220
バランス・スコアカード
　………………… 220
半期報告書 ……… 220
半製品 …………… 221
販売基準 ………… 221
販売費及び
　一般管理費 …… 221

(ひ)

ピア・レビュー … 222
非営利法人 ……… 222
比較可能性 ……… 222
引当金 …………… 222
引当金の設定要件 … 223
引出金 …………… 223
引出金勘定 ……… 223
ビジネス・
　エンティティ … 223
ビジネス・ゲーム … 223
ビジネス・
　セグメント …… 224
非支配株主持分 … 224
1株当たり経常利益 … 224
1株当たり純資産 … 224
1株当たり純利益 … 224
1株当たり比率 … 225
備忘価額 ………… 225
百分率損益計算書 … 225
百分率貸借対照表 … 225
費用 ……………… 226
評価・換算差額金等 … 226
評価勘定 ………… 226
評価減 …………… 226
評価性引当金 …… 227
費用勘定 ………… 227
標準原価 ………… 227
標準原価計算 …… 227
費用性資産 ……… 227
費用動態論 ……… 227
比例費 …………… 228
比例連結概念 …… 228
非連結子会社 …… 228

(ふ)

ファイナンス・
　リース ………… 229
ファンダメンタル
　分析 …………… 229
付加価値 ………… 229
付加価値率 ……… 230
賦課方式 ………… 230
複会計制度 ……… 230
複合金融商品 …… 231
副産物 …………… 231
複式簿記 ………… 231
負債(FASB) …… 231
負債(初学者のための
　定義) ………… 232
負債性引当金 …… 232
負債比率 ………… 233
付随費用(固定資産) … 233
不正 ……………… 233
附属明細書 ……… 233
附属明細書の
　記載事項 ……… 233
附属明細表 ……… 234
普通仕訳帳 ……… 234
不適正意見 ……… 234
部分連結 ………… 234
不偏性 …………… 234
部門共通費 ……… 235
部門個別費 ……… 235
部門別原価計算 … 235
ブランド ………… 235
フレッシュ・
　スタート法 …… 236
フロー式正味財産
　増減計算書 …… 236
不渡手形 ………… 236
不渡手形勘定 …… 236
分割仕訳帳制 …… 236
分記法 …………… 237
粉飾決算 ………… 237

分析的手続 ………… 237
分配可能額 ………… 238
分類基準 …………… 238

(へ)

平価発行 …………… 239
平均耐用年数 ……… 239
ヘッジ会計 ………… 239
ヘッジ対象 ………… 239
別途積立金 ………… 240
変動費 ……………… 240

(ほ)

包括主義損益計算書 … 240
包括利益 …………… 240
報告セグメント …… 241
法人(会社法) ……… 241
法人(民法) ………… 241
法人擬制説 ………… 242
法人実在説 ………… 242
法人税 ……………… 242
法人税等 …………… 243
法人税等調整額 …… 243
法人税法 …………… 243
法定準備金 ………… 244
ポートフォリオ …… 244
簿外資産 …………… 244
簿外負債 …………… 244
簿記公準 …………… 245
保守主義の原則 …… 245
保証債務勘定 ……… 245
保証債務見返勘定 … 246
補助簿 ……………… 246
補助元帳 …………… 246
本支店会計 ………… 246
本支店合併
　損益計算書 ……… 246
本支店合併
　貸借対照表 ……… 246
本店勘定・支店勘定 … 247
本店集中計算制度 … 247

(ま)

埋没原価 …………… 248
前受金勘定 ………… 248
前受収益 …………… 248
前給付 ……………… 248

前払金勘定 ………… 249
前払費用 …………… 249
マテリアル・フロー
　コスト会計 ……… 249
マネジメント・
　アプローチ ……… 249
マネジメント・
　サービス ………… 249
満期保有目的の債券 … 250

(み)

未確定事項 ………… 250
未決算勘定 ………… 250
見越し・繰延べ …… 251
未実現損益の消去 … 251
未収金 ……………… 251
未収金勘定 ………… 251
未収収益 …………… 251
未成工事受入金 …… 252
未成工事支出金 …… 252
未達勘定 …………… 252
未達取引 …………… 252
見積法 ……………… 252
みなし寄付金 ……… 253
ミニ・プロフィット
　センター ………… 253
未払金 ……………… 253
未払費用 …………… 253
未払法人税等 ……… 253
未履行契約 ………… 254

(む)

無額面株式 ………… 254
無形固定資産 ……… 254
無形固定資産の償却 … 255
無限定意見 ………… 255

(め)

名目資本維持 ……… 256
明瞭性の原則 ……… 256

(も)

網羅性 ……………… 257
目的適合性 ………… 257
目標利益 …………… 257
持株会社 …………… 257
持株基準 …………… 258

持分 ………………… 258
持分プーリング法 … 259
持分法 ……………… 259
元入 ………………… 259
元帳 ………………… 260

(や)

役員賞与金 ………… 261
役員退職金 ………… 261
約束手形 …………… 261

(ゆ)

有価証券 …………… 262
有価証券勘定 ……… 262
有価証券の評価 …… 262
有価証券の評価替え … 263
有価証券売却益 …… 264
有価証券売却益勘定 … 264
有価証券評価損益 … 264
有価証券利息 ……… 264
有形固定資産 ……… 265
有形固定資産回転率 … 265
有形固定資産の
　取得原価 ………… 265
有限会社 …………… 265
有限責任 …………… 266
融通手形 …………… 266
優先株式 …………… 266
誘導法 ……………… 266

(よ)

用役潜在力 ………… 267
預金(当座預金以外の
　預金) …………… 267
予算管理 …………… 267
予算差異 …………… 267
予算統制 …………… 268
予測値 ……………… 268
予測給付方式 ……… 268
予測情報 …………… 268
予測情報の監査 …… 268
予定原価 …………… 269
予定原価計算 ……… 269
予約販売 …………… 269

(ら)

ライフサイクル・

コスティング ……… 270

(り)

リース会計 …………… 271
リース資産 …………… 271
リース債務 …………… 271
利益 …………………… 271
利益管理 ……………… 272
利益準備金 …………… 272
利益操作 ……………… 272
利害関係者 …………… 272
リスク・アプローチ … 273
リスク・経済価値
　アプローチ ………… 273
リスクからの開放 …… 273
リスク・ヘッジ ……… 273
利息法 ………………… 274
リニア・
　プログラミング …… 274
流動資産 ……………… 274
流動資産回転率 ……… 274
流動性配列法 ………… 274
流動性分析 …………… 275

流動比率 ……………… 275
流動・非流動法 ……… 275
流動負債 ……………… 275
臨時巨額の損失 ……… 275
臨時償却 ……………… 276

(れ)

劣後株式 ……………… 276
連結会社 ……………… 276
連結株主資本等
　変動計算書 ………… 276
連結キャッシュ・
　フロー計算書 ……… 277
連結計算書類 ………… 277
連結決算日 …………… 277
連結財務諸表 ………… 277
連結財務諸表監査 …… 278
連結財務諸表原則 …… 278
連結財務諸表に関する
　会計基準 …………… 278
連結財務諸表の
　注記事項 …………… 279
連結剰余金 …………… 279

連結損益計算書 ……… 279
連結貸借対照表 ……… 279
連結調整勘定 ………… 279
連結納税制度 ………… 279
連結の範囲 …………… 280
連結のれん …………… 280
連結持分 ……………… 280

(ろ)

労働装備額 …………… 281
労働装備率 …………… 281
労務費 ………………… 281

(わ)

ワラント債 …………… 282
割引キャッシュ・
　フロー(DCF)法 …… 282
割引手形 ……………… 282
割引手形勘定 ………… 282
割引発行 ……………… 282
割引料 ………………… 283
割増償却 ……………… 283

あ

あいふぁすorいふぁーす【IFRS】
International Financial Reporting Standards

　国際財務報告基準の略称である。国際会計基準委員会（IASC）を改組して2001年に誕生した国際会計基準審議会（IASB）が作成・公表した会計基準を指す。IASCが作成・公表した会計基準である国際会計基準（IAS）と区別するためにIFRSという呼称が用いられているが、近年は両者を指す呼称としてIFRSsという表記も用いられることがある。　　　　　　　　　（和田博志）

あおいろしんこくせいど【青色申告制度】

　青色申告制度とは、一定の帳簿書類を備え付け、取引を記録、保存し、これらをもとに申告書を作成するものであって、かつあらかじめ青色申告の承認申請書を提出して、承認を受けたものに対し、税務上の特典を認める制度である。納税者の帳簿の備付けと日々の取引の正確な記帳を奨励することを目的としている。確定申告書およびその修正申告書を青色の申告書によって提出することから、青色申告と呼ばれる。税務上の特典として、欠損金の繰越控除および繰戻しによる還付、諸特別償却、準備金の損金算入、諸税額控除、および帳簿書類の調査なしには更正処分がされず、さらに更正処分には理由の附記が必要となるといった手続上の優遇などがある。　（澤登千恵）

あきゅみゅれーしょん【アキュミュレーション】accumulation

　他社発行の社債を割引きで取得した場合、その取得原価で記録し貸借対照表価額とするのが原則である。割引額は利息の前払分と考えられるが、原則に従えば全額が償還期の利息となり、期間損益計算に偏りが生ずる。そこで、発生ベースで毎期一定の金額を受取利息として配分処理するとともに同額で有価証券勘定を増価させることが認められているが、この方法をアキュミュレーションという。⇨アモーティゼーション，社債　　　　　　　　　（李　精）

あくせすじかん【アクセス時間】
access time

　アクセスタイム、呼出時間ともよばれる。記憶装置上のデータに転送要求が出されてから、データの受渡しが完了するまでの時間をいう。磁気ディスクなどのアクセス時間は、「待ち時間」に「転送時間」を加えたものとして表される。パソコンにおいても、システムの性能を測る尺度のひとつとして用いられている。　　　　（池田公司）

あずかりきん【預り金】
deposit received

　預り金とは，預けた本人に直接返済するかまたは第三者に支払うために一時的に預かった金銭等をいう。通常の営業取引に関連して生ずるものに，保証金預り金などがある。また国庫や健康保険組合に対する預り金として，企業が源泉徴収する役員・従業員の所得税預り金，健康保険料預り金，厚生年金保険料預り金などがある。ただし，役員または従業員の社内預金等は，預り金としては扱わない。⇨源泉所得税預り金勘定，源泉徴収　　　（濱沖典之）

あずかりゆうかしょうけん【預り有価証券】securities received as deposit

　預り有価証券とは，売掛金等を担保するための営業保証金を取引先から短期で受け入れる，あるいは入札保証金を受け入れるなどの際に，金銭に代えて差入れを認められた市場性のある有価証券のことをいう。これには，受託者が保管すべき有価証券を取得し，これを消費した後，同一銘柄でその権利や経済的価値が同じものを同量返済する契約（消費寄託）で受け入れるものと，譲渡担保の方法で受け入れるものとがある。　　　　　　　　　　（濱沖典之）

あそばっと【ASOBAT】

　アメリカ会計学会（American Accounting Association）が1966年に公表した『基礎的会計理論』（A Statement of Basic Accounting Theory）の略称である。この報告書は，「序説」，「会計基準」，「外部利用者のための会計情報」，「内部経営管理者のための会計情報」，「会計理論の拡張」の5章から構成され，情報利用者の立場に立った会計のあり方と会計領域の拡大を議論している。この報告書では，会計は，「情報の利用者が事情に精通して判断や意思決定を行うことができるように，経済的情報を識別し，測定し，伝達するプロセス」と定義され，会計情報が情報利用者の意思決定に役立つためには，目的適合性，計量可能性，不偏性および検証可能性の四つの基準を充足する必要があるとしている。この報告書以後，情報会計という新たな研究領域が開花したことから，当該会計研究の原点ともいうべき報告書である。⇨目的適合性，検証可能性，情報会計

（河﨑照行）

あっしゅくきちょう【圧縮記帳】

　圧縮記帳とは，税法の規定により国庫補助金・工事負担金・交換・収用・特定の資産の買換えなどで取得した資産について，その資産の実際の取得価額から受贈益または譲渡益相当分だけ減額（圧縮）した額を帳簿価額とする政策的課税処理方法である。これは，一定の条件で取得した資産につき実際の取得価額を帳簿価額として課税するならば，納税により当該企業の資金繰りが一時的に圧迫されるので，課税を将来に繰り延べるための配慮である。⇨国庫補助金，建設助成金　　（濱沖典之）

あっぷ・すとりーむとりひき【アップ・ストリーム取引】
up-stream transaction

　アップ・ストリーム取引とは，連結会社間における取引のひとつで，子会社から親会社に棚卸資産，有形固定資産その他の資産を販売する取引をいう。そして，「連結財務諸表に関する会計基準」においては，当該取引により子会社に生じた未実現損益はその全額を消去するとともに，当該子会社に非支配株主が存在する場合には，それを親会社と非支配株主の持分比率に応じて親会社持分と非支配株主持分に配分するものとしている。⇨ダウン・ストリー

ム取引　　　　　　　（芝田全弘）

あといれさきだしほう【後入先出法】
last in first out, LIFO

　後入先出法は，棚卸資産の評価法のひとつであって，「原価の流れの仮定」に関して，後入れ先出しの仮定を設定し，当該仮定に従って棚卸資産の取得原価を配分する方法である。すなわち，「最も新しく取得されたものから払出しが行われ，期末たな卸品は最も古く取得されたものからなるものとみなして期末たな卸品の価額を算定する方法」（企業会計原則注解〔注21〕(1)ハ）である。

　後入先出法の目的は，現在収益と同一（または同質）価格水準的なカレント・コストからなる棚卸資産費用を算定することである。つまり，実質的費用（売上原価）の算定を通して処分可能現金利益を確定し実物資本維持を達成することであり，そのことによって棚卸資産利益も排除される。したがって，「原価の流れの仮定」は当該目的達成のためのたんなる手段にすぎず，当該仮定と実際の商品の流れとの合致いかんには意義がない。

　後入先出法の目的の達成いかんは，期末数量と期首数量との大小関係のいかんにかかっており，また適用期間の長短にかかっている。すなわち，「食込み」（期末数量＜期首数量）の場合には，当該目的の達成は阻害される。また，適用期間が長いほど，すなわち，適用期間の長い「期別後入先出法」がそれの短い「その都度後入先出法」に比較して後入先出法の目的をより良く達成する可能性がある。ただし，現在は後入先出法の採用は認められていない。⇨先入先出法，移動平均法，総平均法
　　　　　　　　　　　　（平敷慶武）

あときゅうふ【後給付】

　シュマーレンバッハ（Schmalenbach, E.）によって呼称される「負債」の概念である。貸借対照表の貸方側には，(1)収入・「未収益」，(2)収入・「未支出」と(3)費用・「未支出」の未解決項目に加えて，(4)資本が収容されるが，資本は除いて，負債の概念は，使用給付または用益給付か，金銭給付が将来に引き渡される，そのような可能性が高いか確実であるという意味の「将来のマイナスの効用」をもたらすものと理解される。もちろん，金銭給付か，使用給付または用益給付が過去または現在に受け取られた，そのような事実がある場合に限定されてのことである。資産の概念として呼称される「前給付」に対立する。「消極給付」とも呼称される。貸借対照表は前給付と後給付を表示することで，企業の「力の貯蔵」を表現するものと理解される。⇨動的貸借対照表，前給付　　（土方　久）

あもーてぃぜーしょん【アモーティゼーション】amortization

　他社発行の社債をプレミアム付き（打歩（うちぶ））で取得した場合，その取得原価で記録し貸借対照表価額とするのが原則である。プレミアムは利息のマイナス分と考えられるが，原則に従えば全額が償還期の負担となり，期間損益計算に偏りが生ずる。そこで，発生ベースで毎期一定の金額を受取利息のマイナスとして配分処理するとともに同額で有価証券勘定を減価させることが認められているが，この方法をアモーティゼーションという。⇨アキュミュレーション，社債　（李　精）

あらいがえほう【洗替法】

　決算時において資産評価を行う際の処理方法のひとつである。棚卸資産，有価証券について，前期に計上した評

価損を翌年度に戻し入れ，新たに期末にその取得原価と時価とを比較する方法をいう。これは切放法と対比される。債権については，前期に設定した貸倒引当金の残高を戻し入れて，新たに期末債権額に対する要設定額をもって貸倒引当金を設定する方法をいう。これは差額補充法と対比される。⇨切放法，差額補充法　　　　　　　　（千葉啓司）

ありだかたいしゃくたいしょうひょう【有高貸借対照表】

有高貸借対照表は，決算日において企業が保有する有高を一表にまとめたものであり，通常の意味での貸借対照表である。この貸借対照表は一定時点における企業の財政状態を表示するものであるから時点貸借対照表ともいわれる。コジオール（Kosiol, E.）によれば，有高貸借対照表の左側（借方側）は，一般的な資本の具体化したかたちとしての経済財つまり企業の価値貯蔵（財産）を表示し，その右側（貸方側）は，その由来（資本源泉）に従ってすべての財産部分の抽象的な貯蔵性を表示する。　　　　　　　　（笠井敏男）

あんぜんせい【安全性】
financial soundness

収益性分析と並ぶ財務諸表分析のひとつである安全性分析は，企業の財務構造や資金繰りの健全性，債務不履行などによる倒産の危険があるか否かを評価しようとする分析手法である。安全性分析は，企業の返済能力の評価に重点を置いた狭義の意味と，企業の経済活動の安定的な継続や財務的な堅実性に重点を置いた広義の意味を包含している。安全性分析により，流動性の程度（流動比率），資金源泉と資金使途との適合性（固定比率），および資金調達の健全性（自己資本比率・負債比率）を把握することができる。

（姚　小佳）

い

いけんけいせいのきそ【意見形成の基礎】

監査対象に対する監査人の合理的結論（確証）であり，監査プロセスの最終段階で形成される意見表明の根拠をいう。監査基準の第三 実施基準，一 基本原則３では，監査人に，設定した監査要点に対する十分かつ適切な監査証拠を入手して意見形成の基礎を得るように要請している。十分かつ適切な監査証拠の入手により判明した問題点やそれに対する経営者の態度等を考慮し，総合的に判断し，さらに監査業務の審査を経た結果として意見形成の基礎は得られる。　　　　　　（松井隆幸）

いけんふひょうめい【意見不表明】
disclaimer of opinion

監査対象とした財務諸表の重要な項目について，重要な監査手続が実施できなかったために，あるいは重要な未確定事項が存するために，監査人が自己の意見を形成するに足る合理的な基礎を形成できないために当該財務諸表

についての適正性判断を留保し，意見の表明を差し控えることをいう。この場合，監査人は財務諸表に対する意見を表明しない旨およびその理由を監査報告書に記載する。監査人が財務諸表の適正性を否定するに足る合理的な基礎を得ている場合には不適正意見（ないし反対意見）が積極的に表明されるが，意見不表明とされている場合には監査人は財務諸表が適正であるとも不適正であるとも意見表明していないのである。⇨監査意見　　　　　　（津田秀雄）

いしけっていかいけい【意思決定会計】

情報利用者の意思決定に対する役立ちを重視した会計領域をいう。一般に，意思決定は，問題の定式化，各種代替案の探求，評価および選択といったプロセスから構成される。意思決定会計では，このプロセスを支援するうえで有効な会計システムや会計情報のあり方が議論される。意思決定会計は，広義には，会計領域全般を意味することになるが，狭義には，業績管理会計と対比される管理会計の一領域を意味する。　　　　　　　　　　（河﨑照行）

いしけっていしえんしすてむ【意思決定支援システム】
decision support system

企業経営者など組織の意思決定者の，その戦略など意思決定にかかわる問題解決について，支援するコンピュータシステム，またはシミュレーション機能をもった応用プログラムをいう。意思決定に必要な情報を正確かつ迅速に蓄積，集計，分析し，さまざまな情報を利用者に提供する。組織の内部状況や外部環境に関する分析，および将来的な動向の予測が可能であり，利用者が使いやすいシステムを構築する必要がある。　　　　　　　　　　（浮田　泉）

いしけっていゆうようせい【意思決定有用性】decision usefulness

有用性とは，情報利用者の意思決定に対する役立ちをいう。具体的には，投資者の投資意思決定，債権者の与信意思決定，その他情報利用者の類似の意思決定にあたり，当該意思決定を合理的に行わせるうえで役立つ情報が有用性ある情報とされる。かかる情報は，目的適合性と信頼性の要件を充足する必要がある。また，意思決定に対する有用性に焦点を当てた会計研究を意思決定有用性アプローチという。このアプローチは，(1)意思決定モデルの研究と(2)意思決定者の研究に大別される。前者は，情報利用者の標準的な意思決定モデルの展開を試みる規範的研究であるのに対し，後者は会計情報の有用性に関する記述的研究（経験的研究）であり，意思決定者の行動が観察される水準に従って，①個人レベルの行動主義的会計研究と②集合的市場レベルの効率市場的会計研究に区別される。前者①は，会計情報と個人の反応に焦点を当てた研究であるのに対し，後者②は，会計情報と証券市場との関連性に焦点を当てた研究をいう。
　　　　　　　　　　（河﨑照行）

いたくはんばい【委託販売】
consignment sale

委託販売は，自己の商品を他の企業に委託して販売させる販売形態である。委託販売のために商品を受託者に積送すれば，その商品の仕入原価を仕入勘定から積送品勘定に振り替える。積送諸掛も，一般に，積送品勘定に借記する。積送品が受託先で販売されると，委託者は，販売基準に従い，受託者が販売した日付で委託販売収益を計上する。ただし，受託者から，仕切精算書が販売のつど送付される場合には，仕切精算書到着日に委託販売収益を計上

することも認められる。販売された積送品の原価は積送品勘定から仕入勘定または積送品売上原価勘定に振り替え、決算日までに販売されなかった積送品の原価は、委託者の期末商品棚卸高に含められる。⇨積送品勘定　（太田正博）

いちじさい【一時差異】

　法人税等については、一時差異に係る税金の額を適切な会計期間に配分し、計上しなければならない。

　一時差異とは、貸借対照表および連結貸借対照表に計上されている資産および負債の金額と課税所得計算上の資産および負債の金額との差額をいう。一時差異は、例えば、次のような場合に生ずる。
(1) 財務諸表上の一時差異
　① 収益または費用の帰属年度が相違する場合
　② 資産の評価替えにより生じた評価差額が直接資本の部に計上され、かつ、課税所得の計算に含まれていない場合
(2) 連結財務諸表固有の一時差異
　① 資本連結に際し、子会社の資産および負債の時価評価により評価差額が生じた場合
　② 連結会社相互間の取引から生ずる未実現損益を消去した場合
　③ 連結会社相互間の債権と債務の相殺消去により貸倒引当金を減額修正した場合

　一時差異には、当該一時差異が解消するときにその期の課税所得を減額する効果を持つもの（「将来減算一時差異」という）と、当該一時差異が解消するときにその期の課税所得を増額する効果を持つもの（「将来加算一時差異」という）がある。（「税効果会計に係る会計基準」第二・1）

　一時差異等に係る税金の額は、将来の会計期間において回収または支払いが見込まれない税金の額を除き、繰延税金資産または繰延税金負債として計上しなければならない。繰延税金資産については、将来の回収の見込みについて毎期見直しを行わなければならない。繰延税金資産または繰延税金負債の金額は、回収または支払いが行われると見込まれる期の税率に基づいて計算するものとする。(同第二・二)

（興津裕康）

いちとりひききじゅん【一取引基準】

　外貨建で商品等の輸出入が行われた場合に、当該外貨建取引と当該取引の代金決済取引とを連続したひとつの取引とみなして会計処理を行う考え方をいう。このため、取引時点から決済時点までの間に為替相場が変動した場合、その影響額は、為替差損益として処理されるのではなく、取引時に記録された金額の修正として処理されることになる。一取引基準には、当初の外貨建取引の金額を決済時点まで確定できないという欠点がある。⇨二取引基準

（中島稔哲）

いちねんきじゅん【一年基準】

one-year rule

　流動資産と固定資産、流動負債と固定負債を区分する際に、正常営業循環基準と併せて用いられる基準である。もともと、債務者の支払能力を判定する目的で用いられたとされる。まず正常営業循環基準の適用により、主目的である営業取引から生じた現金・棚卸資産・売上債権（売掛金、受取手形）・買入債務（買掛金、支払手形）等が流動資産および流動負債に分類され、次に上記以外の資産・負債について、一年基準により貸借対照表日の翌日から起算して1年以内に現金による受取りまたは支払いがなされるか否かといった観点から、流動区分、固定区分のいず

れに分類されるかが決定される。したがって、たとえば貸借対照表日の翌日から起算して1年以内に入金期限が到来する貸付金は流動資産に分類され、1年を超えて入金の期限が到来する貸付金は長期貸付金として固定資産に分類される。⇨正常営業循環基準

(杉山晶子)

いっかつてき・きかんてきたいおう【一括的・期間的対応（期間関連的対応）】

費用収益対応の原則にいう対応には二つの形態がある。ひとつは、売上高と売上原価の関係にみられるような特定の財貨・用役を媒体とした個別的・直接的対応である。これに対し、販売費は売上に貢献していることは明らかであっても、当期の収益への対応を明確に跡づけることは困難である。そこで、販売費や一般管理費は原則として発生した年度の期間的費用とし、営業収益との間には期間関連的な対応関係があると解される。これを一括的・期間的対応とよぶ。営業外費用と営業外収益については、それぞれの費用と収益が別個に測定されて、損益計算書における営業外損益の表示のうえで対応される。期間外費用と期間外収益についても同様で、これらは同一期間に測定された費用と収益という意味での表示形式上での期間対応であって、販売費のような会計処理の実質にふれた期間対応ではない。⇨全体期間的対応

(酒巻政章)

いっかつほう【一括法】

連結財務諸表を作成するにあたり、子会社株式の取得が2回以上にわたって行われている場合における親会社の投資と子会社の資本を相殺する方法の一つで、取得日ごとに段階的に投資と資本の相殺を行うのではなく、支配獲得日に一括して相殺仕訳を行う方法である。

(山地範明)

いっぱんきふきん【一般寄付金】

寄付金のうち、国または地方公共団体への寄付金、指定寄付金、特定公益増進法人への寄付金に該当しない寄付金をいう。法人においては、寄付金を支出した法人の資本等の金額および所得の金額を基礎として計算される損金算入限度額の枠内で、損金の額に算入される（法人税法37条2項）。

(尾上選哉)

いっぱんげんそく【一般原則】

企業会計原則上、損益計算書原則および貸借対照表原則の上位に位置し、企業会計全般に関係する包括的な基本原則である。一般原則は、真実性の原則、正規の簿記の原則、資本取引・損益取引区分の原則、明瞭性の原則、継続性の原則、保守主義の原則、単一性の原則、の7原則からなる。これらの7原則は、「してはならない」、「しなければならない」という文言を含んだ当為命題のかたちをとっている。⇨企業会計原則

(向山敦夫)

いっぱんしゃだんほうじんおよびいっぱんざいだんほうじん【一般社団法人及び一般財団法人】

平成12年に始まった公益法人制度改革に沿って平成18年に成立した「一般社団法人及び一般財団法人に関する法律」より、従来の社団法人および財団法人等は、整理統合され一般社団法人及び一般財団法人、または、公益社団法人及び公益財団法人となった。このうち、一般社団法人及び一般財団法人は、事業に制限がなく、登記のみによって法人格を取得することができるが、社員、設立者に剰余金や残余財産の分配を受ける権利を与えることはで

きないものである。なお，両者の間には，設立に際しての保有財産の制限の有無，機関における社員総会，理事会の設置の必置・任意の差異がある。

(橋本武久)

いっぱんにみとめられたかいけいげんそく【一般に認められた会計原則】
generally accepted accounting principles（GAAP）

　GAAPは一般に適用される規範的レベルの会計手続だけではなく，慣習や規則など会計実務を形成するものすべてを含むものである。歴史的には，1929年にアメリカで起きた世界大恐慌の反省から，投資家の保護と資本市場の健全化をめざして，証券取引委員会（SEC）が設置された。SECは，証券取引所法上の会計士監査に対して，会社の財政状態および経営成績についての完全かつ公正な開示が行われているか，ならびに，財務諸表における重要項目が「一般に認められた会計原則」に準拠しているかについて，監査人は意見を表明しなければならないことを求めた。これに基づき，アメリカ会計学会（AAA），アメリカ公認会計士協会（AICPA），さらには財務会計基準審議会（FASB）などによって会計原則が検討されてきており，これらもさまざまなかたちでGAAPの確立に影響を及ぼしているが，上述のようにこれまでの会計慣習や企業や業界で用いられている会計慣行もGAAPの形成に関与している。⇨証券法，SEC

(岡野　浩)

いどうへいきんほう【移動平均法】
moving average cost method

　棚卸資産および有価証券の評価方法のひとつであり，棚卸資産については種類・品質・型などが同じものによって，有価証券については種類や銘柄によって区分し，取得のつどその数量と金額をすでに保有している当該資産の数量と金額に加え，その合計金額を合計数量で除した加重平均単価を算出し，これにより払出価額を決定する方法である。この方法によると，払出価額は比較的古い取得原価で示され，期末における棚卸資産あるいは有価証券の貸借対照表価額は比較的新しい取得原価で示される。⇨原価配分，原価法　(工藤栄一郎)

いんかむ・げいん【インカム・ゲイン】
income gain

　インカム・ゲインとは，資産運用や投資において資産を保有し続けることにより，安定的また継続的に得られるリターンを指す。たとえば，株式であれば配当金，債券であれば受取利息，また賃貸等不動産であれば賃貸収益のことを指す。インカム・ゲインは，資産の価格変動により生じるキャピタル・ゲインとともに，資産から得られるリターンを構成する。　(安部智博)

いんさいだーとりひき【インサイダー取引】insider trading

　重要な未公開の内部情報を利用できる立場にいる者が，その内部情報が公表される以前にその情報を利用し，株価の変化を見越して株式取引を行い，不当に利得を得，あるいは，損失を回避することによって，利益を得ようとして行う故意の不法行為を，インサイダー取引という。このようなインサイダー取引は，アメリカでは1934年証券取引所法によって規制されているが，インサイダー取引を規制する目的は，証券取引の公正を確保するためである。わが国において，このようなインサイダー取引規制が可能になったのは，1988年の証券取引法改正によるものであり，それ以前には，インサイ

ダー取引に対する規制は存在していなかった。この取引規制の対象となる内部者およびその関連者は，上場会社および店頭登録会社の株式売買にかかわる人たちである。⇨インサイダー取引規制
(道明義弘)

いんさいだーとりひききせい【インサイダー取引規制（情報）】

規制対象となる情報は，株式発行会社の業務等に関する重要な事実および公開買付等の実施・中止に関する情報に限定されている。その規制対象となる情報の内容については，証券取引法166条2項および167条2項において具体的に重要事実を列挙することによって明確に違法とする情報を規定し，曖昧で，抽象的な情報を対象から排除している。なお，アメリカでは，このようなインサイダー取引規制については，1934年証券取引所法にすでに規定が存在し（10条－b項，規則10b－5），機能し続けている。⇨インサイダー取引，インサイダー取引規制（対象者）　（道明義弘）

いんさいだーとりひききせい【インサイダー取引規制（対象者）】

インサイダー取引規制の対象となる内部者およびその関連者は，上場会社および店頭登録会社の株式売買にかかわる人たちである。会社関係者としては，内部者には，(1)株式発行会社の役員，代理人，使用人，その他の従業員，(2)発行済株式数の100分の3以上を所有する主要株主および株主グループ（1993年商法改正による），(3)上記株主が法人の場合，その法人の役員，代理人，使用人，その他の従業員など，また，準内部者としては，(1)法令に基づく権限を有する者（例：公務員など），(2)契約を締結している者（例：弁護士，税理士，公認会計士など）であり，会社関係者は，その立場を去ってからも1年以内は規制の対象となる。さらに，情報受領者（会社関係者から情報を直接受け取った者），および公開買付情報提供者（公開買付者の内部者・準内部者，直接の情報受領者）が対象となる。⇨インサイダー取引，インサイダー取引規制（情報）
(道明義弘)

いんたれすと・かばれっじ・れしお【インタレスト・カバレッジ・レシオ】

借入金の利息の返済能力を示す指標である。獲得した利益によって借入金の利息の支払いを，どれだけカバーすることができるのかを，支払利息の何倍の利益を獲得しているのかによって表す。このとき分子の支払利息は損益計算書の支払利息，社債利息の合計として求められる。対応させる分母の利益としては営業利益に受取利息・配当金といった金融収益を加えた事業利益を用いる。インタレスト・カバレッジ・レシオの数値が1であれば，獲得された利益を全額充当することによって支払利息を返済することができることを表している。　　　　　（石光　裕）

う

うぇぶべーす・れぽーてぃんぐ【Webベース・レポーティング】

インターネットを介して，Webサイト上で行われる電子情報開示である。Webの利用により，会計ディスクロージャーを従来の財務報告からビジネス・レポーティングへと拡大させることが可能になる。Webベース・ビジネス・レポーティングは，伝統的な定期財務報告をリアルタイムな継続的報告へ，また利用者中心の動的・相互的報告へと変化させる。それと同時に，新たな課題として，ハイパーリンクの利用等による開示上の問題や保証問題が起こっている。 （浮田　泉）

うけとりかんじょう【受取勘定】
accounts receivable

製品・商品の販売やサービスの提供など企業の主たる営業活動によって生じた売上債権をいう。比較的の短期間に貨幣で回収可能な債権であり，通常は，売掛金・受取手形を指すが，製品加工料の未収金などもこれに含めることがある。なお，これら営業上の債権を受取勘定として貸借対照表に一括表示する場合には，それぞれの債権に対する貸倒引当金もその合計額を一括して記載する。⇨売掛金，受取手形

（工藤栄一郎）

うけとりてがた【受取手形】
notes receivable

これは，会社の事業目的のため得意先との間で経常的にまたは短期間に循環して発生した取引に基づいて取得した手形債権をいう。たとえば商品売上代金または売掛金に対して，他人振出しの約束手形，または他人支払いの為替手形を受け入れたり，あるいは自己受取りの為替手形を振り出して引受けを得た場合などをいう。測定は，将来の収入額を基礎とするので，取立不能見込額を貸倒引当金として計上し，受取手形から控除することとなる。⇨受取手形勘定，貸倒引当金 （西村重富）

うけとりてがたうらがきじょうとだか【受取手形裏書譲渡高】

手形の裏書とは手形の裏面に署名・押印して第三者に手形上の権利を譲渡することであり，これにより生ずる受取手形裏書譲渡高は，受取手形から控除し貸借対照表の注記事項として記載されることになる。受取手形の裏書人または譲渡人は，手形の支払人が期日に支払いできず，その手形が不渡りになったとき，手形金額および付随費用を支払う義務が生ずる。⇨受取手形勘定，裏書手形勘定，手形裏書義務勘定・手形裏書義務見返勘定，偶発債務 （松井富佐男）

うけとりてがたかんじょう【受取手形勘定】notes receivable account

　主たる営業活動にかかわる取引において生じた手形債権の発生（増加）・消滅（減少）を処理する資産の勘定である。手形債権は約束手形および為替手形の受取人またはその指図人となった場合に発生し，受取手形勘定の借方に記入される。手形の支払期日が到来すると，一般に使用されている統一印刷手形用紙の手形は当座勘定で決済（入金処理）され，受取手形勘定の貸方に記入される。また，不渡りとなった場合あるいは支払期日以前に手形債権を裏書により譲渡した場合も，手形債権が減少するので受取手形勘定の貸方に記入する。ただし裏書による譲渡の場合，受取手形勘定を直接減額せずに評価勘定を使用して処理する方法もある。⇨約束手形，為替手形　　（原　俊雄）

うけとりてがたきにゅうちょう・しはらいてがたきにゅうちょう【受取手形記入帳・支払手形記入帳】

notes receivable book, notes payable book

　主たる営業活動にかかわる取引において生じた手形債権に関する明細を記録する帳簿を受取手形記入帳，手形債務に関する明細を記録する帳簿を支払手形記入帳という。記入事項としては，手形記入帳を補助記入帳として使用する場合には，日付，摘要，手形種類，手形番号，振出日，満期日，支払場所，金額，顛末が両帳簿共通の記入事項であり，さらに受取手形記入帳には支払人欄と振出人または裏書人欄が設けられ，支払手形記入帳には受取人欄と振出人欄が設けられる。また，手形記入帳を特殊仕訳帳として使用する場合には，相手勘定欄および元丁欄と，必要に応じて相手勘定への合計転記のための特別欄を設ける。ただし，手形記入帳を仕訳帳として使用できるのは，手形債権・債務の発生する取引に限られる。⇨受取手形勘定，支払手形勘定，補助簿，分割仕訳帳制　　（原　俊雄）

うけとりてがたわりびきだか【受取手形割引高】notes receivable discount

　手持ちの手形を銀行などに一定の割引料を支払って裏書譲渡することにより，満期日以前に現金化することを手形割引という。手形を割り引いたときは，これを受取手形の科目から除去し，受取手形割引高として貸借対照表の注記事項として記載する。万一，満期日に支払決済が行われず，不渡りとなった場合には，手形の譲渡人は手形の譲受人（銀行）に対して遡求義務を負わなければならない。⇨受取手形勘定，割引手形勘定，手形割引義務勘定・手形割引義務見返勘定，偶発債務　　（松井富佐男）

うけとりてつけきん【受取手付金】receivable of earnest money

　財貨・用役の引渡しの前にその代価の一部または全部を受け取ることによって生じた債務のうち（内金ならば前受金とする）手付の意味で行われたものは，法律上の事実を明らかにするため「受取手付金」として処理する。内金は売買代金の一部を前払いすることで手付と同じではないので，この点に留意する必要がある。　　（西村重富）

うけとりはいとうきん【受取配当金】dividend income

　所有株式の配当金，中小企業協同組合，農業協同組合などの特別法人から受ける出資金に対する配当金，有限会社，合名会社，合資会社からの利益分配金，証券投資信託（公社債投資信託を除く）の収益の分配金などを総じて受取配当金という。受取配当金が計上される時点は，原則として株主総会等に

おいて配当決議がなされたときであるが，実際に配当金を受領した日（配当金領収書受領日）とすることも容認されている。実務においては，配当金受領日に収益として計上することが多い。損益計算書では営業外収益の区分に掲記される。また，税法上のみなし配当と認められた場合も，その金額は受取配当金として処理される。なお，受取配当金は税法上，配当所得とされ，益金不算入項目である。⇨営業外収益

(工藤栄一郎)

うけとりそく・しはらいりそく【受取利息・支払利息】

interest revenue・interest expense

いずれも，金銭貸借から生ずる利息である。受取利息は，預貯金や関係会社・取引先などに対する貸付金から生じた利子，公社債の利息，あるいは公社債投資信託における収益の分配金を受け取ったときに生じ，損益計算書上は営業外収益として表示される。これに対して，金融機関や関係会社などからの借入金に対して支払われる支払利息は，営業外費用として表示される。両者は，性質が異なるので，損益計算書上で相殺表示して処理することは禁止されている。⇨営業外収益，営業外費用

(島田美智子)

うちぶはっこう【打歩発行】

企業が長期資金を調達するために社債を発行する場合，その社債に記載される額面金額（要償還額）と実際に売り出される発行価額は必ずしも一致しない。そのうち，額面金額より高い価額で発行される場合を打歩発行という。こうしたことは社債契約利子率（名目利子率）が市場で償還期間にわたり期待される利回り（実効利子率）を上回る場合に生じる。たとえば，ある会社が社債を額面100円に対し101円で発行した場合，額面を超える1円はこの社債の償還期間にわたり実現する繰延収益である。一方，社債を購入した会社では，購入時には取得原価101円で投資有価証券勘定に記録されるが，額面を超える1円は，当該社債の償還期間にわたり投資有価証券勘定から毎期減額して有価証券利息（減額分）として処理する。⇨社債

(船木高司)

うらがきてがたかんじょう【裏書手形勘定】endorsed notes account

裏書手形勘定とは，手形の裏書譲渡に伴う偶発債務を評価勘定により処理するときの勘定である。手形を裏書譲渡したとき，裏書手形勘定の貸方に記入し，手形が期日に無事決済されたとき，裏書手形勘定の借方と受取手形勘定の貸方に記入する。⇨偶発債務，評価勘定

(長尾則久)

うりあげかんじょう【売上勘定】

sales account

商品売買取引を，分割商品勘定または売上原価対立法により処理する場合に，売上高を記入するための収益に属する勘定である。最も一般的な三分法の処理を前提とすると，売上高は総額で売上勘定の貸方に記入し，返品，値引，割戻しが生じた場合には借方へ記入する。⇨売上値引，三分法，販売基準

(泉　宏之)

うりあげけいさんしょ【売上計算書】

account of sales

仕切精算書ともいう。委託販売において受託者が受託品の販売に関する計算を行い，委託者に報告するために送付する計算書で，売上高，諸経費，受託者の手数料および委託者の手取金が計算表示されている。この計算書に基

づいて，委託者は委託販売に関する収益の計上を行う。⇨仕切精算書

(福島孝夫)

うりあげげんか【売上原価】
cost of sales

売上原価とは，販売された商品・製品などの取得原価であり，それらの売上高と直接的・個別的に対応する費用である。商品の場合，期首商品棚卸高に当期商品仕入高を加え，これから期末商品棚卸高を差し引いたものとして計算される。製品の場合は，期首製品棚卸高に当期製品製造原価を加え期末製品棚卸高を差し引いたものとして計算される。つまり，売上原価額は，費用配分の原則に基づき，商品・製品などの取得原価を期間的に配分することによって算定されるのである。⇨原価配分，収益・費用対応原則 (金戸 武)

うりあげげんかりつ【売上原価率】
sales cost ratio

売上原価率とは，売上高に対する売上原価の割合を示すものであり，販売活動・製造活動の能率を評価するための指標として用いられる。式で表すと，

売上原価÷売上高

となる。

売上高－売上原価＝売上総利益

であるから，売上原価率と売上総利益率は表裏の関係にあり，売上原価率が小さくなればそれだけ売上総利益率が大きくなり，利幅が大きくなることを意味する。売上原価率は，商業では，主として外部的影響を受けるが，製造業では，主として原価管理の良否に影響される。 (金戸 武)

うりあげさいけんかいてんりつ【売上債権回転率】receivables turnover

売上債権回転率は，

売上高÷(受取手形＋手形割引・裏書高＋売掛金－前受金)

で示され，売上債権は1年間に何回転するか，売上代金の回収速度を示す指標をいう。4回転であれば，売上債権は1回転するのに3か月を要することを示している。回転率が低い（回転期間が長い）場合または低下している場合には，回収の滞っている不良債権がないかどうかに注意する必要がある。回転率と回転期間とは逆数の関係にある。 (大矢知浩司)

うりあげそうりえき【売上総利益】
gross profit of sales, gross margin

商品・製品等の売上高からそれに対応する売上原価を控除した差額である。役務の給付を営業とする場合には，営業収益から役務の費用を控除して総利益（損失）を求める。企業会計原則によれば，二つ以上の営業を目的とする企業では費用および収益を主要な営業別に区分して記載する。また，同一営業種類であっても，商品等の販売と役務の給付をともに主たる営業とする場合には，商品等の売上高と役務による営業収益を区別して表示する。

(古木 稔)

うりあげだかげんかしょうきゃくひりつ【売上高減価償却費率】

売上高減価償却費率は，

減価償却実施額÷売上高

で求められ，売上高に対して，どの程度の減価償却費がかかっているかを示す比率である。この比率は，業種により異なるが，製造業では，設備過剰から減価償却費の負担が過大になっているかどうかをみることができる。

(大矢知浩司)

うりあげだかこうこくひりつ【売上高広告費率】

売上高広告費率は,
　広告宣伝費÷売上高
で求められ, 売上高に対して, どの程度の広告費をかけているか, その割合を示す比率である。この比率は, 業種により異なるが, とくに消費財産業, 小売業等では将来の成長を予測する指標でもある。　　　　　（大矢知浩司）

うりあげだかじゅんりしふたんりつ【売上高純利子負担率】

売上高純利子負担率は,
　（支払利息＋社債利息＋社債発行費償却－受取利息－受取配当金）÷売上高
で求められ, 売上高に対して, どの程度の純利子の負担になっているかを示す比率である。この比率が高いときは経常利益を圧迫する。　（大矢知浩司）

うりあげだかじんけんひりつ【売上高人件費率】

売上高人件費率は,
　人件費÷売上高
で求められ, 売上高に対して, どの程度の人件費がかかっているかを示す比率である。この比率が一定であるときは, レイオフ・出向等で人件費を抑え経営状況に対処していないかどうか, 従業員増減数をみる必要がある。
　　　　　　　　　　（大矢知浩司）

うりあげだかはんかんひりつ【売上高販管費率】

売上高販管費率は,
　販売費・一般管理費÷売上高
で求められ, 売上高に対して, どの程度の販売費・一般管理費（営業経費）がかかっているかを示す比率である。この比率が低いほど, 経費が節約されていることを示す。　（大矢知浩司）

うりあげだかひようりつ【売上高費用率】

売上高に対する費用の割合（費用÷売上高）であり, 費用率ともいう。売上高利益率とは表裏の関係にある。つまり, 1（100%）から売上高費用率を差し引いたものが, 売上高利益率である。売上高費用率には,

(1) 売上原価÷売上高＝売上原価率

(2) 販売費÷売上高＝$\dfrac{売上高}{販売費率}$

(3) $\dfrac{一般}{管理費}$÷売上高＝$\dfrac{売上高一般}{管理費率}$

(4) $\dfrac{営業外}{費用}$÷売上高＝$\dfrac{売上高営業}{外費用率}$

がある。たとえば売上高利益率が低ければ, 売上高費用率は高いということになる。こうした費用が高いということは費用の節減をする必要がある。

売上原価率の分析に際しては, 主たる商品・製品等の原価引下げや原価節減と売上品構成の検討が必要となる。また, 売上高販売費率をはじめ(1)以外の比率を検討する場合には, 販売費率, 一般管理費率, 営業外費用率（売上高利子負担率）などに注目する必要がある。
　　　　　　　　　　　（古木　稔）

うりあげだかりえきりつ【売上高利益率】

profit ratio of sales, sales profit ratio

売上高に対する利益の割合（利益÷売上高）であり, 販売利益率ともいう。企業の収益力を示す指標である。分子の利益に損益計算上の売上総利益, 営業利益, 経常利益, 当期純利益を使用することによって, 売上総利益率, 売上高営業利益率, 売上高経常利益率, 売上高当期純利益率が算出される。これらの比率は高いほど良好とされるが, 比率の大きさは売上高と諸費用により規定されるので慎重に考える必要がある。四つの比率を比較することで, ど

の段階でどれくらいの費用が発生しているかを分析することが可能である。売上高利益率は資本利益率の大きさを確定する要素であり、この比率を上昇させるには、販売価格の上昇および販売数量の増大、費用の引下げに努め、同種同規模企業間相互の期間比較を行うこと、そして資本回転率を考慮して、資本利益率の上昇を目的とする適正な利益率を見積もること等、総合的検討を行う必要がある。売上高利益率は、経営合理化をめざすうえで重要な指標である。　　　　　　　（古木　稔）

うりあげちょう【売上帳】sales book

売上帳とは、販売活動の明細を記録するための補助簿である。売上のつど、日付、得意先、支払方法、品名、数量、単価、および金額などが記録される。また、売上金額から控除されるべき売上品の戻り、値引き、および割戻しなどについても記録され、この場合は赤字で記入される。売上帳は、特殊仕訳帳制のもとでは特殊仕訳帳のひとつとして用いられ、この場合には、たんなる補助簿ではなく、単一仕訳帳制のもとでの仕訳帳（主要簿）から売上取引の仕訳を独立させた仕訳帳へと転化する。⇨補助簿、特殊仕訳帳制、仕訳帳、主要簿　　　　　　　　　（澤登千恵）

うりあげねびき【売上値引き】
sales allowance

販売した商品について品質不良、数量不足、および破損などの不備があった場合、そのクレームに対して、商品の売上代金を控除することによって対処する場合がある。この控除額を売上値引きという。売上値引きは、売上勘定の借方に記入されるとともに、掛取引の場合は売掛金勘定の貸方に、現金取引の場合は現金勘定の貸方に記入される。⇨売上勘定、掛取引、売掛金勘定、現金勘定　　　　　　　（澤登千恵）

うりあげわりびき【売上割引き】
sales discount

商品の掛販売を行う場合、売掛金の早期回収を目的として、返済期日前の支払いに対してその一部を割り引く旨の契約を行うことがある。この割引額を売上割引きという。売上割引きは、売掛金回収時に売掛金勘定の貸方に記入されるとともに、売上割引勘定の借方に記入される。一般的には、金融上の費用として捉えられ、損益計算書上、営業外費用に含められる。⇨掛取引、売掛金、売掛金勘定、営業外費用　　　　　　　　　　　（澤登千恵）

うりあげわりもどし【売上割戻し】

販売時点で計上した売上収益と売掛金は、種々の理由により、その一部が事後的に減額される場合がある。このうち、一定期間に所定の販売額や販売数量を超えて取引が行われた場合、売手は売上代金の一部を売上代金から差し引き、得意先に現金で支払うかあるいは売掛金と相殺することがある。このように、販売促進のために行う代金の減額を売上割戻しという。一方、買手の側では、これにより受け取った現金または買掛金と相殺されたものを仕入割戻しという。　　　（津村怜花）

うりかけきん【売掛金】
accounts receivable

売掛金とは、主たる営業目的のため経常的に発生し短期間で営業資金循環する過程上にある営業上の未収入金をいう。すなわち、商業・工業における商品・製品の販売またはサービス業における役務の提供による営業収益の未収入金をいう。売掛金は、得意先の人名勘定を統轄した勘定であるので普通は得意先元帳（売掛金元帳）が設けら

れる。測定は，将来の収入額でもって測定する。そこで回収不能見込額を見積もり，これを貸倒引当金として売掛金から控除する。⇨売掛金勘定，貸倒引当金 　　　　　　　　（西村重富）

うりかけきんかんじょう【売掛金勘定】

売掛金勘定とは，売掛金の発生・消滅・残高に関する記録処理を行うために総勘定元帳に設けられる勘定をいい，資産に属する。売掛金が発生した場合は当該勘定の借方に記入し，売掛金を現金などによって回収した場合には当該勘定の貸方に記入する。売掛金元帳に設けられた取引先ごとの人名勘定に売掛金勘定の明細が記録されている場合，売掛金勘定は，売掛金元帳における人名勘定を一括してとりまとめる統制勘定（統括勘定）の役割を果たすことになる。なお，固定資産や有価証券の売却といった主要な営業活動以外の取引によって生じる未収入金を処理するための未収金勘定とは区別される。
⇨売掛金，売掛金元帳　　（齊野純子）

うりかけきんもとちょう【売掛金元帳】sales ledger

売掛金元帳は，得意先元帳ともよばれ，総勘定元帳の売掛金勘定に対して補助元帳の役割を果たしている。商品の売買取引によって発生した売上債権は，総勘定元帳の売掛金勘定に記帳される。得意先が数社の場合はこれでもよいが，数十社あるいは数百社となると，各得意先名ごとの明細記録が必要になる。すなわち，人名別に勘定を開設して，そこに売掛債権の増減の記帳を行うのである。このように，統制勘定である売掛金勘定の残高明細を記録する補助元帳が売掛金元帳である。⇨売掛金勘定　　　　　　（胡　義博）

うんてんしほん【運転資本】
working capital

運転資金ともいい，企業の経営活動を円滑に行うため経常的に必要な資金のことである。通常，貸借対照表上の流動資産と流動負債との差額として，あるいは固定負債・自己資本の合計と固定資産との差額として求められるので，正味運転資本とよぶこともある。これは，企業の財務流動性を判断するひとつの指標として，経営分析で財務比率を計算する場合の重要な計算要素となる。なおほかに，流動資産の総額と解釈し，総運転資本とよぶ説もある。
　　　　　　　　　　　　（橋口　徹）

うんどうたいしゃくたいしょうひょう【運動貸借対照表】

運動貸借対照表とは，貸借対照表項目の期中における取引額の総額を集計し，分類・整理し，企業の財務過程の経過を総括的に表示する貸借対照表である。この運動貸借対照表は総額運動貸借対照表といわれ，また期間貸借対照表ともいわれる。運動貸借対照表には，そのほかに総額運動貸借対照表の関連する項目を相殺することにより作成される純額運動貸借対照表があるが，一般には総額運動貸借対照表を指すことが多い。　　　　　　　（笠井敏男）

え

えいきゅうさい【永久差異】
permanent difference

会計上と税務上の会計処理に相違が存在する場合における，税金控除前の会計上の収益および費用と税務上の益金および損金の差額，ないしは貸借対照表に計上されている資産および負債の金額と課税所得計算の結果算定される資産および負債の金額の差額のうち，将来の期間に解消しないものをいう。前者の例は，受取配当等の益金不算入や交際費の損金算入限度額があり，後者の例は，損金算入されない科料や罰金の未払金がある。⇨一時差異

(石田万由里)

えいぎょうがいしゅうえき【営業外収益】non-operating income, non-operating revenue

営業外収益とは，企業の主たる営業活動以外の源泉より生ずる収益のうち，その発生が経常的なものをいう。すなわち，商品・製品の製造ないし販売，役務の提供などの取引以外の，副次的・付随的な営業活動により生ずる収益をいう。これには財務活動によって生ずる受取利息，有価証券利息，受取配当金，仕入割引，有価証券売却益，投資不動産賃料，雑収入などがある。
⇨受取配当金，受取利息・支払利息

(濱沖典之)

えいぎょうがいそんえきのぶ【営業外損益の部】

営業外損益の部は主たる営業活動に付随して生ずる財務取引からの損益を収容する区分である。平成18年以前の計算書類規則によれば，損益計算書には，経常損益の部および特別損益の部を設け，経常損益の部は，営業損益の部および営業外損益の部に区分される。営業外損益の部は，通常，営業外収益と営業外費用に区分表示され，営業外収益・営業外費用は，本来の営業活動以外の原因から経常的に生じ，主として資金調達取引や財政金融上の取引に関連して生じる。⇨営業外収益，営業外費用

(河内 満)

えいぎょうがいひよう【営業外費用】
non-operating expense

おもな営業活動以外から生じ，しかも毎期経常的に発生する費用を営業外費用という。これは主として財務活動から生じる。財務諸表等規則および財務諸表等規則ガイドラインによれば，支払利息，社債利息，社債発行費償却，創立費償却，開業費償却，貸倒引当金繰入額または貸倒損失（販売費として記載されるものを除く），有価証券売却損，有価証券評価損，売上割引その他の金融上の費用などがこれに属する。

(中田 清)

えいぎょうきゃっしゅ・ふろーたいせつびとうしひりつ【営業キャッシュ・フロー対設備投資比率】

営業キャッシュ・フロー対設備投資比率は，

営業キャッシュ・フロー÷設備投資で求められ，営業キャッシュ・フローが設備投資をどの程度負担できるかを表す指標であり，設備投資比率ともよばれる。同比率が100％を超えている場合は，設備投資が営業キャッシュ・フローで賄える範囲で行われていることを意味し，超過分は借入金の返済や株主への配当等に利用することができる。この比率を改善するには，営業キャッシュ・フローを増加させるか，設備投資を減少させる必要がある。また営業キャッシュ・フローから設備投資等を差し引いた残額はフリー・キャッシュ・フローとよばれ，資金提供者へ返済または分配できる額を表し，代表的な経営指標として位置づけられている。

（辻川尚起）

えいぎょうけん【営業権】goodwill

企業が営業活動を継続していくなかで付与される物的あるいは人的条件における長所を暖簾（のれん）という。これには，企業の経営努力によって創設される自己創設暖簾と，他企業を買収することによって得られる買入暖簾がある。自己創設暖簾は，測定の客観性に欠け，恣意性が介入する危険があるとの理由から会計上これを容認していない。したがって，会計上の暖簾つまり営業権は，企業の買収，合併にあたって，受け入れた純資産よりも多額の対価を支払ったり，株式を発行して交付したときの差額であり，企業の超過収益力を示すものである。暖簾は，営業権という科目で処理され，貸借対照表に無形固定資産として計上される。
⇨のれん　　　　　　　　（島田美智子）

えいぎょうじゅんかんきじゅん【営業循環基準】

⇨正常営業循環基準

えいぎょうそんえきけいさん【営業損益計算】

企業の目的としての本来の営業活動から生ずる収益と費用を対応表示して，営業利益（損失）を計算する損益計算上の区分である。営業損益は営業外損益に対する対概念であり，両者は企業の主たる営業活動より発生したか否か，そして費用収益の対応関係があるか否かによって区分される。したがって，売上高からそれに対応する商品・製品の売上原価を控除して売上総利益（粗利益，荒利益）を計算し，さらに売上総利益から販売活動および全社的な業務管理活動に費やした販売費及び一般管理費を控除して営業利益（損失）を計算する。企業の経営活動は営業損益を高めることを意図しているので，営業損益は，主たる営業活動の成果としての収益力を示している。

（古木　稔）

えいぎょうそんえきのぶ【営業損益の部】

企業会計原則によれば，損益計算書は，企業の経営成績を明らかにするために，一会計期間に属するすべての収益とこれに対応するすべての費用とを記載して経常利益を表示し，これに特別損益に属する項目を加減して当期純利益を表示しなければならない。これに対応して，損益計算書には，営業損益計算，経常損益計算および純損益計算の区分を設けることが求められ，営業損益計算の区分では，当該企業の営業活動から生ずる費用および収益を記載して営業利益を計算する。なお，二つ以上の営業を目的とする企業にあっては，その費用および収益を主要な営

業別に区分して記載することとされている。　　　　　　　　（浦崎直浩）

えいぎょうほうこくしょ【営業報告書】business report
　旧商法281条１項３号によりその作成が求められていたが、平成18年５月に施行された会社法では「事業報告」（435条２項）に変更された。「事業報告」では、当該株式会社の状況に関する重要な事項（計算書類およびその附属明細書ならびに連結計算書類の内容となる事項を除く）等が記載される（会社法施行規則118条）。　　　　　（桝岡源一郎）

えいぎょうりえき【営業利益】operating profit, operating income
　損益計算書における営業損益計算区分では、一会計期間に属する売上高と売上原価とを対応表示させ売上総利益を計算し、さらにこれから販売費及び一般管理費を控除して営業利益を計算表示する。営業収益たる売上高と、営業費用たる売上原価さらに販売費及び一般管理費との間には、因果関係という意味での対応関係が認められるため、営業利益は企業の本来の営業活動に基づく正常な収益力の判断指標となる。
⇨営業損益計算　　　　　　（鈴木昭一）

えいぎょうればれっじ【営業レバレッジ】operating leverage
　企業の売上高の変動が、営業利益の額の変動に与える大きさを表す指標である。営業利益の変化率を売上高変化率で除して計算される。営業活動によって発生する費用は、操業度（売上高）に応じて変化する変動費と一定のままの固定費によって構成され、これら費用発生の様子は企業によって異なる。そのため売上高から費用を差し引いた営業利益がゼロとなる操業度（売上高）を表す損益分岐点も企業によって異なる。このとき、売上高に生じた変動が、営業利益の計算の段階において、より大きな変動となって現れることを、この仕組みになぞらえてこうよぶ。　　　　　　　　　（石光　裕）

えいべいしきけっさんほう【英米式決算法】
　決算時の総勘定元帳の勘定締切りの方法であり、大陸式決算法と対比される。英米式締切法ともいう。英米式決算法では、収益および費用の残高を決算振替仕訳を通じて集合損益勘定に振り替え、集合損益勘定の残高を資本金勘定または繰越利益剰余金勘定に振り替えて締め切る。資産、負債および資本（純資産）に属する各勘定については、決算振替仕訳を行わずに、(1)決算日の日付で、貸借が平均するように残高を直接記入し、摘要欄に次期繰越と赤記する、(2)借方合計と貸方合計を記入して締切線を引く、(3)次期期首の日付で、繰越記入と貸借逆にして、開始残高（繰越残高と同額）を記入し、摘要欄に前期繰越と記入する、(4)最後に、各勘定の繰越残高を集めて繰越試算表を作成し、締切手続きの正確性を検証する。このように、英米式決算法は、資産、負債および資本（純資産）の各勘定については、繰越記入と開始記入を同時に、しかも、仕訳なしに直接行う点と、正確性検証に繰越試算表の作成を要する点で大陸式決算法と異なる。
⇨繰越試算表、次期繰越、大陸式決算法
　　　　　　　　　　　　　（太田正博）

えききん【益金】
　法人税の課税標準である所得金額を計算するための一要素で、基本的には、資本等取引以外の取引にかかるその事業年度の収益の額をいい、その収益の額は、一般に公正妥当と認められる会計処理の基準に従って計算される。た

だし，税法独自の見地から，受取配当等・資産の評価益・法人税等の還付金を益金不算入とするなど，「別段の定め」を設け，企業会計上の収益の額に一定の調整を加えている。⇨課税所得

（藤本大造）

えすいーしー【SEC】
Securities and Exchange Commission

アメリカの証券取引委員会の略称で，1934年証券取引所法により設立された独立行政機関である。1929年のニューヨーク株式市場の大暴落を契機に議会により実施された証券市場調査の報告で，数々の詐欺的行為や不公正取引が明らかになったため，投資者保護を目的とし，情報開示の徹底，不公正取引の防止・摘発，証券市場や業者の監督などを主要な任務として設立された機関である。本部はワシントンにある。上院の承認を得て大統領が任命する5名の委員（任期5年）からなり，その下に企業財務局や市場規制局などの専門部局があり，弁護士や会計士など多数の専門家をスタッフとして抱えている。証券諸法を運用し，規則制定権や準司法的権限を有している。また，法定開示書類の受理・分析・伝達を電子化したEDGARシステムを管理・運営している。⇨EDGARシステム

（外島健嗣）

えすえっちえむかいけいげんそく【SHM会計原則】

SHM会計原則は，1938年，アメリカ会計士協会（AIA）の依頼により，サンダース（Sanders, T.H.），ハットフィールド（Hatfield, H.R.），ムーア（Moore, U.）の3人によって公表された『会計原則に関するステートメント』（A Statement of Accounting Principles）の通称である。これら3教授は，「企業会計と公表財務報告書の明瞭化と改善に有益な会計原則集の形成」を担う委員会を設置するよう，ハスキンズ・アンド・セルズ財団から要請され，会計文献，判例あるいは当時の会社報告書等を再検討することにより，会計慣行を整理し，その問題を浮かび上がらせることになった。その体系は，一般原則，損益計算書原則，貸借対照表原則，連結財務諸表原則の4部から成り立っている。一般原則は，資本と利益との区分の原則，保守主義，財務諸表の形式と用語を取り上げている。このような体系からなるSHM会計原則は，資本と利益との区分，保守主義，財務諸表の形式と用語を最も重要な問題と考えている点に特色があり，わが国の企業会計原則に対して影響を与えている。⇨企業会計原則

（船本修三）

えっくすびーあーるえる【XBRL】
eXtensible Business Reporting Language

各種財務情報を記述するための標準化されたXMLベースのコンピュータ言語のことである。XBRLは，XBRLの仕様を定めた仕様書，その仕様に基づき各種の会計基準に合わせて作成された電子的な財務諸表の雛形であるタクソノミ，その雛形に実際の財務数値が書き込まれたインスタンスという三つの要素から構成される。XBRLには，財務諸表の作成を効率的に行い，あらゆるプラットフォームでも利用可能であり，情報の再利用性を高めることが期待されている。　　　　（中溝晃介）

えでぃねっと【EDINET】
Electronic Disclosure for Investor's NETwork

金融庁の電子開示システムの略称であり，日本版のEDGARシステムである。このシステムは，金融商品取引法

(27条の30の2)では，「開示用電子情報処理組織」と称され，わが国の有価証券報告書等提出会社について，その開示書類の提出，受理，審査および縦覧を電子化したものである。その目的は，証券市場の効率性と公平性の増大，および証券市場の国際競争力の維持と強化にあり，具体的には，(a)提出会社における事務負担の軽減，(b)規制当局における受理，審査，保管，縦覧事務の効率化，(c)投資者における企業情報への迅速かつ公平なアクセスの実現が期待されている。このシステムは，1997年4月に大蔵省（現在の財務省）によって構想され，2000年10月からの試験運用を経て，2004年6月からは全面的な本格稼働が開始された。また，2008年3月には開示書類利用者の利便性の向上等を目的として，インターネット言語であるXBRL（eXtensible Business Reporting Language）の導入により，このシステムの再構築が行われた。

(河﨑照行)

えどがーしすてむ【EDGARシステム】EDGAR system

SEC（アメリカ証券取引委員会）の電子開示システム（Electronic Data Gathering, Analysis and Retrieval System）の略称である。このシステムは，SEC登録企業の情報を電子的に収集，分析，検索するものであり，①受付・受理サブシステム，②分析・審査サブシステム，③伝達サブシステムの三つから構成されている。その目的は，(a)SECの審査効率を高めること，(b)企業の事務コストを軽減すること，(c)投資者や証券アナリストにタイムリーな企業情報を提供すること，(d)これにより証券市場の効率性と投資者間の公平性を高めることにある。このシステムは，1984年に実験が開始され，1996年5月から本格稼働に入り，2002年11月には，外国会社を含むすべてのSEC登録会社に強制適用されている。情報利用者はインターネットを通じて，このシステムにアクセスすれば，世界中のどこからでもSEC登録会社の開示書類を入手できる。また，2009年7月からはインターネット言語であるXBRL（eXtensible Business Reporting Language）が導入され，情報利用者の利便性の向上が図られている。

(河﨑照行)

えむあんどえい【M&A】
Mergers and Acquisitions

M&Aとは企業の合併や買収をいう。これは株式取得や営業譲受などを通じて行われる。競争力の強化，グループの再編などを目的として行われることになる。通常，企業当事者間での合意のもとに合併や買収が行われるが，例外的に，合意のない一方的な買収つまり敵対的買収もある。⇨営業権，のれん，企業結合会計

(興津裕康)

お

おうさ【往査】

広義には監査の実施における方法であり，監査人自らが被監査会社などに出向き，資産の現物，会計記録および関係書類等に対して実査などの監査手続きを実施することである。また，狭義には，被監査事業体以外の場所（親会社，子会社，関連会社等）の会計記録およびこれらの会社からの質問回答のみでは不十分な場合，当該場所（当該会社）に出向き，取引や財務諸表項目に対する監査手続きを実施することをいう。なお，他の監査人の監査を利用することで往査を省略することができる。

（藤岡英治）

おーるそん・もでる【オールソン・モデル】

オールソン・モデルとは，純資産簿価・当期純利益・配当などから株式価値を求めるモデルである。このモデルは，もともと1995年に *Contemporary Accounting Research* の第11巻第2号において，James A. Ohlsonによって提唱されたモデルであるので，このようによばれている。このモデルの最大の特徴は，純資産簿価や当期純利益といった財務諸表のデータから株式価値が求められる点にある。

オールソン・モデルの原型は割引配当モデルに見出されるが，当該モデルでは株式価値と会計データとの関連が明らかではない。そこで，割引配当モデルにクリーン・サープラス関係（期末の純資産簿価＝期首の純資産簿価＋当期純利益－配当）を加味することによって，超過利益モデルが導き出される。しかし，このモデルでは将来の利益流列を予想することが必要であるため，この点を改良したのがオールソン・モデルである。

オールソン・モデルを用いることによって，期末の純資産簿価・当期純利益・当期の配当支払額・将来の超過利益を予想するのに用いられる他の情報という四つの変数から株式価値が求められる。しかし，将来の超過利益を予想するのに用いられる他の情報という変数が曖昧であり操作性に欠けるため，2001年に同誌の第18巻第1号において，当該変数の代わりに次期利益の期待値を用いるモデルが提唱されている。

（山田康裕）

おぶしょん【オプション】option

オプションとは，特定の対象物を一定期日あるいは一定期間内にあらかじめ定められた価格（権利行使価格）で「買う権利」または「売る権利」のことであり，買う権利をコール・オプション（call option），売る権利をプット・オプション（put option）という。
⇨オプション取引
（石原裕也）

おぷしょんとりひき【オプション取引】

オプション取引とは，コール・オプション，プット・オプションという権利そのものを売買する取引のことである。オプションの買い手（holder）は，売り手（writer）に対して一定の対価（オプション料またはプレミアム）を支払うことによって取引が成立する。オプションの買い手は，一定期日（ヨーロピアン・オプション取引の場合）あるいは一定期間内（アメリカン・オプション取引の場合）に契約履行の権利のみを有して義務を負わないのに対して，売り手は買い手の権利行使に応ずる義務のみを負う。⇨オプション，ストック・オプション　　　　　　　　（石原裕也）

おふばらんすとりひき【オフバランス取引】

簿記において記録の対象となる経済活動は「取引」とよばれるが，この取引が発生すると，資産，負債，資本（純資産），収益，あるいは費用が増減したものとみなされ，取引がもたらした経済的結果が財務諸表の金額に反映される。簿記上の取引は最終的には財務諸表の金額を変えることになるから，財務諸表（とくに貸借対照表）のうえに明確に記載されるという意味において，オンバランスシート化される取引，つまりオンバランス取引といえる。しかし，簿記上の取引の内容は限定されていて，ありとあらゆる経済活動が記録の対象となるわけではない。所有権の移転を伴わない賃貸借契約，財・サービスか貨幣の受渡しが伴っていない未履行の契約，成行きに応じて支払義務が変化する債務保証契約，交換の対象そのものが不明確な知的資源や人的資源の取引などは簿記上の取引から除外されており，これらの取引の結果は財務諸表には反映されない。財務諸表には記載されないこれら簿外の取引を指してオフバランス取引という。⇨金融派生商品　　　　　　　　　　（岡部孝好）

おぺれーてぃんぐ・りーす【オペレーティング・リース】operating lease

リースとは，法形式上は賃貸借に属する取引で，特定の賃借人が希望する物件をリース会社が代わって購入し，その賃借人に対して一定期間賃貸する取引をいう。これを金融に対して物融とよぶ。わが国では「機械・設備」が取引の主たる対象となっているが，土地や建物の賃貸借も広い意味でリースの概念に含まれる。リースの形態には，オペレーティング・リースとファイナンス・リースの二つのものがある。オペレーティング・リースは，物件の使用に重点をおいた取引で，物件の修理，維持，保守管理などはリース会社が行い，一定期間前の予告によって中途解約ができる形式のリースである。リース期間は，通常1年とすることが多い。⇨ファイナンス・リース　　　（浦崎直浩）

おやがいしゃ【親会社（支配会社）】parent company

親会社とは，他の企業（会社および会社に準ずる事業体をいい，会社，組合その他これらに準ずる事業体（外国におけるこれらに相当するものを含む）を指す）の財務および営業または事業の方針を決定する機関（株主総会その他これに準ずる機関をいう）を支配している企業をいうものとされている。　　（高須教夫）

おやがいしゃがいねん【親会社概念】
parent company concept

1991年9月，米国財務会計基準審議会（FASB）が公表した連結方針と手続きに関する討議資料において，親会社概念は，経済的単一体概念および比例連結概念とともにあげられている連結基礎概念のひとつである。そこでは，企業集団の持分比率を重視し，企業集団は最大持分を有している親会社のものであるとする考え方がとられており，そのことから，連結財務諸表は親会社の株主のために作成されるものとみなしている。そしてそこでは，連結財務諸表は企業集団全体の資産および負債と収益および費用を表示し（全部連結），連結の範囲については持株基準を採用する。少数株主持分（非支配株主持分）については，連結貸借対照表上，負債と株主持分との間に表示する。子会社の資産および負債の評価については，時価により評価する子会社の資産および負債の範囲を親会社の持分に相当する部分に限定し，のれん（または負ののれん）の計上を有償取得に限る方法（部分時価評価法・購入のれん方式（買入のれん説））を採用する。未実現損益の消去については，親会社の持分比率に相当する未実現損益のみを消去し，親会社の持分にこれを負担させる方法（部分消去・親会社負担方式）を採用する。
(澤登千恵)

か

かいいれしょうかん【買入償還】
redemption by purchase

　買入償還とは社債の発行会社が随時，市場で社債を買い入れて消却することをいい，買入消却ともよばれる。発行会社が自ら社債を買い戻す点で，社債権者に対して直接資金を返済する満期償還等の償還方法と法的には区別されるが，その経済的効果は変わらない。社債の時価が下落しているとき，買入償還は有利な償還方法である。買入価額と帳簿価額との差額は，社債償還益勘定または社債償還損勘定で処理する。　　　　　　　　　　（清村英之）

がいかかんさん【外貨換算】
foreign currency translation

　外貨換算とは，ある通貨で表示されている金額を別の通貨の金額で再表示することである。外貨換算が必要となるのは，(1)外国企業と輸出入活動を行う際に外貨建てで行われた取引を記帳する場合（外貨建取引の会計処理），(2)在外支店および在外子会社の外貨表示財務諸表を本支店合併および連結のために本店および親会社と同一の通貨に表示しなおす場合（外貨表示財務諸表の換算）である。その換算方法には，流動・非流動法，貨幣・非貨幣法，テンポラル法，決算日レート法などがある。
⇨流動・非流動法，貨幣・非貨幣法，テンポラル法，決算日レート法　　（井上達男）

かいかけきん【買掛金】
accounts payable

　買掛金とは，通常の取引に基づいて発生した営業上の未払金をいう。買掛金は，仕入先との間で経常的に行われる商品の信用取引に対する債務であり，商品・原材料等経営上直接必要な物品の購入代金のほか，外注加工等の依頼をし，その提供を受けた役務であっても未払金があれば買掛金に含まれる。なお，関係会社との取引に基づいて発生した買掛金は，通常の買掛金と区別し，関係会社買掛金として処理しなければならない。　　　　　　（河内　満）

かいかけきんかんじょう【買掛金勘定】account payable account

　商品や原材料等の仕入れ，あるいは役務の提供を受けるにあたり，仕入先と掛取引を行った場合，買掛金の増加として貸方に，その債務を支払った場合に買掛金の減少として借方に記帳する。一般的に，仕入先が多い場合，補助元帳に仕入先ごとに人名勘定が用いられる。人名勘定が設けられた場合，買掛金勘定は統制勘定の機能を果たす。　　　　　　　　　（平野由美子）

かいかけきんもとちょう【買掛金元帳】

　仕入先ごとに買掛金の増減を転記，管理する補助元帳で，仕入先元帳ともいう。一般的に，仕入先が多い場合，企業全体の買掛金の把握のため，総勘

定元帳における買掛金勘定を統制勘定として用い，仕入先ごとの買掛金の発生，消滅は買掛金元帳に記録される。
(平野由美子)

がいかだてきんせんさいけんさいむ【外貨建金銭債権債務】

外貨建金銭債権債務とは，契約上の債権額または債務額が外国通貨で表示されている金銭債権債務をいう。わが国の「外貨建取引等会計処理基準」では，為替予約等によって決済時における円貨額が確定している場合を除き，決算時に，決算時の為替相場による円換算額を付す。ただし，外貨建自社発行社債のうち転換請求期間満了前の転換社債（転換請求の可能性がないものは除く）は発行時の為替相場による円換算額を付す。
(井上達男)

がいかだてとりひき【外貨建取引】
foreign currency transaction

外貨建取引とは，売買価額その他取引価額が外国通貨で表示されている取引をいう。外貨建取引が行われた場合，為替予約等によって決済時における円貨額が確定している場合を除き，その取引発生時の為替相場による円換算額をもって記録される。外貨建取引の会計処理には，一取引基準と二取引基準があるが，原則として二取引基準の考え方が採用されている。⇨一取引基準，二取引基準
(井上達男)

かいぎょうたいしゃくたいしょうひょう【開業貸借対照表】

個人企業では事業の開業のときに，会社企業では会社の成立のときに作成される貸借対照表が開業貸借対照表である。この貸借対照表は，事業の開業時または会社の成立時に実地棚卸の結果作成された開業財産目録に基づいて作成され，企業の開業時または成立時の企業財産の現状もしくは財政状態の表示を目的としたもので，損益計算を意図したものではない。このような損益計算を意図しなく，1回限りの作成によりその目的が達成される貸借対照表としては，開業貸借対照表のほかに，合併貸借対照表，清算貸借対照表，破産貸借対照表などがある。これらの貸借対照表の共通の特徴は，継続企業の仮定に関係なく，静的な性格をもつものである。⇨決算貸借対照表
(藤永 弘)

かいぎょうひ【開業費】
preliminary expenses

開業費とは，土地，建物等の賃借料，広告宣伝費，通信交通費，事務用消耗品費，支払利子，使用人の給料，保険料，電気・ガス・水道料等で，会社成立後営業開始時（営業の一部を開始した時を含む）までに開業準備のために直接支出した費用をいう。開業費は，原則として支出時に費用処理するが，繰延資産に計上することもできる。後者の処理の場合，開業の時から5年以内のその効果が及ぶ期間にわたり定額法により償却しなければならない。支出時に費用処理した場合，あるいは繰延資産処理の場合の償却費は，当該支出が通常の営業活動とは異なる開業準備活動に係るものであるため営業外費用として処理する。しかし，営業活動と密接な関係にあることも認められるため，実務上の便宜性も考慮し，販売費及び一般管理費として処理することも認められている（実務対応報告第19号「繰延資産の会計処理に関する当面の取扱い」）。
(鈴木昭一)

かいけい【会計】 accounting

会計とくに企業会計は，主として企業に生起した経済的事実を会計特有の記号・数字等を用いて記録計算し，これを会計報告書として表示し，情報利

用者たる各種利害関係者へ伝達するものである。簿記と会計とは、ともに企業に生起した経済的事実の記録計算にかかわりあうが、簿記はおもに一定の勘定体系と帳簿組織とによる帳簿記録の技術的・手続的側面にかかわるのに対し、会計は、企業に生起した経済的事実を会計報告書に真実かつ適正に描写し、これをおもに企業の経営者や企業外部の利害関係者に伝達することを主たる目的とする。⇨会計行為

(郡司　健)

かいけいかんさ【会計監査】
audit, auditing

　個人・団体・組合・学校・官庁・企業などにおける会計に関する行為、記録および報告といった会計業務に対して行われる監査をいう。これは、財産を運用することを依頼された者（受託者）が、財産運用の経過と結果を依頼者（委託者）に対し明らかにする（説明義務の遂行すなわちアカウンタビリティの解除）にあたって、第三者がその信頼性の程度を保証するために行われる。したがって、この監査を行う者（監査人）は、十分な専門的能力を備え、受託者に対し独立した第三者でなければならない。この監査の例として、金融商品取引法上の財務諸表監査、会社法上の監査役による取締役の会計業務に対する監査、および同じく会社法上の計算書類等の監査などがある。⇨財務諸表監査, 監査役監査, 会計監査人

(永戸正生)

かいけいかんさにん【会計監査人】

　広義には会計の監査を担当する監査人という意味になるが、厳密には、会社法の規定に従って、計算書類等（計算書類とその附属明細書、連結計算書類、臨時計算書類）の監査を担当する公認会計士または監査法人をいう。資本金5億円以上または負債総額200億円以上の会社法上の大会社、監査等委員会設置会社、及び指名委員会等設置会社は、会計監査人を置かなければならない。このように会社法上、規模の大きな会社等では計算書類等の適正性を確保するために、会社から身分的・経済的に独立し、かつ会計及び監査の専門的知識を有する公認会計士又は監査法人による監査が義務づけられている。会計監査人の選任及び解任は株主総会の普通決議をもって行うこととなっている。会計監査人は、任務を怠ったことにより会社に損害を与えた場合にはその賠償責任を負い、また会計監査報告の重要事項について虚偽の記載をした場合（粉飾決算を指摘しない等）には、無過失を証明できない限り損害を受けた第三者に対して賠償責任を負う。

(堀江正之)

かいけいきかん【会計期間】
accounting period

　継続企業を前提とするとき、企業の財政状態や経営成績を算出するためには、一定の計算期間を限定する必要がある。決算を行うために、人為的に区分された期間のことを会計期間といい（会計年度あるいは営業年度ともいわれる）、株式会社では通常1年間を会計期間と定めていることが多い。　(平野由美子)

かいけいきかんのこうじゅん【会計期間の公準】

　会計期間の公準は、継続企業を前提とするとき、企業の経営活動の効率性を測定するために、一定の会計期間を人為的に区切って損益計算を行うことを要請することによって、会計の行われる範囲について時間的限定を与えるものである。会計期間を限定しなければ、継続企業における経営成績は、事業解散時にいたるまで確定しえないこ

ととなるからである。会計期間の公準は，継続企業の前提から会計計算の技術的要求に基づいて派生的に生まれたものである。⇨会計期間，会計公準，継続企業　　　　　　　　（船本修三）

かいけいきじゅん【会計基準】
accounting standard

　企業の会計実践を指導し，会計目的を達成するための会計行為の解釈指針であり，一般に会計原則と同義とされ，互換的に用いられる。つまり，会計基準および会計原則は，広く会計上の測定・評価・開示に関連するルールおよび手続を規制する社会的規範を意味するものである。だが，本来の語義の相違を根拠として，両者を区別する説もある。その場合，会計基準は，会計実践の用具として会計上の判断の基礎となるが，特定の事情によっては離脱が容認されるのに対して，会計原則は普遍的妥当性と不変性をもつものとされる。いずれにせよ，この両者に必ずしも明確な概念規定があるわけではない。とくに，イギリス・アメリカでは会計諸基準を総称してGAAP（一般に認められた会計原則）とよんでいる。

　わが国においては，戦後企業会計の改善・統一のために，会計実務上の慣習規範の性格をもち，法的に裏づけられた一定の強制力を有する「企業会計原則」が制定された。最近では，わが国における会計基準設定主体である金融庁・企業会計審議会および（財）財務会計基準機構・企業会計基準委員会が，会計を取り巻く経済的・国際的環境の変化に対応して，アメリカ財務会計基準審議会（FASB）の財務会計基準，イギリス会計基準審議会（ASB）の財務報告基準等の各国の会計基準および国際会計基準審議会（IASB，旧IASC）の国際会計基準の動向をふまえ，国際的調和化を指向した会計基準の改訂作業を進めている。⇨一般に認められた会計原則，企業会計原則　　　（古庄　修）

かいけいこうい【会計行為】

　財務会計における測定と伝達の体系を，会計主体のビヘイビアの観点からとらえた概念である。具体的には，「測定行為」および「伝達行為」の二つのプロセスから構成される。まず，(1)測定行為とは，事実関係（仕入・生産・販売等の経済活動）を，一定の測定ルール（会計処理の原則・手続）を介して数関係（会計報告書）に写像することを意味する。次に，(2)伝達行為とは，前プロセスにおいて作成された会計報告書を投資家等の利害関係者に提供し，その利用に供することをいう。⇨会計　　　　　　　　　　　　　（池田公司）

かいけいこうじゅん【会計公準】
accounting postulate

　会計公準は，企業会計原則を存立させる基盤ないし土台となるものであり，企業会計原則の存立要件をこの公準に求めることができる。一般に会計公準といわれるものとしては，企業実体の公準，会計期間の公準，貨幣的評価の公準，そして簿記公準があげられる。これらの公準は，計算目的として貨幣資本・利益計算をもたらすことになる。⇨企業実体の公準，会計期間の公準，貨幣的評価の公準，簿記公準　（興津裕康）

かいけいさんよ【会計参与】
accounting advisor

　取締役（委員会等設置会社においては執行役）と共同して，計算書類およびその附属明細書，臨時計算書類ならびに連結計算書類を作成する株式会社の役員をいう。会計参与は，公認会計士もしくは監査法人または税理士もしくは税理士法人でなければならない（会社法333条1項）。すべての株式会社は，

定款の定めにより会計参与を置くことができるが、公開会社以外の会社のうち、取締役会を設置するにもかかわらず監査役を置かない会社は、会計参与を設置しなければならない（同327条2項）。会計参与は会計参与報告（その内容については会社法施行規則102条）を作成しなければならず（会社法374条1項），取締役会設置会社の会計参与は計算書類等の承認をする取締役会への出席義務を負い、また必要があると認めるときは意見を述べなければならない（同376条1項）。また，計算書類等の作成に関する事項について会計参与が取締役（委員会等設置会社では執行役）と意見を異にするときは，会計参与は株主総会において意見を述べることができる（同377条1項）。　　　　（戸田統久）

かいけいしゅたいろん【会計主体論】

誰に会計上の判断や行為の基本的な立脚点を求めるかを問題とし，企業会計の機能や構造の理論的基礎となるものである。会計主体は，会計が行われている企業をどのように把握するかという企業観にかかわる。すなわち，企業の資産・負債あるいは利益が誰に帰属し，誰の立場に立って会計を行うかを判断するには，その企業観の相違によってさまざまな考え方がある。代表的な会計主体論として，企業を資本主のものとみなす「所有主理論」，株式会社における所有と経営の分離を前提として，企業を資本主（株主）の代理人として機能する組織とみなす「代理人理論」，企業を資本主から独立した別個の実体とみなし，会計主体を企業それ自体に求める「企業主体理論」および企業を社会的・公共的制度とみなす「企業体理論」等がある。

（古庄　修）

かいけいじょうほうきじゅん【会計情報基準】

standards for accounting information

アメリカ会計学会は1966年に『基礎的会計理論』（ASOBAT）を公表し，会計情報の基準を提示した。すなわち，目的適合性（relevance），検証可能性（verifiability），不偏性（freedom from bias）および計量可能性（quantifiability）の四つがそれである。これらの基準は，「あるデータを会計情報のなかに含めるべきか，それとも会計情報から排除すべきかの基準」として用いられる。ASOBATによる会計情報基準は，いわゆるあるべき会計としての情報会計（利用者指向的会計）における一般基準としての性格を有している。

（池田公司）

かいけいせきにん【会計責任】

accountability

企業の財産を保全または管理する会計上の責任をいう。企業は，株主・債権者などの資金提供者から資金の運用・管理を委託された受託者である。したがって，会計責任は，委託者である株主・債権者に対する説明・報告の義務，すなわち受託責任（stewardship）として定義される。受託責任は，財務諸表を主たる手段として遂行され，株主総会における決算報告とその承認によって解除されるが，これが外部報告会計の基本的な役割とされている。しかし，企業の社会性が重視される今日，会計責任は，株主・債権者に限らず，従業員，顧客，政府など，企業を取り巻く利害関係者集団に対して果たされるべきものとして認識され，その概念は拡大されている。会計責任が企業と社会の関係のなかでさまざまな利害関係者集団に対する報告責任として定義されたことは，ディスクロージャーの観点から会計の多様な役割が追求され

る契機となっている。⇨ディスクロージャー
(島田美智子)

かいけいちょうぼ【会計帳簿】trade books

わが国の会社法は，432条1項で法務省令で定めるところにより，適時に，正確な会計帳簿の作成を要求している。会計帳簿と営業に関する重要な資料は，会計帳簿閉鎖の時から10年間保存しなければならない（会社法432条2項）。なお，訴訟に際して，裁判所は，申立てによりまたは職権で，訴訟の当事者に対して，会計帳簿の全部または一部の提出を命ずることができる（同434条）。
(坂下紀彦)

かいけいほうしん【会計方針】accounting policy

会計方針とは，企業が損益計算書および貸借対照表の作成にあたって，その財政状態および経営成績を正しく示すために採用した会計処理の原則および手続ならびに表示の方法をいう（企業会計原則注解〔注1-2〕）。その例として，(1)有価証券の評価基準および評価方法，(2)棚卸資産の評価基準および評価方法，(3)固定資産の減価償却方法，(4)繰延資産の処理方法，(5)外貨建資産・負債の本邦通貨への換算基準，(6)引当金の計上基準，(7)費用・収益の計上基準，があげられている。

また，会社は，連結財務諸表規則に基づき，重要な会計方針として，(1)連結の範囲，(2)持分法の適用，(3)連結子会社の事業年度等，(4)会計処理基準等を記載しなければならない。重要な会計処理基準としては，(1)重要な資産の評価基準および評価方法，(2)重要な減価償却資産の減価償却の方法，(3)重要な引当金の計上基準，(4)退職給付に係る会計処理の方法，(5)重要な収益および費用の計上基準，(6)連結財務諸表の作成の基礎となった連結会社の財務諸表の作成にあたって採用した重要な外貨建の資産または負債の本邦通貨への換算の基準，(7)重要なヘッジ会計の方法，(8)のれんの償却方法および償却期間，(9)連結キャッシュ・フロー計算書における資金の範囲，(10)その他連結財務諸表作成のための重要な事項があげられる。
(薄井　彰)

かいけいほうしんのへんこう【会計方針の変更】

会計方針の変更とは，一般に公正妥当と認められる会計方針を他の一般に公正妥当と認められる会計方針に変更することをいう。連結財務諸表規則により，会社は会計方針の変更の内容等を以下のように注記する。連結の範囲または持分法適用の範囲を変更した場合にはその内容と理由を注記しなければならない。また，会計処理の原則および手続を変更した場合にはその内容と変更の理由を注記しなければならない。会計基準その他の規則の改正および廃止ならびに新たな会計基準等の作成に伴い会計方針の変更を行った場合には，(1)当該会計基準等の名称，(2)当該会計方針の変更の内容，(3)連結財務諸表の主な科目に対する前連結会計年度における影響額，(4)前連結会計年度に係る一株当たり情報（一株当たり純資産額，一株当たり当期純利益金額または当期純損失金額および潜在株式調整後一株当たり当期純利益金額）に対する影響額，(5)前連結会計年度の期首における純資産額に対する累積的影響額を注記しなければならない。ただし，会計基準等に規定されている遡及適用に関する経過措置に従って会計処理を行った場合において，遡及適用を行っていないときは，(1)当該会計基準等の名称，(2)当該会計方針の変更の内容，(3)当該経過措置に従って会計処理を行った旨およ

び当該経過措置の概要，(4)当該経過措置が当連結会計年度の翌連結会計年度以降の連結財務諸表に影響を与える可能性がある場合には，その旨及びその影響額（当該影響額が不明であり，または合理的に見積もることが困難な場合には，その旨）等を注記しなければならない。会計基準等の改正等以外の正当な理由により会計方針の変更を行った場合には，(1)当該会計方針の変更の内容，(2)当該会計方針の変更を行った正当な理由，(3)連結財務諸表の主な科目に対する前連結会計年度における影響額，(4)前連結会計年度に係る一株当たり情報に対する影響額，(5)前連結会計年度の期首における純資産額に対する累積的影響額を注記しなければならない。なお，遡及適用に係る原則的な取扱いが実務上不可能な場合については，当連結会計年度の期首における遡及適用による累積的影響額を算定することができ，かつ，前連結会計年度の期首における累積的影響額を算定することが実務上不可能な場合には，(1)当該会計方針の変更の内容，(2)当該会計方針の変更を行った正当な理由，(3)連結財務諸表の主な科目に対する実務上算定可能な影響額，(4)当連結会計年度に係る一株当たり情報に対する実務上算定可能な影響額，(5)当連結会計年度の期首における純資産額に対する累積的影響額，(6)遡及適用に係る原則的な取扱いが実務上不可能な理由，(7)当該会計方針の変更の適用方法および適用開始日を注記しなければならない。当連結会計年度の期首における遡及適用による累積的影響額を算定することが実務上不可能な場合には，(1)当該会計方針の変更の内容，(2)当該会計方針の変更を行った正当な理由，(3)連結財務諸表の主な科目に対する実務上算定可能な影響額，(4)一株当たり情報に対する実務上算定可能な影響額，(5)当連結会計年度の期首における遡及適用による累積的影響額を算定することが実務上不可能な旨，(6)遡及適用に係る原則的な取扱いが実務上不可能な理由，(7)当該会計方針の変更の適用方法および適用開始日を注記しなければならない。表示方法の変更を行った場合には，(1)連結財務諸表の組替えの内容，(2)連結財務諸表の組替えを行った理由，(3)連結財務諸表の主な項目に係る前連結会計年度における金額を注記しなければならない。ただし，連結財務諸表の組替えが実務上不可能な場合には，その理由を注記しなければならない。 (薄井　彰)

かいしきにゅう【開始記入】
opening entry

　資産・負債・資本（純資産）の諸勘定の期末の残高を次期に繰り越すため，次期首において各勘定に繰越分を記入する。この記入を開始記入という。大陸式決算手続においては，開始残高を相手勘定とした開始仕訳を経て，または開始残高勘定を設けず資産と負債・資本（純資産）を直接相手とした開始仕訳を経て各勘定に開始記入がなされる。英米式決算手続においては，資産・負債・資本（純資産）の各勘定に仕訳帳に仕訳をしないで直接次期首に前期繰越として開始記入をする。この場合は繰越試算表を作成し，仕訳帳には次期最初の日付で前期繰越とし繰越試算表残高の合計額を借方，貸方ともに記入しておく。なお，開始記入は，開業時や複式簿記導入時の記入を含むが，通常は上記の前期からの繰越高の記入を指す。⇨大陸式決算法

(長尾則久)

かいしゃけいさんきそく【会社計算規則】

　会社法の規定により委任された会社の計算に関する事項等について，必要

な事項を定めた法務省令である。会社計算規則は，計算書類等の作成・監査・報告等に関する事項を全8編166条にわたって規定しているが，その内容は以下のとおりである。第1編「総則」では会社計算規則の目的と用語の定義・解釈が示されているとともに，それら用語の解釈および規定の適用に関しては，一般に公正妥当と認められる企業会計の基準その他の企業会計の慣行をしん酌しなければならないと規定している。第2編「会計帳簿」では，会社法の規定により会社が作成すべき会計帳簿に付すべき資産，負債および純資産の価額その他会計帳簿の作成に関する事項を定めている。第3編「計算関係書類」では，作成・報告しなければならない計算書類等とそれぞれの表示内容・方法について規定している。第4編「計算関係書類の監査」では，会社法の規定による監査役（会），会計監査人，および監査委員会による監査の実施と監査報告について定めている。第5編「計算書類の株主への提供及び承認の特則に関する要件」では，計算書類等の株主への提供と，計算書類等の承認に関する特則が定められ，第6編「計算書類の公告等」では，計算書類の要旨の公告等について規定されている。第7編「株式会社の計算に係る計数等に関する事項」では，剰余金の処分，配当，および分配可能額について，会社法で規定されている内容を補足するための規定が定められている。最後に，第8編「持分会社の計算に係る計数等に関する事項」では，持分会社の利益額・剰余金額・欠損額・純資産額について規定している。

（戸田統久）

かいしゃぶんかつ【会社分割】
corporate split

会社分割とは，一つの会社が分かれて二つ以上になることをいう。会社法の会社分割制度には，分割する会社の営業を新しく設立する会社に承継させる新設分割と，既存の他の会社に承継させる吸収分割とがある。

また，会社分割は，会社分割の株式保有形態によって，「分社型（物的分割）」と「分割型（人的分割）」に分けられる。分社型は，分割に際して発行する株式を分割会社に割り当てる。分割型は，分割に際して発行する株式を分割会社の株主に割り当てる。

会社分割の会計処理には，「簿価引継法」と「売買処理法」がある。簿価引継法は，分割会社および承継会社が取得した資産および負債を適正な帳簿価額で処理する方法であり，原則として営業移転損益は認識されない。

これに対して，売買処理法は，分割会社および承継会社が取得した資産および負債を売買したものとして処理する方法である。売買処理法では，分割会社またはその株主に交付される株式およびその他の資産の公正な評価額と分割により移転する資産および負債の帳簿価額との差額が営業移転損益として認識される。

（中村恒彦）

かいしゃぶんかつさえき【会社分割差益】

会社分割を行う場合に，分割承継会社において，分割会社との間で行う資産および負債の受入れとこれに伴う株式発行または自己株式の交付という取引の際に，増加する資本の額のうち，資本金に組み入れられなかった部分の金額をいう。すなわち，会社分割差益は，受け入れた純資産額と増加資本金額との差額として求められる。会社分割差益は資本準備金としての積立てが求められる。

（藤井　誠）

かいしゃほう【会社法】company law

　会社法とは，会社の設立，組織，運営および管理について定めた法律であり（会社法1条），平成17年に改正前商法「第二編　会社」，有限会社法および商法特例法等を統合し再編するかたちで制定された。法の規定する会社の類型は，改正前商法では株式会社・合名会社・合資会社・有限会社（有限会社法で規定）の4種類であったが，会社法では有限会社が廃止されるとともに合同会社が追加され，株式会社・合名会社・合資会社・合同会社の4種類となった。会社法は「第一編　総則」，「第二編　株式会社」，「第三編　持分会社」，「第四編　社債」，「第五編　組織変更，合併，会社分割，株式交換及び株式移転」，「第六編　外国会社」，「第七編　雑則」，および「第八編　罰則」の全8編979条から構成されており，関連する下位法令として，会社法施行令，会社法施行規則，会社計算規則および電子公告規則を有する。なお，会社法第三編で規定する持分会社とは，合名会社，合資会社および合同会社をいう（会社法575条1項）。

（戸田統久）

かいしゃほうかいけい【会社法会計】

　会社法（およびその関係諸法令）の規定に基づいて行われる制度会計をいう。法律制度の下で成立する会計を総称して制度会計というが，わが国においては会社法会計，金融商品取引法会計，および税務会計の三つの主要な制度会計がある。これらはそれぞれ根拠となる法の理念が異なるため，会計の目的も異なる。会社法は主として経営者と株主，または株主と債権者の間に存在する私的利害の調整を図ることを目的に制定されているため，一般に会社法会計では，計算書類の作成と提供を通じて，それらの利害を調整すること（利害調整機能）が重視されているといわれている。しかしながら，会社法では，その前身である旧商法とは異なり，「会社の計算」と「剰余金の分配」を分離するという新たな思想を打ち出しているため，会社法会計は，利害調整機能に加えて，利害関係者に対する情報提供機能も重視するようになったという見解もある。これに対し，金融商品取引法は，証券市場における有価証券等の取引において公正な価格形成を実現し，もって国民経済の健全な発展および投資者を保護することを目的に制定されている。そのため金融商品取引法会計は，投資者保護の思想に基づき，財務諸表の作成・開示を通じて，投資者の証券投資の意思決定に有用な情報を提供すること（情報提供機能）が重視されている。また，税法（とくに法人税法）は，国家財政の基盤となる租税の徴収と納税者間の課税の公平性を図ることを主たる目的として制定されているため，税務会計では担税力の尺度としての課税所得の公正な計算が重視されている。

（戸田統久）

かいしゃほうかんさ【会社法監査】

　広義には会社法の規定により実施される監査全般（監査役監査も含む）をいうが，一般には，金融商品取引法監査（金商法193条の2）の対比概念として，会社法に基づく計算書類等が適法に作成されているかを会計監査人（公認会計士もしくは監査法人）が確かめる会計監査をいう。資本金5億円以上または負債の額が200億円以上の大会社（会社法2条6号イ，ロ）は会計監査人を設置することが義務付けられており（同328条1項，2項），会計監査人は監査役（委員会等設置会社においては監査委員会）と共同して計算書類とその附属明細書の監査を実施しなければならない（同436条2項）。

（戸田統久）

かいしゅうきじゅん【回収基準】
collection basis

現行の企業会計原則は，割賦販売について，販売基準を原則として採用している。しかし企業会計原則注解〔注6〕において，割賦販売の収益認識として，回収基準と回収期限到来基準という二つの割賦基準が容認されている。そのうち，回収基準は，割賦金の入金の日をもって売上収益の実現の日とみなし，また回収期限到来基準は，回収期限到来の日をもって，売上収益の実現の日とみなす基準である。この2基準が認められるのは，代金の回収に長期間が必要であり，そのため貸倒れの危険が高く，またアフター・サービス費などの引当てが必要であることから，収益の認識には，回収基準，回収期限到来基準の方が確実であるという理由によるものである。回収基準は現金主義の適用例であり，収益の認識にはより確実な認識基準である。昭和49年の企業会計原則の改正までは，割賦販売の収益の認識には回収基準がとられていた。⇨割賦基準，収益の認識基準

(森　美智代)

がいちゅうかこうひ【外注加工費】
amount paid to subcontractors

企業が，自社で製品を加工するよりも，外部の企業に加工を委託したほうが，製品の加工費の節約ができる場合に，企業は外部の企業に原材料，半製品等を供給し，加工させて半製品，部品等として引き取る方法をとる。企業が他企業に原材料，半製品などを供給し，製品の加工を委託して支払う加工費用を外注加工費という。原価計算上は経費とするが，特定製品について発生する費用は直接経費とし，加工費が供給した材料費に比べ少額である場合には買入部品費とする。あるいは加工費として重要性に乏しい場合には，製造間接費として処理することがある。

(森　美智代)

かいはつひ【開発費】
development cost

新たな技術や資源の獲得や市場開拓などの開発のために特別に支出した費用であり，将来にわたりその効果がもたらされるため繰延資産として計上することができる。試験研究費とあわせて「研究開発費」とよばれることもある。⇨繰延資産，試験研究費　(岡野　浩)

がいぶかんさ【外部監査】
external audit

監査は，一般に監査主体の選択によって外部監査と内部監査とに分けられる。つまり企業外部の監査人により実施される監査を外部監査とよび，企業内部の監査人によるそれを内部監査とよぶ。前者の代表的なものとして金融商品取引法上の公認会計士監査や会社法上の会計監査人監査があげられる（ただし会社法監査としての社内監査役による監査役監査は，内部監査とする理解もある）。これらはいずれも企業外部の利害関係者の保護を目的として実施される。⇨内部監査　(伊豫田隆俊)

がいぶしょうこ【外部証拠】
external evidence

監査人の財務諸表に対する意見および説明を裏づける根拠となる事実ないし資料を監査証拠とよぶが，これはその入手源泉別に内部証拠と外部証拠に分類される。ここで外部証拠とは，被監査会社の外部で入手された証拠をいい，たとえば，確認，照会などの手続を通じて入手あるいは作成されたものをいう。外部証拠は監査人自身が被監査会社の組織に依存することなく収集したものであること，したがって被監査会社の統制下にあるものではないこ

とから，一般にその証明力は，被監査会社の内部もしくは会計組織の内部で入手される内部証拠に比べて高いと考えられるが，入手が容易でない場合が少なくない。⇨内部証拠　（伊豫田隆俊）

がいぶとりひき【外部取引】
external transaction
　会計単位の外部との間で行われ，当該会計単位の資産・負債・資本に変動をもたらす取引のことである。たとえば個人企業のオーナーが私用で会社の現金などを使った場合，資本主と会社は独立した会計単位であるので，外部取引として引出金勘定によって処理することになる。また本支店間の取引においても，支店を独立した会計単位とする場合は外部取引として扱われる。この場合，期末において内部利益の控除などの処理が必要になる。⇨支店独立会計，内部利益　　　（坂上　学）

かかくへんどうじゅんびきん【価格変動準備金】
　棚卸資産および有価証券の価格の低落による損失に備えるために設けられた準備金である。かつて租税特別措置法は，青色申告法人による一定の価格変動準備金繰入額の損金算入を認めていたが，昭和61年3月31日までに開始する事業年度をもって，この特例は廃止された。　　　　　　　（鈴木一水）

かくていきゅうふがたねんきん【確定給付型年金】
defined benefit pension plans
　年金給付額の算定式が，従業員の報奨，年齢，勤続年数等の要素を加味したかたちであらかじめ確定している退職後給付制度をいう。また，広く，確定拠出型年金以外の退職後給付制度を指している場合もある。なお，給付額自体が確定しているわけでなく，あく

まで給付額を決定する算定式が事前に規定されているにすぎないということに着目して，「給付建て年金（制度）」とよばれることもある。
　この確定給付型年金のもとでは，年金資産の運用に係るリスクや，掛金の算定の基礎となる要素が当初の想定と異なることに伴うリスクについては事業主が負担することになるため，事業主にとっては追加的な拠出を余儀なくされる場合も生じることとなる。また，退職給付債務および費用の測定に保険数理上の仮定が必要とされるため，その会計処理は，確定拠出型年金の会計処理と比較してより複雑なものとなる。なお，収益費用観および資産負債観との関係で，その会計処理が議論となる場合もある。
　わが国における退職給付の会計基準は，主にこの確定給付型の企業年金制度を対象としている。なお，わが国では，平成13年（2001年）に確定給付企業年金法が成立し，これにより，従来の制度が再編され，新たに規約型と基金型という2種類の確定給付型企業年金制度が設けられることとなった。
　　　　　　　　　　　（田口聡志）

かくていきょしゅつがたねんきん【確定拠出型年金】
defined contribution pension plans
　年金給付額が，基金に対する掛金額およびその運用収益により事後的に決定される退職後給付制度をいう。なお，掛金を基礎として将来の給付額が決まることに着目して，「掛金建て年金（制度）」とよばれることもある。これはさらに，個別的な運用指示の有無により「一括運用型」と「個別指示型」とに分類されるが，アメリカ等で有名となったいわゆる「401（k）プラン」などは後者に該当する。この確定拠出型年金のもとでは，年金資産の運用に係

るリスクはすべて受給者である従業員に帰属することとなるため，事業主にとっては，規約で定められた拠出を行うことで従業員に対する義務は履行されたこととなる。よって，その会計処理も，確定給付型年金の会計処理と比較してより単純なものとなる。また，受給者である従業員にとっては，運用に係るリスクをすべて負うというデメリットがある反面，そのポータビリティが高いという点でメリットがある。なお，わが国では，平成13年（2001年）に，確定拠出年金法が新たに成立し，これによりわが国の企業においても，いわゆる「日本版401(k)プラン」の導入が可能となった。　（田口聡志）

かくていけっさんしゅぎ【確定決算主義】

確定決算主義には広狭二つの意義がある。広義の確定決算主義は，法人の確定した決算を基礎として，これに税務上要請される修正を加えることによって，所得金額を誘導的に算定しなければならないとする，法人の課税所得計算構造に関する基本的な考え方である。狭義の確定決算主義は，経理に際して法人に選択の余地が認められている内部取引などについて，法人の確定決算において費用または損失として経理するか，または利益処分することを損金算入の要件とする原則である。確定決算主義の存在が税務会計による企業会計の支配を引き起こしやすいとの弊害が指摘されている。　（鈴木一水）

かくていしんこく【確定申告】
final declaration

課税期間終了後，租税債務を確定するために申告をなすことをいう。所得税では，前年度分の所得税に関して3月15日を期限として申告する。法人税については，事業年度終了後2か月以内に申告することとされている。ただし，会計監査や株主総会等の都合により2か月以内に申告することが困難な場合には1か月間申告期限を延長することができる。消費税についても課税期間終了後2か月以内に申告しなければならない。個人事業者については，現在のところ，翌年3月31日とされている。
　　　　　　　　　　　　（山本哲三）

かくにん【確認】 confirmation

監査人が被監査会社の外部に対して，取引の事実関係，および立証しようとする監査要点に関して，文書による回答を求める監査技術をいう。債権・債務の残高の妥当性を確かめるために適用され，とくに売掛金についての各監査要点（実在性，完全性，権利，評価，表示）を立証するためには不可欠である。照会先から照会事項に関する一致・不一致にかかわらず必ず回答を求める積極的確認と，不一致の場合にのみ回答を求める消極的確認がある。⇨監査技術　　　　　　　　　　　（岸　牧人）

がくめんかぶしき【額面株式】
par value stock

株券上に金額（券面額）が表示されている株式を額面株式という。額面株式は平成13年6月の商法改正で廃止され，無額面株式に一本化された。これによって，会社設立に際して発行する額面株式は，1株の金額が5万円を下ることはできない（旧商法166条2項）とされ，割引発行が認められない（旧商法202条2項）とする規定も廃止され，額面株式なる用語が商法から消えることになった。⇨株式会社，無額面株式
　　　　　　　　　　　　（大成利広）

かけとりひき【掛取引】
sales on credit

　信用取引の一種で，商品売買や役務の提供に代表される「通常の営業取引」から生じる代金の決済を，後日に行う取引を指す。得意先との間の通常の営業取引により発生した営業上の未収入金を売掛金といい，同様の場合の未払代金を買掛金という。つまり，自社にとっての売掛金は得意先の立場から見れば買掛金であり，自社にとっての買掛金は仕入先の立場から見れば売掛金ということとなる。これらの増減を記録するために売掛金勘定および買掛金勘定が設けられる。　　（津村怜花）

かこきんむひよう【過去勤務費用】
past service cost

　過去勤務費用とは，退職給付水準の改訂や新たな退職給付制度の導入等によって発生した，退職給付債務の増加または減少部分をいう。過去勤務費用は，原則として各期の発生額について，従業員の平均残存勤務期間以内の一定の年数で按分した額を毎期費用処理する。このような会計処理は，過去勤務費用の発生要因である給付水準の改訂等が，従業員の勤労意欲が将来にわたって向上するとの期待のもとに行われる面があるとの考え方による。なお，退職従業員に係る過去勤務費用については，他の過去勤務費用と区分して発生時に全額を費用処理することができる。　　（松田有加里）

かこきんむひようのかいけいしょり【過去勤務費用の会計処理】

　過去勤務費用の会計処理として，すでに発生した費用であることから即時に償却すべきであるという見解がある。また，過去勤務費用の発生要因となる給付水準等の改訂は，将来における従業員の勤労用役の確保および勤労意欲の向上を期待して行われるので，従業員が将来の勤労用役を提供すると期待される期間にわたり償却すべきであるという見解もある。後者の見解をもとに国際会計基準（旧IAS第19号）では，在職従業員の場合には，見積残存勤務年数にわたり償却することとし，既退職従業員の場合には，発生期間に償却することとしていた。わが国においては，平成10年6月に，企業会計審議会から「退職給付に係る会計基準」が公表され，そのなかで，過去勤務費用は，原則として発生額を平均残存勤務期間以内の一定の年数で按分した額を償却すべきとし，退職従業員に係る発生額は発生時に全額償却することができるとしている。⇨過去勤務費用

（前川道生）

かしかた【貸方】credit, creditor, Cr.

　勘定口座の右側の呼称である。その起源は中世イタリアに求めることができる。すなわち，借方と同様，本来的には，複式簿記の発生過程においてみられた債権・債務の記帳において使用された用語であり，自己に対して「貸している人」を意味するものである。それは，債務を負った場合，帳簿に「その人は私に貸している」と記録したことから由来する。しかし，その後，取引内容の多様化により，債権・債務の記録だけでなく，物的勘定，資本勘定，名目勘定に対しても同様の記録形式が適用されるようになり，今日においては勘定口座の右側を示す記号である。⇨借方　　（工藤栄一郎）

かしだおれしょうきゃく【貸倒償却】
bad debt expense

　期間損益計算の観点から，売掛金・受取手形など金銭債権のうち期末におけるその回収不能見積額を計上して貸倒引当金を設定した場合の借方費用勘

定をいう。財務諸表等規則第87条では，貸倒引当金繰入額という表現がみられる。⇨貸倒引当損，貸倒見積高の算定
(篠原敦子)

かしだおれそんしつ【貸倒損失】
bad debt

売掛金・受取手形など金銭債権のうち実際に回収不能となった額を指すが，期末におけるその回収不能見積額の意味でも用いられる。しかし，後者は期末における過去の経験（貸倒実績率等）に基づく貸倒見積額であるので，これを貸倒引当損（または貸倒引当金繰入額）として区別し，当期中に実際に生じた貸倒額または貸倒引当金残高を超過する貸倒額だけを貸倒損失として処理するのが通常の取扱いである。⇨貸倒引当金，貸倒償却
(脇浦則行)

かしだおれひきあてきん【貸倒引当金】allowance for doubtful debts

売掛金・受取手形などの金銭債権は通常，企業のそれまでの経験により，貸倒れが生じることが予想されるので，決算時に取引債権に一定の率を乗じた金額を回収不能となるおそれのあるものとして，期間損益計算の立場から，当該期間の費用（貸倒引当損または貸倒引当金繰入額）として見越計上するとともに，貸倒引当金勘定を設定し，その貸方に記入する。貸倒引当金は金銭債権に対する控除項目であり，貸借対照表上資産の部に記載することが原則で，評価性引当金とよばれる。⇨貸倒見積高の算定，金銭債権，評価勘定
(脇浦則行)

かしだおれひきあてきんくりいれがく【貸倒引当金繰入額】
⇨貸倒引当損

かしだおれひきあてきんもどしいれ【貸倒引当金戻入】

この項目は，(1)貸倒引当金前期設定額の未使用残高の戻入額，(2)前期設定額の未使用残高から前期末債権金額のうち当期末現在の未回収部分に対応する金額を控除した残額の戻入額，(3)前期設定額の未使用残高が当期設定額を超えるときの差額の戻入額，(4)前期設定額の未使用残高から前期末債権金額のうち当期末現在の未回収部分に対応する金額を控除した残額が当期繰入額を超えるときの差額の戻入額，(5)前期設定額の総額洗替えによる戻入額として用いられる。⇨洗替法
(篠原敦子)

かしだおれひきあてそん【貸倒引当損】

売掛金・受取手形など金銭債権について予測される回収不能による損失を，期間損益計算の立場より，当期の費用として見越計上させる貸倒見積額であって，財務諸表等規則では貸倒引当金繰入額という（財規87条）。また，その設定にあたっては，既存の貸倒引当金がある場合，その処理の仕方に差額補充法と洗替法とがある。⇨洗替法，貸倒損失，貸倒償却，貸倒引当金，差額補充法
(脇浦則行)

かしだおれみつもりだかのさんてい【貸倒見積高の算定】

債権は，(1)経営状態に重大な問題が生じていない債務者に対する債権（一般債権），(2)経営破綻の状態にはいたっていないが，債務の弁済に重大な問題が生じているかまたは生じる可能性の高い債務者に対する債権（貸倒懸念債権），(3)経営破綻または実質的に経営破綻に陥っている債務者に対する債権（破産更生債権等）に区分（「金融商品に関する会計基準」27項）され，その区分に応じて貸倒見積高を算定することに

なっている。一般債権については，過去の貸倒実績率等合理的な基準により貸倒見積高を算定する。貸倒懸念債権については，①債権額から担保の処分見込額および保証による回収見込額を減額し，その残額について債務者の財政状態および経営成績を考慮して貸倒見積高を算定する方法，②債権の元本の回収および利息の受取りに係るキャッシュ・フローを合理的に見積もることができる債権については，債権の元本および利息について元本の回収および利息の受取りが見込まれるときから当期末までの期間にわたり当初の約定利子率で割り引いた金額の総額と債権の帳簿価額との差額を貸倒見積高とする方法，のいずれかの方法を選択して，これを継続して適用する。破産更生債権等については，債権額から担保の処分見込額および保証による回収見込額を減額し，その残額を貸倒見積高とする（同28項）。　　　（興津裕康）

かしつけきん【貸付金】
⇨貸付金勘定

かしつけきんかんじょう【貸付金勘定】loans account
取引先などに金銭を貸し付けることによって生じる債権を記録する勘定科目であり，後日に金銭の返済を受ける法律上の権利を意味するので資産勘定である。回収を確実にするために借用証書や約束手形を受け入れる。この約束手形は，商取引で受け取った約束手形と区別するために手形貸付金勘定を用いて記録する。また役員・従業員・関係会社などに対するものは，役員貸付金や関係会社貸付金として，一般の貸付金とは区別して財務諸表に記載する。　　　　　　　　　（内川正夫）

かぜいしょとく【課税所得】
taxable income
所得税および法人税は，経済的利得である所得を個人または法人の総合的担税力の指標としてとらえ，これに課税する。所得のうち課税の対象となるものを課税所得という。所得税法は，課税所得の範囲を納税義務者ごとに次のように定めている。(1)非永住者以外の居住者はすべての所得，(2)非永住者は国内源泉所得，および国内で支払われたかまたは国外から送金された所得，(3)非居住者は国内源泉所得である。これらの所得を10種類に区分してその金額を計算し，これらを合算した総所得金額から所得控除を差し引いて課税総所得金額は計算される。法人税法は，内国法人の各事業年度の所得および清算所得または外国法人の国内源泉所得に対して，法人税を課税する。各事業年度の所得の金額は，当該事業年度の益金の額から損金の額を控除することによって算定される。　　　（鈴木一水）

がっこうほうじんかいけい【学校法人会計】
学校法人とは，私立学校の設置を目的として，この法律の定めるところにより設立される法人をいう。学校法人会計基準では，資金収支計算書およびこれに附属する資金収支内訳表，人件費支出内訳表，消費収支計算書およびこれに附属する消費収支内訳表，貸借対照表およびこれに附属する固定資産明細表，借入金明細表，基本金明細表の作成が規定されている（学校法人会計基準第4号）。少子化などの社会情勢に鑑み，学校法人会計基準の改正が行われ（平成17年4月1日施行），基本金の取崩し要件の緩和や貸借対照表の注記事項の充実などが盛り込まれた。
さらに，平成25年4月「学校法人会計基準の一部を改正する省令」が公布

され，平成27年度（知事所轄学校法人については平成28年度）以後，適用されている。この改正は，一般にわかりやすく，かつ，経営判断に一層資することを旨として行われ，資金収支計算書に，活動区分資金収支計算書が加わり，また，消費収支計算書は，事業活動収支計算書となり，これには，事業活動収支内訳表が含まれる。

（兵頭和花子）

かつどうきじゅんげんかかんり【活動基準原価管理】

activity-based cost management, ABM

活動基準原価計算（ABC）の考え方に基づいたコスト・マネジメントであり，原価低減のためのプロセス（間接業務）改善にかかわる活動全般を指している。

ABMでは，ABCにおける活動（activity）とその活動に集計された間接費（＝活動原価）の情報をもとに，プロセスが顧客にとって付加価値的な活動と非付加価値的な活動に分解され，原価低減のためのプロセス改善の指針が定められる。プロセス改善では，顧客満足を低下させることなく非付加価値活動をできる限り排除することによって原価低減を実現することが基本となる。このプロセス改善の効果は，活動原価の低減額である財務数値だけでなく活動の視点からも評価され，その情報がABMの継続的な実施に役立てられる。

また，このようなABMは，ビジネス・プロセスのリエンジニアリングにも有効な会計手法として位置づけられている。⇨活動基準原価計算　（近藤隆史）

かつどうきじゅんげんかけいさん【活動基準原価計算】

activity-based costing, ABC

操業度を主たる配賦基準とする伝統的原価計算では，多品種少量生産のもとで増加した間接費を正確に配賦できない。この問題を克服するため，アメリカで1980年代に提唱された原価計算手法がABCである。

ABCでは，間接費の発生原因である活動（activity）が配賦計算の基礎をなしている。計算手順としては，まず，費目別の間接費が活動別のコスト・プールに一次集計される。その集計された間接費を活動原価という。そして，活動を代表する測定尺度（＝活動ドライバー）に基づいて，活動原価が製品などの原価計算対象へ割り付けられる。

ABCが注目された当初は，より正確な製品原価の算定が可能なことから，価格設定やプロダクト・ミックスなどの製品戦略に役立つとされたが，近年では，計算モデルの精緻化よりも，ABC情報を活用したコスト・マネジメントに多くの関心が寄せられている。
⇨活動ドライバー，活動基準原価管理

（近藤隆史）

かつどうどらいばー【活動ドライバー】activity driver

活動基準原価計算（ABC）モデルにおける主な構成要素のひとつである。ABCでは，まず，費目別の間接費が活動別のコスト・プールに一次集計され，次に，その集計された間接費（＝活動原価）が製品などの原価計算対象へ割り付けられる。活動ドライバーとは，活動原価を原価計算対象に割り付けるための測定尺度である。

活動ドライバーの選択にあたっては，活動原価の適正な割付けのために，活動を単位レベル，バッチレベル，製品維持レベル，設備維持レベルの四つの

レベルに分類したうえで、原価計算対象ごとに必要とする活動の消費量を最もよく反映した測定尺度を選ぶことが望ましいとされる。工場内での例として、部品点数、生産ロット数、検査時間数などがある。

また、活動ドライバーは、コスト・ドライバー（cost driver）と一般的には同義である。ただし、活動ドライバーと間接費を一次集計するための測定尺度である資源ドライバー（resource driver）をともにコスト・ドライバーとよぶこともある。⇨活動基準原価計算，コスト・ドライバー　　　（近藤隆史）

かっぷうりかけきん【割賦売掛金】
installment accounts receivable

割賦販売を行い、それに販売基準を適用している場合、通常の掛売りにおける売掛金および売上と区別して割賦売掛金勘定および割賦売上勘定を使用する。また、割賦基準（対照勘定法）を適用している場合には、割賦売掛金勘定と割賦仮売上勘定を対照勘定として設定する。ただし、この二つの勘定は割賦販売が行われた事実を示すための備忘記録であり、貸借対照表に記載されることはない。　　　　（清村英之）

かっぷきじゅん【割賦基準】
installment method

割賦販売も通常の掛売りと同じように、商品を引き渡した時点で販売が成立するので、販売基準により売上収益を認識する。しかし、収益の認識を慎重に行うため、販売基準に代えて、割賦基準を適用することも認められている。割賦基準には、割賦金の入金の日に売上収益を認識する回収基準と、割賦金の回収期限が到来した日に売上収益を認識する回収期限到来基準がある。
　　　　　　　　　　　　（清村英之）

かっぷはんばい【割賦販売】
installment sales

商品の販売代金を月賦等の分割払いの方法で受け取ることを条件として行われる販売の形態を割賦販売という。割賦販売は通常の販売と比べて、代金回収の期間が長期にわたり、また、分割払いであることから代金回収上の危険率が高いので、貸倒引当金および代金回収費、アフター・サービス費等の引当金の計上については、特別の配慮が必要である。しかも、その算定にあたっては、不確実性と煩雑さとを伴うことが多い。⇨回収基準　　（清村英之）

がっぺいこうふきん【合併交付金】

合併に際し、被合併会社（消滅会社）の株主に対して交付される金銭のことである。合併比率の端数調整のために支払うものと、合併当事会社の決算期が異なる際の利益配当の調整等のため、あるいは消滅会社の1株当たりの配当が合併会社のそれより高い場合に支払うものがある。後者は消滅会社の最終配当として支払われるものである。合併交付金は資本取引に該当するため、税務上、損金とはならない。
　　　　　　　　　　　　（石田万由里）

がっぺいさえき【合併差益】
profit from amalgamation

合併に際して、存続または新設する会社が消滅会社から受け入れた純資産額が、消滅会社の株主に対して発行した株式の資本金の計上額と合併交付金の金額の合計を超える超過額をいう。合併差益は、会計上は、資本準備金またはその他資本剰余金とされる。
　　　　　　　　　　　　（石田万由里）

がっぺいひりつ【合併比率】

吸収合併の場合、消滅会社の株式とそれと交換に発行される存続会社の株

式との割合を合併比率という。消滅会社の株式1株に対して存続会社の株式0.4株が発行されれば，合併比率は5対2である。存続会社が消滅会社に対して交付する株式数は，企業価値との関係で次のように計算される。

　消滅会社に対する交付株式数＝存続会社の株式数×(消滅会社の企業価値÷存続会社の企業価値)

となる。この場合，消滅会社の受入純資産額（企業価値）の算定が問題となるが，かかる企業価値の測定法として株式市価法，簿価法，修正簿価法，再調達価額法，収益還元法などがある。

（松村　健）

かぶかきゃっしゅ・ふろーばいりつ【株価キャッシュ・フロー倍率】
price cashflow ratio

　株価キャッシュ・フロー倍率は，株価収益率の応用指標であり，

$$\text{株価} \div \text{1株当たり営業キャッシュ・フロー}$$

により示される。また1株当たり営業キャッシュ・フローは，

$$\text{営業キャッシュ・フロー} \div \text{発行済株式総数}$$

で計算される。株価収益率は株式への投資価値を評価する比率で，株価が1株当たり利益の何倍の値をつけているかを表しており，これに対し株価キャッシュ・フロー倍率はこの株価収益率をキャッシュ・フローベースで算定した比率で，株価が1株当たり営業キャッシュ・フローの何倍の値をつけているかを表す。

（辻川尚起）

かぶかしゅうえきりつ【株価収益率】
price earnings ratio：PER

　株価を1株当たり利益で除して計算される指標で，市場の動向あるいは投資家の態度を知るための便利な尺度であるとともに，普通株式の市場価格の評価に用いることができる。株価が600円で1株当たり利益が30円のとき，株価収益率は20倍になる。これはこの企業の株価が1株当たり利益の20倍まで買われていることを意味する。したがって次期の1株当たり利益が35円になると仮定して，他の条件が同じであるかぎりこの企業の株価は700円になることが予想される。

（浦崎直浩）

かぶしきいてんさえき【株式移転差益】

　株式移転を行う場合に，完全親会社において，完全子会社との間で行う子会社株式の受入れとこれに伴う株式発行という取引の際に，増加する資本の額のうち，資本金に組み入れられなかった部分の金額をいう。すなわち，株式移転差益は，受け入れた子会社株式の価額と増加資本金額との差額であり，それは資本剰余金とすることが求められる。

（藤井　誠）

かぶしきがいしゃ【株式会社】
corporation

　株式会社は，会社の資本が小口の金額の株式に分割され，その出資者である株主は出資した金額を限度として責任を負い（有限責任），その株式が株券という有価証券として自由に譲渡，売買されるという特徴をもつ会社である。株主の有限責任制によって株主の個人財産と会社の財産とは区別され，会社の経営についても株主であることとは切り離されて，株主以外に広く経営者の人材が求められることになる。また，株券が株式市場で自由に売買されることによって，市場における価格（時価）をもつことになり，そこに株主のキャピタルゲイン獲得の可能性が生ずる。こうした特徴は，投資者による会社への資本参加を促進し，資金調達の規模を拡大することを可能にした。そ

のため，今日ではこの株式会社が標準的な企業形態になっている。このような株式会社は，株主の拠出した資本をもとに設立された社団であり，株主総会において取締役，監査役を選任し，取締役を中心にして会社を経営していくことになる。また，英米型の委員会設置会社の形態も認められている。⇨法人，資本金，株主総会，コーポレート・ガバナンス，授権資本制度

(吉田忠彦)

かぶしきこうかんさえき【株式交換差益】

株式交換を行う場合に，完全親会社において，完全子会社との間で行う子会社株式の受入れとこれに伴う株式発行または自己株式の交付という取引の際に，増加する資本の額のうち，資本金に組み入れられなかった部分の金額をいう。すなわち，株式交換差益は，受け入れた子会社株式の価額と増加資本金額との差額であり，それは資本剰余金とすることが求められる。

(藤井　誠)

かぶしきこうふひ【株式交付費】
stock issuance cost

株式交付費とは会社成立後の株式募集のための広告費，金融機関や金融商品取引業者（証券会社）の取扱手数料，目論見書・株券等の印刷費，変更登記の登録免許税，その他株式の交付等のために直接支出した費用をいい，株式交付費には新株発行費と自己株式処分費用が含まれる。株式交付費は，原則として，支出時に費用（営業外費用）として処理しなければならない。ただし，企業規模の拡大のためにする資金調達などの財務活動（組織再編の対価として株式を交付する場合を含む）に係る株式交付費については，繰延資産に計上することができる。当該株式交付費を繰延資産に計上した場合には，株式交付のときから3年以内のその効果の及ぶ期間にわたって，定額法により償却しなければならない（月割償却等）。なお，会社法上は株式交付費を払込資本から直接控除することを許容する規定が設けられている（会社計算規則14条1項3号）が，現在のところ，当該規定の適用は停止されている。⇨繰延資産

(村上宏之)

かぶしきはいとう【株式配当】
stock dividend

株式配当は，現金の代わりに会社の株式を用いて配当を行う形態であり，利益の配当の全部または一部を会社が新たに発行する株式を交付することによって行われる。効果として，会計処理上，株式配当の全額が剰余金から資本金に振り替えられるため，会社の資産に影響を与えずに利益の配当を行うことができる。平成2年の商法改正により，株式配当は，株式分割として整理された。⇨配当金

(大成利広)

かぶしきはらいこみじょうよきん【株式払込剰余金】

平成13年の商法改正により，額面株式が廃止され，無額面株式に一本化された。株式払込剰余金とは資本準備金の一種で，無額面株式の発行価額のうち資本金に組み入れられない金額をいう。すなわち，無額面株式の発行価額の総額を資本金に組み入れるのが原則であるが，会社設立時には発起人全員の同意により，また設立後は取締役会の決議により，発行価額の2分の1を超えない金額を資本金としないで株式払込剰余金とすることができる。⇨資本準備金

(大崎美泉)

かぶしきぶんかつ【株式分割】
stock split, stock split-up

　株式を一定の倍率の新株式に分割して発行済株式数を増加させることをいう。なお，会社法では，株式会社は，株式分割を行おうとする時，株主総会（取締役会設置会社においては取締役会）の決議によって，①株式分割により増加する株式の総数の株式分割前の発行済株式（種類株式発行会社にあっては分割する株式の種類の発行済株式）の総数に対する割合および当該株式分割に係る基準日，②株式分割がその効力を生ずる日，③種類株式発行会社である場合には分割する株式の種類，を定めなければならないとされている（会社法183条）。　　　　　　　　（高須教夫）

かぶしきへいごう【株式併合】
consolidation of shares

　複数の株式を併合して発行済株式数を減少させることをいう。なお，会社法では，株式会社は，株式併合を行おうとする時，株主総会の決議によって，①併合の割合，②株式併合がその効力を生ずる日，③種類株式発行会社である場合には併合する株式の種類，を定めなければならず，また，当該株主総会において取締役は株式併合を行うことを必要とする理由を説明しなければならないとされている（会社法180条）。さらに，株式会社は，株式併合がその効力を生ずる日の2週間前までに株主（種類株式発行会社にあっては併合する株式の種類の種類株主）およびその登録株式質権者に対し，上記事項を通知しなければならない（同181条）。（高須教夫）

かぶしきもうしこみしょうこきん【株式申込証拠金】

　株式会社の募集設立および成立後の新株発行の際に，発起人または会社が株式申込人から株式申込証とともに徴収する金銭をいう。株式申込証拠金は，株式割当後に「株式払込金勘定」に振り替えられ，商業登記後に「資本金勘定」に振り替えられる（一部「株式払込剰余金勘定」になることもある）。株式申込証拠金の会計的性格は，短期負債であるが非常に短期間であるため，企業会計原則では，資本として貸借対照表に表示することを求めている。

　　　　　　　　　　　（江頭幸代）

かぶぬししほん【株主資本】
shareholders' equity

　貸借対照表上の「純資産の部」の内訳項目の一つで，出資者たる株主に帰属するものである。2006年会社法の施行とこれを受け企業会計基準第5号「貸借対照表の純資産の部の表示に関する会計基準」において，この区分が規定された。その内訳は，資本金，資本剰余金および利益剰余金である。

　　　　　　　　　　　（権　大煥）

かぶぬししほんとうへんどうけいさんしょ【株主資本等変動計算書】
statements of shareholders' equity

　株主資本等変動計算書は，貸借対照表・損益計算書と並ぶ基本財務諸表のひとつであり，株式会社の貸借対照表の「純資産の部」（株主資本，評価・換算差額等，および新株予約権）を構成する各項目について，期首残高から出発し，期中の変動（増加・減少）を経て，期末残高に至る一連の動きを一括して示す目的で作成される一覧表である。貸借対照表の「純資産の部」が純資産の時点的な静的ストックを表示するのに対し，株主資本等変動計算書は純資産の期間的な動的フローを表示するものとして位置づけられ，貸借対照表と損益計算書とを株主資本を媒介として結合する計算表としての意義をもつ。

　　　　　　　　　　　（戸田統久）

かぶぬしそうかい【株主総会】
general shareholders meeting

　株主により構成された，株式会社の最高意思決定機関である。常置機関ではなく，決算期ごとに開催される定時総会と，必要に応じて開催される臨時総会があり，原則として取締役が召集する（会社法296条）。その意思決定の権限は，会社法及び定款により定められた事項に限定されており（同295条1項），通常業務の執行は，株主総会で選任された取締役に委ねられる。

　株主総会での決議事項は，役員の選任・解任，計算書類の承認，定款の変更，事業譲渡，解散，合併・分割等である。これらの決議は，1株1議決権を原則とし（同308条1項），その内容の違いにより，普通決議，特別決議，特殊決議の3種類が存在する。普通決議は総議決権数の過半数（同309条1項），特別決議・特殊決議は総議決権数の3分の2以上（同309条2項・3項）で成立する。これらの決議についての瑕疵が認められた場合，決議取消の訴え（同831条1項），決議不存在確認の訴え（同830条1項），決議無効確認の訴え（同830条2項）を提起できる。

（吉岡沙季子）

かぶぬしだいひょうそしょう【株主代表訴訟】shareholder lawsuit, shareholder litigation

　株主が会社に代わって取締役などの役員に対し，経営責任追及のための訴訟を提起することができる制度である（会社法847条）。公開会社の場合，6ヶ月前から引き続き議決権を有する株主は，株主訴訟を提起するには，原則として監査役に対して取締役等の責任を追及する訴えを提起するように請求することを要する（同386条2項）。代表訴訟によって追及できる取締役の責任の範囲については，取引上の債務を含めて取締役の会社に対する一切の債務であるが，具体的には取締役の法令違反（同423条）が中心となる。

（石田万由里）

かへいせいしさん【貨幣性資産】
monetary assets

　企業の経済活動を資本循環運動とみる場合，資産は〔G→W→G'〕という国民経済学のシェーマに従い分類することができる。企業に投下された貨幣資本のうち，現在投下過程にある資本を意味する「W」が費用性資産とよばれているのに対して，回収過程にある資本を意味する「G」および「G'」は貨幣性資産とよばれている。貨幣性資産の範囲には，現金預金，受取手形，売掛金等が含まれる。一般に，こうした資産分類は資産の評価基準を規定する，といわれている。貨幣性資産（「G」および「G'」）の本質は，回収過程にある資本という点に求められるため，その評価は回収可能額（貨幣の将来収入額）を基準とする，と解される。しかしながら，こうした資産分類論では，必ずしも十分に説明できない項目が存在するため，近年，資産評価の基準との関係から資産分類が問題視されてきている。⇨費用性資産　（土井　充）

かへいてきひょうかのこうじゅん【貨幣的評価の公準】

　貨幣的評価の公準は，会計の基礎的前提をなす会計公準のひとつとしてあげられている。会計の目的は，日常発生する取引を会計処理し，その結果を財務諸表によって開示することにある。会社が公表する財務諸表には，資産，負債，資本，収益および費用の項目が記載されている。それらの各項目の内容は，財貨・債権・債務などの種々の異なったものより構成されている。そこで，これら異質の項目を共通の尺度

である貨幣によって測定しようというのが，この貨幣的評価の公準である。
⇨会計公準　　　　　　　　（胡　義博）

かへい・ひかへいほう【貨幣・非貨幣法】

　貨幣・非貨幣法によると，貨幣項目についてはすべて決算時レート（CR）で換算され，非貨幣項目についてはすべて取得時または発生時レート（HR）で換算される。ここで，貨幣項目とは，資産，負債であって，その金額が契約等に基づき通貨の単位で確定しているものをいうのであって，現金や短期・長期の金銭債権・債務がこれに当たる。貨幣・非貨幣法によると，低価法を適用された棚卸資産も非貨幣項目であることから，HRを用いて換算が行われるが，外貨表示額が決算日の時価を表す項目はCRで換算することが合理的であると思われる。　　　（本田良巳）

かりいれきん【借入金】

⇨借入金勘定

かりいれきんかんじょう【借入金勘定】borrowing account

　借用証書を差し入れて金銭を借り入れたとき，その債務の発生および消滅を処理する負債勘定で，返済期限が決算日の翌日から1年以内に到来するものを短期借入金（流動負債），1年を超えるものについては長期借入金（固定負債）とする。前年度決算において，長期借入金として処理されたものでも，返済期限が1年以内にくるものは，今年度決算においては短期借入金と処理されることになるが，重要性のないものは，固定負債に記載することができる（企業会計原則注解〔注1〕）。役員・関係会社等からの借入金については，特定の名称を付した科目を設けて明瞭に表示しなければならない（財規50条・53条）。長期借入金・関係会社借入金については明細表を作成し，借入先，期末残高などを明らかにしなければならない。⇨貸付金勘定，手形借入金
（明田安正）

かりうけきんかんじょう【仮受金勘定】

　現金または小切手などを受け取ったが，その処理すべき勘定科目名が未確定であったり，その金額が確定していない場合に，その勘定科目名と金額がはっきり確定するまで，仮に一時的に処理するために仮受金勘定を設ける。仮受金勘定は負債に属する貸方勘定で，たとえば従業員が出張先から送金してきたが，その内容が判明しないような場合，送金額を貸方に記入しておき，後日判明したときに当該相手勘定に振り替える額をその借方に記入する。　　　　　　　　　（白井義雄）

かりかた【借方】debtor, debit

　標準式勘定口座の左側，残高式勘定口座の左側金額欄を借方という。また，元帳以外の帳簿の左側金額欄も借方という。この用語の起源は，中世イタリアにおける銀行の金銭貸借の記録方法にあると考えられている。そこでは，金銭を貸し付けたときに，債務者人名勘定口座に債務者を主語として「彼はわれわれに与えなければならない」というように文章形式で記入された。この「与えなければならない」という用語が，英語では"must give"，"shall give"と表現され，その後"debtor"，"debit"という用語が一般に使用されるようになった。すなわち借方とはそもそも債務者（借主）を意味する用語であった。これが人名勘定以外のすべての勘定にも使用され，現在ではたんに左側を意味する用語となった。なお，"debit"はラテン語の"debita"，

"debeo"に由来するともいわれている。
⇨貸方　　　　　　　　（原　俊雄）

かりばらいきんかんじょう【仮払金勘定】

現金または小切手などを支払ったが，その処理すべき勘定科目名が未確定であったり，その金額が確定していない場合に，その勘定科目名と金額がはっきり確定するまで，仮に一時的に処理するために仮払金勘定を設ける。仮払金勘定は資産に属する借方勘定であり，たとえば従業員に出張旅費の概算額を前渡しした場合，概算前渡額を借方に記入し，後日判明したときに当該相手勘定に振り替える額をその貸方に記入する。　　　　　　　　（白井義雄）

かりばらいほうじんぜい【仮払法人税】

会計期末に確定する法人税額は，中間ないし予定申告分を含めた1年間の法人税額である。この中間ないし予定申告により納税する法人税額は，いまだ確定した金額ではない。これを概算払いとみるとき，「仮払法人税」という。仮払法人税は，その納付額を一時的に処理するため，仮払法人税勘定に借方記入される。この勘定の残高は，法人税が確定する会計期末に同勘定に貸方記入され法人税勘定に振り替えられる。　　　　　　　　（小倉康三）

かれんと・こすとかいけい【カレント・コスト会計】

current cost accounting

資産の費用化額をその時点での時価で測定し，期末に保有する資産を期末の時価で評価して，財務諸表を作成する会計方法であり，個別物価の変動を明示的に反映する時価主義会計の一種である。時価の尺度には一般に取替原価が用いられ，取得原価との差額は保有損益として取り扱われる。アメリカとイギリスは1976年から1986年までの間，カレント・コスト会計の数値を財務諸表の補足情報として提供する制度を採用していた。⇨時価，現在原価会計
　　　　　　　　（桜井久勝）

かわせさそんえき【為替差損益】

foreign exchange gain or loss

換算差額は為替差損益勘定に集約し，損益計算書の営業外収益または営業外費用の部に表示する。在外子会社等の財務諸表について，貸借対照表上の換算差額は，為替換算調整勘定に計上し，貸借対照表の純資産の部の評価・換算差額等に表示する。損益計算書項目について生じる換算差額は，各期の為替差損益として処理する。　（古庄　修）

かわせさそんえきのしょり【為替差損益の処理】

「外貨建取引等会計処理基準」は，外貨建取引の発生時点での取引（売買取引）と決済取引（貨幣取引）を独立した別個の取引とみなす二取引基準を採用している。すなわち，為替レートの変動による確定的影響と暫定的影響を共に認識する考え方を採用し，為替差損益は決済日および決算日における財務上の損益（営業外損益）として処理される。在外子会社財務諸表の換算差損益は，為替換算調整勘定として貸借対照表の資産の部に記載されるが，それ以外の場合には発生した期の為替差損益として処理する。　（古庄　修）

かわせてがた【為替手形】

bill of exchange, draft

手形の振出人が支払人（名宛人）あてに，将来の特定の期日に，手形の受取人またはその指図人に対する一定金額の支払いを委託した証券をいう。為替手形では，支払人が引受署名し，引

受けのための提示をなした者に手形を返還することによって手形債務が発生する。ここで，支払人が引受けによって主たる債務者となる前提として，通常，振出人に対する手形外の実質的な資金関係が存在（たとえば，支払人の振出人に対する買掛金の存在など）する。その結果，為替手形の振出し，引受けにより，受取人または指図人が手形債権者，支払人が手形債務者となり，振出人は支払人に対する債権額が手形金額分だけ減少する。また，振出人と受取人が同一人である手形を自己指図為替手形，振出人と支払人が同一人である手形を自己宛為替手形という。⇨約束手形
(原　俊雄)

かわせてがたのようけん【為替手形の要件】

為替手形の要件とは，金銭支払委託証券の効力が発するために必要な八つの事項のことである。(1)証券の文言中に，当該証券が為替手形であることを示す記載があること。(2)一定の金額を支払うべき旨の単純な委託であること。(3)支払いを行う者の名称の記載があること。(4)満期の表示があること。(5)支払いを行う者の所在地の記載があること。(6)支払いを受ける者またはこれを指図する者の名称の記載があること。(7)手形振出日およびその振出地の記載があること。(8)手形を振り出す者の署名の記載があること。ここで為替手形とは，手形の振出人が名宛(て)人に対して将来の一定期日までに一定の金額を手形の受取人に支払うことを要請する有価証券（支払委託証券）であり，振出人が為替手形を振り出す目的は，債権と債務の清算をはかること，つまり，名宛人に対する営業債権を受取人に対する営業債務と相殺することにある。したがって，為替手形の要件を満たすには次の取引関係の成立を前提とする。(A)振出人が名宛人に対して営業（売上）債権を有すること。(B)振出人が受取人に対して営業（仕入）債務を有すること。(C)振出人から要請された手形の引受けを名宛人が承認していることである。これにかかわる取引当事者は，振出人（手形の作成者），名宛人（手形金額を将来支払う引受人：手形債務者［振出人との間に資金関係が成立］)，そして受取人（手形金額を将来受け取る権利の保持を指名され，それを承認した手形の受領者（指図人）：手形債権者［振出人との間に対価関係が成立］）の三者である。
(来栖正利)

かわせよやく【為替予約】
forward exchange contract

外貨建取引において，為替相場の変動による不利な影響を受けないようにするために，取引対価が決済される将来の一定時点の為替相場を，前もって外国為替の業務を行う銀行との間で契約することを為替予約という。こうしておけば将来の為替相場がいかに変化しようとも，円での換算額は影響を受けず，為替差損の発生を回避することができる。そのことから予約日日の実勢レートと予約レートとの間の換算額の差額を，決済日までの期間に配分して各期の損益として処理する振当処理も認められている。
(土田俊也)

かんきょうかいけい【環境会計】
environmental accounting

環境会計は，地球温暖化，酸性雨等の地球環境問題の激化に伴い発生した新しい会計領域である。その定義は種々存在するが，最広義には，会計プロフェッションの環境問題に対する取組み全体ともいえ，それは定量的情報のほか，種々のタイプの記述的情報を含むが，より実質的には，次の二つの領域の定量的情報を意味する。(1)伝統

的な貨幣的会計システムを修正・拡大して，環境情報を財務諸表に読み取れるように工夫したもの，および(2)環境に関する物量的情報を，なんらかの指数等によって評価する，非貨幣的会計システムである。(1)は，おもにイギリス・アメリカ圏諸国の環境会計によくみられるアプローチであり，(2)はドイツ，スイス等のヨーロッパ大陸諸国のいわゆるエコバランスを作成・利用する環境会計アプローチである。環境会計には，いわゆるグリーンGDP算定等のマクロ会計分野も存在するが，企業がこのような，環境会計情報を作成し，内部管理目的（環境マネジメント・システム）・外部報告目的（環境報告書のディスクロージャーなど）に使用するようになったのは，比較的近年のことであり（ミクロ・企業環境会計），その根拠としては，地球環境時代における，企業の正統性（正当性）保持，社会的アカウンタビリティ拡大などが指摘できる。　　　　　　　　　　（宮崎修行）

かんきょうかいけいしすてむ【環境会計システム】

環境会計は，企業等が，持続可能な発展を目指して，社会との良好な関係を保ちつつ，環境保全への取り組みを効率的，効果的に推進していくことを目的として，事業活動における環境保全のためのコストとその活動により得られた効果を可能な限り定量的（貨幣単位又は物量単位）に測定し伝達する仕組み（環境省，「環境会計ガイドライン」2002年）と定義される。このような環境会計を展開するためのシステムを環境会計システムということができる。多くの企業は，「環境会計ガイドライン」に準拠して環境会計を展開し，環境会計システムから環境報告書をアウトプットしている。　　　　（興津裕康）

かんきょうかんさ【環境監査】
environmental audit

1970年代以降，欧米における企業の社会的責任の公表としての社会監査が変容して，さらにアメリカにおけるスーパーファンド法に基づく汚染浄化責任に対する自衛手段として，環境管理システムの有効性に関する内部監査を始めたのが，環境監査の始まりである。一般に，環境監査とは，企業の環境マネジメント（企業のマネジメント中の環境方針の確立・適用・維持にかかわる一側面）を促進し，企業の環境にかかわる組織・管理者・法令遵守・諸目的遂行状況の評価を，体系的・定期的・客観的・文書により実施する経営マネジメント手法であり，内部監査のほかに，外部第三者（公認環境検証人）による外部監査が存在する。ICC（国際商工会議所）のガイドライン，イギリスのBS7750，EUのEMAS（環境管理・監査スキーム）など環境監査の代表的手法・規格がすでに存在するが，さらにISO（国際標準化機構）による環境管理国際規格づくりが進展しており，環境監査規格もこの一環として（ISO14010番台）整備されつつある。
　　　　　　　　　　（宮崎修行）

かんきょうぜい【環境税】
environmental tax

環境の保全を目的として課される税である。大気汚染物質や水質汚染物質の排出に対して課税し，その排出を抑制するといったものが代表的な例である。環境汚染のもたらすコストを汚染者に認識させ，環境への影響を市場メカニズムへ内部化するという効果がある。課税された企業や個人は，汚染物質を削減するか，削減せずに税を支払うか，どちらか安価な方を選ぶ。追加的な削減費用の安価な主体から削減に取り組むことになるため（そうでな

い企業はむしろ削減をあきらめて税を支払う），社会全体で見ると汚染削減費用の節約ができるという効果もある。なお税収を目的とし，環境関連の支出を賄うために課される税のことも「環境税」と呼ばれている。森林の水源涵養機能を維持するという名目で下流住民の上水道使用に課税する「水源税」はこれに当たる。また，化石燃料などの温室効果ガスの排出抑制を目的とした税を指して「環境税」と呼ぶ場合もある。　　　　　　　　　　　（竹内憲司）

かんきょうまねじめんとしすてむ【環境マネジメントシステム】
environmental management system
　環境に関する経営方針および目標を定め，その目標を達成するための組織的な管理行動の体系である。つまり，改善すべき環境の側面について，環境方針・計画の立案（plan）→実行（do）→実績評価（check）→計画見直し（action）のPDCAサイクルを確立して継続的改善を目指すシステムである。環境に配慮した企業経営を推進するための，世界的に最も影響力のあるシステムは国際標準化機構（ISO）が定めた国際規格のISO 14001である。また，わが国には自治体の環境マネジメントシステムの規格である環境自治体スタンダード（LAS-E）がある。
　　　　　　　　　　　（川崎紘宗）

かんけいがいしゃかしつけきん【関係会社貸付金】
　親会社，子会社および関連会社などの関係会社に対して，金銭消費貸借契約を締結して金銭を貸し付けた場合に生じる債権をいう。こうした貸付は，支配・従属関係など当該関係会社との密接な関係を前提として行われる。そのため，質的な重要性の観点から他の貸付金とは区別して処理される。さらに，関係会社貸付金は，一年基準に基づいて短期のものと長期のものとに区別され，前者は流動資産の部に後者は固定資産の部に表示される。⇨投資その他の資産　　　　　　　（百合草裕康）

かんけいがいしゃちょうきかりいれきん【関係会社長期借入金】
　親会社，子会社および関連会社などの関係会社から，金銭消費貸借契約を締結して金銭を借り入れた場合に生じる債務のうち返済期間が1年以上にわたるものをいい，固定負債の部に表示される。こうした借入は，支配・従属関係など当該関係会社との密接な関係を前提として行われる。そのため，質的な重要性の観点から他の長期借入金とは区別して処理される。⇨投資その他の資産　　　　　　　（百合草裕康）

かんけいがいしゃゆうかしょうけん【関係会社有価証券】
　親会社，子会社および関連会社などの関係会社が発行する株式や社債で，支配従属関係の確保や取引関係の緊密化のために長期間保有するものをいう。これらの有価証券は，長期的な利殖を目的として保有される投資有価証券とは質的に異なるため，それとは区別して処理される。関係会社有価証券は関係会社株式，関係会社社債およびその他の関係会社有価証券，に区別され，いずれも固定資産の部に表示される。⇨投資その他の資産　　（百合草裕康）

かんさ【監査】audit
　監査とは，ある経済主体とその周囲に存在する利害関係者との間に介在して，両者間の利害の対立を解消ないし緩和することを目的とした第三者による調査とその結果の報告である。監査には，経済主体の行為や実態そのものの妥当性を対象とする実態監査と，そ

の結果の写像である情報ないし会計の真実性,適正性を検証する情報監査ないし会計監査がある。企業に対して実施される情報監査としての財務諸表監査は会計監査を代表するものであるが,そこでは会計情報のみならずその背後にある実態をも無視することはできない。したがって,実態監査と情報監査ないし会計監査との区別は,監査目的の内容に基づく重点の置き所の相違と考えるべきである。財務諸表監査は,企業規模の拡大と利害関係者の多様化・遠隔化に伴って法定監査の主流を占めることとなったが,同時に結果報告の手段である監査報告書の重要性も増大してきている。　　(朴　大栄)

かんさいけん【監査意見】
audit opinion

　財務諸表監査では,経営者の作成した財務諸表が,一般に公正妥当と認められる企業会計の基準に準拠し,企業の財政状態,経営成績およびキャッシュ・フローの状況をすべての重要な点において適正に表示しているか,監査人は監査証拠に基づき判断し結果を監査意見として表明する。監査人の意見には,重要な虚偽表示がなければ無限定適正意見,限定付適正意見,その逆なら不適正意見,監査人の意見を表明しない意見不表明の4種類がある。
（諏訪有香）

かんさいっぱんきじゅん【監査一般基準】general standards（auditing）

　監査一般基準は,監査人の適格性の条件および監査人が業務上守るべき規範を明らかにする原則であり,監査人についての人的・資格的基準であるとともに,監査業務の質的水準を確保するための全般的基準でもある。現行「監査基準」の「一般基準」は8基準に拡大されている。それは,監査人に対する普遍的規準を一層徹底させ,制度的に担保する必要性が高まったことの反映である。その1は,監査人の資格要件として専門的能力と実務経験を規定するのみならず,その能力の維持・研鑽を要求する。2は,独立性の規定であり,監査にあたって,公正不偏の態度を保持するとともに,被監査会社からの外見的独立性の堅持を要求するものである。3は,正当な注意の基準であり,監査専門業務を行うにあたって維持すべき水準と職業的懐疑心の保持を要求する。4から7は,正当注意の内容を,不正・違法行為への対応,監査調書の作成および監査業務の質の確保といった点から具体化したものである。8の秘密保持の基準は,外部監査導入時の混乱を避けるために規定された啓蒙的基準であるが,今なお存在意義を失っていないとして残されている。⇨監査実施基準,監査報告基準
（朴　大栄）

かんさぎじゅつ【監査技術】
audit tests technique

　監査証拠を収集するために利用する手段を監査技術という。これに対して,立証しようとする特定の監査要点に対して監査証拠を入手するために,特定の監査技術を選択し,組み合わせ,適用する方法を監査手続（audit procedure）とよび,監査技術と区別する。監査技術は,広範かつ種々の監査手続において共通に利用する一般的手段としての特性をもつ。監査技術は,一般に,一般監査技術と個別監査技術に分類できる。一般監査技術は,内部証拠を収集するために,会計記録全般に対して適用しうる監査技術である。これには,証憑突合,帳簿突合,計算突合,伝票突合,通査,閲覧などが属する。個別監査技術は,外部証拠を収集するために,監査対象項目の種類に

応じて適用しうる監査技術であり，その適用範囲は一般監査技術に比べて狭い。これには，実査，立会，確認，質問，勘定分析，分析的手続，視察などが属する。⇨監査手続　　（井上善弘）

かんさけいかく【監査計画】
audit planning

　監査計画とは，監査目的を有効に達成し，監査を組織的かつ効率的に実施するために，当該監査目的に応じて監査対象，監査要点，実施すべき監査手続，その適用の範囲，監査担当者，監査場所，監査日程などについて，秩序的かつ適時的な計画を立案することをいう。監査計画は，監査実施業務それ自体の計画であると同時に，監査実施過程の統制のための手段でもある。すなわち，監査の進捗状況の把握，監査手続の重複や脱漏の防止，監査補助者への業務の割当てとそれに対する指導監督，監査手続の標準化，実施した監査手続の評価，監査業務の記録の保存など，監査を合理的に実施するための統制手段ともなる。　　（井上善弘）

かんさこうじゅん【監査公準】
audit postulate

　監査が成立するための基本的前提ないし仮定を監査公準といい，監査理論上の基礎ともなる。最初に監査公準という用語を使用したとされるマウツ・シャラフ（Mautz, R.K. & Sharaf, H.A.）の8公準が有名である。それらは，(1)財務データの検証可能性，(2)監査人と被監査会社経営者における必然的な利害対立の不存在，(3)共謀等不実行為の不存在，(4)内部統制組織の充実による不正の蓋然性の排除，(5)会計原則の継続適用による適正表示，(6)過去に真実であるとされた内容が将来においても真実であると推定されること，(7)監査人の独立性，および(8)監査人の職業的専門家としての責任と義務である。その後も監査公準については種々の見解が表明されている。わが国の「監査基準」がその一般基準において，監査人の専門性と独立性等を掲げているが，これにも監査公準の一部が反映されている。　　（柴田梨亜）

かんさじっしきじゅん【監査実施基準】

　「監査基準」（企業会計審議会）の一構成部分であって，とくに監査計画の策定および監査手続の適用にかかわる基本指針とその留意事項を定めたものである。内容的には，リスク・アプローチに基づく監査の実施をベースに規定されている。監査実施基準に基づく実務上の具体的なガイドラインとして，日本公認会計士協会から監査基準委員会報告書が逐次公表されている。
　　（堀江正之）

かんさしょうこ【監査証拠】
audit evidence

　監査人が監査意見を表明するための根拠とした資料，陳述，状況などをいう。また，それらに対して監査手続を適用した結果として形成される監査人の心証として理解される場合もある。監査証拠としての証明力は，証拠の入手源泉やそのときの事情によって違いがでる。財務諸表監査における監査証拠は，(1)経営環境の把握，(2)内部統制の有効性評価，(3)財務諸表項目に対する実証手続の各局面を通じて入手または形成される。監査証拠は，監査調書に記録し保存しておく必要がある。
　　（堀江正之）

かんさしょうせき【監査証跡】
audit trail

　データ処理の過程とシステムの作動内容を裏づけ，かつそれを追跡できる

能力，あるいはそれを確保するための一連の時系列記録をいう。とりわけ情報処理環境における検証可能性を確保するために必要とされる。入力源泉から出力結果へ，逆に出力結果から入力源泉へとデータ処理過程の跡づけができるようにすることによって，監査における検証可能性を確保するほか，エラー修正やバックアップ・リカバリーのために利用されることもある。

（堀江正之）

かんさちょうしょ【監査調書】
audit working paper

　監査契約の締結から監査報告書の作成にいたる過程において，監査人が入手した諸資料を記録・編集したものである。内容的には，実施した監査手続やその結果としての監査証拠のみならず，監査計画書や手順書から監査報告書草案までの段階に及ぶ監査意見形成の基礎をすべて含む。その作成目的としては，組織的かつ効率的な監査の実施とその管理を行うこと，監査補助者の指導・監督の手段とすること，監査報告書作成の資料とすること，監査責任を遂行したことの立証手段とすること，次期以降の監査の資料とすることなどをあげることができる。

（松井隆幸）

かんさてつづき【監査手続】
audit procedure

　監査手続の概念については広狭二つの考え方がある。広義には，監査手続という用語に監査技術の意味も包括し，監査手続を監査証拠を入手するための一般的監査行為であるとする。これに対して狭義には，監査手続と監査技術とを明確に区別し，監査技術は監査証拠を入手するための技術的な監査用具であり，監査手続は，特定の監査における特定の局面において，監査人が要証命題を立証するために監査技術を選択適用する監査行為であるとする。わが国の「監査基準」では，監査手続と監査技術とは区別せずに使用されている。⇨監査技術

（林　隆敏）

かんさにんのしょくぎょうりんり【監査人の職業倫理】

　監査業務の職業的専門家として，監査人がその業務を実施するにあたって求められる規律である。これを示すものとして，日本公認会計士協会の「倫理規則」をあげることができる。これによれば，監査人は，職業上知り得た秘密を漏らさず，高い専門的能力と公正不偏の態度のもと正当な注意を払って業務を遂行することとし，とくに社会的信頼を基盤とする職業でもあり，人間として常に高い教養と品性を保持するよう努力することを求めている。

（永戸正生）

かんさにんのせきにん【監査人の責任】

　監査人の責任は，監査を担当する公認会計士，監査役，内部監査人，監事などが監査活動に対して負うべきものであり，一般的には監査に関する諸規範の内容を実現すべき責任と，当該規範への違反に対して制裁を受ける責任の二つがある。前者は，狭義には監査契約や各種諸法令の遵守，監査基準・監査実務指針への準拠，職業団体による倫理綱領の遵守などを指すが，広義には，明文化された規定がなくとも，社会が期待する監査の機能を果たす責任を指している。他方，後者は，これらの諸規範に故意または過失により違反した場合に生じるものであり，民事上の損害賠償責任，刑事上の刑罰，行政上の懲戒処分などの法律的責任，職業団体からの除名などの職業倫理上の責任のほか，社会の期待に背いた場合

に生じる社会的信頼の失墜などの責任がある。⇒監査人の職業倫理　　　（瀧　博）

かんさにんのどくりつせい【監査人の独立性】

　監査人の独立性とは，監査人が監査対象の身分的・経済的な支配を受けない状態（外観的独立性）および監査人の判断が公正不偏である状態（実質的独立性）の両者を意味する。外観的独立性は，監査が適格性の条件を具備した専門家によって特別の利害関係がない立場から行われ，他方，実質的独立性は監査が公正不偏の立場から行われ，監査人が堅持すべき精神的に独立した態度であり，監査への信頼性を高めるために要請される。財務諸表監査では，監査人の判断に依拠する人々の数が多いので「監査基準」にその規定が明示されているほか，特別の利害関係について詳細な規定がある。監査役の独立性については，身分上は，その選任・解任が株主総会の決議とされ，経済上は報酬が株主総会の決議事項であり，その配分が監査役会の協議に委ねられている。内部監査人は，被監査部門その他の干渉を避けるため，身分的・経済的に独立していることが必要とされ，経営者直属にすることが最善とされる。
（瀧　博）

かんさのひんしつかんり【監査の品質管理】

　財務諸表監査の多くは複数の監査担当者が一定の監査方針のもと，指揮命令系統と職務分担が明確な組織の中，共同作業することによる組織的な監査である。これが社会的期待水準を維持するために，担当者とは別の審査機構を設け，監査業務の基準準拠性や監査判断の適切性を再検討し，その品質を常に管理する必要がある。監査機構では，実施された監査手続の合理性と監査結果の判断の客観性が確保されているか否かにつき審査する。⇒組織的監査
（諏訪有香）

かんさほうこくきじゅん【監査報告基準】audit report standards

　監査人は要証命題について合理的な基礎を得て監査意見を形成し，これを監査報告書に記載して利用者に伝達する。監査報告基準は監査報告書が利用者の意思決定に有用かつ信頼しうる情報として提供されるように，その記載要件を規定する基準である。このため，監査報告基準には，監査人が実施した監査の概要や全体的な質，および監査人が負うべき責任の範囲が監査報告書を通じて明らかになるような内容を盛り込むことが要請される。　（諏訪有香）

かんさほうこくしょ【監査報告書】audit report

　監査人が，実施した監査の概要とその結論を報告するための文書をいう。監査人のメッセージ伝達の機能を基本とするが，その一方で，監査人の責任を明確にするという機能もある。外部報告を前提とした監査報告書は，比較可能性の確保という観点から，報告内容を簡潔に記した短文式報告書とよばれる標準様式が用いられる。具体的には，(1)監査の対象，(2)実施した監査の概要，(3)財務諸表に対する意見に分けて記載され，とくに説明や強調が必要な場合には(4)追記情報が記載される。これに対して，外部報告を前提としない内部監査で用いられる監査報告書では，監査の結果を踏まえた改善勧告事項が詳細に記載されることが多く，様式は一定していない。⇒単文式監査報告書
（堀江正之）

かんさほうじん【監査法人】

1966年の公認会計士法に基づいて、監査証明業務を組織的に実施することによる公認会計士監査の充実・強化を目的として、公認会計士が共同して設立する特殊法人である。監査法人の設立には、パートナーとよばれる社員（出資者）が5名以上必要であり、その全員が公認会計士でなければならない。また、業務執行の義務および責任を社員全員で負わなければならず、業務停止処分の期間中である者および業務停止処分または設立取消を受けた監査法人の社員で3年を経過しない者は社員のなかに含めてはならない。

（古庄　修）

かんさやく【監査役】

corporate auditors, statutory auditors

監査役は、定款の定めに基づき設置され、取締役（会計参与設置会社においては会計参与を含む）の職務執行を監査する株式会社の機関の一つである（会社法326条2項、381条1項）。監査役による監査は、監査役設置会社、監査役会設置会社、取締役会設置会社および会計監査人設置会社に対して要求され（同2条、327条2項・3項、390条1項）、監査役は、取締役、会計参与および会計監査人と同様に、株主総会の決議によって選任される（同329条1項）。なお、委員会設置会社では、株式会社の機関として監査役を設置すること自体が禁止されている（同327条4項）。

監査役の職務権限は、貸借対照表等の計算書類の適法性を検証する会計監査権のみならず、取締役の職務執行行為を監査する業務監査権を含む広範な権限を有する。この広範な職務権限を遂行するために、監査役には、取締役等に対する報告請求権や監査役設置会社に対する業務・財産調査権が付与されている（同381条2項・3項）。ただし、監査役会設置会社または会計監査人設置会社を除く公開会社以外の株式会社では、定款で監査役の監査範囲を会計に関する領域に限定することが認められているが（同389条1項）、この場合には、会社法2条9号に定める監査役設置会社に該当しない。

公開会社以外の株式会社と委員会設置会社を除く大会社では、監査役会および会計監査人を設置しなければならない（同328条1項）。これに該当する株式会社を監査役会設置会社といい、監査役の員数を3人以上とし、このうちの半数以上を社外監査役としなければならない（同335条3項）。さらに、監査役会は、監査役の全員をもって組織され、(a)監査報告の作成、(b)常勤の監査役の選定および解職、(c)監査の方針、監査役会設置会社の業務および財産状況の調査方法等の決定についての権限を有する（同390条1項・2項）。なお、監査役会では、監査役のうち最低1人以上を、常勤の監査役として選定しなければならない（同390条3項）。

（小関　勇）

かんさやくかんさ【監査役監査】
⇨監査役

かんさようてん【監査要点】

監査人が、自己の意見形成の基礎となる十分かつ適切な監査証拠を入手するために、経営者が提示する財務諸表項目に対して設定する立証すべき目標のことである。監査人は、設定した監査要点ごとに監査手続を実施して監査証拠を入手し、監査要点に関して立証した事項を積み上げて統合化し、財務諸表の適正性に関する結論を得てゆく。「監査基準」の実施基準、一　基本原則3では、財務諸表項目に対する監査要点の種類として、実在性、網羅性、権利と義務の帰属、評価の妥当性、期

間配分の適切性および表示の妥当性を例示している。　　　　　　（松井隆幸）

かんさりすく【監査リスク】
audit risk

　財務諸表の重大な虚偽表示に気づかず，監査人が監査に失敗するリスクである。(1)内部統制が存在していないとの仮定の上で虚偽表示がなされる固有リスク，(2)内部統制により虚偽表示を防止・発見できない統制リスク，(3)監査手続を実施しても監査人が重要な虚偽表示を発見できない発見リスクの三つからなる。監査人は固有リスク・統制リスクを評価し，発見リスクをコントロールして監査リスクを一定水準以下に抑える。⇨リスク・アプローチ
　　　　　　　　　　　　　　（諏訪有香）

かんじょう【勘定】account, a/c

　勘定とは，取引によって生じた資産，負債，純資産（資本），収益および費用の増減を記録・計算する単位である。増減を記入するために，通常，T字型の様式が利用されるが，それに名称（勘定科目）を付したものを勘定口座という。勘定口座の左側は借方，右側は貸方とよばれ，資産と費用に属する勘定は増加（減少）を借方（貸方）に，それに対し，負債，純資産（資本）および収益に属する勘定は増加（減少）を貸方（借方）に記入する。勘定を用いて取引を組織的・体系的に記録することにより，貸借対照表や損益計算書を導出することが容易となる。⇨複式簿記　　　　　　　　　　（峯山幸繁）

かんじょうきろく【勘定記録】

　財政状態を把握したり損益を計算するには，資産，負債，純資産（資本），収益および費用の増減を記録するために勘定を設定することが必要であり，そこに記入された結果を勘定記録という。企業会計原則は，「正規の簿記の原則」により，取引を発生順に帳簿に記録することを要求しているが，それは，歴史的記録（仕訳帳での記録）および分析的記録，すなわち勘定記録（元帳での記録）を意味している。⇨勘定
　　　　　　　　　　　　　　（峯山幸繁）

かんじょうぶんせき【勘定分析】

　特定の勘定の内容を構成要素別に分解し，これに関連する借方・貸方の勘定および金額の構成内容を明確にする監査技術をいう。しかし，勘定分析を実施した結果をもって，当該勘定の妥当性・正確性を立証することはできず，質問，閲覧，証憑突合等の他の監査技術を援用する際に，その基礎を提供する検証手段として機能する。また，勘定分析の実施には経済的，人的，および時間的コストを要するため，質的・金額的に重要性の高い項目，あるいは相対的危険性の高い項目を中心に適用される。⇨監査技術　　　　（岸　牧人）

かんせいこうじみしゅうにゅうきん【完成工事未収入金】

　当事者間で基本的な仕様や作業内容が合意された工事契約については，施工者がその契約上の履行義務をすべては遂行しておらず，法的には対価に対する請求権をいまだ獲得していない状態であっても，会計上はこれと同視しうる程度に成果の確実性が高まり，工事進捗に応じて収益として認識することが適切である場合がある。工事進行基準を適用することにより，工事の進捗に応じて計上される未収入額は，法的にはいまだ債権とはいえないが，会計上は法的債権に準ずるものと考えることができ，金銭債権として取り扱われる（「工事契約に関する会計基準」59項）。　　　　　　　　　（姚　小佳）

かんせつひのはいふ【間接費の配賦】

　間接費は，原価の発生が一定の製品の生成に関して直接的に認識することができず，したがって間接的ないし共通的な消費として認識せざるをえない原価であるから，原価計算上は，これを一定の基準に基づき製品種類別に配分しなければならない。これを間接費の配賦という。伝統的な計算では直接作業時間や機械運転時間といった業務量（操業度）関連の基準により製品への配賦が行われるが，活動基準原価計算では間接費は活動内容に応じたコスト・ドライバーを通じて製品に配賦される。⇨製造間接費　　　（小菅正伸）

かんせつほう（きゃっしゅ・ふろーけいさんしょ）【間接法（キャッシュ・フロー計算書）】

　間接法とは，キャッシュ・フロー計算書の「営業活動によるキャッシュ・フロー」の区分において，税引前当期純利益に非資金損益項目，営業活動に係る資産及び負債の増減，「投資活動によるキャッシュ・フロー」及び「財務活動によるキャッシュ・フロー」の区分に含まれる損益項目を加減して表示する方法である（「連結キャッシュ・フロー計算書等の作成基準」第三・一・2）。間接法による表示方法は，税引前当期純利益と営業活動に係るキャッシュ・フローとの関係が明示される点と，主要な取引ごとのキャッシュ・フローの基礎データを必要としないため実務上作成が容易である点が長所である。しかし，間接法では，営業活動に係るキャッシュ・フロー全体の純額は表示されるが，その内訳と総額は表示されない。　　　　　　　　　（戸田統久）

かんせつほう【間接法（減価償却）】

　減価償却を行う際の記帳法の一種で，減価償却による費用配分額を直接固定資産の取得原価から減額する方法（直接法）ではなく，減価償却累計額勘定（固定資産の評価勘定）を用いる方法をいう。間接法を用いると，貸借対照表上，固定資産の取得原価から，減価償却累計額を控除した差額として固定資産の貸借対照表価額が表示されるので，たんに結果だけを示す直接法より情報提供の点で優れている。　（倉田幸路）

かんぱにーせい【カンパニー制】

　社内の事業単位を擬似的にひとつの会社のように見立てる社内分社制度である。その形態は多様であるが，一般的には，損益計算書と貸借対照表を作成し，投資責任や人事責任を有するなど，カンパニーの独立性はこれまでの日本企業の事業部制組織に比べて高い。カンパニーの自立性を高め，意思決定の迅速化，責任の明確化を図り，本社の役割・行動は，経営戦略の策定，収益性に基づく業績評価，豊富な資源の効率的活用にシフトする。　（吉田栄介）

かんりかいけい【管理会計】
management accounting

　企業会計の一分野で，企業の経営者が自社内部での業績評価や経営状態の把握のため，または戦略立案や経営計画の策定，組織統制，価格決定などの各種意思決定を行う上で，役立つことを目的とした会計の領域である。財務会計が，外部報告を目的とした利益算定の会計であるのに対して，管理会計は内部報告を目的とした利益管理の会計といわれている。前者は法規制に服するが，後者は原則としてそれから自由である。　　　　　　　（石田万由里）

かんれんがいしゃ【関連会社】
associated company

　関連会社とは，企業（当該企業が子会社を有する場合には，当該子会社を含む）

が，出資，人事，資金，技術，取引等の関係を通じて，子会社以外の他の会社の財務および営業または事業の方針の決定に対して重要な影響を与えることができる場合における当該子会社以外の他の会社をいう（「持分法に関する会計基準」5項）。⇨持分法　（澤登千恵）

かんれんとうじしゃ【関連当事者】
related party

他の当事者を支配しているかまたは他の当事者の財務上および業務上の意思決定に対して重要な影響力を有している場合の当事者等を指す。親会社，子会社，関連会社，財務諸表作成会社の主要株主および役員ならびにその近親者等が，これに該当する。関連当事者との重要な取引は原則として開示しなければならない。例えば，関連当事者の概要，取引の内容，取引金額，取引による債権債務の期末残高等である（「関連当事者の開示に関する会計基準」）。

（権　大煥）

き

きかいげんか【機会原価】
opportunity cost

特定の給付（製品，サービス）を獲得するために犠牲になる（消費する，失う）経済価値が原価であるが，その大きさを支出額で測定すれば支出原価，失うチャンス（機会）で測定すれば機会原価になる。機会原価は代替案の選択において代替案評価のために用いられるので意思決定用の原価とよばれる。たとえば，特定の中間製品を製造・販売しているとき，現状のままでとどまる（A案，予測利益100万円）か，さらに追加加工を行って最終製品を製造・販売する（B案，予測利益110万円）かの意思決定に直面しているとする。A案を採用すると不利であるからB案を採用するという意思決定は−10万円（100万円−110万円）という負の計算結果が根拠となるが，それは110万円がA案にとっての機会原価として計算されることを意味している。設備投資の経済性判定問題で，将来の期待キャッシュ・フローを必要利益率で割り引くのも機会原価を計算に組み込むひとつの形態である。つまり，その設備に振り向けようとする資金をもし他の目的に投資すれば獲得したであろう利益を犠牲にする，との観点で割引計算（年間の正味期待キャッシュ・フローをR，必要利益率を i，キャッシュ・フローが n 年間続くと予想される投資案の評価額をVとすれば，

$V = R \times \{(1+i)^{n-1} \div \{(1+i)^n \cdot i\}\}$

と評価）するとき，Vはこの設備投資案の機会原価を意味している。⇨キャッシュ・フロー　（坂手恭介）

きかんそんえきけいさん【期間損益計算】

企業が無限に存続し続けるという継続企業の仮定のもとで，企業を取り巻く利害関係者にとって有用な利益情報を提供するためには，企業の経営活動

を人為的に，一定の計算期間に区切り，その計算期間ごとに利益計算することが必要である。これが期間損益計算であり，財産法と損益法という二つの異なる方式がある。現在のわが国における企業会計では，損益法中心の期間損益計算が行われている。⇨財産法，損益法　　　　　　　　　　（児島幸治）

きぎょうかいけいげんそく【企業会計原則】business accounting principles

　企業会計原則は，現在の企業会計審議会の全身である企業会計制度対策調査会の中間報告として昭和24年7月に公表されたものであり，その後，数次の修正を経て今日に至っている。その設定の主たる目的は，第二次世界大戦後の日本経済再建の合理的な解決のために，企業会計制度を改善・統一することにあった。企業会計原則は，企業会計の実務のなかに慣習として発達したもののなかから一般に公正妥当と認められたところを要約した財務会計基準であり，企業会計に関する実践規範としての性格を有している。また，公認会計士が公認会計士法および証券取引法に基づき財務諸表の監査を行う場合に従わなければならない基準でもある。企業会計原則は制定当初，将来，商法等の企業会計に関係する諸法令が制定・改廃される場合において尊重されなければならない指導原理としての役割を有するとされたが，修正を経る中でこの役割には変化が生じたといわれている。企業会計原則は，一般原則，損益計算書原則，および貸借対照表原則から構成されており，これにさらに企業会計原則注解が付されている。とくに，新しい会計基準設定機関である企業会計基準委員会により設定される企業会計基準が平成12年（2000年）以降適用されるようになったことに伴い，企業会計原則の位置づけが曖昧となっている。⇨一般に認められた会計原則，SHM会計原則，会計基準
　　　　　　　　　　　　（平松一夫）

きぎょうけつごうかいけい【企業結合会計】

　企業結合会計とは，合併・買収・営業譲渡といった，ある企業（またはある企業を構成する事業）と他の企業（または他の企業を構成する事業）とが一つの報告単位に統合される取引を対象とするものである。かかる取引の会計処理にあたり，伝統的にパーチェス法と持分プーリング法という二つの処理手続が展開されてきた。パーチェス法では，当該取引をある企業による他の企業の取得と捉える。それに対して，持分プーリング法では，当該取引をある企業と他の企業との間における持分の結合と捉える。

　1998年に公表されたG4+1 Position Paperでは，第三の処理手続としてフレッシュ・スタート法を紹介しており，フレッシュ・スタート法では，当該取引に係るすべての企業の存続を認めず，新たな会計の基礎が生じたと捉えている。G4+1 Position Paperによる提案を受け，SFAS第141号（2001年）やIFRS第3号（2004年）ではパーチェス法への一本化が行われた。わが国の「企業結合に係る会計基準」（2003年）では，パーチェス法に加えて，一定の条件を満たした上で持分プーリング法の適用も認めていたが，「企業結合に関する会計基準」（2008年）では持分プーリング法が禁止されパーチェス法に一本化された。⇨人格承継説，フレッシュ・スタート法　　　（小形健介）

きぎょうじったいのこうじゅん【企業実体の公準】

　企業という経済主体が，出資者（所有主）から独立して存在することを前

提とする公準であり，企業会計が行われる場所または範囲（会計単位）を示している。所有と経営の分離に基づき，企業を所有主とは別個の存在とすることによってはじめて，資産＝負債＋資本が成立し，複式簿記の二面的把握が可能となる。企業実体の概念には法的実体と経済的実体があり，前者に基づき個別財務諸表，後者に基づき連結財務諸表が作成される。⇨会計公準

(阪　智香)

きぎょうよさん【企業予算】
business budget

　政府機関等で利用される公共予算に対して，企業が経営活動の管理のために活用する予算をいう。企業は経営戦略に基づき中長期の経営計画を策定し，短期計画としての予算を編成する。予算は，予算期間における企業の各業務分野の具体的な計画を貨幣的に表示し，これを総合編成したものである。企業予算は，予算期間における企業の利益目標を指示し，各業務分野の諸活動を調整し，企業全般にわたる総合的管理の要具として機能することが期待されている。⇨予算管理　　　(小菅正伸)

きのうつうかあぷろーち【機能通貨アプローチ】
functional currency approach

　1981年に米国財務会計基準書第52号で採用され，2003年には国際会計基準第21号においても採用された。機能通貨とは，企業が営業活動を行うにあたって主に現金を創出し支出する主たる経済環境における通貨を指す。このアプローチが取られる理由は，機能通貨が為替レート変動による経済的影響を忠実に表現すると考えられているからである。

(權　大煥)

きほんきん【基本金】

　公益法人の設立時に，法人が寄付行為または定款において基本財産と定めた資産額である。また設立後，基本財産として寄付された資産やその他理事会が基本財産として組み入れることを決議した資産も基本金に含められる。つまり基本金と基本財産は同義である。基本財産は，通常，土地・建物等の固定資産（長期投資有価証券を含む）として保有される。なお基本金は営利法人の資本金に似ているが，出資者請求権を意味するものではない。また，新しい公益法人制度においてはこの概念はなくなったが，社会福祉法人および学校法人会計においては存在している。
⇨基本財産　　　　　　　(尾上選哉)

きほんざいさん【基本財産】

　基本財産とは，財団法人の法人格の基礎となる財産であり，この基本財産から生み出される運用益をもって公益活動を行うことが財団法人の建前となっている。したがってこれは法人の中心となる財産であるために，その取崩し等には制限がなされ，法人設立後においても，資産としてなるべく目減りしないかたちにして管理することが求められる。しかし設立からかなりの年月が経過すると，設立当初には十分な基本財産額であっても，その時の貨幣価値とかけ離れてしまい，基本財産額が十分とはいいがたい状態になることもあるため，基本財産の積増しも必要となる。基本財産として寄付された資産，または理事会の議決により剰余金の一部を繰り入れた資産がそれにあたる。

(吉田忠彦)

きまつしょうひんたなおろしだか【期末商品棚卸高】

　これは，
　　期末棚卸数量×単位当たりの価格

により算定される。商品有高帳を記録している場合には，期末棚卸数量は有高帳の記録から把握することができる。これを帳簿棚卸といい，これにより把握された期末棚卸数量を帳簿棚卸高という。また，期末棚卸数量は，商品の実地棚卸を行うことによっても把握することができ，これを実地棚卸高という。両者が異なる場合には，帳簿棚卸高を実地棚卸高に修正しなければならない。　　　　　　　　　（中島稔哲）

きゃくちゅう【脚注】foot note

　脚注とは，フット（foot）すなわち「脚」に付すノート（note）すなわち「注記」のことである（貸借対照表，損益計算書）。会計とは，取引事実に測定ルールを適用して数値化する行為のことである。その場合，注記はルールと数値（財務諸表）の「橋渡し」の役割を果たすことによって，当該数値の算出プロセスを明らかにする。すなわち，注記は財務諸表上の科目にかかる説明を補ったり，それ自体独自の情報を提供する。つまり，決算内容の理解にあたって，注記は補足情報および独自情報を提供するから重要である。⇨注記
　　　　　　　　　　　　（平敷慶武）

きゃっしゅ・ふろー【キャッシュ・フロー】cash flow

　キャッシュ・フローは，
　　当期利益＋減価償却実施額－配当金
　　－役員賞与
により求められる経営活動から生じる現金収入の額である。総負債に対するキャッシュ・フローの割合であるキャッシュ・フロー比率は，キャッシュ・フローで賄うことのできる総負債の割合を示し社債格付けの指標のひとつである。
　1株当たりキャッシュ・フロー＝キャッシュ・フロー÷発行済株式数

　株価キャッシュ・フロー倍率＝株価÷1株当たりキャッシュ・フロー
も計算できる。　　　　（大矢知浩司）

きゃっしゅ・ふろーけいさんしょ【キャッシュ・フロー計算書】
cash flow statement

　キャッシュ・フロー計算書とは，一会計期間におけるキャッシュ・フローの状況を一定の活動区分別に（「営業活動によるキャッシュ・フロー」，「投資活動によるキャッシュ・フロー」，および「財務活動によるキャッシュ・フロー」の三つの区分別に）表示する計算書であり（「連結キャッシュ・フロー計算書等の作成基準」第一），貸借対照表・損益計算書と同様に企業活動全体を対象とする重要な情報を提供するものである。キャッシュ・フロー計算書は，貸借対照表上の資金が期首から期末にかけてどのように増減したのかを表すものであり，損益計算書が発生主義の利益を表示するのに対し，キャッシュ・フロー計算書は現金主義の利益（つまり資金の収支）を表示するものである。キャッシュ・フロー計算書によって，財務諸表の利用者は，企業の純現金収入の創出力を判断して負債の支払能力と，損益計算書に表示されている利益の資金的裏付けを評価することが可能となる。なお，個別ベースのキャッシュ・フロー計算書は，連結キャッシュ・フロー計算書に準じて作成することとなっており，また，連結キャッシュ・フロー計算書を作成している会社は，個別のキャッシュ・フロー計算書を作成する必要はない（財務諸表等規則111条）。　　　　　　　　　（戸田統久）

きゃっしゅ・ふろーひりつ【キャッシュ・フロー比率】

　キャッシュ・フロー比率は，企業の長期の債務返済能力を示す安全性指標

であり，

営業キャッシュ・フロー÷固定負債により算定される。この比率が高いほど，営業キャッシュ・フローを固定負債の返済に充てた場合の企業の返済能力が高いことになる。キャッシュ・フロー比率を改善するには，営業キャッシュ・フローを増加させるか，固定負債を減少させる必要がある。他方，企業の短期の債務返済能力を示す安全性指標として営業キャッシュ・フロー対流動負債比率があり，同比率は，

営業キャッシュ・フロー÷流動負債により算定される。　　　　（辻川尚起）

きゃっしゅ・ふろー・へっじ【キャッシュ・フロー・ヘッジ】
cash flow hedge

キャッシュ・フロー・ヘッジとは，すでに計上されている資産または負債項目，ないし，予定取引に関するキャッシュ・フローの変動リスクをヘッジする方法である。たとえば，すでに負債に計上されているLIBORプラス0.5％の変動利付債務の将来支払利息の変動を，5％固定支払い・LIBOR変動受取りの金利スワップでヘッジする方法が，キャッシュ・フロー・ヘッジに該当する。また，将来借り入れる予定の固定利付借入金の金利の上昇に備えて金利先渡契約を前もって結んでおく取引も当該ヘッジにあたる。さらに，ある商品をドル建てで輸出する契約があり，固定したドル金額の円貨受取額が将来の為替相場の変動により減少することを防ぐために，ドル売り円買いの為替予約を締結して，受け取る円貨額を確定した場合の当該取引は，確定契約のキャッシュ・フロー・ヘッジになる。

キャッシュ・フロー・ヘッジを行っている場合，当該ヘッジが有効である限り，ヘッジ手段の時価の変動から生じる損益はいったん貸借対照表の純資産の部に繰延計上される。その後，ヘッジ対象項目が損益に計上される期間に合わせて純資産の部に計上されていた繰延ヘッジ損益額を損益計算書に振り替える。また，「金融商品会計に関する実務指針」では，ヘッジ終了時にヘッジ対象となった資産を取得する場合には，ヘッジ手段から生じた繰延ヘッジ損益をヘッジ対象の取引計上額に加減する方法を定めている。⇨公正価値ヘッジ，ヘッジ会計　　　（浦崎直浩）

きゃっしゅ・ふろー・まーじん【キャッシュ・フロー・マージン】
cash flow margln

キャッシュ・フロー・マージンとは，企業の収益性に関連する財務指標であり，売上高営業利益率に類似する比率である。この比率は，営業活動によるキャッシュ・フローを売上高で除して計算される。すなわち，売上高の何パーセントをキャッシュで獲得したかをみる指標である。

この割合が高いほど，効率的な資金化が行われたことを示し，企業の営業活動によって得られた売上高が営業活動によるキャッシュ・フローの創出にどれほど貢献しているかをみることができる。　　　　　　　　　（朱　愷雯）

きゃぴたる・げいん【キャピタル・ゲイン】capital gain

キャピタル・ゲイン（資本利得）とは，資産の価格変動からもたらされるリターンである。長期に渡って利用する目的で保有される資本的資産，例えば，土地や減価償却の対象となる有形固定資産，投資有価証券，および特許権等の無形固定資産の売却により収得した金額が，当該資産の帳簿価額を上回る場合の超過額をいう。キャピタル・ゲインは，インカム・ゲインとと

もに，資産から得られるリターンを構成する。　　　　　　　（安部智博）

きゅうすうほう【級数法】
sum-of-the-years-digits method

　固定資産の減価償却方法のひとつで，耐用年数にわたり，算術級数を用いて減価償却費を計算する方法である。たとえば4年の耐用年数の場合，1から耐用年数4までの算術級数合計，

$1+2+3+4=10$

を計算し，要償却額を10で除した値に1年目は4，2年目は3，3年目は2，4年目は1をそれぞれ乗じて各期の減価償却費を求める。　　　（阿部　仁）

きょうせいひょうかげん【強制評価減】compulsory write-down

　ある資産の時価が著しく下落したとき，回復する見込があると認められる場合を除き，時価をもって貸借対照表価額とし，評価差額を当期の損失とする会計処理である。現行基準では，満期保有目的債券，子会社株式および関連会社株式，およびその他有価証券に対して適用されている。時価の著しい下落とは，時価が簿価の50％以下に低下した状態とされる。　　（和田博志）

ぎょうせきかんりかいけい【業績管理会計】

　伝統的に，管理会計は，計画会計と統制会計からなる体系をもって理解されてきた。しかし，計画の一部（短期利益計画）が統制と結びつき，双方を切り離して論じることが論理的とはいえなくなってきた。短期利益計画とは，予算を通して業務を統制していく活動のことである。こうして，業績管理会計は，「意思決定会計・業績管理会計」という新たな管理会計の体系との関連で論じられる。つまり，業績管理会計とは，短期利益計画と統制のための会計である。業績管理会計の主要な会計概念は，管理可能原価・収益であり，会計実体は，責任実体である。こうした基礎概念から明らかなように，業績管理会計は，また，責任会計の理解を通じて展開される内容をもち，管理会計の体系との関連で論じられる。責任会計は，組織構造の形態や管理者の責任内容に応じてその適用を異にする。とりわけ，事業部組織を対象とする業績管理会計のなかで議論される。事業部組織のもとで，業績管理会計は管理会計固有のツール，内部振替価格の設定方法，資本利益率，残余利益率を用いた事業部業績の測定と管理などを主たるテーマとしている。

　業績管理会計の3番目の論点は，計画と統制とが結びつく領域の管理プロセスに役立つ分析に焦点を当てるものである。組織成員の行動に影響を与える予算管理システムの研究（予算参加やリーダーシップ・スタイル）は，古くて新しい問題である。また，こうしたシステムと経営環境との適合性についてコンティンジェンシー理論に基づく研究も明らかにされる。⇨管理会計
　　　　　　（古田隆紀，谷井道代）

ぎょうむかんさ【業務監査】
operational audit

　業務監査は，狭義には，会計監査に対する対語で，会社の取締役が行う会計以外の業務について，その誠実性，適法性，あるいは妥当性をチェックすることをいい，広義には，これに加えて会社の経営者が行う意思決定など，経営にかかわる業務活動の妥当性のチェック（内部監査）までも含める。通常，業務監査という場合，狭義の意味で用いられる。

　業務監査を担当するのは，会社の監査役(会)である。ただし，わが国の商法上，監査役による業務監査は，大会

社（資本金5億円以上，または期末負債額200億円以上の株式会社）と中会社（資本金1億円以上5億円未満の株式会社）には要求されているが，小会社（資本金1億円未満の株式会社）には求められていない（会計監査はすべての会社に要求されている）。⇨監査役　　　　（内藤文雄）

きりはなしほう【切放法】

　低価基準により，決算時に棚卸資産などの原価を時価まで切り下げて評価した場合に，その切下げ後の評価額をそのまま翌期における原価とみなす方法である。したがって，翌期末にはこの原価（前期末の時価）と時価とを比較して評価することとなる。この方法による場合，評価損の戻入れは行われない。なお，切放法は，期末に計上した評価損を翌期首に戻し入れ，時価に切り下げる前の原価（最初の取得原価）を次期における原価とみなす洗替法と対比される。　　　　　　（三光寺由実子）

ぎんこうかんじょうちょうせいひょう【銀行勘定調整表】
bank reconciliation

　当座預金への預入れ・引出しに際しては，企業と銀行との間で記帳処理に時間的なズレが発生することから，両者の記録に不一致が生じることがある。そこで，取引銀行の出納記録と自社の当座預金出納帳の帳簿記録を照合し，不一致の原因を明らかにするとともに，銀行勘定調整表を作成して，記録の正確を期すこととなる。両者の不一致には，次の四つのケースがある。

(1) 銀行では記帳済みの入金額が，企業では未記帳（銀行振込みが未通知）
(2) 銀行では記帳済みの出金額が，企業では未記帳（自動引落としが未通知）
(3) 企業では記帳済みの入金額が，銀行では未記帳（時間外の預入れ）
(4) 企業では記帳済みの出金額が，銀行では未記帳（未取付小切手）
　　　　　　　　　　　　（櫻田照雄）

ぎんこうぼき【銀行簿記】
bank book-keeping

　銀行簿記には，(1)取引のすべてが伝票に記録され，(2)現金出納帳が仕訳帳を兼ねるので仕訳帳が用いられず，(3)「現金式仕訳法」（現金の伴わない取引についても，取引を現金取引に擬制して仕訳を行う方法）によって仕訳が行われ，(4)勘定科目も各業態ごとに定められており，その数も非常に多い，といった特色がある。また，銀行は，毎月末現在で，資産，負債，資本および期中損益の状況を明らかにした日計表（総勘定元帳の残高表）を作成して，翌月20日までに金融庁に提出することとなっており，日計表が主要簿のひとつとなっていることも特色のひとつである。
　　　　　　　　　　　　（櫻田照雄）

きんせんさいけん【金銭債権】
monetary claim

　金銭債権とは，将来の一定期日に他の企業から現金を受け取る契約上の権利であり，金融資産の一つである。例えば，受取手形，売掛金，貸付金等がある。それらの貸借対照表価額は，取得価額から貸倒引当金を控除した金額となる。ただし，債権を債権金額より低い価額で取得した場合は，取得価額と債権金額との差額の性格が金利の調整と認められれば，償却原価法に基づいて算定された価額から貸倒引当金を控除した金額としなければならない。
　　　　　　　　　　　　（安部智博）

きんせんさいむ【金銭債務】
monetary liability

　金銭債務とは，将来の一定期日に他の企業に対し現金を引き渡す契約上の義務であり，金融負債の一つである。例えば，支払手形，買掛金，借入金，社債等がある。それらの貸借対照表価額は，債務額となる。ただし，社債を社債金額よりも低い価額または高い価額で発行したとき等，収入に基づく金額と債務額とが異なる場合は，償却原価法に基づいて算定された価額をもって貸借対照表価額としなければならない。　　　　　　　　　　（安部智博）

きんせんしんたく【金銭信託】
money in trust

　金銭信託とは，委託者（投資家）が利殖を目的として金銭（信託財産）を受託者（信託銀行）に委託し，信託期間終了時に，元本および運用収益を金銭で受け取る信託をいう。ただし，受託者が信託財産の管理業務のみを行い，その運用に関しては委託者が個別的・具体的指示（証券運用の場合には，銘柄・数量・売買価格等のすべて）を行う特定金銭信託（designated money in trust）は，形式的には金銭信託でも，実質的には直接的な有価証券の投資と異ならないので，貸借対照表上，「預金」に含めることはなじまず，独立掲記することが望ましい。　　　　　　　（中野常男）

きんゆうさきものとりひき【金融先物取引】financial futures

　株式・債券・金利商品・外国為替などの金融商品を，将来の一定時期に，あらかじめ定められた価格で売買することを，現時点において約束する取引をいう。この取引は，株式・債券・為替レートなど，基礎となる原資産の価格変動による損失を回避するためのヘッジ目的で用いられる場合が多いが，先物価格の変動を利用した投機目的の場合もある。売買は組織化された取引所市場で行われ，証拠金の委託が必要とされ，一般には差金決済の方法が採用される。⇨金融派生商品　　（山下和宏）

きんゆうしさん【金融資産】

　金融資産とは，現金預金，受取手形，売掛金および貸付金等の金銭債権，株式その他の出資証券および公社債等の有価証券ならびに先物取引，先渡取引，オプション取引，スワップ取引およびこれらに類似する取引（これらをデリバティブ取引という）により生じる正味の債権等をいう（「金融商品に関する会計基準」4項）。

　金融資産の契約上の権利を生じさせる契約を締結したときは，原則として，当該金融資産の発生を認識しなければならない（同7項）。また，金融資産の契約上の権利を行使したとき，権利を喪失したとき，または権利に対する支配が他に移転したときは，当該金融資産の消滅を認識しなければならない（同8項）。

　金融資産がその消滅の認識要件を充たした場合には，当該金融資産の消滅を認識するとともに，帳簿価額とその対価としての受取額との差額を当期の損益として処理する。金融資産の一部がその消滅の認識要件を充たした場合には，当該部分の消滅を認識するとともに，消滅部分の帳簿価額とその対価としての受取額との差額を当期の損益として処理する。消滅部分の帳簿価額は，当該金融資産全体の時価に対する消滅部分と残存部分の時価の比率により，当該金融資産全体の帳簿価額を按分して計算する。金融資産の消滅に伴って新たな金融資産が発生した場合には，当該金融資産は時価により計上する（同11-13項）。⇨デリバティブ
　　　　　　　　　　（浦崎直浩）

きんゆうしょうひんとりひきほう【金融商品取引法】
Financial Instruments and Exchange Low

　従来，有価証券については証券取引法，金融先物取引については金融先物取引法等と，金融商品ごとに法律が定められていたが，幅広い金融商品を包括的・横断的に対応する新しい法律の枠組みが求められるようになり，2006年6月に証券取引法など全89法律を抜本的に改正して制定された。同法の内容は，発行開示の規制・継続開示の規制・公開買付けの規制等のディスクロージャー制度，インサイダー取引や相場操縦の禁止等の不公正取引の禁止，金融商品取引所や金融商品取引業者等の金融商品取引関係機関の規制に大別される。同法に基づき上場会社は，有価証券報告書や四半期報告書等を作成し，財務諸表については公認会計士・監査法人による監査を受けなければならず，重要な事項につき虚偽記載をすれば罰則が科せられる。また上場会社は，有価証券報告書と併せて，公認会計士・監査法人による監査を受けた内部統制報告書を内閣総理大臣に提出することも規定されている。

(外島健嗣)

きんゆうしょうひんとりひきほうかいけい【金融商品取引法会計（金商法会計）】

　金融商品取引法会計は，金商法会計とも略称され，金融商品取引法と連結財務諸表規則・財務諸表等規則等に基づく会計としてとらえられる。それは，会社法会計・税法会計とともに制度会計の一環をなす。

　金商法会計は，おもに証券取引所上場企業のように証券資本市場において有価証券を発行・流通させている企業が作成・公表する有価証券報告書に含まれる（連結）財務諸表の作成を重視する。そこでは，証券資本市場における投資家の意思決定に役立つ（連結）会計情報の開示に主眼がおかれる。有価証券の募集にあたっては有価証券届出書が作成・開示される（発行市場開示）。有価証券の流通市場における開示（流通市場開示）書類としては，毎会計年度定時に継続的開示される有価証券報告書のほかに，四半期（3ヶ月）ごとに開示される四半期報告書や臨時報告書がある。四半期報告書には四半期（連結）財務諸表が含まれる。⇒金融商品取引法

(郡司　健)

きんゆうてがた【金融手形】
accommodation bill

　資金の貸借を目的として振り出された手形をいい，商品などの売買代金の決済のために利用される商業手形とは区別される。金融手形には，金銭の貸借の際に借用証書の代わりに受渡しされる手形と，信用力のある者に依頼して振り出してもらった手形を銀行で割り引いて資金を得る目的で利用される融通手形がある。簿記上，前者は手形貸付金勘定・手形借入金勘定で処理され，後者は受取融通手形勘定・支払融通手形勘定で処理される。

(池田健一)

きんゆうはせいしょうひん【金融派生商品】

　金融派生商品とは，先物・先渡，オプション，スワップなどのように，基礎となる商品の変数の値（市場価値の指数等）によって相対的にその価値が定められるような金融商品をいう。このような派生商品は，その基礎をなす本体商品に含まれる財務リスクの移転をはかり，これらの商品の契約価格がその基礎をなす金融商品の価値変動に連動している。これらの金融商

は，比較的近年に開発され，市場を形成するようになったので，株式・社債等の従来型の金融商品に対して，しばしば新金融商品またはたんにデリバティブと総称され，特徴づけられるようになった。米国の財務会計基準書第133号（SFAS133）（1998年）では，金融派生商品とは，次の三つの特性すべてを有する金融商品と定義づけている（par.6）。(1)(a)一つもしくは複数の基礎変数（一定の金利，株価，コモディティ価格，指数等）と(b)一つもしくは複数の名目数量（通貨数，株数，ポンド，その他の単位数）または支払金額条項，あるいはその両者を有すること，(2)当初の投資金額を要しないか，その金額が相対的に少額であること，および，(3)契約条項として差額決済を要求ないし容認しているか，契約条項以外の手段によって差額決済が容易になされ得るか，あるいは資産の引渡条項によって受領者を実質的に差額決済とは著しく相違しないポジションにおくこと，以上の三つである。⇒債券先物取引，金融先物取引，スワップ取引，オプション取引，デリバティブ　　　　　　　　（古賀智敏）

きんゆうふさい【金融負債】

　金融負債とは，支払手形，買掛金，借入金および社債等の金銭債務ならびにデリバティブ取引により生じる正味の債務等をいう（「金融商品に関する会計基準」5項）。

　金融負債の契約上の義務を生じさせる契約を締結したときは，原則として，当該金融負債の発生を認識しなければならない（同7項）。また，金融負債の契約上の義務を履行したとき，義務が消滅したとき，または第一次債務者の地位から免責されたときは，当該金融負債の消滅を認識しなければならない（同10項）。

　金融負債がその消滅の認識要件を充たした場合には，当該金融負債の消滅を認識するとともに，帳簿価額とその対価としての支払額との差額を当期の損益として処理する。金融負債の一部がその消滅の認識要件を充たした場合には，当該部分の消滅を認識するとともに，消滅部分の帳簿価額とその対価としての支払額との差額を当期の損益として処理する。消滅部分の帳簿価額は，当該金融負債全体の時価に対する消滅部分と残存部分の時価の比率により，当該金融負債全体の帳簿価額を按分して計算する。金融負債の消滅に伴って新たな金融負債が発生した場合には，当該金融負債は時価により計上する（同11－13項）。　　　（興津裕康）

きんりすわっぷ【金利スワップ】

　金利スワップの典型的な取引例は，同一通貨間で固定金利と変動金利を交換する契約である。この場合，変動金利の種類により，LIBORスワップ，TIBORスワップ，短プラスワップ，長プラスワップ等がある。金利スワップでは，通常，固定金利をベースにしてレシーブ・ペイの呼称がつけられており，固定金利を受け取り，変動金利を支払う側をレシーバー，逆に，固定金利を支払い，変動金利を受け取る側をペイヤーとよぶ。前者のレシーバーのポジションは，短期借入を行い，その資金を債券投資に運用するのと同じ効果があり，金利下落に対するヘッジ機能を果たす。一方，後者のペイヤーのポジションは，債券発行を行い，その資金を変動金利資産に運用するのと同じ効果があり，金利上昇に対するヘッジ機能を果たす。

　従来，金利スワップについては，金利スワップを時価評価せず，金利スワップ契約に基づいて受払いされる金銭をヘッジ対象の資産または負債に係る利息に加減して処理する方法が実務

において採られていた。「金融商品に関する会計基準」では，原則としてすべてのデリバティブを時価評価することになっているため，金利スワップについても原則として期末時点において時価評価が要求される。また，ヘッジ会計の要件を充たす場合には，時価評価によって生じる評価損益を繰り延べることになる。なお，一定の要件を充たす場合には，従来の会計処理が特例処理として認められている。⇨スワップ取引

（浦崎直浩）

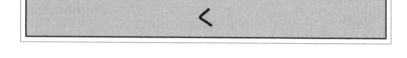

ぐうはつさいむ【偶発債務】
contingent liability

過去の取引の結果，将来一定の条件が満たされたときに法的な債務を負う場合，この債務を偶発債務という。たとえば，債務保証をした場合，為替手形の振出し，手形の裏書・割引をした場合に生じる。これらの偶発債務は通常貸借対照表に注記されるが，発生する可能性が高く，金額を合理的に見積もることができるものは引当金を計上することが必要である。⇨偶発事象

（倉田幸路）

ぐうはつじしょう【偶発事象】
contingency

通常，なんらかの将来の事象が生じたときあるいは生じなかったときに，企業に利得あるいは損失を生じさせるおそれのある，不確実性を伴う現在の状況をいう。しかし，発生主義による見積りに基づく不確実な状況はこの偶発事象とはかかわりない。偶発事象の例として，売上債権の回収可能性，製品保証や欠陥商品による義務，災害による企業損失のリスクなどがあげられる。

（倉田幸路）

くちべつそんえきけいさん【口別損益計算】

16世紀中頃まで，ベニスの個人企業ないしは家族組合を中心に行われた企業損益の計算システムで，先駆的期間損益計算や期間損益計算と対応して用いられている。その最大の特徴は，今日のように1年ごとに期間を区切って，その期間ごとの企業損益を計算するのではなく，期間に関係なく，取扱商品が売却済みになるか航海ないしは旅行が終了した時点で，取扱商品の荷口別ないしは航海（旅行）別の勘定を締め切って，企業損益を計算したところに求められる。口別損益計算という用語は，元来，シュマーレンバッハが全体損益計算との関連のなかで用いた概念であったが，その「口別」という語が強調されるあまり，商品勘定を取扱商品の荷口別ないしは航海（旅行）別に設けて企業損益を計算しているシステムをすべて口別損益計算制度とよぶ傾向があるがこれは誤りである。なぜなら，荷口別に勘定を設けながら期間に区分して損益計算することもできるからである。

（渡邉　泉）

くぶんきじゅん【区分基準】

　企業会計原則は，一般原則第四「明瞭性の原則」において，会計事実が財務諸表上，利害関係者の企業の状況に関する判断を誤らせないように，明瞭に表示されるべきことを求めている。区分基準は，この「明瞭性の原則」を具体的に適用したひとつの例である。貸借対照表は，資産の部，負債の部および純資産の部に区分され（「貸借対照表の純資産の部の表示に関する会計基準」4項，会社計算規則73条），さらに資産の部は流動資産，固定資産および繰延資産に，負債の部は流動負債および固定負債に区分されなければならない（企業会計原則第三の二，会社計算規則74条‐75条）。損益計算書には，営業損益計算，経常損益計算および純損益計算の区分を設けるべきとされるが（企業会計原則第二の二），それらの区分内では，さらに売上高，売上原価および販売費及び一般管理費（以上，営業損益計算），営業外収益および営業外費用（以上，経常損益計算），特別利益および特別損失（以上，純損益計算）の各区分に細分される。また，企業会計原則の一般原則第七「単一性の原則」により，種々の目的のために異なる形式の財務諸表を作成する必要がある場合には，その目的に従った区分の基準に従うことも許される。　　　　（佐々木重人）

くぶん・たいおうひょうじのげんそく【区分・対応表示の原則】

　損益計算書において収益と費用を発生態様の観点から経常項目と特別損益項目とに分類し，収益と費用の因果関係および取引の同質性に基づいて対応させるかたちで表示することを要求する原則である。因果関係は実質的対応ともよばれ，比例的関係にある個別的対応とそうではない期間的対応とに分けられる。経常収益は営業収益（売上高）と営業外収益に，経常費用は営業費用（売上原価と販売費及び一般管理費）と営業外費用に分類されるが，売上高と売上原価は個別的対応から，売上高と販売費及び一般管理費は期間的対応から対応表示される。また営業外収益と営業外費用，特別利益と特別損失は取引の同質性から対応表示される。⇨対応原則　　　　　　（佐藤信彦）

くみべつそうごうげんかけいさん【組別総合原価計算】

　同一の生産工程で異種類の標準製品を連続生産する生産形態に適用される総合原価計算である。組別総合原価計算は，工程別計算の有無および工程別計算する原価の範囲によって，単一工程組別総合原価計算と工程別組別総合原価計算とに，さらに後者は，間接費工程別組別総合原価計算，加工費工程別組別総合原価計算および全原価要素工程別組別総合原価計算に分類される。

　組別総合原価計算では，一期間の製造費用を組直接費と組間接費とに分け，前者は各組の製品に直接賦課し，後者は適当な配賦基準によって各組に配賦する。次に，一期間における組別の製造費用と期首仕掛品原価を，当期における組別の完成品とその期末仕掛品とに分割することにより，当期における組別の完成品総合原価を計算し，これを製品単位に均分して単位原価を計算する。　　　　　　　　　　（吉田一将）

くりこししさんひょう【繰越試算表】
closing trial balance

　英米式決算法において，総勘定元帳の資産勘定，負債勘定，純資産勘定の各勘定の締切りを行う直前に，「次期繰越」記入の正否を検証するために作成される試算表を繰越試算表という。繰越試算表は大陸式決算法における（閉鎖）残高勘定に相当するものであ

り，英米式決算法では繰越試算表から貸借対照表が作成される。　（中島稔哲）

くりこししょうひんかんじょう【繰越商品勘定】
merchandise inventory account

　商品の混合勘定は，売上高を記入する売上勘定，仕入高を記入し，売上原価を計算する仕入勘定，そして前期からの商品の繰越額を記入し，また当期から次期への繰越額を記入する繰越商品勘定（これは資産勘定となる）に分割されることになる。これを一般に商品勘定の三分法（三分割法）という。これにより，損益勘定において，売上勘定と仕入勘定が集合され，その結果，資産部分の次期への繰越し，あるいは前期からの繰越部分を扱うことになるのが繰越商品勘定である。これをたんに商品勘定とし，売上勘定，売上原価勘定とともに商品の3勘定を構成する方法もある。　（篠原敦子）

くりのべ【繰延べ】
⇨見越し・繰延べ

くりのべかんじょう【繰延勘定】
deferred account

　見越勘定と同様に，経過勘定のひとつである。すなわち，決算において費用収益対応の原則から主として時間の経過を基準にして配分され，翌年度以降の収益に対応させるため経過的に貸借対照表に繰延計上される資産・負債であり，前払費用・前受収益といわれるが，このほかに前払費用とは厳に区別され，「繰延資産」として計上されるものがある。　（桝岡源一郎）

くりのべしさん【繰延資産】
deferred assets

　すでに代価の支払いが完了しましたは支払義務が確定し，それに対する役務の提供を受けた場合は，通常は期間費用として損益計算書に計上される。ただし，その効果が将来にわたって発現すると期待される費用については，会社計算規則に基づき，繰延資産として経過的に貸借対照表の資産の部に計上することができる。その具体的項目は，株式交付費，社債発行費等，創立費，開業費，開発費の五つである。
　（佐藤　靖）

くりのべしさんのしょうきゃく【繰延資産の償却】

　会社計算規則上，繰延資産として貸借対照表の資産の部に計上された各種の費用項目は，
　（借方）　△△費償却
　（貸方）　△　　△費
という仕訳を通じて償却され，その償却額が当該期間の費用となる。未償却残高は貸借対照表に計上され，翌期以降に償却の対象となる。償却額については，項目ごとに実務上の規定があり，例えば開業費の場合，開業後5年以内にその効果の及ぶ期間にわたり定額法による償却が求められている。
　（佐藤　靖）

くりのべへっじそんえき【繰延ヘッジ損益】

　予定取引であるヘッジ手段が時価評価されている場合，費用収益対応の原則上，ヘッジ対象に係る損益が認識されるまで，ヘッジ手段に係る損益または評価差額は繰り延べられなければならない。そのための調整勘定が，この繰延ヘッジ損益である。貸借対照表の純資産の部に記載され，税効果会計を適用しなければならない。なお，ヘッジ会計は，ヘッジ対象が消滅したときに終了し，繰延ヘッジ損益は当期の損益として処理される。　（権　大煥）

くりのべほう【繰延法】
deferral method

　税効果会計の処理方法のひとつであり，一時差異が生じた期間の財務報告上の税引前利益と法人税等の額を関連させようとする考え方に基づくものである。したがって税効果の額は，税効果が生じた期間に施行される税率により計算される。すなわち，繰延法による税効果の額は，一時差異の発生期間における税金支払いへの影響額を意味する。そこで，後の期間に税率の変更や新たな税金が課される場合でも，過年度において記録された繰延税金資産または繰延税金負債の額を修正しない。税率変更などにより，実際の税金支払額との間に差額が生じる場合には，その差額は一時差異の解消期間の損益計算に含められる。なお，この方法により計算される繰延税金資産または繰延税金負債について，資産または負債としての性格を有していないとの批判もある。⇨資産負債法　　　　（齋藤真哉）

くれじっと・かーど【クレジット・カード】credit card

　カード発行会社からカード保有者が供与された信用の枠内で，現金を要しないで加盟店から商品を購入できるカードである。加盟店は，顧客より提示されたカードをもとに作成した伝票に顧客のサインを得て商品を売り渡し，一定の時期にサイン済みの伝票をカード発行会社に提示して代金を請求する。請求した代金が決裁されるまでの債権は，クレジット・カード勘定で処理される。　　　　　　　　　　（中西　基）

ぐろーばる・すたんだーど【グローバル・スタンダード】

　経済，金融，物流，情報などが国境を越えて移動することが容易になるにつれて，従来，採用されてきた各国の国内における種々の独特の基準が，相互に矛盾することが明らかになり，よりスムーズな移動と伝達を可能にするために，各国が国際規格に適合するように要求されるようになってきており，そのような世界共通に受け入れられている規格をグローバル・スタンダードという。このような目的のもとに，国際的に規定されている規格として，たとえば，一定の品質や基準をクリアした製品・サービスに与えられるISO（国際標準化機構）の規格が存在している。また，わが国においては，経済，経営，金融の多くの側面において，従来，固有の，世界の基準から乖離した多くの慣行が存在しているために，今日，それらの慣行を修正し，世界における日本の理解を進めるために，あらゆる側面において，欧米において策定されてきたグローバル・スタンダードに適合することを余儀なくされている。その現れが，金融ビッグバンであり，コーポレート・ガバナンスを巡る議論であり，持株会社の解禁である。会計基準におけるグローバル・スタンダードとしての国際会計基準への適合，情報の開示における連結財務諸表の開示もその一環である。さらに，インターネット，電子取引などの情報の電子化による情報交換の即時性に基づく種々の行動は，当然のこととして，グローバル・スタンダードのもとでのみ可能となる。⇨国際会計基準　　　（道明義弘）

くろすせくしょんぶんせき【クロスセクション分析】

　財務諸表を用いた一定時点あるいは一定期間における同業他社の比較分析に用いる企業分析の手法である。企業間比較法または横断面分析とも呼ばれ，時系列分析と対比をなす。時系列分析が景気循環や産業構造の変化などの外部環境要因に大きく影響を受けるのに

対して，クロスセクション分析では，外部環境要因を捨象できるが，分析対象企業の一定時点の相対的な状態が明らかにされるにとどまる点に限界がある。
(権　大煥)

くろすへっじ【クロス・ヘッジ】

現物の価格変動リスクを先物を利用してヘッジしようとする場合に，当該現物を取引対象とする先物（すなわち，当該現物を原資産とする先物）が存在しないことがある。このような場合，現物の価格変動と相関性の高い別の現物を原資産とする先物を使ってヘッジする取引手法を，クロス・ヘッジという。クロス・ヘッジを行う場合，先物の価格変動が現物の価格変動に完全に連動しないリスクがあるため，ヘッジ比率を調整することにより，このリスクをできる限り小さくする必要がある。クロス・ヘッジは，代替ヘッジまたはプロキシー・ヘッジともよばれる。
(浦崎直浩)

け

けいえいかんさ【経営監査】
management auditing

内部監査は経営者職能とされる監督職能の部下への委譲によって成立するが，発展段階的に，どのような職能を監査対象とすることが認められるかによって，経営処理職能と経営統制職能を認められた業務監査と，さらに進んで経営意思決定職能まで認められた経営監査が区分される。この場合，監査に必要な過程独立性を保つために，ある意思決定自体の妥当性ではなく，そのような意思決定を導くために用いられたデータの十分性と合理性，さらに論理の合理性ないし妥当性を確かめることが監査目的とされることとなる。もっとも，経営意思決定・計画も業務の一環であることから，これを包摂した内部監査といえども業務監査というべきであるとする主張もある。さらに，会計記録の信頼性や業務活動の効率性のみならず企業行動ないし経営者行動の公正性をも監査判断基準に加えたものが経営監査であるとする主張もみられる。⇒業務監査
(津田秀雄)

けいえいしほん【経営資本】
working funds, working capital

経営資本とは，企業が実際に経営活動に投下している資本をいう。経営資本は総資本から経営活動と無関係な資本を控除して算出する。経営活動と無関係な資本とは，関係会社有価証券，投資目的で所有する不動産，建設仮勘定や繰延資産などである。通常は，
経営資本＝総資本－（建設仮勘定＋投資その他の資産合計＋繰延資産合計）
で計算する。投資その他の資産は，すべて財務目的の投資であるとみなして，総資本から差し引くのである。⇒総資本
(金戸　武)

けいえいしゃからのしょめんによるかくにん【経営者からの書面による確認】client representation, representation by management

　財務諸表監査制度は，財務諸表の作成者とその監査人とは責任を分担しつつ相互に協力して真実かつ公正な財務諸表を公開することを目的としている。このことを経営者に再認識してもらうために，(1)財務諸表を適正に作成・表示する責任が経営者にあること，(2)経営者が採用した会計方針および財務諸表の作成に関する基本的事項，(3)経営者は監査の実施に必要なすべての資料を監査人に提供したこと，(4)監査人が必要と判断した事項について，経営者から書面による陳述を得ることとされている。とくに(4)について，経営者から書面による陳述を得ることが本来の趣旨であることから，経営者からの書面による確認は，必ずしも監査の終了時だけでなく，監査の実施の一環として，監査人の判断により適宜適切に行うべきものとされている。　　（津田秀雄）

けいえいせいせき【経営成績】
operating result

　企業の経営活動の成果を意味し，損益計算書において明らかにされるものである。損益計算書では，「一会計期間に属するすべての収益とこれに対応するすべての費用とを記載して経常利益を表示し，これに特別損益に属する項目を加減して当期純利益を表示しなければなら」(企業会計原則第二，一）ず，しかもそこでは「営業損益計算，経常損益計算及び純損益計算の区分を設けなければならない」(同第二，二）。この各区分にはそれに該当する費用および収益を記載し，その計算結果は，営業利益，経常利益および当期純利益として表示される。　　　　（姚　小佳）

けいざいてきたんいつたいがいねん【経済的単一体概念】
economic unit concept

　連結財務諸表作成の基本的な考え方の一つである。企業集団に参加するすべての会社を一つの経済的実体とみなす思考に基づく。非支配株主をも企業集団に対する出資者と位置づけ，親会社株主および非支配株主の双方の立場から連結財務諸表が作成されることになる。この考え方では，連結範囲の確定には支配力基準が採用される。非支配株主持分は，連結会計上の資本の一部を構成し，連結純利益には，非支配株主に帰属する利益も含まれる。

（権　大煥）

けいさんぎせいてきしさん【計算擬制的資産】

　損益法に基づき期間損益計算を行う場合に，支払われた費用支出（または提供した用役）に対して，それが財産性を具現しない（または対価として具体的な価値物を受領していない）にもかかわらず，期間費用（または収益）の適正かつ合理的な限定の必要から，経過的に資産としての貸借対照表能力を与えられた借方項目のことである。資産は，一般に，有形で具体的な財産価値をもつ。それが，真性資産である。これに対して，財産価値がないにもかかわらず，費用（または収益）の合理的期間限定の結果，資産としての貸借対照表能力を付与された費用支出や収益未収入の項目が計算擬制的資産である。したがって，当該資産は，きわめて会計的資産である。具体的には，未経過勘定項目（前払費用および未収収益）および繰延資産があげられる。たとえば，前払費用は未受領の対価に対して支払われた費用支出であるが，期間損益計算上，経過的に資産の能力が与えられる。未経過勘定項目および繰延資産を

計算擬制的資産として肯定する説明原理は，前者の場合は発生原則であり，後者の場合は収益費用対応の原則である。⇨前払費用，未収収益　（平敷慶武）

けいさんぎせいてきふさい【計算擬制的負債】

前受賃貸料，前受利息等の前受収益は，収入はすでにあったが，役務の提供が終わっていないため，いまだ収益となっていないものであり，したがって次期において役務の提供をなさねばならないという意味で，当期の決算において貸借対照表に流動負債として計上される。これは，当期と次期との収益の調整の結果生じた経過勘定である。未払費用についても，当期の費用は発生しているが，その対価が未払いになっており，次期以降において支払わなければならないという意味で流動負債とされる。いずれも，法律上の債務としての性格をもたないと解されるため，その性格は会計の期間計算上擬制された負債であるといわれる。また，法律上の債務性をもたない引当金もこの計算擬制的負債であるという者もいる。しかし，商法学者のなかにも，会計学者のなかにも，非債務性の引当金を除き，それらがたんなる計算擬制的負債ではなく，法的な債務であるとする考え方があることに注意しなければならない。なお，計算擬制的負債は経過負債といわれる場合もある。⇨未払費用，前受収益　　　（井上良二）

けいさんしょるい【計算書類】
accounts

会社法上，法務省令で定めるところにより株式会社と持分会社が作成する会計報告書は，計算書類とよばれる。株式会社の計算書類は，会社法435条2項により，各事業年度に係る貸借対照表，損益計算書その他株式会社の財産および損益の状況を示すために必要かつ適当なものとして法務省令で定めるものをいう。この場合，法務省令で定めるものとは，株主資本等変動計算書および個別注記表を指す（会社計算規則59条1項）。持分会社の計算書類は，会社法617条2項により，各事業年度に係る貸借対照表その他持分会社の財産の状況を示すために必要かつ適切なものとして法務省令で定めるものをいう。この場合，法務省令で定めるものとは，持分会社のうち合名会社および合資会社の場合には，損益計算書，社員資本等変動計算書または個別注記表の全部または一部について当該会社が作成すると定めたものを指し（会社計算規則71条1項一），持分会社のうち合同会社の場合には，損益計算書，社員資本等変動計算書および個別注記表を指す（同71条1項二）。　（佐々木重人）

けいじょうそんえきけいさん【経常損益計算】

区分式損益計算書において，営業損益計算の結果を受けて，企業の営業活動以外から生ずる損益であって，特別損益に属しない営業外収益，営業外費用を加減算することにより経常利益を計算する区分をいう。営業外収益には，受取配当金，有価証券売却益，仕入割引等が，営業外費用には支払利息及び割引料，売上割引等があり，企業の本来的な経営活動に付随的，副次的な活動，たとえば商工業における資金調達活動や財務活動から生ずる。⇨経常損益の部　　　　　　　　（徳前元信）

けいじょうそんえきのぶ【経常損益の部】ordinary income section

株式会社および持分会社がそれぞれ法務省令で定めるところにより作成することが求められている計算書類（会社法435条2項・617条2項）のうち損益

計算書の作成は、平成18年5月1日の会社法施行前の旧商法のもとでは、商法施行規則（法務省令）の定めに従って行われていた。商法施行規則94条は、損益計算書において、経常損益の部と特別損益の部の表示区分を設け、経常損益の部では、さらに営業損益の部と営業外損益の部に区分するよう要求していた。経常損益の部に属する収益および費用の性質は、日常性ないし反復性を伴ったもので、異常性ないし臨時性を伴った収益（利得）および費用（損失）は除かれる。営業損益の部には、企業の本来的な営業活動に伴う営業収益（売上高）および営業費用（売上原価、販売費及び一般管理費）が記載され、適当な科目に細分される（商法施行規則95条）。そして、両者の差額は、営業利益または営業損失として記載される（同96条）。営業外損益の部には、企業の付随的な活動（財務活動など）に伴って認識された営業外収益および営業外費用が記載され、営業利益または営業損失の金額にそれらの収益および費用を加減した金額は経常利益または経常損失として記載される（同98条）。

（佐々木重人）

けいじょうりえき【経常利益】

営業利益に営業外収益を加え、これから営業外費用を控除することによって算定、表示される。経常利益は、企業の経常的な収益獲得活動の成果を示す金額であり、企業の正常な収益力を分析しその良否を判断するための尺度となる。かつてわが国が採用していた当期業績主義に基づく損益計算書では、この経常利益が損益計算書の最終的な利益金額（すなわち当期純利益）として算定、表示されていた。⇨経常損益計算

（河内山 潔）

けいぞくかち【継続価値】

企業活動が継続するという仮定のもとで評価された資産の価値を意味する。企業活動の継続を仮定すると、資産は、その有用性が中断することなく将来に向けて継続するという観点から評価される。この場合、資産の継続価値は、取得価額（取得原価）を基礎とし、減価償却額あるいは他の評価勘定の金額を控除した額となる。また、継続価値に対比される清算価値は、企業の清算を仮定して売却価格により評価される。⇨清算価値

（林 隆敏）

けいぞくきぎょう【継続企業（ゴーイング・コンサーン）】going concern

企業が、その事業活動を将来にわたって半永久的に継続するという仮定を継続企業またはゴーイング・コンサーンという。現実には、破産や清算によって解散する企業も存在するが、一航海を一事業として清算する中世イタリアの冒険商人などとは異なり、現代の企業は通常、半永久的に継続するという前提のもとで経営されている。したがって、会計計算もこの前提にたち、企業の半永久的な存続期間を半年や1年といった期間に人為的に区切り、その期間ごとに損益計算や財政状態の表示を行うことになる。⇨期間損益計算

（荒鹿善之）

けいぞくきぎょうかんさ【継続企業監査】

ゴーイング・コンサーン監査ともいう。継続企業監査とは、財務諸表監査における企業存続能力（事業継続能力や存続可能性ともいわれる）に関する情報の監査領域を意味する。継続企業監査は、企業倒産に対する早期警告情報の提供を求める財務諸表利用者の期待を背景に、欧米各国で1970年代後半から議論されてきた問題であり、現在では、

国際監査基準や各国の監査基準に採り入れられ，制度化されている。一方で，継続企業監査の実施には否定的な見解もみられ，適正性概念との関係，二重責任の原則への抵触など，多くの理論的課題が残されている。　　（林　隆敏）

けいぞくきろくほう【継続記録法】
perpetual inventory method

　棚卸資産を受払いのつど商品有高帳や材料有高帳などの帳簿に記録し，受入数量または払出数量および残存（在庫）数量を継続的に把握するとともに，先入先出法や総平均法などの原価配分方法を用いて受入原価または払出原価および残高を明らかにする方法である。帳簿上，常に在庫数量・残高が明らかにされることから帳簿棚卸法または恒久棚卸法ともいわれる。しかし，この在庫数量はあくまで帳簿上の数量であり実際の数量ではない。帳簿上と実地棚卸による在庫数量との差から棚卸減耗量を把握し，その発生原因を究明すれば在庫管理上有効である。⇨商品有高帳　　　　　　　　（可児島達夫）

けいぞくせいのげんそく【継続性の原則】

　企業会計原則は第一一般原則の五において「企業会計は，その処理の原則及び手続を毎期継続して適用し，みだりにこれを変更してはならない」と規定している。企業が財務諸表を作成するに際して採用した会計処理の原則および手続は，これを正当な理由のないかぎり変更することを認めないとする原則である。継続性の原則は，これを遵守することにより真実性を保証するものである。この原則が守られなければ，財務諸表の比較可能性が失われ，過去の年度の財務諸表と今年度のそれとの比較ができなくなる。

（木本圭一）

けいりじゆうのげんそく【経理自由の原則】

　企業の状況が多種多様であることから，一つの会計事実について複数の会計方針を容認し，企業自らがそのうち最も適切な会計方針を選択適用することによって当該企業の状況に最も適合した会計報告を行うことができるとする考え方をいう。一つの会計事実につき単一の会計方針しか認めない統一会計思考と対比される。経理自由とはいえ，認められたもののなかから企業が毎期自由に会計方針を選択適用できるわけでなく，いったん採用した会計方針は正当な理由なくして変更できない。つまり，この原則は継続性の原則を前提とする。⇨会計方針，会計方針の変更

（佐藤信彦）

けいりょうかのうせい【計量可能性】
quantifiability

　情報の利用者に提供されるであろう，潜在的な会計情報を評価するにあたって使用される規準（criteria）の一つである。すなわち，計量可能性とは，会計情報として報告される企業の経済的取引ないし活動に，数量的表現を与えることが可能であるかどうかを判定する規準をいう。なお，ここにいう数量的表現とは，一般的には円やドルといったような貨幣的表現を意味するが，情報会計の領域ではこれに限定されず，メートルやトンといったような物量的表現をも含んでいる。⇨ASOBAT

（尹　志煌）

けっさいきじゅん【決済基準】

　決済基準とは，先物取引・先渡取引において契約時から決済時までの間に生じた先物相場の変動額を当該取引の決済時に損益として計上する基準である。つまり，先物取引に決済基準を採用した場合，建玉（たてぎょく）（買

建てあるいは売建てしたままの未決済の物件）の先物損益は先物相場の変動時あるいは決算時には認識されず，決済時において先物利益または先物損失として計上される。先渡取引の場合には，基本的に，現物の受渡しを伴わない差金決済の形態をとるが，差金決済時に先渡決済損益として計上される。わが国では，従来，決済基準が採用されていたが，現在は値洗基準が採用されている。決済基準によれば，先物取引がオフバランス処理され，決済時まで損益が認識されないので，外部の利害関係者に適切かつ十分な情報の開示がなされない。また，恣意的な取引による期間損益の操作が可能であるというような問題点もあげられる。　（前川道生）

けっさん【決算】closing account

　企業における記録・計算は，一定の期間に区切り，それを単位として行われる。そのため，期間の終わり（事業年度末）には，その期間中の勘定記録をもとに，その期間の損益を計算し，経営成績を明らかにするとともに，期末における資産・負債・資本（純資産）の状態（これを財政状態という）を明らかにすべく，その年度の帳簿の締切りを行わなければならない。決算の具体的な手続として，まず，各収益・費用勘定を損益勘定に振り替える。次いで，損益勘定の貸借差額を資本（純資産）勘定に振り替える。その後，各資産・負債・資本（純資産）勘定を残高勘定に振り替える大陸式決算法と，各勘定において直接繰越しを行う英米式決算法の二つがある。　（小形健介）

けっさんしゅうせい【決算修正】
⇨決算整理

けっさんせいり【決算整理】
closing adjustment

　適正な期間損益計算を行うために，各会計期間の期末において行う会計処理をいう。決算の基礎となるべき勘定残高が損益計算書・貸借対照表の作成という観点から見て適当でない数値を示している場合があるので，一定期間の正しい損益の計算と期末という一定時点の正しい財政状態の表示に必要な数値が勘定残高として得られるように勘定記録を修正したり，それへの追加記入をしたりする必要がある。具体的には，売上原価の算定，貸倒引当金等の設定，固定資産の減価償却の計算，棚卸資産の評価損の計上，棚卸減耗損の計上，損益の整理，負債性引当金の計上，繰延資産の償却などがある。損益の整理とは，収入と収益あるいは支出と費用が異なる会計期間に生じ，期間的にずれが生じている場合に，適正な期間損益を計算するために収益・費用の見越し，繰延べを行う会計処理のことで，これらの項目を経過勘定という。　（木村充男）

けっさんせいりしわけ【決算整理仕訳】adjusted journal entry

　会計期末に行う決算整理に際しての仕訳をいう。決算整理として勘定記録を修正したり，勘定記録への追加記入を行うが，このときに行う仕訳が決算整理仕訳（決算修正仕訳）とよばれ，取引記入のための仕訳（取引仕訳）とは区別されている。この決算整理仕訳（決算修正仕訳）を総勘定元帳の各勘定へ転記することによって，決算目的上，適正な数値が勘定残高として得られる。　（木村充男）

けっさんたいしゃくたいしょうひょう【決算貸借対照表】

継続企業の一定時点の財政状態を示すために，貸借対照表日におけるすべての資産・負債・資本を計上した計算書をいう。企業の設立・開業に際して作成される開業貸借対照表および解散・清算に際して作成される清算貸借対照表と対比される。決算貸借対照表は企業の継続を前提として作成される点で，企業活動の出発にあたり資産・(負債)・資本を確定しようとする開業貸借対照表，解散にあたり資産と返済すべき負債および残余持分所有者の取り分を示す清算貸借対照表とは区別される。決算貸借対照表上の数値は，原則として簿記数値から誘導され，このときの簿記数値は，継続性の原則に支えられた期間の合理的な収益費用の計算を行う目的に支配される。しかし，最近では，決算貸借対照表に，資産から負債を控除して（資産負債アプローチ）得られる株主の価値をみようとする要請も取り入れることが求められ，一部の資産負債が時価評価されるなど決算貸借対照表の中味は複雑なものになってきている。⇨開業貸借対照表，清算貸借対照表，財産目録　　　（新田忠誓）

けっさんたんしん【決算短信】
a brief summary report

決算短信とは，上場会社が作成し記者クラブ等において決算発表を行う際に配布するもので，決算の内容が記載された書類である。決算短信には，本決算に係る通期決算短信と，四半期決算に係る四半期決算短信がある。決算短信は，わが国の制度会計において公表される決算情報としては最速の資料であり，法定開示書類よりも早期に公表される。決算短信は，一定期間，証券取引所のウェブサイトから誰でも無料で入手可能である。決算短信では，かつては画一的な開示が証券取引所から要請されていたが，効果的かつ効率的なディスクロージャーを実現する観点から，画一的な開示を求める枠組みを最小限にとどめ，投資者ニーズに応じた的確なディスクロージャーを柔軟に行うことができるよう，最近になって見直しが行われた。その結果，現在では，決算短信は，サマリー情報とその添付資料から構成されている。サマリー情報では，証券取引所所定の様式を用いて，連結業績，配当の状況，連結業績予想などについて開示される。添付資料では，証券取引所が必須の内容として最低限開示を要請する事項のほか，投資者のニーズを踏まえて，上場会社各社の経営成績または財政状態に係る投資判断に有用な追加情報が開示される。　　　　　　　　（記虎優子）

けっさんびれーとほう【決算日レート法】closing rate method

決算日レート法とは，外貨表示財務諸表について，すべての資産および負債を単一の決算日レートで換算する方法である。この換算方法に従えば，換算前後の財務比率は等しく，外国で稼得される利益は邦貨での決算日現在における相当額を示す。しかも，実務上，換算手続が簡単である。費用および収益は，認識された日のレートで換算する。実務上，平均レートを適用してもよい。⇨外貨換算，取引日レート

　　　　　　　　　　　　（菊谷正人）

けっさんふりかえしわけ【決算振替仕訳】closing entry

決算整理（決算修正）後に行う損益勘定・残高勘定への振替のための仕訳をいう。まず新しく損益勘定を設け，これに各収益・費用勘定の数値を振り替える。その結果，貸借の差額が当該会計期間の純損益として算出され

る。次にその純損益を純資産勘定へ振り替える。そして最後に，新しく残高勘定を設け，そこへ資産・負債・純資産の各勘定残高を振り替える。これらの振替に必要な仕訳を決算振替仕訳という。　　　　　　　　　　（木村充男）

げつじけっさん【月次決算】

　法規に従い，1年ごとに行われる決算（年次決算，本決算）に対して，企業独自の方法によって，月単位に行われる短期的な決算をいう。月次に帳簿を締め切るので，期末決算の下準備となり，仮決算ともいわれる。月次決算の目的は，企業の短期的な経営実態を把握し，問題点があれば，迅速に対応策を講じるとともに，記帳等の誤謬脱漏の早期発見および防止に努めることにある。また，原価計算期間とリンクさせることによって，内部的な管理に役立てることができる。月次決算では，決算書を企業内部で利用するために作成する。法規に拘束されずに，その企業に適した損益計算が行われることによって，経営データの有用性を確保しやすいというメリットがある。とくに，企業の大規模化や経営の複雑化に伴い，企業または工場・支店などの経営単位ごとの経営実態を短期的に把握することが，今後，ますます必要となってくる。　　　　　　　　　（島田美智子）

げんか【原価】cost

　「原価計算基準」によれば，原価とは「経営における一定の給付にかかわらせて，は握された財貨又は用役の消費を，貨幣価値的に表わしたもの」と定義されている。簡単にいえば，企業が利益を獲得する目的で財貨・用役を企業外部者に提供する場合，それに費やされた財貨・用役の貨幣価値のことである。また，原価計算以外でも原価という用語はさまざまな意味で使われる。たとえば，原価は経済学上の費用概念のことを指す場合がある。さらに，財務会計では単純に取得原価のことを指す場合がある。⇨原価計算基準
　　　　　　　　　　　（清水信匡）

げんかいりえき【限界利益】
marginal profit

　売上高から変動費を差し引いた残りが限界利益である。直接原価計算，CVP分析，損益分岐点分析などに用いられる重要な概念である。直接原価計算方式の損益計算書では，売上高からまず，変動費を回収し，その残額である限界利益から固定費を回収することによって営業利益を求める。さらに，売上高を100％として，そのなかに占める変動費の割合を変動費率とよび，売上高に占める限界利益の割合を限界利益率とよぶ。たとえば，変動費率が40％で，固定費が180万円であったとすると，限界利益率は60％（＝100−40）で，売上高が100万円であれば，その60％である60万円が限界利益となり，固定費180万円に対して，60万円回収したことになる。⇨直接原価計算，損益分岐点分析　　（羽藤憲一）

げんかかんり【原価管理】
cost management, cost control

　原価管理とは，狭義には一定の生産設備・生産条件のもとで作業能率を高めて原価の引下げをはかることであり，コスト・コントロールとよばれる。これは，部分的なものであり，原価責任単位での管理活動である。広義には，このコスト・コントロールに，経営構造を環境の変化に適応させることにより原価の標準自体を引き下げるコスト・リダクションを併せたコスト・マネジメントを意味する。さらに今日では，原価企画が「利益管理の一環としてのコスト・マネジメント」として

注目されている。その他，1980年代後半，アメリカで生まれたABC，ABMも間接費の正確な配賦，そして活動基準という考え方を原価低減に利用する点で重要なツールである。ここで，重要なことは，第一に，生産し始めてからのコスト引下げよりも設計開発段階においてコストの大部分が確定すること，第二に，日本企業では，標準原価計算による原価維持よりも，予算管理の一環としての原価改善が重視されていること，第三に，JIT思想の実践化とFA化に伴う原価構成の変化や製品ライフサイクルの短縮化により標準原価計算の意義が低下してきていることである。なお，原価改善とは，実際原価を標準原価よりも低くするような製品の製造方法の変更を伴うコスト削減を考える活動（上からの原価低減目標の割付と現場レベルでの改善活動）を意味する。⇨原価企画　　　　　　（頼　誠）

げんかきかく【原価企画】

製品開発段階における包括的なコスト・マネジメント活動のことである。具体的には，製品開発初期段階から，(1)開発製品に対して目標原価を設定し，(2)それを達成するための方法を考案し，(3)原価を見積もり目標原価の達成度をチェックするという，マネジメント・サイクルを製品開発段階に何度も繰り返すのである。従来の原価管理では，製品開発が終了して生産が始まってからの管理に重点があった。しかしながら，製品原価の80％以上が製品開発段階で決定されることから，開発段階における管理に重点が移った。⇨原価管理　　　　　　　　　　（清水信匡）

げんかけいさんきじゅん【原価計算基準】

アメリカの原価計算基準は，CASBにより作成されたもので，政府調達物資の調達契約原価算定のための基準であり法的拘束力をもつ。わが国の「原価計算基準」は，より一般的で強制力をもたない基準であり，各企業が原価計算システムを設計する際に参考とする実践規範である。この基準は，企業の原価計算慣行のなかから一般に公正妥当と認められるところを要約したものであるが，大蔵省企業会計審議会により昭和37年に公表されたものであるため，実状にそぐわなくなっており，改訂の必要があるという声も聞かれる。この基準では，まず，第一章で原価計算の目的と原価計算の一般的基準について説明されている。原価計算の目的として，財務諸表作成，価格計算，原価管理，予算管理，基本計画があげられている。それに続き，原価計算制度，原価の本質，原価の諸概念，非原価項目，原価計算の一般的基準に関する説明がある。この基準でいう原価計算とは制度としての原価計算であり，原価計算制度を実際原価計算制度と標準原価計算制度に分類して説明している。第一章に続き，第二章　実際原価の計算，第三章　標準原価の計算，第四章　原価差異の算定および分析，第五章　原価差異の会計処理といった章別構成になっている。⇨原価計算制度

（頼　誠）

げんかけいさんせいど【原価計算制度】cost accounting system

原価計算が，財務諸表の作成，原価管理，予算編成および予算統制等の諸目的を達成し，しかも財務会計機構と有機的に結びつき，常時継続的に行われる計算体系であるとき，これを原価計算制度とよぶ。「原価計算基準」によると，財務会計機構と密接な関係をもつ原価計算は，原価会計ともよばれ，財務会計機構の枠外で随時断片的に行われる特殊原価調査とは区別される。

原価計算が，一つの制度として，規則的に運用されるためには，記録・計算および報告の機構が整備されていることが前提となる。一方，財務会計と管理会計の両方に役立つ原価計算制度を目指すなら，原価計算制度は，原価情報のニーズに基づき，原価に関する記録・計算および原価情報の提供を常時継続的に行う原価計算システムとして広義に解釈され，その制度的基礎のうえに，新たな領域を開拓していくことが期待される。⇨原価計算基準，財務会計
(島田美智子)

げんかげんいん【減価原因】

固定資産の減価原因として，(1)物質的減価原因，(2)機能的減価原因，(3)偶発的減価原因の三つがあげられる。このうち，(1)の物質的減価原因は使用や時の経過による損耗である。また(2)の機能的減価原因は，新技術の発明や進歩・改善などによって生じる陳腐化と，流行などの環境変化によって生じる不適応化である。これらを原因とする固定資産の減価は，減価償却の会計手続によって認識・測定される。これに対して，(3)の偶発的減価原因は災害や事故などの偶発的事象による固定資産の実体の滅失である。この場合には，その滅失部分の金額だけ当該資産の簿価を切り下げなければならない。それは減価償却費ではなく，臨時損失として処理される。
(工藤栄一郎)

げんかさい【原価差異】

cost variances

実際原価計算において原価計算を迅速に行うために（予定価格，したがって）予定原価を用いたり，標準原価計算において標準原価を用いる場合に発生する実際原価との差額を原価差異という。実際原価計算制度における原価差異には，材料受入価格差異，材料副費配賦差異，材料消費価格差異，賃率差異，製造間接費配賦差異などがある。財務会計上，年度末に原価差異の調整を行わなければならない。基本的には，原価差異は当期損益に含める部分，棚卸資産の期末有高に追加する部分に配分される。他方，標準原価計算では，事後的な原価管理を行うために原価差異分析が行われる。標準原価と実際原価の差異把握の方法としては，原価要素投入の時点で把握するインプット法とアウトプット量が確定した時点で把握するアウトプット法がある。原価差異は，直接材料費差異（材料消費価格差異，材料消費数量差異），直接労務費差異（賃率差異，作業時間差異），製造間接費差異（三分法の場合，予算差異，能率差異，操業度差異）などに分類され，差異の原因調査，差異に基づく業績評価，改善措置の検討あるいは原価標準の検討が行われる。⇨実際原価計算，標準原価計算
(頼 誠)

げんかしゅうごう【原価集合】

資産の取得に要した支出を基礎として資産の貸借対照表価額たる取得原価を構成するプロセスをいう。すなわち，資産の取得原価に何を含めるべきか，あるいは何を控除し除外すべきかを決定することである。これによって資産の取得原価が算定されることになり，これをベースとして原価配分がなされることになる。⇨減価償却法，原価配分，棚卸資産
(郡司 健)

げんかしゅぎかいけい【原価主義会計】

⇨取得原価主義会計

げんかしょうきゃく【減価償却】

depreciation

建物，機械，車両運搬具，備品などの有形固定資産は，長期間にわたって

利用され，その利用および時の経過に伴い価値を減少させ，やがては廃棄される。そこで，このような固定資産を取得するために要した額を，これを利用することによって獲得された収益に対応する費用として，利用する期間に配分することが要請される。このように，有形固定資産の取得原価をこれを利用する期間にわたって費用として配分するとともに，当該資産の貸借対照表価額を同額だけ減少させていく手続を減価償却という。⇨減価償却法

(仲尾次洋子)

げんかしょうきゃくせいしさん【減価償却性資産】

時の経過によって価値が減少する資産のうち減価償却の対象となる資産をいい，次のようなものがある。建物，構築物，機械及び装置，車両及び運搬具，工具・器具及び備品等の有形固定資産（土地，建設仮勘定を除く），鉱業権，漁業権，特許権，商標権，のれん等の無形固定資産である。 (長谷川博史)

げんかしょうきゃくのほんしつ【減価償却の本質】

「減価（depreciation）」という言葉の原義は「価値の減少」である。固定資産の価値が下落し減少する原因には，(1)使用または時の経過（物質的減価），(2)陳腐化・不適応化（機能的減価），(3)その他予測できない災害・事変（偶発的減価）などがある。(1)と(2)が正規の減価償却の対象となり，(3)は特別償却によって対処される。会計の世界において，減価償却という手続を経て算定される固定資産費用のことを減価償却費という。減価償却費は，固定資産に関する三つの要素（取得原価・残存価額・耐用年数）により計算されるが，制度会計における減価償却は「原価配分（取得原価の期間配分）」という点に

本質が見いだされる。それは会計の歴史を回顧することで明らかとなる。すなわち，固定資産の費用は，原価配分法に先んじて棚卸法により測定された。後者の方法のもとでは，固定資産は決算期ごとに再評価され，期間中の価値減少額が期末に固定資産費用として計上された。棚卸法によれば，経済変動のいかんによっては既存固定資産に対する「増価」記帳もありえた。しかし，原価配分法としての減価償却費測定法のもとでは配分減価記帳があるのみで，原則として増価記帳はありえない。⇨原価配分 (全 在紋)

げんかしょうきゃくひ【減価償却費】
depreciation expense

減価償却費とは，有形固定資産の減価償却総額（取得原価－残存価額）を耐用年数または利用度に基づく一定の方法に従って，各会計年度に配分された費用項目である。減価償却費はその性質により，製品原価と期間原価に区分される。すなわち，製造活動に利用される固定資産にかかわる減価償却費は，製品原価に含められ売上原価とされるか，棚卸資産原価として次期以降の収益に対応させられる。これに対して，製造活動以外の活動に利用される固定資産にかかわる減価償却費は，その会計期間の費用（販売費及び一般管理費）として当該期間の収益に対応させられる。⇨減価償却 (仲尾次洋子)

げんかしょうきゃくほう【減価償却法】depreciation method

減価償却法は，各会計年度の減価償却費を算定する方法であり，耐用年数を配分基準とする方法と利用度を配分基準とする方法とに大別される。耐用年数を配分基準とする方法のうち代表的なものは定額法（straight-line method）と定率法（declining-balance method)である。定額法は取得原価から残存価額を控除した減価償却総額を耐用年数で除して毎期の減価償却費を計上する方法であり，これに対して，定率法は期首未償却残高に一定率rを乗じて毎期の減価償却費を計上する方法である。また，利用度を配分基準とする方法としては生産高比例法（production method）がある。生産高比例法は利用高（生産高）に比例して毎期の減価償却費を計上する方法であり，計算式は，

減価償却費＝（取得原価－残存価額）
$$\times \frac{当期利用高}{総利益高}$$

である。この方法は，当該資産の総利用可能量をあらかじめ見積もることができ，かつ減価が利用に比例して発生する鉱業用設備，航空機，自動車などに適合する。⇨定額法，定率法，生産高比例法　　　　　　　　（仲尾次洋子）

げんかしょうきゃくるいけいがく【減価償却累計額】

　減価償却累計額とは，有形減価償却資産を取得してから現在まで計上してきた各期の減価償却費の合計額であり，当該有形減価償却資産に対する評価勘定としての性格をもっている。減価償却累計額勘定を用いる利点は，常に当該有形減価償却資産の取得原価が明示され，さらに，取得原価から減価償却累計額を控除することによって，毎期の未償却原価が算定されるということにある。減価償却累計額は，当該有形減価償却資産または有形固定資産全体から控除される形式か，注記による方法で貸借対照表に表示される。⇨評価勘定　　　　　　　　　　（金戸　武）

げんかはいぶん【原価配分（費用配分）】cost allocation

　企業の営業上必要な手段である資産は，その取得時には取得原価によって評価されるが，そこに含まれるサービス・ポテンシャルズは，後続期間において，企業収益（新たなサービス）獲得に貢献し，徐々に，あるいは一括して消滅していく。これがいわゆる資産原価の費用化プロセスである。このプロセスは，たとえば棚卸資産の場合は，先入先出法，平均原価法などの手続によって，固定資産の場合は，定額法，定率法などの減価償却の手続を通じてなされるが，このような原価の費消がすべて当該期間の期間費用となるわけではなく，費消された原価（たとえば，工場建物・機械などの減価償却費）のうち当期の収益（たとえば，製品売上高）に対応する部分だけが，当期費用として認識されるという，2段階の原価配分のプロセスを経ることになる。この場合，損益計算の側からみた，いわゆる費用収益対応の原則が，貸借対照表（資産）の側からみた原価（費用）配分原則と一致することとなる。⇨減価償却法　　　　　　　　（宮崎修行）

げんかぶもん【原価部門】

　原価部門とは，原価要素が区分・集計される場所を意味している。原価計算上の原価部門は職制上の部門と一致させることが望ましい。原価部門は製造部門と補助部門とに区分される。後者はさらに補助経営部門と工場管理部門とに区分される。⇨部門別原価計算
　　　　　　　　　　　　（中田範夫）

げんかぶんせき【原価分析】
cost analysis

　それが経営管理問題を解決するために原価情報を分析するものであるならば，すべて原価分析の概念に入る。し

たがって，それがどのようなコンテクストで使われているのか注意する必要がある。ここで，原価は企業内の原価である場合もあるし，競争相手企業の原価の場合もある。伝統的には，標準原価計算を用いた，標準原価と実際原価との差異分析や，数期間の原価を比較する原価分析などが代表的な原価分析である。最近では，戦略的原価計算の観点から，競争相手企業の原価の分析を行い，自己企業のそれと比較するという手法もある。　　　（清水信匡）

げんかほう【原価法】cost method

取得原価を基礎として会計上の費用を測定する方法である。制度会計における原則的な方法で，時価法，その他特殊な方法に対比される。たとえば，売上原価を算定する場合，棚卸資産の払出高や期末有高を取得原価によって測定する方法のことをいう。同種資産が異なる価格で取得された場合，原価法は個別法，移動平均法，総平均法，先入先出法等に分けられる。また，減価償却費を算定する場合，期間配分される固定資産費用を取得原価によって測定する方法のことを指す。この場合，原価法は定額法，定率法，級数法等に分けられる。⇒売上原価，減価償却費　　　　　　　　　　（全　在紋）

げんかもとちょう【原価元帳】
cost ledger

総勘定元帳における仕掛品勘定の補助元帳をいう。材料の仕入，製品の製造，製品販売を記録する工業簿記において，材料勘定，仕掛品勘定，製品勘定が設けられるが，記録の正確性，迅速性，管理的利用等の目的から材料には材料元帳，仕掛品には原価元帳，製品には製品元帳が補助簿として作成される。つまり，原価元帳は製造指図書別に原価を記録した補助簿全体の呼称であり，合計額は仕掛品勘定の数値と一致する。期首繰越高に当月発生原価を累積して記録し，完了した段階で製品元帳に振り替えられるが，当月に完成しなければ期末繰越高として翌月に繰り越される。原価計算制度（実際原価計算，標準原価計算）や種類（総合原価計算，個別原価計算，組別原価計算）によって仕掛品勘定自体が（プレス工程仕掛品勘定，仕掛品－材料費勘定のように）細分化される場合には，原価元帳の形式もそれに応じて工夫する必要がある。　　　　　　　　　　（坂手恭介）

げんかようそ【原価要素】

原価要素とは，原価計算の対象となる原価の構成要素のことである。原価要素は，さまざまな分類基準によって区分可能である。発生形態による分類によれば，材料費，労務費そして経費に区分される。製品との関連性による分類によれば，直接費と間接費に区分される。さらに，操業度による分類によれば，固定費と変動費に区分される。　　　　　　　　　　（中田範夫）

げんかようそべつけいさん【原価要素別計算】

原価費目別計算ともよばれる。これは，原価の各要素を基本的な項目である原価要素に分類し，これを記録・集計する手続過程である。制度としての原価計算プロセスの最初の計算過程であり，これを受けて原価部門別計算，さらには原価製品別計算が行われる。
⇒部門別原価計算，製品別原価計算
　　　　　　　　　　（中田範夫）

けんきゅうかいはつひ【研究開発費】
research and development expenses

一般に研究費および開発費の両者を総称して，研究開発費という。ベンチャー・ビジネスの場合に象徴的なよ

うに，研究開発の支出水準や成否の帰趨は，企業の存続・成長にとって決定的である。それゆえ，この費目に対する投資者の関心はすこぶる高い。研究開発費に含まれるのは，新製品の試験的製作や新技術の研究・採用を目的として特別に支出された金額である。研究開発費には，人件費，原材料費，固定資産の減価償却費および間接費の配賦額等，研究開発のために費消されたすべての原価が含まれ，その原価は，全額，発生時の費用として処理されなければならない（「研究開発費等に係る会計基準」二，三）。⇨開発費，試験研究費 （全 在紋）

げんきん【現金】cash

帳簿上に記載される資産のうちで最も流動性の高いものが現金である。簿記上の現金には一般的な意味での現金である紙幣や硬貨等の通貨に加え，他人振出しの小切手や郵便為替証書，振替貯金払出証書等の換金性が高い通貨代用証券も含まれる。しかし，実務的にはこれらの証券類は当座預金勘定として銀行へ預け入れられるために，実際に帳簿に記載されるのは通貨の出納のみとなっている。⇨現金勘定
（鞆 大輔）

げんきんおよびよきん【現金及び預金】cash and deposit

貸借対照表の流動資産の部に含まれる表示項目の一つである。通貨と通貨代用証券が現金として取り扱われる。通貨とは紙幣と硬貨のことを指す。通貨代用証券には，他人振出しの小切手，送金小切手，期限の到来した公社債の利札などが含まれる。預金には，当座預金，普通預金および一年基準に従って流動資産に区分される預金がこれに含まれる。 （千葉啓司）

げんきんかふそくかんじょう【現金過不足勘定】cash over and short account

現金出納帳の残高と実際の手許残高の照合は通常月末に一括して行われるが，この際に誤謬や脱漏によって帳簿残高と実際の金額が異なる場合が生じる。こういった残高の相違を処理するための勘定科目が現金過不足勘定である。発生した現金の過不足は調査によって原因を明らかにしなければならない。原因が判明しなかった場合は，現金不足のときは雑損，現金過剰のときには雑益として損益に振替処理を行う。 （鞆 大輔）

げんきんかんじょう【現金勘定】cash account

現金勘定は，現金の受払いを記録する。現金勘定に記入される「現金」とは，通常の意味における現金，つまり，紙幣や硬貨などの通貨だけでなく，他人振出しの小切手，一覧払送金為替手形，株式配当金領収証，期限の到来した公社債の利札，郵便為替証書など，直ちに換金できる通貨代用証券も含まれる。ただし，これらの証券類は，受領時に当座預金または普通預金に預け入れられるのが一般的であるので，実際的には通貨の入と出のみが記録される。「現金」を受け取ったときは現金勘定の借方に，支払ったときは貸方に記入されるので，現金勘定は常に借方残高となり，その残高は現金の手持高を示すことになる。⇨現金，現金過不足勘定，現金出納帳 （中野常男）

げんきんしゅぎかいけい【現金主義会計】cash basis accounting

収益および費用の計上時点について，原則的に現金基準，すなわち現金の収入および支出の時をもって決定する会計処理上の認識基準が適用されている場合，これを現金主義会計という。現

金主義会計では，収益は生産・販売活動の遂行とは無関係に，その対価を現金で受け取った時に計上され，費用は財・用役の消費や販売とは無関係に，その対価を現金で支払った時に計上される。そこでは，企業の損益は現金収入と現金支出との差をもって計算されるので，損益計算は比較的容易であり，客観的かつ確実性に富む。しかしながら，この方法では，期間利益が当該期間の経営成績を反映していないものになる。信用取引がまったく行われず，また事業用の固定資産がほとんど存在しない場合に限り，比較的妥当な損益計算が行われることになる。

(三光寺由実子)

げんきんすいとうちょう【現金出納帳】cash book

現金の収入・支出の明細を記録し，現金収支ならびに現金有高を管理するための帳簿をいう。現金取引は，仕訳を通じて元帳の現金勘定に記入されるとともに，補助記入帳としての現金出納帳にも記入される。現金出納帳は，記帳の分業化および不正行為の防止を目的として，現金収納帳と現金支払帳に分割されることがある。なお，現金出納帳は，相手勘定欄と元丁欄を設けて特殊仕訳帳として用いることができる。⇨特殊仕訳帳制 　　　　(田村威文)

げんきんどうとうぶつ【現金同等物】cash equivalents

商品・製品あるいは用役の売買に際して，その対価として授受される現金以外の支払手段であり，通常，流動資産のうち換金性の高い項目をいう。収益の金額を確定する際に，現金とともに重要な要素となる。また，キャッシュ・フロー計算書では，資金の範囲に現金および現金同等物が含まれている。ここでの現金同等物は，容易に換金可能であり，かつ，価値の変動について僅少なリスクしか負わない短期投資である。⇨販売基準，キャッシュ・フロー計算書 　　　　(伊藤清己)

げんきんわりびき【現金割引】cash discount

商品などの信用（掛）取引において，売掛金・買掛金を支払期日が到来する前に現金で決済した場合，その代価を減額することがある。このときの減免額を現金割引といい，仕入割引と売上割引とがある。現金割引の性質として，その減免額を利息の一種ととらえることが一般的であり，財務損益として損益計算上，仕入割引は営業外収益，売上割引は営業外費用として扱われる。

(大成利広)

げんざいかち【現在価値】present value

将来における現金流入額を一定の割引率で割り引くことによって計算した現金流入額の現在の価値をいう。たとえば，n 年先の現金流入額が C で，割引率が r の場合，現在価値 P は，単利法では，

$$P = C / (1 + rn)$$

複利法では，

$$P = C / (1 + r)^n$$

となる。さらに，将来 n 年間にわたって，毎年現金流入額 M が得られる場合の現在価値 P を割引率 r で計算すると次のようになる。

$$P = M \sum_{j=1}^{n} (1 + r)^{-j}$$

なお，これらは，単利係数表，複利係数表，年金現価係数表を使えば，容易に計算できる。⇨現在価値法

(羽藤憲一)

げんざいかちほう【現在価値法】
present value method

　正味現価法（net present value method）ともいう。投資案から得られる現金収入の現在価値から投資案にかかる投資額を差し引いて計算した正味現在価値がプラスかマイナスかにより，その投資の経済性を判断する方法である。いま，投資額をC，毎期の現金収入をM_n（$n=1, 2, \cdots, n$），耐用年数をn，第n期末の残存価額をS_n，割引率をrとすると，この投資案の正味現在価値Vは次のように計算される。

$$V = \sum_{j=1}^{n} \frac{M_j}{(1+r)^j} + \frac{S_n}{(1+r)^n} - C$$

さらに，毎期の現金収入を均等額のM，第n期末の残存価額を$S_n = 0$とした場合の投資案の正味現在価値Vは次のように計算される。

$$V = M \sum_{j=1}^{n} (1+r)^{-j} - C$$

現金収入が均等の場合（後者）は，年金現価係数表を利用すれば容易に計算できる。毎期の現金収入額が異なる場合（前者）は，表計算のNPV関数を利用するとよい。なお，二つ以上の投資案を比較する場合は，正味現在価値が大きい投資案ほど望ましいと考えられる。⇨現在価値　　　　　（羽藤憲一）

げんさいききん【減債基金】
sinking fund

　社債の償還等を確実にするために一般の営業資金と区別して用意された特定資産をいう。減債基金の設定は社債の契約条項による場合と会社の意思による場合があり，必要額を一定の方式により有価証券・信託預金などで積み立てていく。減債用投資有価証券等の基金の実体を表す勘定科目で処理されることが多く，貸借対照表上では投資その他の資産の区分に記載される。⇨社債　　　　　　　　（鵜飼哲夫）

げんざいげんかかいけい【現在原価会計】current cost accounting

　物価変動会計のうちの個別価格変動会計の一つである。企業が保有する資産およびその費消額を同一または同等の資産を現在取得するとした場合に支払う必要のある現金または現金同等物の現在原価（カレント・コスト）で評価し，資産およびその費消額の変動が企業の財政状態および経営成績に与える影響を把握し，適時に企業の実態を開示することを意図する会計である。⇨現在原価情報　　　　（藤岡英治）

げんざいげんかじょうほう【現在原価情報】current cost information

　会計測定者は，企業に経済事象が生起した時に，取得原価を測定基準として，会計測定の対象を貸借対照表や損益計算書に会計情報化していく。アメリカでは，1929年に起こった大恐慌への反省から，未実現利益の排除をめざして，「コスト・アプローチ」に基づく取得原価主義会計が成立した。しかし，インフレーションの進行や新たな会計測定対象の出現は，新たなより有用な会計情報の提供を求める。すなわち，歴史的原価に基づく会計情報ではなく，取替原価ないし現在の価格水準を反映する何らかの指数を乗じて算定された数値（修正原価）などに基づく，「現在原価」に関する会計情報が提供されるようになる。ただし，近年は，測定基準としての原価を離れ「測定対象それ自体」を直視し，（修正原価や現在原価ではなく）「公正価値」をキー概念とする，新たな会計情報の提供をめざす会計構造論が成立しつつある。
⇨カレント・コスト会計，現在原価会計
　　　　　　　　　　　（木戸田　力）

げんさいつみたてきん【減債積立金】
sinking fund reserve

社債の償還等の目的で剰余金の処分によって設けられる任意積立金の一種である。この積立金を設定することによって剰余金の処分に伴う財産の流出を抑え，その分の純資産の増加によって社債の償還等に備えようとするものである。減債積立金では不特定資産のかたちで償還のための準備がなされるのであって，償還用に特定資産を拘束する減債基金とは異なる。減債積立金と減債基金を併用することもあるし，併用しないこともある。　　（鵜飼哲夫）

げんざいりょう【原材料】
raw material

原材料とは，製品の製造を目的として，外部から買い入れ費消される物品で，未だその用に供されないものをいう。原料，材料，購入部品，工場消耗品，消耗工具器具備品などが含まれるが，半製品，自製部分品または貯蔵品に属するものは除く。この原材料が製造のために費消（出庫）されたときに「材料費」として処理される。
（石田万由里）

げんし【減資】capital reduction, reduction of capital

減資は資本金の金額を減少させる手続き，取引のことをいう。株式会社は，株主総会の決議によって，減少する資本金の額，減少する資本金の額の全部または一部を準備金とするときはその旨と準備金とする額，資本金の額の減少が効力を生ずる日を定めて資本金を減少させることができる（会社法447条1項）。

減資は，形式的減資（無償減資）と実質的減資（有償減資）とに分かれる。形式的減資（無償減資）は，繰越損失金に対する計算上の補填，相殺にみられるような株主に対する会社資産の払戻しを伴わない減資であり，実質的減資（有償減資）は，株主に対する現金返還などの会社資産の払戻しを伴う減資である。　　　　　　　　（角　裕太）

げんしさえき【減資差益】
surplus from reduction of capital stock

会社が資本金を減少させる場合，その減少する資本金額が欠損の塡補に充てる額または株主へ払戻しされる額を超える金額を減資差益といい，資本準備金とするものとされていた。この規定は平成13年の商法改正により削除された。これにより，減資差益は資本金減少差益と呼ばれ，その他資本剰余金の区分に計上されることも許容されている。⇨減資，資本準備金　　（西村重富）

けんしゅうきじゅん【検収基準】
inspection basis

商品，製品等の棚卸資産の販売による売上収益の額は，原則として引渡しが行われ，これと同時にその対価として現金や売掛金等の貨幣性資産を受け入れたときに計上される。これを販売基準もしくは引渡基準という。この場合において，引渡しの日がいつであるかは，たとえば，出荷した日，相手方が検収した日，相手方において使用収益が可能となった日などさまざまである。このうち，検収基準は，相手方が検収を行い，引取りの意思を明らかにした日に引渡しがあったものとする基準である。　　　　　　　　（佐藤　渉）

けんしょうかのうせい【検証可能性】
verifiability

会計情報の正確性・妥当性を，事後的に確認できることを意味する。会計情報を作成するには，インプット・データとしての原始的情報が必要であるが，それが会計情報作成の基礎とな

る経済的事実を的確に反映することが,有効な文書的証拠やネット上の証拠等で裏づけられることが,インプット・サイドの検証可能性である。さらに,会計による原始的データ計量化プロセスの妥当性についての検証可能性の問題が存在し,同じ対象（経済的事実）についてであれば,相互に独立した適格者が同じ測定手続を適用した場合,本質的に類似した数値や結論が導き出せる,というアウトプット・サイドの検証可能性が指摘できる。⇨目的適合性,信頼性　　　　　　　（宮崎修行）

けんせつかりかんじょう【建設仮勘定】construction in process

建設仮勘定は,建物,構築物,機械装置等の有形固定資産の建設または製作において,その建設中または製作中に支出した金額を完成までの間,一時的に処理するために設けられる資産勘定である。したがって,建設目的または製作目的にかかわる完成までの一切の支出は,すべてこの勘定で処理される。建設または製作にかかわる支出で,手付金,内金,建設用に取得した機械等,建設目的に充てるために購入した資材・部品,支払われた労務費・経費も含められる。建設仮勘定は,建設または製作の目的物が完成し引渡しを受けたとき,または実際の使用の用に供されたときに,この勘定からそれぞれの目的物の勘定に振り替えられる。建設仮勘定は,目的物が完成し使用されるまでは費用化しないため減価償却は行わない。　　　　　　　　（小倉康三）

けんせつじょせいきん【建設助成金】grant related to assets

建設助成金とは,設備建設等の補助金として交付される国庫補助金の一つである。会計理論上は資本助成の目的のもと資本的支出に充てられた受贈益として資本剰余金とする考え方があるが,この考え方は現行制度ではとられておらず,そこでは収益とされている。税務上も無償取得を理由に収益とみなし,益金算入を原則とする。なお,この受贈益には圧縮記帳による繰延課税という課税上の特例が設けられている。　　　　　　　　　　（井上定子）

けんせつりそく【建設利息】interest during construction

鉄道業や電気・ガス事業などの株式会社は,設立から収益をあげるまで長期の時間がかかることがある。このような企業の場合,旧商法のもとでは,「利益なくして配当すべからず」という利益配当に関する原則のために,配当ができず,資金調達が困難となってしまう状況が生じた。そこで,資本維持の原則の例外規定として,会社設立後,2年以上その営業の全部が開始できないと認められる場合には,定款の定めにより,開業前の株主への利息として配当が認められていた。この項目は,繰延資産に属する勘定科目により処理されていた（旧商法291条,商法施行規則41条,企業会計原則第三,四,(1),C)。

このような建設利息の本質として,(1)資本払戻説（株主の払込資本の一部を払戻しするものとみる）,(2)利益前払説（将来支払われるべき利益を,あらかじめ前払いするものとみる),および(3)資本的支出説などの見方が存在していた。2005年（平成17年）の会社法制定に伴い,会社法では,株主総会等の決議により,いつでも剰余金の配当（旧商法では,利益の配当）ができるようになった（会社法453条－460条）ため,旧商法291条は削除され（法制審議会総会決定「会社法制の現代化に関する要綱」第2部第61（注3）),建設利息は廃止された（実務対応報告第19号「繰延資産の会計処理に関す

る当面の取扱い」2，(2))。　　(岸川公紀)

げんせんしょとくぜいあずかりきんかんじょう【源泉所得税預り金勘定】

従業員や役員の所得税は，事業主が，従業員や役員の給料等を支払う際に，従業員や役員の負担する所得税額を給料等から差し引いて預かり，その後，従業員や役員にかわって税務署に納付することになっている。その際，従業員や役員の所得税額を給料等から差し引いて預かったとき，後日彼らにかわって納付しなければならない義務が生じる。この義務を処理する勘定（負債勘定）のことを源泉所得税預り金勘定という。⇨源泉徴収　　(市川直樹)

げんせんちょうしゅう【源泉徴収】
withholding at source, withholding

役員・従業員の報酬ないし給与に対する所得税ならびに住民税については，給与の支払者である事業主（特別徴収義務者という）が給与の支払時にこれを徴収して納期までに税務当局に納付しなければならない。これを源泉徴収という。　　　　　　　　(浦崎直浩)

げんそんかいけい【減損会計】
accounting for the impairment of long-lived assets

固定資産の収益性が低下し，投資額の回収が見込めなくなった場合に，一定の条件のもとで回収可能性を反映させるように帳簿価額を減額する会計処理を，減損会計という。わが国では，平成12年（2000年）6月に企業会計審議会が「固定資産の会計処理に関する論点の整理」を公表し，平成13年（2001年）7月に「固定資産の会計処理に関する審議の経過報告」を示し，減損会計の基準設定を進めていた。アメリカ（SFAS第121号）とイギリス（FRS第11号）および国際会計基準委員会（IAS第36号）は，すでに減損会計の基準を設定している。FRS第11号とIAS第36号の内容はほぼ同一であり，SFAS第121号との相違点がいくつかある。たとえばSFAS第121号は，固定資産の簿価と資産のもたらす将来キャッシュ・フロー（割引前）を比較し，将来キャッシュ・フローが簿価を下回っている場合に，減損損失を認識する。その際，簿価を資産の公正価値まで減額し，減額した金額を減損損失として当期の費用に計上する。いったん計上された減損損失は，後に状況が変化しても戻し入れることはできない。これに対してIAS第36号は，資産の簿価と回収可能額（資産の正味売却価格と使用価値のいずれか大きいほう）を比較して，回収可能額が簿価を下回っているときに減損損失を認識する。そして，簿価を回収可能額まで減額し，減額した金額を減損損失として費用計上する。ただし，その資産が過年度に再評価され，再評価剰余金勘定に貸方残高があれば，減損損失は再評価剰余金勘定の借方に記入される。減損損失を計上した後に，回収可能額が簿価を上回れば，減損損失を戻し入れなければならない。　　　　　　　　(須田一幸)

げんていいけん【限定意見】
except for opinion

除外事項が財務諸表の適正性に重要な影響を与え，しかも当該事項だけを修正すれば適正な財務諸表が得られ，利害関係者にとって財務諸表全体がなお有用であると考えられる場合に監査人が表明する意見を限定意見（ないし限定付適正意見）とよぶ。ここで意見限定の原因となる除外事項には，範囲区分に起因するものと意見区分に起因するものとがある。前者は合理的な証拠が入手できなかった場合や重要な未確定事項が存在する場合であり，後者は

重要な会計原則違反，継続性違反および表示方法の法令違反が存在する場合である。⇨監査意見，無限定意見

(伊豫田隆俊)

げんぶつしゅっし【現物出資】

現物出資は，現金以外の財産をもって行われる出資であり，現金（金銭）出資に対する財産出資といえる。現物出資の生じるケースは，出資金を現金以外の現物の財産で受け入れる場合のみならず，企業の組織変更（個人から法人への組織変更）による場合等がある。現物出資では，出資に充てられる財産の評価が適正であるか否かに注意を要する。過大評価は，資本の水増しをもたらし，過小評価は秘密積立金をもたらすからである。

(小倉康三)

げんぶつしゅっしせつ【現物出資説】

わが国における合併の本質に関する学説の一つである。学説には，現物出資説と人格合一説（人格継承説）の二つがあり，現物出資説では，会社の合併を消滅会社の株主がその会社の全財産を合併会社に現物出資して資本を増加させるか（吸収合併），あるいは新会社を設立する（新設合併）ものと解する。

(石田万由里)

こ

こうえきざいだんほうじん【公益財団法人】

公益の事業を行うことを目的として設立された財団法人。その公益性は「公益社団法人及び公益財団法人の認定等に関する法律」（認定法）に基づいて認定される。公益財団法人は税制上の優遇措置を受けることができる。

(澤登千恵)

こうえきしゃだんほうじん【公益社団法人】

一般社団法人のうち公益事業を行うことを目的として設立された社団法人であり，その公益性は「公益社団法人及び公益財団法人の認定等に関する法律」（認定法）に基づいて行政庁により認定される。公益社団法人は原則非課税など税制上の優遇措置を受けることができる。

(橋本武久)

こうえきほうじん【公益法人】(旧制度) charitable corporation, non-profit company, public service corporation

公益法人とは，狭義には民法第34条に基づいて設立される社団法人および財団法人のことであり，民間で公益を目的とする事業を行う団体をいう。学校法人，宗教法人，社会福祉法人，更生保護法人などの特別法によって設立される法人も同じく公益を追求する民間の団体であるため，税法上ではこれらも含めて「公益法人等」とされる。これらの法人は，積極的に公益を追求する事業を行い，利益の分配がなされないものとして原則非課税の取扱いとなる（副次的な収益事業に対しては軽減税率による課税がなされる）。法人設立に

あたっては，その目的とする活動内容によってそれぞれの主務官庁の許可を得なければならない（特別法による法人の設立にあたっては認可主義）。また設立後も，それぞれの主務官庁より監督指導を受ける。現在，公益法人改革が進められており，狭義の公益法人と中間法人を非営利法人としてまとめた上で，法人格そのものは準則主義により取得しやすくし，その内の公益性が高いと判断されるものについては従来の公益法人に対するような税制上の優遇措置を認めるという形になる模様である。しかし，特別法の法人や特定非営利活動法人などとの整合性をはかる必要があり，さらなる調整が必要となる。⇨法人，財団法人，社団法人　（吉田忠彦）

こうえきほうじん【公益法人】(新制度)

「一般社団法人及び一般財団法人に関する法律」(法人法)，「公益社団法人及び公益財団法人の認定等に関する法律」(認定法)，「一般社団法人及び一般財団法人に関する法律及び公益社団法人及び公益財団法人の認定等に関する法律の施行に伴う関係法律の整備等に関する法律」(整備法)のいわゆる「公益法人制度改革関連三法」(平成18年6月2日公布，平成20年12月1日施行)の成立に伴い，それまでの社団法人および財団法人は，公益社団法人及び公益財団法人，と一般社団法人及び一般財団法人に区分されることとなった。この新制度では，法人は登記のみで設立が可能となり，一般法人は，行政庁により公益認定基準を満たしていることが認定されれば公益法人となる。なお，法人税法上は，この他に公益社団法人・公益財団法人，一般社団法人・一般財団法人及び特例民法法人の3つに区分される。なお，一般社団法人・一般財団法人の内，「非営利型法人以外の法人」を除いたものが，公益法人等とされる。　（橋本武久）

こうえきほうじんかいけい【公益法人会計】

広義には非営利組織体の会計をいい，狭義には，「一般社団法人及び一般財団法人に関する法律」を含むいわゆる「公益法人制度改革関連三法」でいう公益法人の会計のことである。広義の非営利組織体の会計には，狭義の公益法人会計，学校法人会計，社会福祉法人会計，宗教法人会計，NPO法人会計などが含まれる。営利組織体における企業会計のように，非営利組織体に共通した会計基準はなく，それぞれの法人に定められた会計基準に基づいた会計が行われている。狭義の公益法人会計は，一般に公益法人会計基準に基づいて行われる。公益法人会計基準は，公益法人のよるべき一般的，標準的な基準であり，平成16年10月に同会計基準の改正が行われている。その後，平成18年に，前述の公益法人制度改革関連三法の成立に伴い，新制度を踏まえた会計基準の制定された。なお，米国においては，財務会計基準審議会（FASB）が，すべての非営利組織体に共通した会計基準を設定しており，その特徴は，非営利組織体と営利企業における会計の同質性に着目し，原則，企業会計と同様な会計処理・財務報告が行われる点にある。⇨公益法人会計基準　（尾上選哉）

こうえきほうじんかいけいきじゅん【公益法人会計基準】

公益法人の会計がよるべき一般的，標準的な基準である。昭和52年3月，公益法人監督事務連絡評議会の申合わせにより設定され，昭和53年4月から実施された。昭和60年9月に改正が行われ，平成16年10月に再改正が行われ

た。改正基準は，平成18年4月1日以後に開始される事業年度から実施された。同基準の特徴は，従来の受託資金会計から利害関係者のニーズに応じた情報会計へのシフトであり，外部財務報告を念頭に置いたものとなっている。具体的には，従来の資金収支計算を中心とする体系から，貸借対照表，正味財産増減計算書，キャッシュ・フロー計算書という企業会計と同様な財務諸表の体系を採用している。正味財産増減計算書は従来のストック式からフロー式へと変更となっている。また，さらに平成18年成立のいわゆる公益法人制度改革関連三法の成立に伴い，新制度を踏まえた会計基準の制定が必要となり，平成20年12月1日以後開始する事業年度から実施されている。平成16年改正基準からの主な変更点は，①会計基準の体系化，②財務諸表の範囲の変更（財産目録の削除），③附属明細書に関する規定の新設，④基金に関する規定の新設，⑤会計区分の整理その他である。⇨正味財産増減計算書　（尾上選哉）

こうかいけい【公会計】
public sector accounting

　公会計とは，狭義には国および地方公共団体の会計をいい，また，企業会計に対して，企業会計以外を公会計と呼ぶこともある。主にPublic sector accountingあるいはGovernmental accountingの訳語として使用される。前者の場合，Private sector accountingに対する用語であることから，非営利組織で，かつ公的機関のものがここに含まれる。したがって，市町村の病院や公立学校もそこに含まれる。一方，後者の場合は，政府機関を中心とした会計と考えられていることから，国（政府）・地方公共団体の会計とそれ以外の会計という捉え方となる。ここでいう非営利組織には公益法人，学校法人，社会福祉法人，宗教法人，特定非営利活動法人などが含まれており，公益に資する活動を行うことを活動の主な目的としている。これらの組織の会計は共通した会計基準が存在しているわけではなく，それぞれの業種ごとに会計が行われており，営利組織に類似した会計が行われている場合もある。
　　　　　　　　　　　　（兵頭和花子）

こうかん（こていしさんのしゅとく）【交換（固定資産の取得）】exchange

　固定資産の取得の一形態を指す。交換による固定資産取得の場合，その取得原価は，譲渡資産の適正な簿価で評価される（連続意見書第三）。譲渡資産は一般的には簿価より時価の方が高く，また等価交換では譲渡資産の時価と受入資産の時価が等しいため，両者間の時価の差による未実現利益の計上を排除することがその理由とされる。なお，法人税法上は，受入資産をその時価で評価し，交換差益を計上したときに交換差益を受入資産から直接減額した場合，その減額分は，損金として認められる。
　　　　　　　　　　　　（権　大煥）

こうかんとりひき【交換取引】
exchange transaction

　交替取引ともいう。簿記上の取引を，資本等式（資産－負債＝資本）の構成にどのような変化がもたらされるかという形式的側面から分類した場合，資産・負債・資本（純資産）の構成にのみ影響を与え，損益に影響を及ぼさない取引のことをいう。交換取引は，資本に影響を及ぼすか否かで財産交替取引と資本取引に分類できる。財産交替取引とは，資本等式の左辺，すなわち資産と負債それぞれの内部での増減取引，および，資産と負債の相互間での増減取引であり，右辺の資本に影響を

及ぼさない。他方，資本取引とは，資本の元入（出資）や引出しなど，資本等式の右辺の資本そのものを増減させ，その結果として左辺の資産・負債の変動を伴う取引をいう。　　（三光寺由実子）

こうぎょうけん【鉱業権】
material right

　鉱業権とは，国により登録を受けた一定の土地の区域において鉱物を掘採し，取得する権利をいう。鉱業権は，長期に渡って事業目的に使用する資産のうち物理的な実体をもたない法律上の権利であることから，会計上，無形固定資産に属する。鉱業権は，取得に要した支出額が取得原価となり，残存価額をゼロとする定額法または生産高比例法により償却される。　（安部智博）

こうぎょうぼき【工業簿記】
industrial bookkeeping

　工業簿記は材料などの仕入れ，製品の製造や販売という経済活動を行う製造業に適用される簿記をいう。工業簿記の特色は，商業簿記にみる外部取引のみならず内部取引による財貨・用役の変動をも記録・計算することにある。このために，ここでは材料，労務費，経費の消費高を計算し，製品の製造に要した費用である「製造原価」を算出する。　　　　　　　　（石田万由里）

こうぐきぐびひん【工具器具備品】

　補助的生産手段としての工具（鉋，鋸，ヤスリ等），器具（計測器具，分析器具，作業器具），備品（調度品，家具，生産現場の備品等）で，耐用年数が1年以上で相当額以上のものを処理するための勘定である。耐用年数が1年未満か金額が僅少なものは，工具器具備品費として費用勘定で処理する。したがって，簿外資産となるものもある。器具，備品には販売および一般管理部門に関係するものもある。企業会計原則，財務諸表等規則では有形固定資産に属するが，耐用年数1年未満または相当額未満のものは，正規の簿記の原則および重要性の原則により取得時の費用とする。⇨重要性の原則　　　　（古木　稔）

ごうけいしさんひょう【合計試算表】

　総勘定元帳のすべての勘定の借方合計額と貸方合計額とは一致するという貸借平均の原理に基づき，転記の正確性を検証するために作成される表である。合計試算表は，一定時点における総勘定元帳のすべての勘定の借方ならびに貸方の金額を集計した一覧表であり，両者の合計額の一致をもって検証がなされる。大陸式簿記法によれば，合計試算表の合計額は（普通）仕訳帳の合計額とも一致するため，残高試算表に比べその検証能力は高い。なお，試算表においても，貸借平均の原理に反しない誤謬までは検証できない。
⇨残高試算表　　　　　　　　（泉　宏之）

ごうけいてんき【合計転記】

　総勘定元帳への転記にあたり，個別転記に対する処理であり，同一勘定への転記を金額をまとめて行う処理である。製本帳簿を前提とすると，合計転記は，単一仕訳帳制において多欄式仕訳帳を用いる場合と，特殊仕訳帳制（分割仕訳帳制）の場合に生じる。さらに，後者の場合は，特殊仕訳帳の親勘定への合計転記と相手勘定の特別欄への合計転記とが生じる。このとき，大陸式簿記法では普通仕訳帳に合計転記のための仕訳を行って転記するのに対して，英米式簿記法ではそのような仕訳は行わず特殊仕訳帳から直接に転記する。なお，伝票式簿記においては，伝票集計表を通して転記を行うのが普通であるため，すべて合計転記となる。
⇨個別転記，特殊仕訳帳制　　（泉　宏之）

こうけんりえき【貢献利益】
contribution margin

　限界利益は，売上高から変動製造原価及び変動販売費・一般管理費を控除した利益額として定義できる。また，限界利益では，売上高と利益額との間には単純な線形モデルが一般的に仮定されていることが多く，販売数量1単位当たりの利益の増加額を意味することもある。その意味で，単位あたりの売価や原価を一定とした際の増分利益の概念に近い。

　一方で，貢献利益は，貢献差益とも呼ばれ，限界利益と同じとされることもあるが，より正確には，限界利益から製品別や事業別といった計算セグメント毎に把握し跡付けることができる固定費，つまり個別固定費を控除した利益であり，計算セグメント毎の企業全体への利益の貢献度を表す会計数値である。事業部制の企業を例にとると，限界利益から製品別固定費を控除すると当該事業部への貢献度を表す製品貢献利益が計算され，さらに，そこから事業部個別固定費を控除した事業部貢献利益は，事業部の全社への貢献度を表す利益として理解できる。

　　　　　　　　　　　　　（近藤隆史）

ごうしがいしゃ【合資会社】
limited partnership

　合資会社は，無限責任社員と有限責任社員とで構成されている。無限責任社員は，会社の債務について，会社債権者に対し直接かつ連帯して無限の弁済責任を負う。これに対し，有限責任社員は，会社の債務について，未履行の出資の価額を限度として，会社債権者に対し直接の弁済責任を負う。社員は，定款で別段の定めのない限り，会社の業務を執行し，会社を代表する。持分の譲渡について，業務を執行しない有限責任社員が持分を譲渡する場合は，業務を執行する社員全員の承諾で可能であるが，それ以外の社員が持分を譲渡する場合は，他の社員全員の承諾が必要である。社員は，退社に伴い，持分の払戻しを受けることができる。なお，有限責任社員の退社により無限責任社員のみとなった場合，この合資会社は，合名会社となる定款の変更をしたものとみなされる。逆に，無限責任社員の退社により有限責任社員のみとなった場合，この合資会社は，合同会社となる定款の変更をしたものとみなされる。

　　　　　　　　　　　　　（下中和人）

こうじかんせいきじゅん【工事完成基準】completed contract method

　建物や船舶を受注して，これを製造し，引き渡すといった請負工事契約に関する収益および費用の認識方法の一つに工事完成基準がある。この方法では，工事が完成し，目的物の引渡しを行った時点で，工事収益および工事原価が認識される。なお，「工事契約に関する会計基準」では，工事契約に関して，工事の進行途上において，その進捗部分について成果の確実性が認められない場合には，工事完成基準を適用するものとされている（9項）。

　　　　　　　　　　　　　（木下貴博）

こうじしゅうえき【工事収益】

　建設業や造船業にみられるように，あらかじめ工事の請負代金は取り決められているものの，着手からその完成までに相当長い期間を要するような長期請負工事にかかわる収益の計上については，工事進行基準と工事完成基準のいずれかを選択して適用することが認められていた（企業会計原則注解〔注7〕）が，現在，工事の進捗部分について成果の確実性が認められる場合には工事進行基準を，そうでない場合には工事完成基準を適用するものとされ

ている(「工事契約に関する会計基準」9項)。⇨工事完成基準，工事進行基準

(大崎美泉)

こうじしんこうきじゅん【工事進行基準】percentage of completion method

請負工事が1年以上の長期にわたる場合，全部的に工事が完成した年度に一括して収益を計上すると，努力と成果との対応が正しく行われない。このため，企業会計原則注解〔注7〕では，「決算期末に工事進行程度を見積り，適正な工事収益率によって工事収益の一部を当期の損益計算に計上する」ことが選択的に認められている。これを工事進行基準とよぶ。⇨工事収益，工事完成基準

(池田公司)

こうじふたんきん【工事負担金】

工事負担金とは，電力，ガス，鉄道などの事業を営む企業がその事業に必要な施設を建設するために，当該サービスの需要者または利用者から受け入れた金銭その他の財産をいう。これは受益者から拠出された資本助成のための資本とみなされることから，資本剰余金(贈与剰余金)の一種とする考え方もあるが，現行制度ではこの考え方はとられておらず，そこでは収益とみなされている。なお，税法上も，それは益金に算入されるが，直ちに課税すると，提供を受けた供給施設を設置することが困難になることから，圧縮記帳が認められている。 (伊豫田隆俊)

こうじょうかいけい【工場会計】
factory accounting

製造業など工場を有する企業の会計に関して，工場を本社から切り離して，つまり工場を独立した会計単位として取り扱う独立採算制をとる会計を工場会計といい，工場独立会計ともいう。会計処理上，工場で製造した製品に内部振替価格を用いて本社へ販売するかたちをとることによって工場で製造損益が計算されることになる。工場簿記のうえでは，照合勘定として本社には工場勘定，工場には本社勘定が設定され，本社と工場との取引は本支店勘定に準じて記入されることになる。そして決算時には両勘定は未達事項の整理や内部利益などを調整したうえで相殺される。⇨工業簿記 (松井泰則)

こうじょうもとちょう【工場元帳】
factory ledger

工場が本社から離れていたり，製造の規模が大きくなったりすると，単一の会計では円滑な取引処理が難しくなり，本社の会計から工場の会計を独立させることがある。この工場独立会計を採用する場合に工場におかれる元帳が工場元帳である。工場元帳には，製造に関する取引が記帳される。本社の総勘定元帳と工場の工場元帳には，それぞれ工場勘定と本社勘定が設けられ，本社会計と工場会計との連絡を保っている。

(梅津亮子)

こうせいかち【公正価値】fair value

公正価値とは，自発的な当事者間，つまり強制や清算売却以外の条件の現在の取引において，資産(負債)が購入(発生)あるいは売却(決済)される価値を指す。活発な市場での市場価格は公正価値の最適な証拠となるが，他方，市場価格の存在しない場合には公正価値は見積りによらなければならない。見積もり手法には，類似の金融資産に基づく方法や現在価値法，オプション・プライシング・モデルなどのモデルを利用する方法がある。わが国の「金融商品に関する会計基準」に規定される「時価」，すなわち「公正な評価額」とはこのような公正価値を指

すものと考えられる。⇨公正な評価額
(清水泰洋)

こうせいかちへっじ【公正価値ヘッジ】fair value hedge

　公正価値ヘッジとは，特定のリスクに帰属するある財貨（ヘッジ対象）の公正価値変動によって生ずる損失を，デリバティブ等の別の財貨（ヘッジ手段）の公正価値変動から生ずる利得によって相殺する活動を意味する。ヘッジ対象とヘッジ手段との間で損益が認識される期間に差異が存在する場合，ヘッジ取引の効果を認識するための特殊な会計処理が必要となり，これをヘッジ会計といい，個別的に適用される。ヘッジ取引にヘッジ会計が適用されるためには，ヘッジ取引が企業のリスク管理方針に従ったものであることが客観的に認められることという事前の要件と，ヘッジ手段の効果が定期的に確認されていることという事後の要件をともに満たさなければならない。ヘッジ会計にはヘッジ手段とヘッジ対象をともに公正価値で測定し，それによって生ずる損益を当期の純利益（純損失）に計上する方法（時価ヘッジ）と，ヘッジ手段の公正価値変動による損益を，ヘッジ対象に係る損益が認識されるまで純資産の部に繰延ヘッジ損益として繰り延べる方法（繰延ヘッジ）の2種類がある。わが国においては原則的に後者の方法が用いられるが，実務上，その他有価証券の価格変動リスクのヘッジについては前者の方法をとることも認められている。⇨公正価値，公正価値ヘッジ，ヘッジ会計，ヘッジ対象
(清水泰洋)

こうせいなひょうかがく【公正な評価額（固定資産の取得）】

　企業会計原則によると，贈与その他無償で取得した資産については，公正な評価額をもって取得原価とするものとされている。ここで公正な評価額とは贈与を受けた時点における時価（すなわち再調達価額）を意味するものと解釈される。そのことから固定資産を贈与その他無償で取得した場合には，時価等を基準とする評価額による取得原価が当該固定資産に付されることになる。⇨時価
(浦崎直浩)

こうせいなるかいけいかんこう【公正なる会計慣行】
fair accounting practices

　平成17年改正前商法32条2項は，商業帳簿の作成に関する規定の解釈については「公正なる会計慣行」を斟酌すべきであると定めていたが，会社法施行に伴い，当該規定は会社法431条「株式会社の会計は，一般に公正妥当と認められる企業会計の慣行に従うものとする」に引き継がれた。文言の相違はあるが両者はその実質において異なるところはない。会社法会計においては会計処理に関する具体的な規定を設けておらず，株式会社の会計は会社法431条の「一般に公正妥当と認められる企業会計の慣行」に従うべきことを定める包括規定で処理されることになる。そして「一般に公正妥当と認められる企業会計の慣行」には，企業会計審議会が定めた企業会計原則や，企業会計基準委員会（ASBJ）が公表する企業会計基準その他の会計基準が含まれる。また「企業会計の基準」ではなく「企業会計の慣行」としていることから，当該企業会計の慣行は，上述の金融商品取引法会計による諸会計基準のみならず，株式会社の規模，業種，株主構成などによって複数同時に存在し得るものと考えられる。　(阪　智香)

こうていべつそうごうげんかけいさん【工程別総合原価計算】

　総合原価計算において，複数の工程を設けて，工程ごとにその完成品と仕掛品の原価を計算する方法を工程別総合原価計算という。工程ごとの総合原価計算の類型は一定しておらず，たとえば，ある工程は単純総合原価計算，次の工程は等級別総合原価計算というようにさまざまである。工程は製造部門における各部門で，半製品の製造される段階ごとに設定される。半製品とは，ある工程における加工は完了したが，最終製品となるためにはそれ以後の工程における加工が必要とされる製品であり，原則として，貯蔵や販売することの可能なものである。外部に販売されるものを除くと，半製品（その工程の完成品原価）は次工程に投入され，次工程の原料（前工程費）となる。半製品が次工程に投入されるに応じて，勘定のうえでは半製品の工程間振替が行われ，最終工程の完成品原価が製品原価として算定される。この方法が工程別総合原価計算における累加法であり，各工程費のうち，製品単位原価を構成する部分を各工程から直接に計算し，それを合計して製品単位原価を計算する方法を非累加法という。工程別総合原価計算の変形したものに加工費工程別総合原価計算とよばれる方法がある。この方法は紡績業や伸銅工業のように，主要材料がすべて最初の工程で投入され，その後の工程では，もっぱらこの主要材料に加工を施すにすぎない業種に適用される。原材料費を工程別に計算せず，加工費のみを工程別に計算する方法である。　　　（福田泰幸）

ごうどうがいしゃ【合同会社】
limited liability company

　社員全員が有限責任を負う会社であり（会社法576条4項），社員は間接有限責任のみを負う（同法580条2項）。平成18年に施行された会社法では，閉鎖性の低い株式会社と閉鎖性の高い持分会社（合名会社，合資会社，合同会社）の設立が認められている。持分会社の中でも合同会社は，持分会社という名称ではあるものの，代表社員1名で設立登記が可能であり，投資事業組合等の会社形態として利用される。　　　（木下貴博）

こうにんかいけいし【公認会計士】
certified public accountant

　昭和23年に制定された公認会計士法にもとづく国家資格を有する職業会計人である。昭和41年の同法改正によって監査法人制度が創設され，平成15年改正においては，公認会計士等の独立性確保のための措置が法定されるとともに，公認会計士は，監査および会計の専門家として，独立した立場において，財務書類その他の財務に関する情報の信頼性を確保することにより，会社等の公正な事業活動，投資者および債権者の保護等を図り，もって国民経済の健全な発展に寄与することを使命とすると規定され（公認会計士法1条），公認会計士の使命や職責も明文化されることとなった。なお，金融商品取引法193条の2の規定のもと，金融商品取引所に上場されている有価証券の発行会社等（特定発行者）の提出する貸借対照表，損益計算書その他の財務計算に関する書類に対して，その者と特別の利害関係のない公認会計士または監査法人による金融商品取引法監査が実施される。　　　（木下貴博）

こうはつじしょう【後発事象】
adjusting event, subsequent event

　貸借対照表日（決算日）後に発生した事象を後発事象という。損益計算書および貸借対照表の作成日までに生じた，次期以降の財政状態および経営成

績に影響を与える重要な後発事象は財務諸表に注記しなければならない。企業会計原則注解〔注1-3〕では，重要な後発事象の例として以下のものを挙げている。
 (1) 火災，出水等による重大な損害の発生
 (2) 多額の増資または減資および多額の社債の発行または繰上償還
 (3) 会社の合併，重要な営業の譲渡または譲受
 (4) 重要な係争事件の発生または解決
 (5) 主要な取引先の倒産

重要な後発事象を開示することは，利用者が当該企業の将来の財政状態および経営成績を理解する上できわめて重要である。そのため，開示については，企業会計原則のみならず，財務諸表等規則8条の4や会社計算規則114条等においても注記に関する規定がみられる。 (矢野沙織)

ごうめいがいしゃ【合名会社】
general partnership

合名会社は，無限責任社員のみで構成されている。社員は，会社の債務について，会社債権者に対し直接かつ連帯して無限の弁済責任を負う。社員は，定款で別段の定めのない限り，会社の業務を執行し，会社を代表する。金銭その他の財産の出資はもとより，労務出資および信用出資も認められる。社員は会社に対し出資の払戻しを請求することができる。持分の譲渡もできるが，他の社員全員の承諾が必要である。社員は，退社に伴い，持分の払戻しを受けることができる。人的信頼関係のある少人数の企業に適している。
(下中和人)

ごうりてきなきそ【合理的な基礎】

監査対象に対する監査人の合理的結論（確証）であり，監査プロセスの最終段階で形成される意見表明の基礎である。「監査基準」の実施基準では，合理的な基礎を得るために，監査要点に適合した十分かつ適切な監査証拠を入手すべきことを要請している。合理的な基礎と十分かつ適切な監査証拠の関係について，同義とみる考え方もあるが，通説的には，十分かつ適切な監査証拠の入手により判明した問題点やそれに対する経営者の態度等を考慮し，総合的に判断した結果として合理的な基礎を形成するものと理解されている。
(松井隆幸)

こがいしゃ【子会社（被支配会社）】
subsidiary

子会社とは親会社により支配されている企業をいう。ここで，支配とは，親会社が他の企業の財務および営業または事業の方針を決定する機関（意思決定機関）を支配していることをいう。わが国では，支配が存在するか否かの判断基準として，従来は，議決権付株式の過半数所有による持株基準が用いられていたが，1997年の連結財務諸表原則の改訂を受けて，現在では持株基準とともに，役員の派遣，契約，融資，協力的な株主の存在による実質的な議決権の過半数所有などの事実を通じて判定を行う支配力基準が採用されている。 (小形健介)

こくさいかいけい【国際会計】
international accounting

企業の多国籍化や資本活動の国際化を背景として，世界的な観点から行われる会計を総称して国際会計という。国際会計の領域は多岐にわたる。主な領域の一つに，諸外国間で事業を展開する企業の外貨建債権債務の換算およ

こくさいか

び外貨表示財務諸表の換算がある。また，各国の会計制度の比較研究も盛んに行われてきた。近年においては，地球規模の資本の調達・運用活動をより効率的に行うために，会計基準を国際的に調和化し，各国間の会計基準の相違をできるだけ少なくしようとする一連の動きが行われている。会計基準の国際的調和化を推進する機関として最も注目されるのが国際会計基準委員会（IASC）である。

もとより，国際会計の領域は国際財務会計にとどまらず，国際管理会計，国際監査，国際税務などにも及んでいる。また最近では，地球規模の資金調達・運用活動を一層効率的に行うために，会計基準を国際的に統一し，各国間の会計基準の相違をできるだけなくそうとする一連の動きがとくに関心を集めている。会計基準の国際的統一を推進する機関としてもっとも注目されるのが平成13年（2001年）4月から生まれかわった国際会計基準審議会（IASB）であり，IASBが作成する国際財務報告基準（IFRS）とのコンバージェンスやアドプションが関心を集めている。さらに，各国証券市場の規制当局による国際機関である証券監督者国際機構（IOSCO），欧州連合（EU），国際会計士連盟（IFAC）をはじめとする国際機関も会計の国際的動向に影響を与えている。⇨国際会計基準，国際監査基準　　　　　　　　（平松一夫）

こくさいかいけいきじゅん【国際会計基準（IFRS以前）】

International Accounting Standards, IAS

国際会計基準は，国際会計基準委員会により作成・公表された会計基準である。国際会計基準委員会は，1973年6月にオーストラリア，カナダ，フランス，旧西ドイツ，日本，メキシコ，オランダ，イギリスおよびアイルランドならびにアメリカの会計士団体の合意に基づいて設立された。国際会計基準委員会は，多数の専門職業的会計士団体からなるプライベート・セクターにより構成されており，その目的は，国際的に調和・統一された国際会計基準を作成・公表すること，およびこの基準に基づいて作成・報告された財務諸表が国際的に承認され遵守されることを促進することである。⇨国際会計　　　　　　　　　　　　　（前川道生）

こくさいかんさきじゅん【国際監査基準】

International Standards on Auditing (ISAs)

国際会計士連盟（International Federation of Accountants：IFAC）によって設置された国際監査・保証基準審議会（International Auditing and Assurance Standards Board：IAASB）が，各国間および地域間の監査基準をコンバージェンスする試みで規定した外部監査人による財務諸表監査に関する基準。国際監査基準の改訂の都度，日本の監査基準を整合させる作業が行われている。⇨国際会計，国際会計基準

（内藤文雄）

こぐちげんきん【小口現金】

petty cash

支払資金として多額の現金を手許におくことは盗難や紛失を生ずるおそれがあるので，支払いは原則として小切手の振出しによって行われることになる。そうすれば，盗難などの危険を防止できると同時に，現金管理の手数を省くことができる。しかし，日常頻繁に生ずる小額の支払いにまで，そのつど小切手を振り出すことは煩雑である。そこで，小口の支払いに備えて，用度係または小払係に一定額の現金を前渡

ししておき，出納管理させる方法がとられる。この場合の前渡資金を小口現金という。⇨小口現金勘定　（山口忠昭）

こぐちげんきんかんじょう【小口現金勘定】petty cash account

会社は，商品の売買取引等の巨額の取引代金の支払いは，小切手を振り出して当座預金口座より行い，また，売掛金等の回収も直接普通預金口座に振り込ませて決済している。したがって，通常会社は現金を保有しなくてよいことになる。しかし，通信費，消耗品費等の小額の諸経費の支払いのためには，手許に現金をおいておく必要がある。こういった小額の諸経費の支払いは，小払係に担当させ，この収支状況を記録する勘定が小口現金勘定である。また，小払係が記録する補助簿を小口現金出納帳といい，これを特殊仕訳帳として使用することもある。

（胡　義博）

こぐちげんきんすいとうちょう【小口現金出納帳】

⇨小口現金勘定

こすとたいべねふぃっと【コスト対ベネフィット】cost versus benefit

ある情報を得るために要するコスト（費用）よりも，それによってもたらされるベネフィット（便益）の方が上回る場合に，当該情報が適当であると判断する考え方である。このコストは情報の作成者側の作成・伝達および利用者側の分析・解釈に要するもので比較的測定可能であるが，他方，ベネフィットは当該情報に基づく意思決定の有効性であり，抽象的にしか測定できない。しかし，企業会計原則注解〔注1〕の重要性の原則はまさにこの考え方を反映しており，情報の選択や評価，情報開示の量・質や方法，会計基準設定にいたるまで重要な考え方である。⇨重要性の原則　　（可児島達夫）

こすと・どらいばー【コスト・ドライバー】cost driver

活動基準原価計算の基礎概念の一つで，原価作用因ともいい，原価発生の原因となる基本要因であって，原価の発生額に影響を及ぼす事象をいう。活動基準原価計算では，各コスト・プールに集計された原価は活動ドライバーによって各原価計算対象へと割り当てられる。原価発生の因果関係を可能なかぎり忠実に反映するという視点からすれば，原価割当てのための活動ドライバーとして，活動内容に応じた各種コスト・ドライバーを選択適用することが望まれる。⇨活動ドライバー，間接費の配賦，活動基準原価計算　（小菅正伸）

こっこほじょきん【国庫補助金】

国庫補助金とは，国や地方公共団体が公共性の高い設備の建設や特定の産業の育成のために企業に対して交付する補助金である。この補助金には，企業の損失補填を目的とするもの（営業助成金）と設備等の建設資金を目的とするもの（建設助成金）がある。前者は収益とみなされるが，後者は資本的支出として会計理論上は資本剰余金とみなす考え方もある。しかし，現行制度ではこの考え方はとられておらず，それは収益とみなされている。税法でもそれを益金とみなしているが，そこでは圧縮記帳による課税の延期となる会計処理を認めている。　（胡　義博）

こていしさん【固定資産】fixed asset

固定資産とは，長期にわたる利用または長期にわたる投資を目的として投下された企業資金の運用形態である。固定資産は，有形固定資産，無形固定資産，および投資その他の資産に区分

される。有形固定資産は建物や土地のように具体的な形をもつ固定資産であり，無形固定資産は特許権などの法律上の独占的利用権および実質的超過収益力源泉としてののれんなどからなる。投資その他の資産は，長期資金運用を目的とする投資有価証券や長期貸付金，関連会社株式や子会社株式などの他企業への出資金などからなる。流動・固定の区分は正常営業循環基準または一年基準による。固定資産に投下された企業資金は，有形固定資産や無形固定資産の場合は減価償却によって，また投資その他の資産は利息や配当などによって回収されるため，投下から回収までの期間が長期に及ぶ。⇨投資その他の資産，無形固定資産，有形固定資産 (山本真樹夫)

こていしさんかいてんりつ【固定資産回転率】fixed assets turnover ratio

固定資産の利用効率を表す比率であり，

売上高÷固定資産＝固定資産回転率
（単位：回）

で計算される。この比率が高いほど，固定資産の利用度は高いと判断される。固定資産回転率が低い場合，設備の稼働率が低い，あるいは過剰設備の存在などが考えられる。一部の固定資産がオペレーティング・リースで調達され，貸借対照表上に記載されていない場合には，固定資産回転率が高めに計算されるので，分析にあたっては注意を要する。 (山本真樹夫)

こていしさんじょきゃくそん【固定資産除却損】

固定資産，とくに機械や設備などの有形固定資産の使用をとりやめ，除却・廃棄する場合に生ずる損失である。当該固定資産の未償却残高（＝取得原価－減価償却累計額）に除却・廃棄費用を加えた金額が，固定資産除却損となり，特別損失に計上する。

(山本真樹夫)

こていしさんだいちょう【固定資産台帳】fixed asset ledger

固定資産台帳は，固定資産を管理するために，設けられる補助簿であり，固定資産の購入代価，付随費用，取得原価，減価償却費，減価償却累計額，帳簿価額，さらに除却や売却にいたるまでを日付順に記録する。固定資産台帳は，資産の種類に従って，土地台帳，建物台帳，機械台帳，備品台帳などに分けることができる。たとえば，建物台帳であれば，上記事項以外に，所在地，構造，用途，面積，耐用年数，残存価額，償却限度額，償却方法，償却率も記載されている。これにより，個々の固定資産を個別に記録し，整理しているので，その一覧が可能である。 (朱　愷雯)

こていしさんばいきゃくそんえき【固定資産売却損益】

固定資産を売却したときに生じる利益または損失をいう。固定資産売却損益は売却資産の帳簿価額（償却資産については取得原価から既償却額を控除した額）と売却価額との差額である。固定資産は長期的に使用することを目的として取得されるものであるから，固定資産売却損益は臨時的な損益であり，損益計算書において特別利益または特別損失として表示される。⇨特別損益の部 (田村威文)

この例としては，固定資産，とくに機械や設備などの有形固定資産の使用をとりやめ，他へ転売したりスクラップとして売却したりする場合に生じ，当該固定資産の未償却残高よりも売却価額が高い場合には固定資産売却益が，低い場合には固定資産売却損が生じ

る。 (山本真樹夫)

こていせいはいれつほう【固定性配列法】capital arrangement

貸借対照表項目の配列法の一つであって、流動性配列法に対するものである。固定性の高い項目から順に記載するのがこの配列法の原則である。すなわち資産の側は、固定資産、流動資産の順に、負債・純資産の側は、純資産、固定負債、流動負債の順に記載する。わが国のガス事業等では、負債・純資産の側が固定負債、流動負債、純資産という記載順となる変則的な固定性配列法を採用している。⇨流動性配列法 (庄司樹古)

こていちょうきてきごうりつ【固定長期適合率】
ratio of fixed assets to long-term capital

固定長期適合率とは、長期安定資金である固定負債(長期借入金・社債等)と自己資本とで、長期間資金が固定化する固定資産への投資を、どの程度賄っているかを示す比率である。その計算式は、

(自己資本＋固定負債)÷固定資産

である。固定資産は自己資本および長期資金での調達が必要なので、固定長期適合率は100％以上が望ましい。分母・分子を逆にすることもある。自己資本対固定資産比率と併せて検討する必要がある。⇨固定比率 (川端保至)

こていひ【固定費】fixed cost

操業度(生産量あるいは販売量)が変化しても、発生額が一定の費用を固定費とよんでいる。これに対して、操業度の変化に応じて、発生額が変化するものを変動費という。一般に、固定費として認識されているものには、減価償却費、保険料、間接部門の従業員の給与、リース料などがあげられる。しかし、同一の費目であっても固定費と変動費の両方を含んでいるものもあり、必要な場合には固定費と変動費に分解しなければならない。⇨変動費

(中川 優)

こていひりつ【固定比率】
fixed assets to net worth ratio

固定資産に投下された資金の回収には長期を要するため、その購入には返済の必要がない資金を充てることが望ましい。固定比率は、固定資産と自己資本の金額を比較することで財務安定性を判定する指標であり、通常、

固定比率＝固定資産÷自己資本
　　×100(％)

の計算式による(これの逆数を用いる場合もある)。固定比率は100％以下が望ましいとされる。⇨固定長期適合率

(松本敏史)

こていふさい【固定負債】
fixed liability, long-term debt

固定負債とは、正常営業循環基準に基づく営業債務以外の負債で、満期日または返済期日が貸借対照表日の翌日から起算して1年を超える負債をいう。一般的には固定負債に属する項目として、社債、長期借入金、ならびに退職給付引当金のように通常1年を超えて継続される見込みの引当金があげられる。これらの項目でも、貸借対照表日から1年以内に満期日または返済期日の到来する項目は、流動負債に属する。
⇨社債, 長期借入金, 退職給付引当金

(草野真樹)

ごびゅう【誤謬】error

①財務諸表の基礎となるデータの収集または処理上の誤り、②事実の見落としや誤解から生じる会計上の見積りの誤り、③会計方針の適用の誤りまた

は表示方法の誤り，のような誤りをいう（「会計上の変更及び誤謬の訂正に関する会計基準」4項(8)）。⇨不正　（吉岡一郎）

こべついけん【個別意見】

2002年に「監査基準」が改訂されるまで適正性の判断基準となっていた次の三つの監査報告書の記載要件を個別意見とよんでいた。それらは，会計基準への準拠性，会計方針の適用の継続性，表示方法の妥当性である。これらの監査判断は形式的であり，実質的判断を行うべきであるというのが改訂の論拠であったが，実際，正当な理由に基づかない会計方針の変更が横行していた。なお，財務諸表全体の適否について監査人が表明する意見を総合意見とよんでいた。⇨総合意見　（百合野正博）

こべつげんかけいさん【個別原価計算】job costing

特定の製品を受注し，製造を行う企業において適用される原価計算方法である。受注した製品について特定製造指図書を発行し，この指図書ごとに原価が集計される。個別原価計算における基本的な原価集計手続は以下の通りとなる。材料費・労務費・経費のうち，直接費については指図書に直接賦課される。一方，間接費については製造間接費として記録しておき，適当な配賦基準を用いて指図書に配賦される。この製造間接費の配賦には実際配賦と予定配賦がある。また，規模のある程度大きい企業においては，発生原価を部門ごとに集計する場合があり，部門別個別原価計算と呼ばれる。

（木下貴博）

こべつざいむしょひょう【個別財務諸表】separate financial statements

個別財務諸表とは，法律上，個々の企業を会計単位として作成される財務諸表のことを指す。個人企業を含むすべての企業が作成するべき必要最低限の財務諸表としては，貸借対照表，損益計算書があげられる。貸借対照表は企業の財政状態を報告するための報告書であり，損益計算書は，特定の会計期間における企業の経営成績および収益性を示す報告書である。一方で，企業集団に属する企業が作成した個別財務諸表を結合して，あたかも一企業の財務諸表であるかのようにみなして作成される財務諸表を連結財務諸表とよぶ。

（杉田武志）

こべつてき・ちょくせつてきたいおう【個別的・直接的対応】

企業会計では，経営活動の成果である収益とそれを獲得するために犠牲に供された価値の費消である費用とを対応させることが中心課題となる。そして，ここにいう対応には二つの形態がある。損益計算書における営業損益計算の区分では，一会計期間に属する売上高と売上原価とを記載して売上総利益を計算し，これから販売費及び一般管理費を控除して営業利益が表示される。売上総利益は，売上高を先に測定して，売上数量に見合う売上原価をそれに対応させることによって求められる。こうした特定の財貨・用役を媒介とした収益と費用の対応関係を個別的・直接的対応とよんでいる。これを対象関連的対応ともいう。これに対して，広告宣伝費などの営業費用は，売上高の増加に貢献するであろうことは明らかであっても，営業収益である売上高への貢献を個別的に捕捉することは困難である。そこで，営業費を含む販売費及び一般管理費は原則として発

生した年度の費用とされる。この場合の営業収益との対応関係は一括的・期間的対応とよばれる。⇨対応原則，一括的・期間的対応　　　　　　（酒巻政章）

こべつてんき【個別転記】

簿記では取引があると個々の取引ごとに仕訳帳に仕訳し，その仕訳帳から元帳の各勘定の借方と貸方に転記するのが基本的な処理の流れである。ところが，現金の収支を伴う取引や仕入，売上等の取引は頻繁に生ずるので転記の便宜をはかるため，仕訳帳に現金，売上，仕入等を記入する特別欄とそれ以外のものを記入する諸口欄を設け（多桁式仕訳帳），特別欄に記録された金額は合計額を転記（合計転記）し，諸口欄のみ個々に転記する処理（個別転記）がなされることがある。さらには取引の種類ごとに仕訳帳を分割する場合には，一定期間の合計額を一括して合計転記する処理と，相手勘定を個別転記する処理とが併行して行われる。この場合にも相手勘定について特別欄と諸口欄を設ければ，特別欄の合計額は合計転記され，諸口欄についてのみ個別転記がなされることになる。⇨合計転記　　　　　　　　　（船木高司）

こべつほう【個別法】
identified cost method, specific cost method

個別法は，個別原価法ともいわれ，棚卸資産の消費単価ないし払出単価の計算にあたって，種類，品質，型などが同じ棚卸資産であっても，単位原価の異なるものごとに区別して記録，保管し，そして実際に払い出される場合には，その払出財貨の実際の単位原価を確かめ，その払出単価をもって計算する方法である。この方法を適用するには，財貨の受入れから払出しまで，常に財貨およびその単価を受入口別に識別して管理しておく必要がある。この方法は，払出単価の見なし計算や平均計算を行わないので，常に，その当該財貨の実際の単位原価で計算されるため，棚卸資産の払出財貨の原価算定に恣意性が入らない，記録と財貨が結合しているので資産管理が行いやすい，などの長所がある。しかしこの方法は，多種多量な棚卸資産の場合には，繁雑で費用もかかることから，貴金属，宝石，高級家具などのように払出回数が少なく，厳重な管理の必要な高価な棚卸資産の記録，計算以外には適用が困難であるといえる。　　　　（藤永　弘）

こまーしゃる・ぺーぱー【コマーシャル・ペーパー】commercial paper

信用力のある一流企業が，機関投資家などから無担保で短期資金を調達する際に発行する短期社債であり，英文の頭文字をとってCPと省略される。金融商品取引法2条1項15号により，CPの購入者は，これを有価証券として，発行者は，その他の流動負債として取り扱うこととされている。

（庄司樹古）

こーぽれーと・がばなんす（きぎょうとうち）【コーポレート・ガバナンス（企業統治）】corporate governance

コーポレート・ガバナンスとは企業統治と訳される。一般的には企業をどのように経営していくべきかを意味する。すなわち，マクロ的には，会社法上，所有と経営が分離する中，会社とは会社法上の所有者である株主または経営者である社員（特に経営陣となる取締役）など誰のものなのか，つまり，会社経営は誰の利益を優先させるべきかを論じるが，ミクロ的には，経営陣による不祥事を会社はどのように予防すべきかを論じるものである。

（木下貴博）

こんごうかんじょう【混合勘定】
mixed account

　簿記上の勘定には，一勘定のなかに財産勘定と損益勘定の性質をもつ勘定が含まれることがある。これを混合勘定という。混合勘定は，混合取引の記録に際して生じる場合と，次期の会計期間へ移行する際に生じる場合にみることができる。たとえば，総記法による商品勘定は，商品勘定に商品原価と商品販売益が混在して記入されており，この場合の商品勘定は混合勘定となっている。また会計期間末には，たとえば，固定資産勘定には減価償却額（費用勘定）が，棚卸資産勘定には減耗額（費用勘定）が混在しており，さらに損益勘定には未経過分の損益が混在しているなど，一勘定のなかに財産勘定と損益勘定に分離すべき取引が内在している。このような場合に，混合勘定が生じる。⇨商品勘定　　（森　美智代）

こんてんらーめん【コンテンラーメン】

　簿記または会計における標準勘定組織計画をいう。簿記や会計が有益な情報を提供するためには，そこで使われる勘定が組織的かつ合理的に分類されていなければならない。コンテンラーメン（Kontenrahmen）とは，この分類を財務諸表の作成など会計実践上の要求に基づいて具体化した勘定組織計画のことである。規模，業種，産業，地域または国を基準に区分された多数の企業を対象に，モデルとして設定される。この語はシュマーレンバッハ（Schmalenbach, E.）により初めて用いられ，その後，さまざまなタイプのコンテンラーメンが公表された。ドイツで発展し，戦後はヨーロッパの他の国々でも，企業会計の合理化あるいは統一化の重要な手段として作成されるようになった。コンテンラーメンに類似する概念にコンテンプラーン（Kontenplan）があるが，これは個々の企業の要求に適合させた，より具体的な内容のものである点でコンテンラーメンとは異なる。　　（伊藤清己）

こんとろーらーせいど【コントローラー制度】controllership

　コントローラーとは，計数管理を担当する職能であるが，たんなる帳簿係でもないし，ライン管理者でもない。今日のコントローラーは，スタッフ職能として関連情報を解釈・報告することにより経営者の意思決定に影響を及ぼすことのできる上級管理者であるが，財務部長（treasurer）とも異なり，管理会計のツールを利用して，プランニングとコントロール，報告と解釈，評価とコンサルティングといった機能を果たす。　　（頼　誠）

さ

さいけんさきものとりひき【債券先物取引】bonds future markets

特定の債券を将来の一定日において、約定価格で売買する契約であり、取引所において売買される契約のうち、長期国債先物などの債券を対象とする先物取引をいう。わが国では、昭和60年に東京証券取引所において債券10年物長期国債を対象とする取引から債券先物取引が開始された。「金融商品に関する会計基準」では、これらの取引により生じる正味の債権および債務は、時価をもって貸借対照表価額とし、評価差額は、原則として、当期の損益として処理するとされている（第25項）。また、ヘッジ会計の適用要件を充たすものについては、ヘッジ会計が適用される。 (木下貴博)

ざいさん【財産】property

財産という概念はさまざまな意味に用いられてきたが、次の二つの解釈が広く知られている。そのひとつは、資産と負債の両者を財産概念に含めるとする考え方である。この場合、資産は積極財産として、負債は消極財産としてとらえられ、両者の差額としての資本は純財産または純資産と呼ばれる。もうひとつは、資産だけが財産であり、負債を他人資本として自己資本とともに広義の資本概念に含めるとする考え方である。 (仲尾次洋子)

ざいさんじょうたい【財産状態】
⇨財産, 財産貸借対照表, 財産法

ざいさんたいしゃくたいしょうひょう【財産貸借対照表】

財産貸借対照表とは、財産の状態を表す貸借対照表のことである。ここで財産とは、個人または団体に帰属する経済的価値を有する財貨を意味する。財産は積極財産（資産）と消極財産（負債）に分けることができ、両者の差額を純（正味）財産と呼ぶ。 (来栖正利)

ざいさんほう【財産法】

期首と期末の資本（純財産）の比較によって期間損益を計算する方法である。もちろん、期中に資本引出し、資本追加があれば、これを加減しなければならない。組織的な帳簿記録のない時代には、実際に現場で調査して、個々に評価する実地棚卸に依存することで、資産と負債の比較により期首と期末の資本（純財産）を計算し、両者の比較によって期間損益を計算する「財産目録の貸借対照表」が作成された。「棚卸法」に基づく貸借対照表である。貸借対照表では、期間損益が具象的に確認される。結果的に実在が確認されるのであるが、原因的、発生源泉別には確認されえない。そこで、組織的な帳簿記録のある時代には、とくに「複式簿記」に依存してのことであるが、「損益法」がこれに対比される。収益と費用の比較によって期間損益を

計算する方法である。しかし，損益計算書では，期間損益が抽象的に確認されるにすぎない。もちろん，損益計算書に随伴して，貸借対照表も作成される。「誘導法」に基づく貸借対照表である。取得原価主義が確立された限りで，財産法はこれと対比されるが，損益法によっては，資産，負債が，繰延資産，引当金にまで拡大されるように，そこでは財産法は後退せざるをえない。しかし，完全に否定されるわけではない。たとえば，減耗，盗難があれば，実地棚卸によってしか，損益法は修正されないからである。⇨損益法

(土方　久)

ざいさんもくろく【財産目録】
general inventory

　財産，すなわち，資産と負債を種類別に数量と価額を付して一覧表示した総目録である。組織的な帳簿記録のない時代には，実際に現場で調査して，個々に評価する実地棚卸に依存することで，資産，負債の順に一覧表示する財産目録が作成された。これを要約することで，資産と負債を比較して，資本（純財産），さらに，純利益も計算する「財産目録の貸借対照表」が，「棚卸法」に基づいて作成された。これが「財産目録」と呼称されることもある。原初的な損益計算として内部的に作成されたこともあるが，法律に規制されたのは1673年の「フランス商事王令」からで，ドイツ，さらにわが国の商法にも採用された。企業が無限責任の場合には，資産が債務保証しうるかどうか，有限責任の場合には，純利益を配当しても，債務保証の責任限度となる資本（純財産）を維持しうるかどうか，「債権者保護」から作成されねばならない。しかし，組織的な帳簿記録のある時代には，財産目録を作成する必要がなくなる。資産と負債の種類別の数量と価額は，会計帳簿に収録されると同時に，取得原価主義が確立されたのと相まって，会計帳簿から作成される貸借対照表とも同一になるからである。「誘導法」に基づく貸借対照表である。そのために，わが国の商法では，1974年の改正によって，開業時と決算時に財産目録を作成することは，清算時のみを残して削除される。⇨純財産

(土方　久)

さいしゅうしいれげんかほう【最終仕入原価法】
last purchase price method

　期末に最も近い日（最後）に取得した棚卸資産の単価をもって期末棚卸資産の価額を算定する方法である。実地棚卸による期末在庫数量と期末直近の受入単価を調査することにより期末棚卸資産の価額を算定できる最も簡便な棚卸資産の評価方法である。しかし，棚卸資産の最終受入数量が少ない場合であっても，その単価が期末棚卸数量のすべてに適用されるので，期末棚卸数量が最終受入数量を超過する部分が取得原価ではなく時価に近い価額で評価されるという問題が生じる。

(川﨑紘宗)

ざいせいじょうたい【財政状態】
financial position

　財政状態とは，企業経営に必要な資金の調達源泉と運用形態との関係を意味する。財政状態は貸借対照表より明らかになる。すなわち，貸借対照表の貸方には他人資本または自己資本という資金の調達源泉が，借方には，調達された資金がいかに運用されているかという資金の運用形態が記載される。貸借対照表上の数値は一般に取得原価に基づいたものであり，そのため貸借対照表は現在の財産状態を明らかにするものではない。

(清水泰洋)

ざいせいじょうたいへんどうひょう【財政状態変動表】
statement of changes in financial position

　資金計算書の一形態である。1971年，アメリカの会計原則審議会（APB）が意見書第19号「財政状態変動の報告」において，その作成を義務づけ，貸借対照表や損益計算書と同様，基本財務諸表としての地位を与えた。この計算書の目的は，(1)企業の財務活動と投資活動を要約し，(2)期間中の財政状態の変動の開示を完全にすることであった。資金概念とよばれる資金の範囲について，意見書は現金（および現金同等物）または運転資本の選択適用とした。さらに，財政状態のすべての変動を開示させるため，資金とは関係のない取引もこの計算書に組み入れることを求めた。また，営業活動から調達した資金を独立表示させている。なお，資金に運転資本を用いる場合には，その内訳明細の表示が必要とされた。しかし，その後1987年に財務会計基準審議会（FASB）が基準書第95号「キャッシュ・フロー計算書」を公表し，財政状態変動表は廃止された。⇨キャッシュ・フロー計算書，財政状態

(伊藤清己)

さいちょうたつげんか【再調達原価】
replacement cost

　企業が現に保有する資産を，特定の時点で再調達した場合に要する金額をいう。再調達原価は適用（評価）時点の相違により，①期末決算日，②販売ないし費消の日，③将来の再調達予定日，の各再調達原価に区分される。①と②は，適用時点が現在であるため現在原価とも呼ばれる。③は，実体資本維持を目的として行われ，適用が将来時点となるため未来原価となる。再調達原価は，たとえば「棚卸資産の評価に関する会計基準」においては例外的に容認される基準であるが，資産概念のひとつである剥奪価値概念の下では，中心的な評価基準である。

(春日克則)

ざいむかいけい【財務会計】
financial accounting

　財務会計は，主として，株主，債権者，取引先，国家・地方公共団体，地域住民，一般消費者・大衆等の企業外部の利害関係者に対して，企業の状況に関する会計情報を伝達することを目的とする外部報告会計をいう。通常，法規制の適用を受けるため制度会計ともいわれ，会社法会計，税務会計，金融商品取引法会計から構成されるものとなる。⇨会計，制度会計　(船本修三)

ざいむこうせいようそあぷろーち【財務構成要素アプローチ】

　条件付きの金融資産の譲渡について，金融資産を構成する財務的要素，すなわち「財務構成要素」に対する支配が他に移転した場合に，当該移転した財務構成要素の消滅を認識し，留保される財務構成要素の存続を認識する方法であり，リスク・経済価値アプローチに対比される考え方である。発達した証券・金融市場では現実に金融資産を財務構成要素に分解して取引しているのに，リスク経済価値アプローチでは，財務構成要素ごとの支配の移転を認識できないため，わが国の「金融商品に関する会計基準」は財務構成要素アプローチによることとしている。⇨リスク・経済価値アプローチ　(佐藤信彦)

ざいむしょひょう【財務諸表】
financial statements

　一定期間における企業の経営活動の結果について，おもに経営成績と財政状態を中心に，企業の利害関係者に情

報として伝達される基本的かつ体系的な一連の会計報告書である。財務諸表等規則は，そのような財務諸表として，貸借対照表，損益計算書，株主資本等変動計算書，キャッシュ・フロー計算書をあげている。また，会社法は，435条2項において，計算書類として，貸借対照表，損益計算書その他株式会社の財産および損益の状況を示すために必要かつ適当なものとして法務省令で定めるものを挙げており，法務省令で定めるものとして，株主資本等変動計算書および個別注記表が挙げられている（会社計算規則59条1項）。⇨計算書類

(白井義雄)

ざいむしょひょうかんさ【財務諸表監査】financial statements audit

公認会計士監査と同義語である。具体的に，財務諸表監査とは，企業が公表する財務諸表が一般に公正妥当と認められる企業会計の基準に準拠して，企業の財政状態，経営成績およびキャッシュ・フローの状況を適正に表示しているか否かについて，公認会計士が職業的専門家の立場から意見を表明し，公表財務諸表の社会的信頼性を高めるために実施される監査である。財務諸表監査は，次のような特徴を有している。(1)財務諸表監査を担当する公認会計士は，経営者や財務諸表の利用者から独立性を有していること，(2)財務諸表に重大な虚偽表示がないという合理的保証を入手するために実施されること，(3)監査基準に基づいて監査が進められ，試査が前提になっていること，(4)監査意見は財務諸表の構成項目ごとではなく，財務諸表全体に対して表明されること，(5)多様な財務諸表利用者を念頭において監査意見が公表されること。

(盛田良久)

ざいむしょひょうふぞくめいさいひょう【財務諸表附属明細表】
⇨附属明細表

ざいむしょひょうぶんせき【財務諸表分析】analysis of financial statements

財務諸表分析とは，貸借対照表，損益計算書など財務諸表をもとに企業の財務内容を判断する手法をいう。分析は，企業内部で将来計画策定の基礎データ取得を目的に行うものと，銀行等外部者が外部から実施する信用分析や証券アナリストの行う投資分析などがある。分析手法は種々あり，いずれも単独では有効ではなく，総合的に組み合わせて判断する。すなわち財務数値そのままを利用した実数分析，たとえば資金状況の分析を行う資金移動表分析や損益計算書をもとにした損益分岐点分析等と，数値を加工して経営資本の回転率や資本利益率，あるいは売上高利益率や固定長期適合率等を分析する比率分析に分かれる。さらに経営効率性等の判断という点から，収益性分析（売上高経常利益率等），安全性分析（自己資本比率等），成長性分析（時系列趨勢比較等）に分類できる。連結財務諸表を公表している企業は連結財務情報も分析対象としなければならない。

(川端保至)

ざいむせいげんじょうこう【財務制限条項】financial covenant

金融機関が融資をする際に，貸倒れとなるリスクを回避するため債務者に対して課す条件の一つであり，利益維持条項や純資産維持条項等がある。格付維持条項，報告情報提供義務条項，資産譲渡制限条項等とともにコベナンツともいわれる。たとえば，「経常利益の黒字維持」という利益維持条項のもとで融資を受けている債務者は，その条件を維持できなくなった場合，金

融機関に対して即座に借入金の全額を返済しなければならない。　（和田博志）

さいむへんさいのうりょく【債務返済能力】

債務弁済能力ともいわれ，債務者が一定期日までに支払わなければならない買掛金，支払手形，借入金などの負債を返済できる能力をいう。もともと，静的貸借対照表論では，債務返済能力を重視していた。債務返済能力を判定する役割を果たす計算書としては，貸借対照表があるが，キャッシュ・フロー計算書もまた，これを果たす役割をもっている。債務を返済できるかどうかを判定するための分析を安全性分析という。　（興津裕康）

ざいむりすく【財務リスク】

financial risk

企業の資金調達活動において負債依存度が高まることにより債務返済や新たな資金調達に困難が生じるリスクをいう。負債は金利の発生を伴うため，過度な負債の増加は利益を圧迫する要因となる。結果として利害関係者の行動に変化が生じ，企業価値の低下や倒産を招く可能性がある。　（齋藤雅子）

ざいむりゅうどうせい【財務流動性】

financial solvency

資産や負債項目を財務的に分類する際に，資産が現金化される速さまたは負債の返済時期の速さの程度を流動性という。現金を持っていれば，必要なときに他の資産に容易に交換できるが，このような性質は，水が流れるように流動的であることから流動性といわれている。財務流動性は企業の支払能力や資金繰りの状況を判断するための項目であり，企業の安全性を示すものである。流動性を示す指標として流動比率や当座比率などがある。⇨当座比率，流動比率　（西口清治）

ざいむればれっじ【財務レバレッジ】

たんにレバレッジともいう。負債を利用することにより，これをてこ（leverage）に利益をかさ上げすることを「レバレッジ効果」，ないし「てこの効果」という。いわば借金を活用して利益を増やす手法である。仮に，企業利潤率10％，（負債）利子率7％とすると，負債を利用することによりその差額3％が企業の手許に残り，通常，これが株主に帰属することになる。だから，企業利潤率が利子率より高ければ，負債を利用した方が自己資本利益率を高めることができる。これを式で表すと次のようになる。

$$\frac{自己資本}{利益率} = \left\{\frac{企業}{利潤率} + \frac{他人}{資本} \div \frac{自己}{資本} \times \left(\frac{企業}{利潤率} - 利子率\right)\right\} \times (1-税率)$$

それゆえ，企業利潤率＞利子率のとき，負債の増大は自己資本利益率の増大となるが，企業利潤率＜利子率のとき，負債の増大は自己資本利益率の低下となる。いわゆる逆レバレッジ効果である。　（松村勝弘）

ざいりょうひ【材料費】

製品などの生産のために消費される物品の価値を，会計とりわけ工業簿記の費目として表示したものをいう。わが国の「原価計算基準」では原価の形態別に，素材費（または原料費），買入部品費，燃料費，工場消耗品費，消耗工具器具備品費に5分類される。このうち素材費は機能的に最も重要な費目であり，主要材料費ともよばれる。また製品の生産において直接的に認識されるかどうかによって，直接材料費と間接材料費に分類される。⇨製造勘定，製造間接費　（山本昌弘）

ざいりょうもとちょう【材料元帳】

材料元帳(材料受払カードともよばれている)は,材料に関する補助元帳で,材料の種類別・規格別に口座を設け,材料の受払いおよび残高を記帳する帳簿である。すなわち,総勘定元帳の材料勘定(統括勘定)の内訳明細を示すものである。帳簿の形式は,商品有高帳に類似し,受入・払出・残高の3欄にはそれぞれ数量・単価・金額が記入される。継続記録法を採用する場合(おもに素材や買入部品)には,この帳簿が不可欠となる。　　　(森本和義)

さがくほじゅうほう【差額補充法】

差額補充法は,差額計上法ともいわれ,引当金を設定する際の処理方法の一つである。貸倒引当金を例にとれば決算期ごとに,債権残高(売掛金,受取手形等)について貸倒額を見積もって貸倒引当金を設定する際に,前期に設定した貸倒引当金について残高がある場合の処理には,差額補充法と洗替法の二つの方法がある。差額補充法は,前期末の貸倒引当金の残高が,当期に設定する貸倒引当金の額より少ないときは,不足額を貸倒引当金勘定の貸方に記入するとともに,貸倒引当金繰入勘定の借方に記入する。反対に,前期末の貸倒引当金の残高が当期に設定する貸倒引当金の額を超えるときは,超過額を貸倒引当金勘定の借方に記入するとともに,貸倒引当金戻入勘定の貸方に記入する方法である。⇨貸倒引当金,洗替法　　　(堀内伸浩)

さきいれさきだしほう【先入先出法】
first in, first out method, FIFO

買入順法ともいわれるこの方法は,最も古く取得されたものから順次払出しが行われ,期末棚卸品は最も新しく取得されたものからなるものと仮定して,棚卸資産原価の配分を行うものである。そして,先入先出法ではそれを物品の払出しごとに適用する場合にも,1か月を単位として,または一会計期間を単位として適用する場合にも,原価配分の結果は等しくなる。なお,棚卸資産は多くの場合その取得の順序に従って払い出されることから,先入先出法はほぼ実際の物の流れに即して原価配分を行う方法であるといえる。⇨後入先出法,移動平均法　　(高須教夫)

さきものとりひき【先物取引】
futures contract, futures transaction, dealing in futures

商品,金融商品,外国通貨などの取引対象を将来の一定日において,一定の約定価格や数量条件で売買する契約であり,証券取引所などの取引所において行われるものである。取引対象の価格を前もって契約し,価格が契約当事者にとって有利不利どちらに動いたとしても,将来この約定価格をもって決済が行われる。先物取引の主な利用法には,リスク・ヘッジ目的,裁定目的,投機目的の三つがある。従来,先物取引に係る会計処理は,これらの取引により生じる正味の債権及び債務を契約決済日まで原価のまま据え置く「決済基準」が取引慣行であったが,「金融商品に関する会計基準」では,これらの取引により生じる正味の債権および債務は,時価をもって貸借対照表価額とし,評価差額は,原則として,当期の損益として処理する「値洗基準」が採用された(25項)。また,ヘッジ会計の適用要件を充たすものについては,ヘッジ会計が適用される。
　　　(木下貴博)

さきわたしとりひき【先渡取引】
foward

先物取引と同様の仕組みの取引であるが,特定の当事者との,商品,金融

商品，外国通貨などの取引対象を将来の一定日において，約定価格で売買する契約であり，取引所を介さず，取引当事者間の相対取引として店頭で行われるものである。先渡取引は，先物取引に比して契約内容を自由に取り決めることが可能であり，当事者間の合意によりさまざまなものを取引対象にできるが，取引相手を見つけるのが難しい場合もある。また，先物取引においては差金決済が可能であるのに対し，先渡取引は現物決済が原則となる。

(木下貴博)

ざつえきかんじょう・ざっそんかんじょう【雑益勘定・雑損勘定】
miscellaneous income account, miscellaneous loss account

　雑益勘定および雑損勘定は，まれに発生する収益や費用項目で，その金額が少額であり，重要性に乏しいものについて，独立した勘定科目を用いないで，雑多な項目を集める場合に用いる勘定である。雑益勘定は雑収入勘定ともいい，雑損勘定は雑損失勘定ともいう。現金の手許有高と帳簿の残高との差額の原因が不明の場合に，一時的に現金勘定を増減させるとともに現金過不足勘定で処理しておいて，決算時にこの現金過不足勘定を雑益勘定または雑損勘定に振り替える処理は，その例である。

(西口清治)

ざっそんかんじょう【雑損勘定】
⇨雑益勘定・雑損勘定

ざんだか【残高】amount outstanding, balance

　勘定口座の借方合計と貸方合計との差額をいう。借方合計が貸方合計を上回るときの差額を借方残高（または借方残），その逆を貸方残高（貸方残）とよぶ。大陸式決算法によって，資産・負債・資本（純資産）勘定の各残高を残高勘定へ振替えることを示す用語でもある。さらに，資産・負債・資本（純資産）勘定の次期繰越高をたんに残高ということもある。⇨残高勘定

(松本康一郎)

ざんだかかんじょう【残高勘定】
balance account

　大陸式決算法に基づいて，資産・負債・資本（純資産）勘定について締切（次期繰越記入）を行うときの相手勘定であり，それは資産・負債・資本（純資産）勘定の残高を集合させ一覧させる集合勘定である。この勘定に基づいて貸借対照表が作成される。なお，それまでの決算手続が適切に行われていれば，残高勘定における借方合計と貸方合計は一致し，「残高勘定に残高なし」といわれる。⇨残高，大陸式決算法

(松本康一郎)

ざんだかしさんひょう【残高試算表】

　試算表は，仕訳帳の仕訳を総勘定元帳に転記した場合に，それが正確になされたかどうかを検証するために作成される。残高試算表は，総勘定元帳の各勘定の借方残高を借方に，そして，貸方残高を貸方に集計して作成される試算表をいう。したがって，残高試算表は，その借方合計金額と貸方合計金額の一致により転記の正確性を検証するのであるが，合計試算表のように，仕訳帳合計金額との照合ができないために，二重転記や転記漏れなどの誤謬は発見できない。しかし，それは精算表を通じて，財務諸表の作成基礎として役立っている。⇨合計試算表

(孔　炳龍)

さんぶんぽう【三分法】

　三分割法ともいう。商品売買取引を処理する方法の一つで，商品の取得・販売を費用の発生・収益の発生として処理する方法である。すなわち商品を取得するとその取得原価を費用勘定である「仕入」勘定の借方に記入し，商品を販売するとその販売価額を収益勘定である「売上」勘定の貸方に記入する。そして期末に商品が残っている場合は，その価額を仕入勘定から繰越商品勘定（資産）へ振り替えて，その勘定のうえで次期に繰り越す。期首に前期から繰り越された商品がある場合は，期末に繰越商品勘定（資産）から仕入勘定へ振り替える。商品売買取引を処理する方法には，ほかに分記法・総記法があるが，それらは商品の取得・販売を商品（資産）の増減として処理する点で三分法と区別される。⇨商品勘定

(岡下　敏)

ざんよもちぶんせいきゅうけん【残余持分請求権】residual equity claim

　企業の資産は，債権者と株主の持分からなるとする考え方であり，さらに債権者として短期債権者と長期債権者が，また株主として優先株主と普通株主が前提とされている。その際，企業の純資産から債権者持分と優先株主持分を控除した普通株主持分が残余持分である。つまり残余持分とは，企業の純資産における普通株主の持分であり，残余持分請求権とは，資産から債権者持分（および優先株主持分）を控除した残余持分に対する普通株主の請求権をいう。残余持分請求権は，ストーバス（Staubus, G.J.）の残余持分説による残余持分を中心にした会計の考え方から説明される。それに対して，法律上は，残余財産分配請求権ともいわれ，会社あるいは組合の清算，解散に際して，社員あるいは組合員が残余財産の分配を請求する権利をいう。⇨持分

(森　美智代)

し

しいれかんじょう【仕入勘定】

商品売買取引を商品勘定のみで処理すると商品勘定は混合勘定になるので，勘定の純粋性を維持するために商品勘定を3分割した場合，繰越商品勘定および売上勘定とともに仕入勘定が用いられる。仕入勘定の借方には当期仕入高が，貸方には仕入戻し高および仕入値引・割戻し高が記入され，残高は当期純仕入高を示す。決算整理仕訳によって，期首商品棚卸高が借方に，期末商品棚卸高が貸方に記入されて，仕入勘定で売上原価が算定される。⇨三分法 　　　　　　　　　　（森本三義）

しいれさきもとちょう【仕入先元帳】

買掛金元帳ともいう。得意先元帳とともに人名勘定口座を開設したものであり，仕入先ごとの買掛金勘定の内訳明細を記録するための補助元帳である。総勘定元帳の買掛金勘定の借方合計および貸方合計は，補助元帳としての仕入先元帳の借方合計および貸方合計の総計と一致する。したがって，買掛金勘定は仕入先元帳の人名勘定を統制する勘定となり，このような役割を果たしている勘定を統制勘定（統括勘定）という。⇨買掛金，買掛金元帳，買掛金元帳の機能 　　　　（高原利栄子）

しいれしょがかり【仕入諸掛】

商品の購入にあたって付随的に発生する諸費用が仕入諸掛であり，付随費用ないし副費といわれている。付随費用は外部付随費用（外部副費）と内部付随費用（内部副費）からなり，外部付随費用としては引取運賃，荷役費，運送保険料，購入手数料，関税等があり，内部付随費用としては買入事務費，検収費，選別費，移管費，保管費等がある。付随費用は，原則として購入代価に加算され，商品の取得原価が求められる。付随費用の原価算入法として取得原価に直接算入する方法と付随費用を別勘定で処理し，期末に原価算入を行う方法があり，この別勘定として仕入諸掛勘定が用いられる。別個の勘定として仕入諸掛勘定を用いる理由は，費用管理を行うために，各期の付随費用総額を把握し，費用発生の趨勢を知ることができるためである。⇨取得原価 　　　　　　　　　　（森本三義）

しいれちょう【仕入帳】

bought day book

商品の仕入や原材料の購入取引に関してその内訳明細を記入するための補助簿で，取引発生順に仕入先，商品名，数量単価，金額，支払方法などを記入する。仕入帳の記録は，総勘定元帳の仕入勘定と必ず一致する。記帳事務を合理化するために仕入帳を特殊仕訳帳として用いる場合には，仕入帳を多桁化して相手勘定として買掛金，当座預金，支払手形などの特別欄を設定し，総勘定元帳の各勘定科目に合計転記することになる。⇨仕入値引，仕入勘定，特殊仕訳帳制 　　　（高原利栄子）

しいれねびき【仕入値引】
purchase allowance

仕入品の品質不良，数量不足や破損などの不備があった場合，仕入先にその旨のクレームを申し伝え，その結果事後的に認められた仕入価額の減額を指す。三分法により商品取引を記録している場合，この仕入値引は仕入勘定の貸方に記入される。これにより同勘定の借方にある仕入価額を修正することとなる。これと同時に仕入帳と商品有高帳においても修正が必要である。さらに，値引が頻繁に起こる場合には仕入値引勘定を別に設けることもある。
⇨三分法，仕入帳，商品有高帳

(中嶌道靖)

しいれわりびき【仕入割引】
purchase discount, cash discount

掛で仕入れた後，掛代金をある一定期間以内に支払った場合，掛代金の一部が減免されることを指す。一般的に減免される額は，掛代金全体の何％というように設定される。たとえば，10日以内ならば3％引きとなり，それ以降は送り状価額そのままを支払うこととなる。なお，仕入割引は「財務収益」とみなされ，営業外収益として取り扱う。

(中嶌道靖)

じか【時価】market value, market price

時価は，資産に関する測定属性のひとつである。時価は大別して，売却時価と購入時価に分かれる。売却時価は処分価値を意味し，通常，現在市場価値（売却時に入手しうる現金または現金同等物の額）あるいは正味実現可能価額（決算時の売価からアフター・コストを差し引いた価額）を用いる。これは，売却と結びついたアウトプット価値である。他方，購入時価は再調達原価を意味し，同一または同等の資産を現在取得するならば支払わなければならない現金または現金同等物の額であり，購入と結びついたインプット価値である。その他，将来のキャッシュ・フローの割引現在価値がある。時価をベースに展開する会計を時価主義会計という。一時イギリスにおいて，現在原価会計が展開されたこともある。

わが国の会計基準においては，「時価とは公正な評価額をいい，市場において形成されている取引価格，気配又は指標その他の相場（以下「市場価格」という。）に基づく価額をいう。市場価格がない場合には合理的に算定された価額を公正な評価額とする」（「金融商品に関する会計基準」6項）とされている。⇨現在原価会計，公正な評価額

(村井秀樹)

しかかりひん【仕掛品】

原価計算日において，いまだ製造途中にある生産物であり，原価計算上は製造勘定に記録されるが，貸借対照表には資産として分類される。仕掛品と対比される概念として半製品があげられる。半製品は，仕掛品と同じように製造途中にあるが，一つまたは複数の工程を完了しているため製造工程から外され倉庫に保管され，販売可能な生産物となる。一方，仕掛品は，工程の途中にあるため保管，販売もできない点で両者は異なる。

(高橋邦丸)

じかけんせつ【自家建設】

固定資産を自家建設した場合，適正な原価計算の基準に従って製造原価を計算し，これに基づき取得原価とする。通常，自家建設資産は外部から購入する場合に比べて，利益に相当する金額だけ取得原価が低いことが期待される。なお，建設に要する借入金の利子は，会計理論上は財務費用とみなされ，その原価性が否定されることから原則

として取得原価に算入しない。しかしながら，借入金が当該建設工事だけに使用されたことが明らかで，建設工事が完成するまでの期間に関するものは，借入金の利子を建設原価に含めることが認められる。これは，自家建設資産が稼働前にはそれによる収益がないため，それを資産原価に算入することによって，将来の収益と対応させるためである。⇨取得原価 　　　　（孔　炳龍）

じかしゅぎ【時価主義】

　時価主義とは，貸借対照表作成日における時価によって貸借対照表項目を評価することをいう。原価主義と比較して時価主義のメリットは，時価を表示するため貸借対照表の財政状態をより適切にとらえることができ，価格変動による架空利益を排除するという点にある。反対に時価主義のデメリットは，測定基準に客観性がなく計算の確実性に劣る点や，未実現利益が計上される点にある。原価と時価を比較して低い方の価額を採用する低価法は，時価主義というよりも原価主義の例外と考える方が一般的である。　（村井秀樹）

じかんきじゅん【時間基準】

　製造間接費を一定単位の製品に配賦する際に，製品の製造に要した時間を基礎とする方法である。時間基準として一般的に用いられるものは，直接作業時間基準と機械運転時間基準がある。製造間接費の配賦計算方法は，まず一原価計算期間における配賦基準で製造間接費実際発生額を割ることによって配賦率を計算する。そして各製品の配賦基準額に配賦率を掛けることにより製造間接費の配賦額を計算する。⇨間接費の配賦　　　　　　（高橋邦丸）

じきくりこし【次期繰越】
balance carried forward

　資産，負債，資本（純資産）の諸勘定は残高があるから，貸借金額を一致させるように不足額を「次期繰越」と朱記した後，合計して締め切る。決算で次期に繰越された金額は，決算の翌日付で「次期繰越」と朱記した反対側に「前期繰越」と黒記される。このように，英米式決算法において資産，負債，資本（純資産）の諸勘定を仕訳によらず直接，総勘定元帳面で「次期繰越」と記入して締め切る繰越記入上の手続をいう。⇨英米式決算法　（末永英男）

じぎょうぜい【事業税】enterprise tax

　都道府県民税の一つで，その地方公共団体の区域内で事業を行う個人または法人を納税義務者として，その地方公共団体から便益を受けることに対して課される税金である。税額の算定には，個人の場合，前年度の事業所得を課税標準とし，事業の種類に応じた税率を適用する。法人の場合，電気供給事業等は各事業年度の収入金額，その他は各事業年度の所得金額を課税標準として，それぞれの税率を適用する。なお法人税法では，課税標準の計算上，事業税の損金算入が認められている。
　　　　　　　　　　　　（齋藤真哉）

じぎょうセグメント【事業セグメント】operating segment

　企業の構成単位であって，収益を稼得し費用が発生する事業活動に従事し，当該構成単位に対する資源配分や業績評価のために，その業績が最高経営意思決定機関により定期的に検討されるとともに，必要な財務情報が入手可能なものをいう。その場合，企業を構成する一部であっても本社や特定部門のように収益を稼得していない構成単位はそれに含まれない（「セグメント情報

等の開示に関する会計基準」6－7項)。
(望月信幸)

じぎょうぶせい【事業部制】

組織の大規模化, 事業の多角化あるいは顧客ニーズの多様化などに対応するため, 製品別, 地域別あるいは顧客別に自己充足的な単位である事業部を設けた組織構造をいう。職能別組織での問題点を補うべく, 1921年にデュポン社とGM社によって導入され, わが国でも1933年に松下電器で採用された。事業部制では購買, 生産, 販売などに関して意思決定権限の委譲すなわち分権化がなされるが, 一方で事業部長には事業部の利益責任が付与されるなどの特徴がある。
(高橋邦丸)

じぎょうほうこく【事業報告】
business reporting

会社法435条2項によって株式会社が作成し報告することを求められている書面であり, 計算書類では十分に表現できなかった会社の経済活動の全体に関する情報を, 定性的・定量的な表現で記述したものである。事業報告には, 株式会社の状況に関する重要な事項や, 業務の適正性を確保するための体制 (内部統制システム) の整備についての決定や決議があるときにはその内容の概要を, 公開会社の場合には会社の現況 (主要な事業内容等)・会社の役員に関する事項・株式や新株予約権等に関する事項を記載しなければならない (会社法施行規則118－126条)。監査役設置会社においては, 事業報告は, 計算書類および附属明細書とともに, 監査役の監査を受けなければならず (会社法436条1項), さらに取締役会設置会社においては取締役会の承認を受けた後に (同436条3項), 定時株主総会の招集通知に際して株主に対し提供し

なければならない (同437条)。
(戸田統久)

じぎょうほうこくしょ【事業報告書】
business report

会社法では事業報告を行う旨が記載されている。旧商法では計算書類のひとつとして営業報告書が存在したが, それに代わって会社法では事業報告という書類の作成が規定された。会社法施行規則では, 株式会社が当該事業年度の末日において公開会社である場合の事業報告の内容を次のように規定している。株式会社の現況に関する事項, 株式会社の会社役員に関する事項, 株式会社の株式に関する事項, 株式会社の新株予約権等に関する事項である (会社法施行規則第119条)。また, 非営利組織の一つである特定非営利活動法人でも, 特定非営利活動促進法においてその作成が規定されている。ここでの内容は, 事業の成果, 事業の実施に関する事項 (特定非営利活動に係る事業, その他の事業) である。
(兵頭和花子)

しきりせいさんしょ【仕切精算書】

売上計算書ともいう。商品の販売ごとに, その売上先, 売上日, 売上高, 数量, 単価, 値引額または割引額, さらに現金売りか掛売りか等を記載する計算書であり, 売上を記録するときの資料となる。商品販売を受託したときは, 販売後に委託者に対して仕切精算書を送付するが, その際の仕切精算書にはさらに, 自己が支払った立替額と受け取るべき販売手数料を差引き表示し, 差引送金額までを明らかにする。
⇨売上計算書
(岡下　敏)

しきんがいねん【資金概念】
cash flow concept

「連結キャッシュ・フロー計算書等の作成基準」によれば, キャッシュ・

フロー計算書が対象とする資金の範囲は，現金および現金同等物とされている。現金とは，手許現金および要求払預金をいう。要求払預金には，たとえば，当座預金，普通預金，通知預金が含まれる。また，現金同等物とは，容易に換金可能であり，かつ，価値の変動について僅少なリスクしか負わない短期投資を指す。具体的には，取得日から満期日または償還日までの期間が3か月以内の短期投資である定期預金，譲渡性預金，コマーシャル・ペーパー，売戻し条件付先，公社債投資信託などが，現金同等物を構成する。⇨財政状態変動表，キャッシュ・フロー計算書

(浦崎直浩)

しきんけいさんしょ【資金計算書】
⇨財政状態変動表，キャッシュ・フロー計算書

しきんちょうたつこすと【資金調達コスト】cost of finance
財務費用ともいわれ，企業が資金を調達する場合に負担しなければならない費用を意味する。資金には，利益や減価償却費等，企業内で発生する資金である内部資金と，企業外から調達する外部資金がある。外部資金の調達にかかる費用としては，株式や社債の発行等で生じる株式交付費や社債発行費，金融機関からの借入で生じる借入金に対する利子と借入契約の締結に必要な費用などがある。　　　　(桑原正行)

しきんどうたいろん【資金動態論】
企業会計現象を資金の流れとしてとらえようとする学説である。動態論は損益計算を中心目的として企業会計現象をみる。このときシュマーレンバッハに代表されるように，貸借対照表を，収支計算と損益計算の間の未解決項目つまり借方に支出・未費用，支出・未収入，収益・未収入それに支払手段，貸方に収入・未支出，収入・未収益，費用・未支出それに利益を収容し，将来の損益計算に役立つ表，つまり期間利益を計算している損益計算書に従属する表と解釈する。これに対して，貸借対照表を損益計算書とともに重要な表と位置づけ，損益計算を目的としている企業会計をより総合的に解釈しようとするのが資金動態論である。具体的には，貸借対照表は，貸方に資金の調達源泉，借方にその運用を計上し，損益計算書は，回収された資金を収益，それを得るために投資し消滅した資金を費用として計上しているとみる。貸借対照表の貸方の収入・未支出と収入・未収益は収入つまり資金の調達源泉と容易に解釈でき，利益も同様に解釈できる。また，費用・未支出もまだ支出していないので資金を拘束しており資金の調達源泉と解釈できる。一方，借方の支出・未費用と支出・未収入は支出つまり資金の運用と解釈でき，支払手段も資金が支払手段として運用されていると解釈できる。収益・未収入は未収入つまり貨幣同等物であり支払手段とみることができる。このように，この見解は動態論の主張を前提にしたうえで，それを資金の流れの見地から解釈しなおそうとするものである。⇨費用動態論　　　　(新田忠誓)

じけいれつぶんせき【時系列分析】
time series analysis

一般的には，時間の流れに沿って観測されたデータである時系列データを分析する手法であり，計量経済学をはじめとして多くの分野で行われている。財務諸表分析においては，分析の対象となる企業の財務数値について，当期と過年度のデータを比較する手法を指す。分析対象企業の数期間に渡る時系列分析は，特に株式等に対する投資意

思決定において役立つことが多いとされる。なお，同一時点における複数企業の財務数値に関する比較分析をクロス・セクション分析と呼ぶ。

（木下貴博）

しけんけんきゅうひ【試験研究費】
experimental research expense

旧商法286条ノ3に規定されていた試験研究費（新製品または新技術発見のための試験研究のために支出した特別の費用等）は，平成18年施行の会社法および会社計算規則から，その明文の規定が削除された。「研究開発費等に係る会計基準」によれば，研究とは新しい知識の発見を目的とした計画的な調査および探求をいい，開発とは新しい製品・サービス・生産方法についての計画もしくは設計または既存の製品等を著しく改良するための計画もしくは設計として研究の成果その他の知識を具体化することをいうものとし，研究開発費は，すべて発生時に費用として処理しなければならないとする。

（朱　愷雯）

じこかぶしき【自己株式】
treasury stock

会社が発行した株式を何らかの目的をもって，その会社自体が，再び取得し，社内に保有している株式をいう。自己株式の取得は，一部の例外を除いて，原則として禁止されていたが，平成13年に商法が改正されてからは，自己株式の取得に関して，株主総会の決議を経て，一定の条件のもと，その取得，保有が可能となった（会社法156条，461条）

また，自己株式の本質については，理論上，資本からの控除とみる説（資本控除説あるいは資本減少説）と資産の勘定とみる説（資産説）があるが，会社計算規則（76条2項）も「自己株式及び準備金の額の減少等に関する会計基準」（7項）も，貸借対照表の純資産の部の株主資本からの控除項目としている（資本控除説）。　　（佐藤　渉）

じこきんゆう【自己金融】
self-financing

自己金融とは，経営活動による成果（利益）を企業内部に留保して後続する期間で活用する，留保利益による資本調達様式であるが，この留保利益と非資金項目，たとえば，減価償却費や年金などの引当金を合計した内部資金による資本調達様式である内部金融と同義であるとされることもある。なお，自己金融による資金は，利子負担や返済の必要がない，企業への干渉を伴わない，最も安定した資金といわれるが，出資者にとっての機会原価を無視して，運用される危険とともに，秘密積立金や過大な引当金の設定による（秘密）自己金融が決算書からは把握できないという事実が指摘されている。

（牧浦健二）

じこしほん【自己資本】net worth, own capital, stockholders' equity

他人資本（負債）に対する用語として自己資本が使用される。株主に属する資本ということから株主資本，あるいは持分資本ともいわれる。株主の出資した資本金と剰余金からなっており，その剰余金はさらに，それを生み出した取引が，拠出資本そのものの増減をもたらす資本取引による場合には資本剰余金，資本主から区別された企業活動における拠出資本の運用である損益取引による場合には利益剰余金と，その発生源泉別に分類される。財務会計上では，資本金と資本剰余金は資本（拠出資本，払込資本），利益剰余金は利益（留保利益）とされる。⇒資本金

（吉田忠彦）

じこしほんのひょうじ【自己資本の表示】

自己資本は株主の持分を表し、株主資本ということもある。自己資本は利用目的によって定義が異なる。通常、自己資本は連結財務諸表の「純資産の部」の純資産合計である。自己資本当期純利益率の計算に利用される自己資本の定義は、連結財務諸表の「純資産合計」から新株予約権と非支配株主持分を控除した額である。金融機関の自己資本比率規制に関しては、規制当局がリスクを勘案して自己資本を定義している。　　　　　　　　　（薄井　彰）

じこしほんひりつ【自己資本比率】
equity ratio

総資本に占める自己資本の割合を示す比率であり、自己資本を総資本で除して求められる。自己資本構成比率ともいう。自己資本比率は、財務の安全性を示す指標でもある。比率は高いほどよいとされるが、財務レバレッジ効果を鑑みた場合には、低い比率を示すこともありうる。　　　　（吉田康久）

じこしほんりえきりつ【自己資本利益率】profit rate of net worth, return on equity, return on owner's equity

自己資本に占める純利益の割合を示す比率である。また株主等の立場から、株主持分利益率あるいは株主資本利益率、企業家収益率ともいう。自己資本利益率は、売上高純利益率（純利益÷売上高）、総資本回転率（売上高÷総資本）、レバレッジ（総資本÷自己資本）との乗算として分離把握され、広く分析に用いられる。自己資本利益率は、自己資本に帰属するとされる純利益との相対的比率であるため、自己資本利益率の高低と、絶対的数値としての利益額とが単純に比例しない。資本コストとの関係において、他人資本に強く依存するような場合、自己資本の構成比率が他人資本に比して縮小される。自己資本利益率は大きい方がよいとされるが、それが財務構成の偏りによる自己資本の過小評価の結果もたらされる場合には、かえって財務体質に危険性を導くことになる。純利益の獲得が維持あるいは拡大し続けるようであれば、自己資本利益率は維持あるいは上昇していくと判断されるが、純利益の獲得が減少していくならば、レバレッジ（てこ）の作用によって自己資本利益率が低下し、ひいては財務流動性を硬直化させてしまう。⇨財務レバレッジ，財務流動性　　　（吉田康久）

しさ【試査】test, testing

試査とは、監査資料のなかの一部分を取り出して検査し、その結果をもって全体の正否を推定する監査技術を指し、監査資料の全部を対象とする精査に対応する概念である。試査には経験的試査と統計的試査がある。これら試査が意義を有するためには抽出部分（標本）が非抽出部分を含む全体（母集団）を代表していなければならない。したがって、試査の範囲の決定が重要になる。わが国の「監査基準」はその実施基準において企業の内部統制の状況を把握して統制リスクを評価し、財務諸表項目の固有リスクも勘案したうえで、実施すべき監査手続、実施の時期および範囲を決定することを求めている。そして、実施基準の基本原則には「監査人は…原則として、試査に基づき」監査手続を実施すると定めており、近代的財務諸表監査は内部統制が整備されていることを前提とした試査を基本としている。⇨精密監査
　　　　　　　　　（柴　理梨亜）

しさん【資産（FASB）】asset

FASBの財務会計諸概念書第6号「財務諸表の構成要素」(1985年)は，資産を，「過去の諸取引もしくは諸事象の結果として特定の企業によって取得されているか，あるいは支配されている発生の可能性の高い将来の経済的便益 (economic benefits)」と定義している。この定義によると，資産は次の三つの特性をもっている。(1)将来の経済的便益（単独または他の資産との組合わせによって，将来における純キャッシュ・インフローに直接的または間接的に貢献する能力）であること，(2)特定の企業が，その便益を取得しているか，またはその便益に対する他人の権利を支配することができること，および(3)経済的便益をもたらす取引もしくはその他の事象がすでに生起していること，である。このような資産の定義は，IASCの「財務諸表の作成表示に関する枠組み」(1989年)にもみられる。⇨資産（初学者のための定義） (杉山 学)

しさん【資産（初学者のための定義）】asset

資産概念は会計の目的観によって規定される。会計の目的を財産計算に求める静態論においては，資産は，「企業が所有する金銭，ならびに換金可能性をもった財産および権利」と定義される。したがって，換金可能性のない繰延資産は資産に含まれない。会計の目的を損益計算に求め，貸借対照表を損益計算の手段として位置づける動態論においては，資産は，「収入・支出計算と費用・収益計算の期間的不一致を調整するために貸借対照表の借方に計上される項目」と定義される。具体的には，(1)支出・未費用（棚卸資産，有形固定資産，無形固定資産，繰延資産など），(2)収益・未収入（売掛金など），(3)支出・未収入（貸付金など）である。

この場合，資産は二元的に，費用性資産（上述の(1)）と貨幣性資産（上述の(2)と(3)）に区分されるが，現金そのものを説明できない。そこで資産に現金を含めて一元的に解釈すると，資産は，「将来の企業活動に対する用役可能性（サービス・ポテンシャルズ）を期待できる経済的資源」と定義される。現金は企業活動に必要なものを調達する手段として間接的な用役可能性を有することになる。さらに，経済的資源に代えて，「経済的便益」を用いることによってリース・土地信託などが資産に含められることとなった。資産は，(1)流動資産，(2)固定資産（営業循環基準と一年基準による分類），(3)繰延資産に区分される。⇨資産（FASB） (杉山 学)

しさんこうせいひりつ【資産構成比率】

percentage of each asset to total assets

貸借対照表の資産合計額（総資産）に対する流動資産，固定資産，繰延資産の各項目の比率を示したものである。これらの資産構成比率のうち，最も基本的かつ重要な比率は，短期的投資と長期的投資に対する運用状況の割合を示す流動資産比率（流動資産÷総資産×100％）と固定資産比率（固定資産÷総資産×100％）である。なお，企業の総資産に占める繰延資産の金額が相対的に大きい場合には，繰延資産比率（繰延資産÷総資産×100％）が算定されることもある。さらに，流動資産比率は，現金預金などの当座性資産の構成比率を示す当座資産比率（当座資産÷総資産×100％）や在庫投資の割合を示す棚卸資産比率（棚卸資産÷総資産×100％）などに，固定資産比率については，設備投資の割合を示す有形固定資産比率（有形固定資産÷総資産×100％），ソフトウェアなどの無形固定資産の割合を示す無形固定資産比率（無形固定資

産÷総資産×100％）や社外投資の割合を示す投資その他の資産比率（投資その他の資産÷総資産×100％）などに細分化される。一般に資産構成比率は，財務的安全性などを検討する上で，資本構成比率とともに重要な判断指標となる。 （小関　勇）

しさんじょきょさいむ【資産除去債務】 asset retirement obligation

資産除去債務とは，有形固定資産の取得，建設，開発または使用によって生じ，当該資産の除去に関して，法令または契約で要求される法律上の義務およびそれに準じるものいう。ここで除去とは，売却，廃棄，リサイクルその他の方法による処分が該当し，転用や用途変更は含まれない。例えば，原子力発電設備の解体義務や鉱山の土地，定期借地に建てた固定資産の原状回復義務などがそれに該当する。

わが国においては，企業会計基準委員会が2008年3月に企業会計基準第18号「資産除去債務に関する会計基準」を公表し，同基準は2011年3月期から適用された。同基準が適用されるまで原子力発電施設に対して解体引当金を計上するなどの特定事例を除いて，会計処理は行われていなかった。

（角　裕太）

しさんひょう【試算表】 trial balance

仕訳のデータが総勘定元帳へ正しく勘定記入されているかを検証するための表を試算表という。貸借平均の原理によって仕訳帳から元帳へ転記される勘定金額は，貸借一致することを利用して，仕訳の誤りや転記漏れがないかを確認することができる。ただし仕訳自体の誤りや貸借逆転の転記などの誤りは発見することはできない。試算表はまた財務諸表を作成するうえで基礎となるデータを提供するものである。試算表はその形式からみて合計試算表，残高試算表，合計残高試算表の三つのタイプがある。さらに作成のタイミングからみて日計表，週計表，月計表，決算整理前試算表，決算整理後試算表，繰越試算表などがある。⇨合計試算表，残高試算表 （松井泰則）

しさんひょうとうしき【試算表等式】

元帳記入の正確さを検証する目的で作成される試算表には，各勘定口座の借方合計と貸方合計を集めて作成される合計試算表，元帳の各勘定口座の残高を集めて作成される残高試算表，それらを結合させた合計残高試算表がある。これらの試算表では各勘定科目が，勘定科目別に配列して一覧表示されることになる。各試算表の借方には資産，費用，貸方には負債，純資産（資本），収益が記入される。いずれの試算表においても，借方合計と貸方合計の金額は必ず等しくなることから，次のような等式が成立する。「資産＋費用＝負債＋純資産（資本）＋収益」。これを試算表等式とよぶ。 （杉田武志）

しさんふさいほう【資産負債法】

税効果会計の処理方法の一つであり，財務報告上の税引前利益に対して実際に支払われる額を，法人税等の額として把握しようとする考え方に基づく。したがって税効果の額は，基本的に一時差異が解消する期間に施行されると予測される税率により計算される。すなわち，資産負債法による税効果の額は，一時差異の解消期間における税金支払いへの影響額を意味する。実務上は，将来の税率を予測することは困難であり，また現行の税率が継続すると予測することが合理的である場合が多い。そこで後の期間に税率の変更などによって，予測された税率が実際に施行される税率と異なる場合や新たな

税金が課される場合には，過年度において記録された繰延税金資産または繰延税金負債の額を修正する必要がある。税効果会計の処理方法として，この方法が国際的に支配的であり，わが国においても，この方法が採用されている。
⇨繰延法
（齋藤真哉）

ししゅつきじゅん【支出基準】
expenditure basis

　費用の認識は，計算原則としての「発生原則」に基づいて行われる。発生原則の適用形態として，配分法，見積法，支出基準がとられている。そのうちの支出基準は，営業費等の費用化の場合に，支出が即費用化される確定事象に適用される基準である。⇨配分法，見積法
（興津裕康）

しすてむかんさ【システム監査】
systems auditing, EDP auditing

　システム監査とは，トップ・マネジメントのために任意に実施される内部監査であり，監査対象から独立したシステム監査人が客観的な立場で，コンピュータを中心とする情報処理システムを総合的に点検・評価し，関係者に助言・勧告することをいう。システム監査は，情報システムの信頼性・安全性・効率性を高めることを目的として情報システムの企画，開発および運用に関する全業務を対象として実施される。また，財務諸表監査にあたってはシステム監査と連携をとる必要がある。すなわち，情報システムの内部統制とデータ処理の有効性・妥当性を検証することによってはじめて財務諸表の信頼性に関する意見表明が可能となる。会計監査の前提としてのシステム監査の重要性がここに認められる。
（浦崎直浩）

じぜんつみたてほうしき【事前積立方式】

　年金給付のための資金の調達方法の一つであり，年金給付に必要な資金は，年金制度加入期間中の掛金をあらかじめ積み立てることにより事前に確保し，退職後に積立資産を取り崩すことにより賄う方式である。資金は自分たちであらかじめ積み立てておくために，次の世代に負担を求めることなく，同一世代内で完結する資金調達方法である。事前に積み立てているため，将来の急激なインフレには対応できないという問題点が指摘されている。（神谷健司）

じぞくかのうせい【持続可能性】

　社会・環境・経済の三つの側面の調和のとれた発展を目指すもので，これら三つの側面は「トリプルボトムライン（三重の利益）」として概念化される。これは，1984年に国連の「環境と開発に関する委員会（通称：ブルントラント委員会）」において提示された「持続可能な発展」の概念をビジネスの世界に適用したものである。この持続可能性という概念は，企業の社会的責任（corporate social responsibility）や企業倫理（corporate ethics）といった概念と同じ文脈で議論されることも多い。
（川原紘宗）

じちたいかんさ【自治体監査】

　地方自治体の監査には，監査委員監査と外部監査という二つの制度が存在する。監査委員は識見委員と議選委員により構成され，都道府県においては1人以上の常勤の識見委員を置かなければならない。監査委員の職務は，財務に関する事務の執行および経営に係わる事業の管理を監査する財務監査と，普通地方公共団体の事務，当該公共団体の長の権限に属する事務，各委員会および委員の権限に属する事務等の執

行を監査する行政監査があり，定期的に行われる定期監査と，監査委員が必要と認めたときの随時監査，大臣や議会等によって要求されたときに行われる要求監査等に分類される。外部監査は包括外部監査契約または個別外部監査契約によって，弁護士や公認会計士等の有資格者による監査である。包括外部監査は監査人が特定事項を選出して監査を行うのに対して，個別外部監査は要求された事項の監査を行うものである。　　　　　　　　（瓦田太賀四）

じつげんげんそく【実現原則】
realization principle

今日の期間損益計算においては，費用・収益は発生主義に基づいて計上されるけれども，収益の計上を確実なものに限定するために，未実現収益を当期の損益計算から排除する。収益について未実現の要素を排除しようとする計算原則が実現原則である。実現とは，原則として販売過程を通じて現金または現金同等物（手形，売掛債権等）といった流動性に富む資産を受領（対価の成立）することを意味する。⇨販売基準　　　　　　　　　（長尾則久）

じっこうぜいりつ【実効税率】
effective tax rate

所得に対する実質的な税負担の割合をいう。たとえば法人課税の場合，法人所得に対しては法人税（国税）・（法人）住民税（地方税）・（法人）事業税（地方税）が課される。わが国では，住民税は法人税を課税標準とし，事業税は損金算入が認められているため実行税率は

$$実行税率 = \frac{法人税率 \times \left(1 + \frac{住民税率}{}\right) + 事業税率}{1 + 事業税率}$$

により求められる（「個別財務諸表における税効果会計に関する実務指針」37項）。
　　　　　　　　　　　　（鈴木和哉）

じっさ【実査】

実物検査の略であり，物理的検査ともいう。現金，有価証券，棚卸資産などの現有資産について，その物理的存在（実在性）や状態を監査人自身の接触によって確かめる監査技術である。実査の実施にあたっては，他の換金性のある有価物について同時性が重要視されなければならない。　　（岸　牧人）

じっさいげんかけいさん【実際原価計算】actual cost accounting

実際原価計算とは，元来，製品の原価を実際に発生した原価に基づいて計算する原価計算である。この実際原価とは，実際価格と実際消費量を乗ずることによって算出される原価である。しかし，このような実際原価概念では，経営の異常な状況のもとで発生した原価も含まれることになり，これら異常な原価は，本来非原価項目として製品原価には含めるべきではないので，現在では，実際原価は，実際正常原価を意味する。今日，実際原価とは，予定価格ないし正常価格と正常実際消費量を乗じたものと定義することができる。この実際原価概念は，原価の正常性ならびに実務上の計算迅速性から要請されるものであり，現在では，これを基礎として計算されるシステムを実際原価計算という。これに対置される制度としての原価計算の形態には，標準原価計算がある。原価計算目的からみると，前者は，財務諸表作成目的が，後者は，原価管理，経営計画の作成などの管理目的が中心となる。

　　　　　　　　　　　　（西村慶一）

じっしつしほんいじ【実質資本維持】
real capital maintenance

「資本維持」には、期間損益計算における「維持すべき資本」の内容をどのように規定すべきか、ということにより、大きく分けて、「名目資本維持」「実質資本維持」「実体資本維持」の三つがある。このうち、「実質資本維持」は、期間損益計算で維持すべき資本を貨幣の実質的な購買力の大きさでとらえ、企業に投下された貨幣資本がその投下時点で有していた購買力と同等の購買力を維持したうえで、それを上回る額を利益とする考え方である。「購買力資本維持」ともよばれる。貨幣の実質的な価値、すなわち、購買力の大きさでとらえた貨幣資本のことを「実質資本」または「購買力資本」という。インフレーションなど、貨幣価値が低下している場合には、貨幣の購買力も低下する。その場合、企業に投下した貨幣資本の購買力も、投下時点後のある時点では低下している。このため、物価指数を用いて同じ時点（基本的には期末時点）の購買力の貨幣額に換算しなければならないことになる。実質資本維持を目的とする会計は、インフレーション会計、一般物価（水準）変動会計、修正原価主義会計などとよばれる。 (鈴木和哉)

じったいかんさ【実態監査】

監査理論を構築するには、それを構成する種々の監査基礎概念を精緻化して使用する必要がある。すでに監査研究者の多くの支持を受けている基礎概念としては、会計監査と業務監査がある。しかし、この分類方法を否定する試みがなされている。監査主題によって、監査を情報監査と実態監査に分ける試みがそれである。実態監査を主張する論者は、監査の本質を「人間の行為の誠実性を評価する」点に求め、監査理論の構築をめざそうとしている。実態監査という用語は、諸外国の文献ではみられない監査概念であり、監査役監査に対して理論的基礎を与えることが主張の背後にある意図のようである。実態監査は、不正摘発監査、会計検査院の監査などにみられる。実態監査に対比される用語が情報監査である。
⇨情報監査 (盛田良久)

じったいしほんいじ【実体資本維持】

実体資本維持は物的資本観に基づく利益計算を行うものであり、貨幣資本概念に基づく名目資本維持や購買力資本維持と対立する考え方である。実体資本維持の素朴な形態は再生産的実体資本維持である。この場合、収益に対応させられる費用は当該資産の取替原価により評価されるが、実際の取替原価は取替時まで分からないため決算日現在の取替原価で代替するほかない。このため、厳密な意味での実体維持が図られるかどうかは不明である。また、技術革新が著しい現代では同一財を再調達するのは非現実的であるため、次に当該資産と同一の給付能力をもつ資産の維持を考える給付能力実体資本維持の考え方が出てくる。しかし、生産される製品の種類が変わってくると何をもって給付能力の維持とするかが不明となってくる。ここに実体資本維持の現実的限界がある。⇨実質資本維持
(李　精)

じっちたなおろしだか【実地棚卸高】
physical inventory

期末に所定の手続に基づいて把握された棚卸資産の実際有高である。棚卸資産の期末有高を把握する方法には、帳簿棚卸と実地棚卸の二つがある。帳簿棚卸は商品有高帳への継続記録を前提に、取得原価をもとにして、個別法、先入先出法、移動平均法等の計算方法

を適用して期末の帳簿残高を計算する方法である。このようにして把握された期末残高を帳簿棚卸高という。これに対し、実地棚卸は実際に倉庫で棚卸資産の数量を数え、荷崩れや破損などの状況も合わせて調べて、時価に基づいて棚卸資産の実際の有高を評価する方法であり、この方法で把握された期末有高を実地棚卸高という。帳簿棚卸高と実地棚卸高の差額は棚卸資産の減耗損と、時価が著しく下落した場合の評価損、陳腐化評価損、低価評価損等の各種の評価損に分類される。⇨帳簿棚卸高　　　　　　　　　（瀧田輝己）

しつもん【質問】inquiry

不明または不審な点について、監査人が被監査会社の役員・業務担当者あるいは弁護士などに問い合わせて、説明あるいは回答を求めることである。これは、特別質問ともよばれる。たとえば偶発債務や保証債務の有無、債権の回収可能性、資産に対する抵当権、および係争中の事件などを確かめる場合に用いられる。質問の方法には、口頭による場合と文書による場合とがあり、重要事項には文書による回答を得ておく必要があるが、いずれにせよ、その証明力は弱く、他の監査手続によってそれを裏づける証拠を得るかあるいは他の監査手続を併用する必要がある。⇨監査技術，監査手続　（永戸正生）

じつようしんあんけん【実用新案権】
utility model right,
right of utility model

既存の物品について、その形状や構造等に新しい考案を加え、実用上の利便を増進することを実用新案といい、この実用新案を登録した物品について、それを独占的および排他的に製造ないし販売することを法的に認められた権利を実用新案権という。この実用新案権は創造的工夫でない点で特許権と区別され、美術的考案でない点で意匠権と区別される。実用新案権は、特許権、借地権、商標権、意匠権、鉱業権、漁業権などとともに無形固定資産に属する。⇨無形固定資産　　　（上野清貴）

していきふきん【指定寄附金】

公益法人等に対する寄附金で、①広く一般に募集されること、②教育振興や社会福祉への貢献等公益の増進に寄与するための支出で緊急を要するものに充てられることが確実であること、の2要件を満たすものについて財務大臣が指定したものをいう。法人が指定寄附金を支出した場合、寄附金の損金算入限度額の枠外で全額損金算入される。なお、個人が支出した場合には、所得税法上の特定寄附金として所得控除の対象となる。　　　（古田美保）

してんかんじょう【支店勘定】
⇨本店勘定・支店勘定

してんどくりつかいけい【支店独立会計】

支店ごとの経営成績および財政状態を明らかにするために、本店とは別に支店独自の帳簿組織を設ける制度をいう。したがって、本支店間取引および支店間取引は、いったん外部取引と同様に記帳される。これに伴って、支店には本店勘定や本店仕入勘定、本店には支店勘定や支店売上勘定のように、固有の勘定が設けられる。ただし、本店および支店は法的に一つの企業を構成するので、各期末決算時に最終的には本店において、本店および支店を合併した財務諸表が作成される。⇨本店勘定・支店勘定　　　　（松本康一郎）

しとふめいきん【使途不明金】

支出の目的，理由および相手方が明らかでない支出金を使途不明金または費途不明金とよぶ。使途不明金は一般に損金不算入とされるが，役員に対して支給されたものは役員報酬または賞与とされる。使途不明金のうち，相当の理由がなく，その相手方の氏名・名称，住所・所在地，その事由を帳簿書類に記載されていないものを使途秘匿金という。　　　　　　（鈴木一水）

しはいりょくきじゅん【支配力基準】

連結財務諸表を作成する際に連結の対象となる子会社の範囲を決定するための基準の一つである。支配力基準の「支配」とは，ある会社が他の会社の意思決定機関を支配していることをいう。従来，わが国では，連結の範囲を決定するための判断基準として議決権の所有割合（50％超）に基づく持株基準が採用されていた。しかし，国際会計基準第27号が支配力基準を採用していること等に鑑み，1997年に「連結財務諸表制度の見直しに関する意見書」が公表され，1999年から始まる会計年度より，持株基準に代わって支配力基準が採用されている。　（異島須賀子）

しはらいてがた【支払手形】

notes payable

仕入先との商取引によって生じた手形上の債務をいう。具体的には，商品仕入代金や買掛金の決済のために約束手形を振り出した場合，および自分が買掛金を負っている相手先からの求めに応じて為替手形の引受けを行った場合に，このような手形上の債務が生じる。⇨支払手形勘定　　　（若林公美）

したがって，会計上，支払手形として処理される手形債務は，仕入先との間に発生した商品や原材料の仕入により生じた営業取引に関するものであり，設備の建設，固定資産または有価証券の購入その他通常の取引以外の取引に基づいて発生した手形債務は支払手形とは区別して処理される。⇨手形借入金　　　　　　　　　　（阿部　仁）

しはらいてがたかんじょう【支払手形勘定】notes payable account

商取引に関連した約束手形の振出し，為替手形の引受け，自己宛為替手形の振出しによって生じた支払義務を記録するための負債勘定である。約束手形の振出しなどによって手形債務が発生したときは，負債の増加として貸方に記録する。手形代金を支払期日に支払ったときは，手形債務が消滅するので負債の減少として借方に記録する。支払いを延期するため手形を更改したときは，旧手形債務の消滅を借方に，新手形債務の発生を貸方に記録する。
　　　　　　　　　　　（音川和久）

このように，支払手形勘定は，支払手形の発生，消滅を処理するために設定された負債に属する勘定である。支払手形には正常営業循環基準が適用されるため，支払手形勘定は貸借対照表上，流動負債として扱われる。⇨約束手形，為替手形　　　（阿部　仁）

しはらいてがたきにゅうちょう【支払手形記入帳】

⇨受取手形記入帳・支払手形記入帳

しはらいりそく【支払利息】

⇨受取利息・支払利息

しはんきざいむしょひょう【四半期財務諸表】

quarterly financial informa-tion

上場会社等は，金融商品取引法により，各四半期終了後45日以内に「四半期報告書」を提出することが義務づけられている。四半期財務諸表とは，そ

の報告書に含まれる財務諸表のことである。「四半期財務諸表に関する会計基準」においては，作成する財務諸表は，連結では①四半期連結貸借対照表，②四半期連結損益及び包括利益計算書（または四半期連結損益計算書および四半期連結包括利益計算書），③四半期連結キャッシュ・フロー計算書，個別では①四半期個別貸借対照表，②四半期個別損益計算書，③四半期個別キャッシュ・フロー計算書とされている。なお，四半期連結財務諸表を開示する場合には，四半期個別財務諸表の開示は必要とされていない。　　　（鈴木和哉）

しほんかいてんりつ【資本回転率】
capital turnover
　営業循環を何回繰り返すことができたのかを表す指標であり，売上高を資本の額で除して求める。企業の収益性指標ROA，ROEは利ざや（販売した商品の利益部分）の大きさを示す売上高利益率と資本回転率の積によって表すことができ，これら項目の大小が収益性指標に影響を与える。また資本回転率の高低を検討するには，売上高を企業にとって重要な資産の額で除すことによって求められる各種の回転率が有用となる。このとき代表的な資産として売上債権，棚卸資産，有形固定資産などが挙げられる。　　　（石光　裕）

しほんがいねん【資本概念】
concept of capital
　資産と負債の差額はこれまでの資本から純資産を表すものに代わり，純資産の部では，株主資本と株主資本以外の各項目とに区分表示される。株主資本は株主に帰属するが，それは株主の拠出した払込資本と利益の留保額（留保利益）とに区分される。払込資本は，企業の経営活動の元手となるが，留保利益は稼得された期の翌期以降に，払込資本とともに元手となって経営活動に利用される。　　　（松井富佐男）

しほんかんじょう【資本勘定】
capital accout
　資本勘定とは，企業財産の増減を記録・計算する実体勘定の一つをいう。これは企業所有者への帰属分を示す（株主）持分，つまり，出資に応じて有する権利義務の総体（純資産，自己資本）を示す勘定である。なお，資本勘定を企業資金の調達源泉に着目して出資勘定ともいう。　　　（来栖正利）

しほんきん【資本金】capital stock
　（株式会社の）資本金は，会社法に準拠しており，貸借対照表の純資産の部における株主資本に表示される。株主資本は，資本金，資本剰余金（資本準備金，その他資本剰余金），利益剰余金（利益準備金，その他利益剰余金）に分類される。
　（株式会社の）資本金の額は，設立または株式の発行に際して株主となる者が当該株式会社に対して払込みや給付をした財産の額を原則とする（会社法445条1項）。ただし，この払込みや給付に係る額の2分の1を超えない額を資本金に計上せず，資本準備金（株式払込剰余金）として計上することが認められている（同445条2‐3項）。
　　　（角　裕太）

しほんきんかんじょう【資本金勘定（株式会社）】capital stock account
　株式会社は，資金の拠出者（出資者）である株主の拠出（出資）によって設立され，運営される。出資された資金を記録する勘定が資本金勘定であり，株式会社のような法人企業では，法定資本を処理する勘定となる。この勘定で示されるのは，法人企業にあっては純資産額ではなく，株主資本の一

部を示す。一方，個人企業にあっては，資本金勘定は純資産の変動を処理する勘定となる。⇨資本金　　　　（岡田依里）

しほんきんかんじょう（こじんきぎょう）【資本金勘定（個人企業）】

　個人企業の場合には，資本主が営業のために資金を元入れしたとき，追加出資したとき，資本金の増加として貸方に記入し，資本主が期中に企業から引き出したとき，資本金の減少として借方に記入する。決算時に算出された純損益は，資本主に帰属するものとして，損益勘定から資本金勘定に振り替えられる。結果として，個人企業における資本金勘定は，資産総額と負債総額との差額である純資産の変動を表し，その残高は営業資金の残高を示す。なお，期中の引出しについては引出金勘定を用い，決算時に引出金残高を資本金勘定に振り替える場合もある。

（平野由美子）

しほんこすと【資本コスト】
cost of capital

　資本コストとは，企業が資本を利用するために支払わなければならない利用代価と利用可能資本額との比率であり，資本調達源泉の種類により，異なる。通常，自己資本は事業危険を負担するため，そのコストは，他人資本のそれよりも，危険プレミアム分だけ高いと解されている。また，企業全体に対する総資本コストは，各資本調達源泉の個別資本コストに利用割合を掛けた加重平均コストであるといわれている。しかしながら，企業全体に対する総資本コストは，企業の事業危険や税金などにより影響されるが，モジリアーニとミラーのように，特殊な仮定下では，資本調達源泉の利用割合，つまり，資本構成によっては変化せず，一定であるという主張もある。反面，資本コストは企業に対する最低要求利回り率と解され，その場合には企業が実施する投資は，資本コストを上回る利回り率を獲得すべきであることから，資本コストは，投資の切捨率といわれる，投資から生ずるキャッシュ・フローを割り引く投資計算での計算利子率の基準になるものとみなされうる。

（牧浦健二）

しほんじゅんびきん【資本準備金】
capital reserve

　会社法が規定する会社において，資本剰余金を財源として積立てが強制されている準備金をいう。具体的には，払込資本のうち資本金に組み入れられなかった株式払込剰余金や，資本剰余金を財源として配当を行った場合の社外流出資産額の10分の1の積立額などがある。したがって，資本準備金は資本剰余金に属するが，資本準備金以外のその他資本剰余金も存在しうる。なお，資本準備金と利益準備金を合わせて法定準備金とよばれることがある。会社法によれば，資本準備金と利益準備金の合計が資本金の4分の1に達すれば，積立ての必要はない。⇨資本剰余金，法定準備金，利益準備金

（松本康一郎）

しほんじょうよきん【資本剰余金】
capital surplus

　資本剰余金とは，会社の株主資本のうち，会社法が定める資本金を超える部分で，資本取引から生じた剰余金であり，損益取引から生じた剰余金である利益剰余金とは区別しなければならない。かかる資本剰余金は，資本準備金とその他資本剰余金に分類される。資本準備金は，払込資本のうち会社法に基づいて資本金としなかった部分であり，株式払込剰余金などがある。一方，払込資本の性質をもつ資本準備金

以外の項目は，その他資本剰余金といい，減資差益や自己株式処分差益などが該当する。⇨資本準備金，株式払込剰余金，減資差益　　　　　　（孔　炳龍）

しほんてきししゅつ【資本的支出】
capital expenditure

　資本的支出とは，もともとは複会計制度のもとで使用された用語である。複会計制度においては，資本的支出は収益的支出と区別して貸借対照表の資本の部の借方に資産として記載される。この場合，その資産は取得原価で永久に記帳され，減価償却は行われない。しかし，現在ではそのような意味では使用されていない。資本的支出とは，固定資産を取得するための支出，または，既存の固定資産の耐用年数の延長，生産能力，もしくは使用の経済性を高めるための支出を意味する。⇨取得原価，複会計制度　　　（孔　炳龍）

しほんとうしき【資本等式】

　資産と負債の差額として資本をとらえ，この関係を算式で表したものである。その算式は次のように示される。
　資産－負債＝資本
この等式の資本は，純財産あるいは正味財産ともよばれる。等式の左辺にある負債を，右辺に移項したものが貸借対照表等式である。⇨貸借対照表等式
　　　　　　　　　　　（山口忠昭）

しほんとりひき【資本取引】
capital transaction

　増資や減資など，株主持分を直接増減させる取引である。それに対し，営業活動の結果生じる変動を損益取引という。財政状態および経営成績の適正な表示のために，両者は厳密に区分されなくてはならない。⇨損益取引，資本取引・損益取引区分の原則　　（向山敦夫）

しほんとりひき・そんえきとりひきくぶんのげんそく【資本取引・損益取引区分の原則】

　企業会計原則は第一　一般原則三において「資本取引と損益取引とを明瞭に区別し，特に資本剰余金と利益剰余金とを混同してはならない」と規定している。ここにいう損益取引とは，資産の運用や負債の処理を原因とし，その結果資本を増減させるような取引をいう。また，資本の増減を原因とし，その結果として資産または負債の変動にいたるような取引を資本取引という。その意味では，損益取引と資本取引は，その生起する原因が異なる点に特徴をもっており，これらの両取引を明瞭に区分し，そこから生ずる剰余金を区分しなければならない。剰余金区分の原則ともいう。⇨資本取引，損益取引，剰余金区分の原則　　　　（木本圭一）

しほんよさん【資本予算】
capital budget

　設備投資に代表されるように，1年以上の長期にわたってその効果が現れる支出に対する支出計画策定行為全般を指す。それは投資計画と同義であり，多額の資金支出を伴うこと，長期にわたって資金が固定されること，またその効果は長期的な収益構造に及ぶ非常に重要な意思決定となることから，通常トップ・マネジメントによる決定事項となる。その意思決定にあたっては，経済的な効果に対する合理的な判断基準が必要であり，そのような方法として，正味現在価値（NPV）法，内部収益率（IRR）法があげられる。　（藤川義雄）

しほんれんけつ【資本連結】

　親会社の子会社に対する投資とこれに対応する子会社の資本とを相殺消去し，消去差額が生じた場合には当該差額をのれん（または負ののれん）とする

とともに，子会社の資本のうち親会社に帰属しない部分を非支配株主持分に振り替える一連の手続をいう。その際，消去差額としてののれんは，原則としてその計上後20年以内に，定額法その他合理的な方法により償却しなければならない。また，負ののれんについては，見直しを行った後，当該負ののれんが生じた事業年度の利益として処理する。⇨連結のれん，非支配株主持分

（藤田晶子）

しみゅれーしょん【シミュレーション】simulation

現実の事象そのものを対象にするのではなく，その事象をうまく表現する要素のみから構成された模型（model）を対象にして実験を行うことによって，考察の対象である現実の事象に関してさまざまな知見を得ることである。このように本物を真似る（simulate）ことを基本的な方法とするため，模擬実験と訳されている。会計においては，会計の求める利益数値（被説明変数）が各種測定値（説明変数）を操作することによって導かれた計算値であるところから，会計を企業の利益獲得行動の一つのモデルとみることも可能である。そうした見方に立てば，会計は企業の利益獲得行動を真似て，それを記述し，説明し，予測するための重要な手段となる。意思決定会計とか業績評価会計等は，こうしたシミュレーション手法の会計における応用といえる。

（船木高司）

しゃかいかいけい【社会会計】
social accounting

社会会計には一般に二つの意味がある。一つは一国全体もしくは地域における経済活動を対象とする会計として理解するもので，これはマクロ会計もしくは国民経済計算ともよばれる。もう一つは企業の社会的活動の側面を対象とした会計を意味する。企業会計を対象とする場合は一般に後者の意味にとられることが多い。企業の社会的活動を対象とする会計は，企業社会会計，社会関連会計，社会責任会計あるいは社会監査などとよばれるが，内容はほぼ近似していると考えてよい。これらの会計領域は1970年代のアメリカにおける社会的業績評価の測定や1960年代以降のヨーロッパでの付加価値会計計算に源流をもっている。この二つの流れは現在では勢いを失ってきたが，1990年代に入って環境会計が注目されるようになり，社会会計は社会環境会計として再び大きな注目を集めるようになってきている。⇨環境会計

（國部克彦）

しゃかいかんさ【社会監査】
social audit

1970年代以降の，公害問題，都市問題等の種々の社会問題発生に応じて，企業の社会活動・社会的責任遂行状況をディスクローズしていく流れが，国際的広がりをみせた。リノウズの社会経済活動報告書やアプト社の社会貸借対照表・損益計算書などがその代表的タイプであり，近年における環境問題の激化により，企業による環境報告書のディスクロージャーはその延長線上にとらえることもできる。しかし，監査とは本来，情報の信頼性を確保する活動をいうので，（社会的）情報公開自体はいまだ監査とはいえず，企業の社会的情報の信頼性を監査するうえで必要な，人的要件や社会的報告書の作成・監査基準を今後さらに整備していくことが要請される。⇨環境監査

（宮崎修行）

しゃかいふくしほうじんかいけい【社会福祉法人会計】

　社会福祉事業の実施を目的に設立される社会福祉法人の会計をいう。昭和51年に厚生省により制定された「社会福祉法人経理規定準則」に基づいて行われていた。その特徴は，措置費等公的資金の収支を明瞭にし，その受託責任を明らかにすることにあり，消費経済体であることから，企業会計とは異なる会計が行われていた。会計単位は本部会計と施設会計に区分され，基本財産の運用に係る会計と経常会計が分けられた。しかし，社会福祉事業へ企業やNPO法人などの事業主体の算入が認められるという環境変化に対応して，平成12年に厚生省（現厚生労働省）は「社会福祉法人会計基準」を制定した。当該会計基準の特徴は，社会福祉法人に減価償却手続きなどの企業会計の手法を導入し，適切なコスト管理や経営努力の成果の把握のために損益計算が導入されたことにある。また，法人全体の経営状態の把握のために，会計単位は従来の本部・施設会計から一つの会計単位に変更された。なお，厚生労働省は，その後，社会福祉法人会計基準を新たに定め，平成24年4月1日から適用することとした。その基本的な考え方は，社会福祉法人が行うすべての事業を適用対象とすることと，法人全体の財政状況を明らかにし，経営分析を可能とし，外部への情報公開に資するものであることとされる。また，主な変更点としては，法人で一本の会計単位とする点，拠点区分・サービス区分を設けた点，財務諸表の体系を資金収支計算書，事業活動計算書，貸借対照表及び財産目録とした点などがある。　　　　　　　　　（尾上選哉）

しゃさい【社債】corporate bond

　社債とは，会社が行う割当てにより発生する当該会社を債務者とする金銭債権をいう（会社法2条23号）。社債には，普通社債のほか，転換社債，新株予約権付社債がある。社債金額（額面金額）は将来償還しなければならない額であるから，社債発行会社にとって社債は負債（金銭債務）である。社債発行会社は，社債を平価発行した場合には，債務額（額面金額）をもって貸借対照表価額としなければならない。また，社債を割引発行または打歩発行した場合には，償却原価法（原則として利息法，継続適用を条件として定額法）に基づいて算定された価額をもって貸借対照表価額としなければならない。この場合，収入額（払込金額，発行価額）と債務額（額面金額）との差額に相当する社債発行差額は社債償還期に至るまで毎期一定の方法で社債の帳簿価額に加算または帳簿価額から減算され，当該加算額または減算額は社債利息に含めて処理される。⇨打歩発行，償却原価法，新株予約権付社債，平価発行，割引発行　　　　　　　　　（村上宏之）

しゃさいのしょうかん【社債の償還】bond redemption

　社債の償還とは，すでに調達した社債債務を返済することをいう。社債の償還は，償還時期により，満期償還と満期前償還に区分される。満期償還は，償還期日に全額を額面金額で償還する方法である。満期前償還には，社債の発行後一定期間据え置き，その後一定の期日までに会社の任意で一部分ずつ償還する随時償還と，利払期日等の一定の期日において定期的に一定額以上を償還する定時償還とがある。また，社債の償還は，償還方法により，買入償還と抽選償還に区分される。買入償還は，社債を証券市場から市場価

格(時価)で買い入れて償還する方法で，随時償還によく利用される。抽選償還は，抽選で当選した番号の社債を額面金額で償還する方法で，定時償還によく利用される。社債の償還のための資金は，減債基金または任意積立金(減債積立金)として確保されうる。⇨減債基金，減債積立金　　　(村上宏之)

しゃさいはっこうひ【社債発行費】
bond issue cost

社債発行費は，社債発行のために直接支出した費用であり，金融機関や証券会社の取扱手数料，募集広告費，目論見書・社債申込証・社債券等の印刷費，社債登記の登録免許税その他社債発行のために支出する費用が含まれる。社債発行費は原則として支出時に営業外費用として処理をする。ただし，繰延資産に計上することができる。この場合，社債の償還までの期間にわたり利息法により償却しなければならないが，継続適用を条件として定額法を採用することができる。実務対応報告第19号「繰延資産の会計処理に関する当面の取扱い」では，社債発行費等という項目を繰延資産として取り扱っており，新株予約権の発行に係る費用を含む。新株予約権の発行に係る費用については，資金調達などの財務活動に係るものについて，社債発行費と同様に繰延資産として会計処理が可能であり，新株予約権の発行から3年以内のその効果の及ぶ期間にわたり，定額法により償却する。　　　(大成利広)

しゃさいりそく【社債利息】
bond interest

社債の発行によって借り入れた資金に対して支払われる利息が社債利息である。この社債利息は，一般の借入金の利息(支払利息勘定)と区別して社債利息勘定によって処理され，損益計算書上では，支払利息と同様に，営業外費用として取り扱われる。社債利息は，年利率で約定され，毎年一定の契約期日に支払われる。社債の利払日と企業の決算日が異なる場合には，決算にあたり，利払日の翌日から決算日までの利息の未払分を未払社債利息として処理する。⇨資金調達コスト　　　(大成利広)

しゅうえき【収益】revenue

収益とは，企業が販売した財貨または提供した役務(サービス)の対価をいう。典型的な例としては，商品を販売することによって獲得する売上収益や，貸付金の対価として受け取る受取利息等があり，それらは企業の価値を増加させる原因となる。企業の純損益の額は，収益と費用の比較によって計算される。　　　(森田知香子)

しゅうえきかんげんかち【収益還元価値】capitalized value

企業価値の評価ないしは不動産等の資産価値の評価に用いる基準の一つである。収益還元価値は，企業(ないし特定の資産)が将来獲得すると予想される収益を，一定の資本還元率(ないしは還元利回り)で割り引いて求められる現在価値をいう。たとえば，資本還元率を5％とし，年間の平均利益が120万円であったとすると，収益還元価値は2,400万円(=120万円÷0.05)となる。　　　(春日克則)

しゅうえきかんじょう【収益勘定】
revenue account

商品売買益，受取手数料など，収益の発生を記録する勘定が収益勘定である。収益勘定には収益の発生が貸方に，消滅は借方に記録され，通常貸方に生じる残高は純発生額を意味する。決算時には見越し・繰延べなどの決算修正がなされた後，損益勘定に振り替えて

締め切られる。⇨収益の認識基準
(藤川義雄)

しゅうえきじぎょう【収益事業】

公益法人が営む収益事業という場合，次の二つの意味がある。第一は，行政指導上の公益法人の事業の区分で，公益を目的とする事業と付随的に収益を目的とする事業とに分けた場合の後者の事業で，本来の公益事業を支えるため，資金の不足を補うための公益補助事業の意味である。第二は，法人税法上，公益法人等の行う事業のうち課税対象事業として定める収益事業である。法人税法上の収益事業の課税は，営利法人と公益法人等の事業の間に競合がある場合の課税の公平性の観点から定められたものであり，政令に定める特掲事業に該当するか否かによる。この場合の収益事業とは，継続して事業場を設けて営まれる事業で，政令に定める物品販売業，金銭貸付業，出版業，席貸業等の法人税法施行令5条1項に特掲される34の業種に該当する場合である。なお公益社団法人・公益財団法人の場合，特掲事業であっても認定法上の公益目的事業に該当する場合は非課税となる。
(古田美保)

しゅうえきせいぶんせき【収益性分析】profitability analysis

企業が利益を獲得する能力を評価するために行う財務諸表分析の手法をいう。具体的には，企業の収益性は，その企業が投下した資本に対して，それから生じた利益の割合を表す資本利益率（＝利益÷資本）によって測定される。この計算式に含まれる資本と利益には種々の概念があり，両者の組合せも多様であるが，収益性分析で最もよく用いられるのは，企業全体の収益性を表す総資本経常利益率や株主資本経常利益率，企業本来の業務活動である経営活動の収益性を表す経営資本営業利益率などである。
(姚　小佳)

しゅうえきてきししゅつ【収益的支出】revenue expenditure

資本的支出に対する語であり，有形固定資産に対する追加的支出のうち，資産の原価に加算されるのではなく，その期の費用として処理される部分を指す。それは資産の価値を高めたり，耐用年数を延長させたりすることがなく，資産を維持・管理するための修繕費である。
(藤川義雄)

しゅうえきのにんしききじゅん【収益の認識基準】basis of revenue recognition

収益を特定の期間に帰属させる基準をいう。収益の認識に関する基本的な考え方として，発生主義，実現主義，および現金主義の三つがある。ここで，発生主義とは，生産の進行または完了，資産の保有中における増価，自然増価等財貨の経済価値の増加を手がかりとする収益の認識基準であり，生産基準はその一形態である。実現主義とは製品を販売した時点をもって収益を認識するもので，販売基準や引渡基準等がある。また，現金主義とは，現金の受取りをもって収益を認識する基準で，最も保守的な考え方である。現在のところ，わが国には，国際会計基準第18号「収益」のように，収益の認識に関して，包括的かつ一定の具体性をもった基準は存在せず，企業会計原則において，「売上高は，実現主義の原則に従い，商品等の販売又は役務の給付によって実現したものに限る」（企業会計原則第二，三，B）と規定されているのみである。実現主義（販売基準）によると，(1)販売事実により，収益の額を客観的かつ明確に決定することができる，(2)一般に販売と同時に，それ

に対応する費用の額も決定するため適正な損益計算が可能となる等の利点がある一方，出荷時，引渡時，検収時等のどの時点で販売の事実を認識するかという問題もある。制度上，実現主義のほか，長期工事契約（受注制作のソフトウェアを含む）における工事進行基準（発生主義），割賦販売における回収基準（現金主義）や回収期限到来基準（権利確定主義），および委託販売における仕切精算書到達日基準等の例外的処理も認められている（企業会計原則注解〔注6〕，〔注7〕）。また，収益は総額表示が原則とされるが（企業会計原則第二，一，B），ソフトウェア取引等，例外的に純額表示するものもある。

(異島須賀子)

しゅうえきひようたいおうのげんそく【収益・費用対応の原則】
principle of matching expenses with revenues

人為的に区画された一定期間の収益と費用を関連づけて損益計算上においてとらえ，その差額を期間損益として計上することを要請し，発生原則，実現原則とともに発生主義損益計算を支える基本的原則である。この原則を，たんに対応原則ともいう。

損益計算書においては，売上高と売上原価の間にみられる収益・費用の対応がまず表示される。この対応は，個別的・直接的対応ないし対象関連的対応とよばれるものである。次に，この売上高と売上原価のような個別的な対応はみられないが，企業活動により得られた収益に対して，販売費及び一般管理費や営業外費用のような期間関連的に対応する費用がみられる。このような対応は，一括的・期間的対応ないしは期間関連的対応ということができる。一般的には，これ以外の臨時損益項目については対応関係がないと考えられているが，これを全体期間的対応としてとらえる考え方もある。

このような対応は，期間損益計算における収益と費用の把握のための基礎となる原則ないし原理として機能する。その結果，損益計算書では個別的・直接的対応のみられる売上高と売上原価に始まり，一括的・期間的対応のみられる項目，そして対応関係のみられない項目へと配列されることになる。⇨発生原則，実現原則　　　（興津裕康）

しゅうかくきじゅん【収穫基準】
crop basis

発生主義に属する収益の認識計上基準の一つである。安定した市場価格をもつ農産物については，その販売または引渡しを待たないで，収穫の確定により収益を計上することが認められる。このような収益の計上基準が収穫基準とよばれる。この基準は，鉱産物のうち金や銀などのように比較的安定した市場のあるものについても適用される。
⇨生産基準　　　　　　　（山口忠昭）

じゅうぎょういんすう【従業員数】

財務分析では従業員数は，従業員の期中平均で計算される。有価証券報告書上の期末従業員数は常用のみであり，臨時またはパートの数は示されていない。パートの多い業種は注意が必要である。リストラと称する従業員削減計画，新規採用の抑制等により，会社が，どの程度従業員数を削減しているかをみることができる。　　（大矢知浩司）

しゅうごうそんえきかんじょう【集合損益勘定】income summary

集合損益勘定は，決算時に，収益および費用に属する各勘定の勘定残高を集計して，当期純損益を計算するために設けられる勘定である。損益集合勘定または損益勘定ともいう。集合損

勘定の借方には，決算振替仕訳を通じて，費用の各勘定残高が振り替えられる。同勘定の貸方には，同様に，収益の各勘定残高が振り替えられる。この振替を行った後の集合損益勘定の貸借差額は，それが貸方残高であれば，当期純利益額を表し，それが借方残高であれば当期純損失額を表す。集合損益勘定の貸借差額は，決算振替仕訳を通じて，当該企業が個人企業であれば，資本金勘定に，当該企業が会社であれば，繰越利益剰余金勘定に振り替えられる。⇨大陸式決算法 　　（太田正博）

しゅうせいげんか【修正原価】
adjusted acquisition cost

修正原価とは，資産の取得原価を一般物価指数の変動に合わせて修正して算出した数値である。そして，取得原価主義会計の下での名目貨幣価値による数値をその時々の物価水準の変動に合わせて修正する会計が，修正原価主義会計である。修正原価主義会計はインフレーション会計の一種で，「一般物価（水準）変動会計」や「貨幣価値変動会計」ともよばれる。修正原価主義会計は，一般物価の変動やそれに伴う貨幣購買力（貨幣価値）の変動を会計数値に反映させようとするものである。　　　　　　　　　　　（鈴木和哉）

しゅうせいてんぽらるほう【修正テンポラル法】

修正テンポラル法は，外貨表示財務諸表の換算方法の一つであり，平成7年改訂前の「外貨建取引等会計処理基準」で在外子会社等の外貨表示財務諸表の換算に用いられていた方法である。修正テンポラル法では，外貨表示財務諸表上のほとんどの項目はテンポラル法と同様の換算を行うが，当期純損益は決算時為替相場を用いて換算する。換算で生じる為替差損益は，当期の損益計算書に含めず，貸借対照表に資産または負債として計上する。これにより，テンポラル法を用いた場合に表れる換算のパラドックスが解消される。⇨テンポラル法 　　（井上善文）

しゅうぜんひ【修繕費】
repairs expenses

建物や設備などの有形固定資産は，現状を維持するため，経常的に修繕を行わなければならない。このような支出は，耐用年数を延長させ，固定資産価値を高めるための改良費（資産計上）とは異なり，予定された耐用年数において固定資産本来の機能を維持するための修繕費や，固定資産の使用途中における偶発的な損傷によってその利用が阻害された場合に原状を回復し本来の機能を維持するための復旧費を意味する。この修繕費は，実際に修繕が行われその対価を支出したときに収益的支出として費用計上され，修繕費勘定で処理される。しかし，定期的に大規模な修繕が必要な船舶，溶鉱炉などの修繕費の場合は，あらかじめ将来の支出に備えて特別修繕引当金を設け，大規模な修繕が実施されたときに当該引当金を充当することで，当該年度だけの費用とせずに，各期間に修繕費を負担させる。⇨収益的支出 （島田美智子）

しゅうぜんひかんじょう【修繕費勘定】
⇨修繕費

しゅうぜんひきあてきん【修繕引当金】allowance for repairs

毎期経常的に行っている維持修繕作業をなんらかの理由で次期に先送りする場合，その修繕費用を当期の費用として決算で見積計上することがある。その際に，この費用の相手勘定として設定される引当金が修繕引当金であ

しゅうにゅうししゅつがくきじゅん【収入支出額基準】
receipt and payment basis

収益と費用の測定について，収益は収入額に基づいて測定し，費用は支出額に基づいて測定するとする基準である。ただし，ここでいう収入額・支出額には，当期の収入額・支出額に限らず，過去や将来の収入額・支出額も含まれる。昭和24年に設定された「企業会計原則」では，「すべての費用及び収益は，その支出及び収入に基づいて計上し，その発生した期間に正しく割当てられるように処理しなければならない」(第二 損益計算書原則・一・A)という規定がある。この規定が収入支出額基準を要請していると解釈される。
(鈴木和哉)

じゅうようせいのげんそく【重要性の原則】materiality

重要性の原則は，金額的重要性(量的重要性)と項目の重要性(質的重要性)があり，重要性の乏しいものについては本来の厳密な会計処理や表示の方法によらず他の簡便な方法によることを認めるというものである。言い換えると，投資家の意思決定に影響を及ぼすおそれが高いとみなされる場合には，明瞭性の原則に従って本来の方法によらなければならないとする原則である。この原則は，会計処理と財務諸表のディスクロージャーに関連しており，会計処理上の基準，表示上の基準となっている。重要性の原則が，わが国の企業会計原則に初めて登場したのは，昭和49年の企業会計原則の修正後である。重要性の原則は，投資家保護に基づくイギリス・アメリカの会計基準には1930年代の早い時期からみられた。しかしわが国やドイツの会計原則における重要性の原則の歴史は浅い。
⇨明瞭性の原則 (森 美智代)

じゅうようせいのげんそくのてきよう【重要性の原則の適用】

重要性の原則は，企業会計原則に設けられている。企業会計原則注解〔注1〕では，重要性の乏しいものについては，厳密な会計処理によらず簡便な方法で処理した場合にも正規の簿記の原則に従った会計処理として認められている。その例として，そこでは，(1)消耗品等，(2)経過勘定，(3)引当金，(4)棚卸資産，(5)長期債権・債務等の会計処理があげられている。⇨正規の簿記の原則
(森 美智代)

じゅけんしほんせいど【授権資本制度】authorized capital system

授権資本制度とは，定款に定めた発行可能株式総数の4分の1以上の株式を発行しその引受けを得ることにより会社の設立を認め，それ以後，資金調達の必要に応じてその発行可能総数の範囲内で取締役会の決議により新株の発行を認める制度である（会社法37条3項，200条1項）。この制度は昭和25年の商法改正においてアメリカ会社法を範として導入された。これにより以前の確定資本制度より迅速かつ機能的な資本調達が可能となった。 (井上定子)

じゅたくはんばいかんじょう【受託販売勘定】consignment in account

委託販売において，委託者に対する債権・債務を処理するために受託者側が設ける勘定である。受託販売勘定の借方には委託者に対する債権として引取費や販売諸経費の立替払い，販売手数料を記入し，貸方には債務として委託商品の販売代金を記入する。借方が委託者からの受取分，貸方が委託者への支払分を表し，その差額が委託販売

完了時に決済される。委託商品の積送を受けたときはその所有権は移転しないので仕訳する必要はない。

(志賀　理)

しゅっしきん【出資金】
invested capital, paid-in capital

　組合企業または合名会社，合資会社および合同会社における組合員や社員（出資者）による資本の拠出を出資金という。出資金は，出資者が少数の場合，出資者ごとに人名出資金勘定を設けて会計処理を行うが，出資者が多数の場合，出資金勘定（資本）を統制勘定として会計処理を行い，各出資者ごとに出資者別元帳を設けて管理を行う。

(山下寿文)

しゅとくげんか【取得原価（棚卸資産）】
historical cost, acquisition cost, original cost

　取得原価とは，資産の取得のために支出した金額をいう。購入した棚卸資産の取得原価は，購入代価に付随費用（副費）の一部または全部を加算することにより算定される。購入代価は，送状代価から値引額，割戻額等を控除した金額とする。副費として加算される項目は，引取運賃，購入手数料，関税等の外部副費（引取費用）に限る場合，外部副費の全体とする場合，さらに買入事務費，保管費，その他の内部副費も含める場合がある。生産品については適正な原価計算の手続により算定された正常実際製造原価をもって取得原価とする。通常の販売目的で保有する棚卸資産は，取得原価をもって貸借対照表価額とし，期末における正味売却価額が取得原価よりも下落している場合には，当該正味売却価額をもって貸借対照表価額とし，その差額は当期の費用として処理する。トレーディング目的で保有する棚卸資産は，市場価格に基づく価額をもって貸借対照表価額とし，帳簿価額との差額（評価差額）は当期の損益として処理する。

(長尾則久)

しゅとくげんか【取得原価（有形固定資産）】
historical cost, acquisition cost

　有形固定資産については，購入の場合，購入代価に買入手数料，運送費，荷役費，据付費，試運転費等の付随費用を加えて取得原価とする。自家建設の場合は，適正な原価計算の基準に従って計算された製造原価をもって取得原価とする。現物出資の場合は受入資産の公正な評価額と出資者に交付した株式の公正な評価額のうちより高い信頼性をもって測定可能な方の金額，交換の場合は譲渡資産の適正な簿価または受入資産の時価等，また贈与の場合は公正な評価額，をもってそれぞれ取得原価とする。貸借対照表に記載される資産の価額は，原則として，当該資産の取得原価を基礎として計上される。そして資産の取得原価は，資産の種類に応じた費用配分の原則によって各事業年度に配分される。

(長尾則久)

しゅとくげんかしゅぎかいけい【取得原価主義会計】

　歴史的原価会計または原価主義会計ともいう。取得原価主義会計は，わが国の企業会計制度の立脚基盤となっている会計システムを意味する用語としてしばしば用いられるが，その概念は必ずしも一義的に明確ではない。一般的に言及される取得原価主義会計の特徴は次のとおりである。まず，取得原価主義会計では，企業と市場との間に発生した取引は，独立当事者間で実際に成立した取引価額に基づいて，名目貨幣単位によって測定される。これに

よって会計数値の確実性が保証される。そして，資産の評価基準および費用の測定基準として原価基準（取得原価基準）が適用され，そこから未実現損益（評価損益）は計上しないという損益認識基準が導かれる。また，取得原価主義会計では，基本的に貨幣価値の変動は考慮されず，維持すべき資本概念として名目資本概念が採用され，期間利益は投下した名目貨幣資本の回収余剰として計算される。わが国の企業会計制度は長く，取得原価主義会計であることを特色としてきたが，最近では国際財務報告基準（IFRS）とのコンバージェンスによる時価評価の一部導入に伴い，変容がみられる。

(平松一夫)

しゅようざいりょうひ【主要材料費】

材料費とは，物品の消費によって生ずる原価のことであり，このうち製品を生産するために直接的に消費され，かつ金額的に大きい物品の原価を主要材料費という。主要材料費は，原価がいかなる機能のために発生したかという機能別の観点からの材料費の分類である。この機能別分類によると，材料費は主要材料費，および修繕材料費，試験研究費等の補助材料費，ならびに工場消耗品費等に大別される。なお，材料の処理にあたっては，材料という資産を記録する材料勘定と材料の消費を記録する材料費勘定を設ける場合がある。この場合，材料の仕入高を材料勘定に記入し，材料が消費されたときその消費高を材料勘定から材料費勘定に振り替える。したがって繰越高は材料勘定に記録される。 (梅津亮子)

しゅようぼ【主要簿】main book

簿記では，取引を仕訳帳に記帳し，それを総勘定元帳（元帳ともいう）に転記し，試算表において記帳・転記の検証を行い，決算修正仕訳を経て損益計算書および貸借対照表を作成する。このプロセスで取引の記録・分類・集計を行う帳簿組織が仕訳帳および元帳で，これを主要簿という。帳簿組織には，主要簿のほか，補助簿がある。⇨補助簿 (山下寿文)

しゅるいかぶしき【種類株式】

普通株式とは異なる定めをした株式を総称して種類株式という。会社法において普通株式という用語は存在しないが，一般的に，株式の内容について定款で特別の定めをしていない株式を普通株式とよんでいる。会社法により，種類株式の種類は，①剰余金の配当や残余財産の分配について特別な権利を付した株式（優先株式，劣後株式），②株主総会の全部または一部について議決権をもたない株式（議決権制限株式），③譲渡するために会社の了承を必要とする株式（譲渡制限株式），④株主が会社にその株式の買取りを請求できる株式（取得請求権付株式），⑤会社が株主に買取りを要求できる株式（取得条項付株式），⑥会社が株主にその株式のすべての買取りを要求できる株式（全部取得条項付種類株式），⑦当該株式の株主を構成員とする種類株主総会での決議権を有する株式，⑧取締役または監査役の選任に関して事項の異なる権利を有する株式の九つと定められている。

(中溝晃介)

じゅんうりあげだか【純売上高】

net sales

総売上高から売上値引（売上割戻しを含む）および戻り高を控除した金額である。損益計算書上の表示には，総売上高から売上値引（売上割戻しを含む）および戻り高を控除して表示する形式と純売上高のみを表示する形式がある。企業会計原則では，「売上高

は，総額主義の原則に従い，総売上高から売上値引，戻り高等を控除する形式で純売上高を表示する」という文言を昭和49年の修正で削除している。このことから，後者の表示形式が一般的になった。ただし，財務諸表等規則では，前者の表示形式によることも妨げないとしている（財規72条）。なお，売上（現金）割引については，アメリカでは売上高より控除するが，わが国では営業外費用として表示する。

（山下寿文）

じゅんきょせいてすと【準拠性テスト】compliance test

遵守性テストともいい，対応する概念に実証性テスト（substantive test）がある。今日の大規模化，複雑化した企業を対象とする監査においては，試査の採用を避けることはできない。この試査による監査意見の形成過程は，監査リスク，すなわち誤った監査意見を形成してしまう可能性が，一定の許容できる低い水準になるように計画される。具体的には，内部統制の整備・運用状況に関する調査と評価，および取引記録，勘定残高の信頼性ならびに実在性等についての調査と評価から構成される。実証性テストが後者の内容を意味するのに対し，準拠性テストないし遵守性テストは必要な内部統制が実際に存在し，それが当初の想定どおり有効に機能していることを確認するためのテストである。 （朴　大栄）

じゅんざいさん【純財産】net worth

本来的にプラスの価値（何らかの資産が将来増加する可能性）を有する財産（資産）とマイナスの価値（何らかの資産が将来減少する可能性）を有する財産（負債）との正味差額としての財産をいう。これは，純資産，正味財産，正味有高または正味身代ともよばれる。

⇨資本等式 （松本康一郎）

じゅんざいさんぞうかせつ【純財産増加説】

課税所得概念に関する一つの考え方で，従来の財産を維持したうえで自由に処分しうる純財産（純資産）の増加分を所得ととらえる。したがって，その増加の原因が規則的・反復的な性格を有するのかは問われず，臨時的・非反復的な純財産の増加も所得を構成する。それゆえ，所得源泉説よりも広義の所得概念となる。わが国の法人税法における所得概念は，この純財産増加説に基づいている。⇨純財産，所得源泉説 （松本康一郎）

じゅんしいれだか【純仕入高】

総仕入高の金額から仕入値引，仕入戻し高，仕入割戻しの金額を控除した額であり，企業会計原則による損益計算書では当期商品仕入高と表示される。旧企業会計原則では，「当期商品仕入高は，その総仕入高から仕入値引，戻し高等を控除する形式で純仕入高を表示する」としていたが，現行ではその文言が削除されたので，損益計算書の表示形式は，純額主義によることが原則となった。しかし，総額主義による表示を否定するものではなく，財務諸表等規則79条ではそれを容認している。 （河内山潔）

じゅんしさん【純資産】net asset

貸借対照表の資産と負債との差額のことである。「純資産」以外にも，「資本」「自己資本」「純財産」などとよばれる。「資本」「自己資本」は，「出資者から企業に投下された資金」という意味合いが濃く，また，「純資産」「純財産」は，「将来発生する可能性の高い経済的便益としての資産から，その経済的便益の犠牲としての負債を差し

引いた差額」という意味合いが濃い。貸借対照表は，借方が資産，貸方が負債と純資産とで構成されている。負債は，借入金など，他人へ返済しなければならないものであり，「他人資本」ともよばれる。また，純資産は，株主からの払込みによる資本金など，返済の必要がないものであり，「自己資本」ともよばれる。　　　（鈴木和哉）

じゅんしさんちょくにゅう【純資産直入】directly to equity

「金融商品に関する会計基準」において，「その他有価証券」に区分される有価証券の評価額の会計処理方法がその典型例である。その他有価証券の評価損益の処理には，二つの方法が認められている。一つは，評価差額すべてを純資産の部の「その他有価証券評価差額金」に計上する方法で，「全部純資産直入法」とよばれる。もう一つは，評価益は純資産の部の「その他有価証券評価差額金」に計上し，評価損は損失として処理する方法で，「部分純資産直入法」とよばれるものである。評価損を損失として処理することが認められている背景には，保守主義に基づく低価法の存在がある。　（鈴木和哉）

じゅんしさんのぶ【純資産の部】

貸借対照表の区分で，これまでは「資本の部」と呼ばれていたものである。「貸借対照表の純資産の部の表示に関する会計基準」の公表に伴い，「資本の部」が「純資産の部」に改められた。またそこでは，純資産の部は，株主資本，評価・換算差額等，新株予約権（連結の場合は非支配株主持分が加えられる）に区分される。ただし，従来の「資本の部」が，おもに株主資本（株主に帰属するものとしての資本）を中心とし，その源泉によって払込資本と留保利益とに区別されていたのに対し，「純資産の部」は，株主資本以外の項目も含まれている。このため，従来の「資本の部」をそのまま「純資産の部」と言い換えることはできない。⇨純資産　　　　　　　　　　　　（鈴木和哉）

じゅんそんえきけいさんのくぶん【純損益計算の区分】

企業会計原則に準拠した損益計算書における計算区分で，営業損益計算の区分，経常損益計算の区分に続く第3番目の計算区分である。純損益計算の区分は，経常損益計算の結果を受けて，固定資産売却損益等の特別損益項目を加減して税引前当期純利益を算定し，これから当期に係る法人税，住民税及び事業税，ならびに法人税等調整額を加減して当期純利益を算定する計算区分をいう。　　　　　　　（中島稔哲）

しようかち【使用価値】utility value, ralue in use

資産または資産グループの継続的使用と使用後の処分によって生じると見込まれる将来キャッシュ・フローの現在価値をいう。資産または資産グループの使用価値を求める際には，まずその資産または資産グループの継続的使用から生じると見込まれる将来キャッシュ・フロー，および当該資産または資産グループの使用後の処分により生じると見込まれる将来キャッシュ・フローを見積もり，次にそれらを適切な割引率によって現在価値に割り引く。
　　　　　　　　　　　　（姚　小佳）

しょうきゃくげんかほう【償却原価法】amortized cost method

企業が保有する債権または満期保有目的債券の貸借対照表価額を算定する方法の一つであり，債権額または債券金額と取得価額との差額の性格が金利の調整と認められる場合に，当該差額

を弁済期または償還期に至るまで毎期一定の方法で債権または債券の取得価額に加減する方法である。ここにいう毎期一定の方法には利息法と定額法があり，利息法が原則的方法とされている。定額法については，継続適用を条件に採用することができる。

(和田博志)

しょうきゃくさいけんとりたてえき【償却債権取立益】

recoveries of write-offs,
income from recovery of bad debts
recoveries of write-offs,
income from recovery of bad debts

　前期以前において，貸倒損失として処理をしていた売掛金や受取手形などの債権が，当期に，その一部ないし全部が回収された場合に，債権の回収額を記録するための勘定科目である。なお，貸倒処理が行われた年度に回収された場合には，貸倒処理の修正（貸倒損失を取り消す処理）となる。前期以前に貸倒損失として処理していた債権が回収された場合には，前期損益修正として，特別損益に区分されていた（企業会計原則注解［注12］）。しかしながら，「会計上の変更及び誤謬の訂正に関する会計基準」においては，それが過去の引当金の見積りの誤りに起因して発生しているような場合を除いて，当期中における状況の変化により実績が確定したものとして，原則として営業外収益として当該期間に認識するものとされている。

(岸川公紀)

しょうきゃくさいけんとりたてえきかんじょう【償却債権取立益勘定】

bad debts recoverd account

　いったん貸倒損失（売掛金などの債権が，相手先の倒産などにより回収不能となった場合に生じた損失）として処理した債権のうち，後日，その一部ないし全部が回収された場合に記録される勘定である。貸倒損失が計上された年度に，償却債権の取立てがなされた場合には，回収額は，貸倒引当金勘定に戻し入れられる。貸倒損失が計上された年度以降の年度に，償却債権の取立てがなされた場合には，回収額は，償却債権取立益勘定に記録される。

(木戸田力)

しょうぎょうてがた【商業手形】

mercantile paper

　実際の商取引に基づき振り出された手形をいい，融資を受ける目的で振り出された金融手形（融通手形）と区別される。これは，商品売買等の本来的活動に基づき生じた債権・債務の決済のための営業手形と，固定資産の購入・売却等の付随的活動に基づき生じた債権・債務の決済のための営業外手形とに区分することができる。

(畑山　紀)

しょうぎょうぼき【商業簿記】

merchandising bookkeeping,
commercial bookkeeping

　商業を営む企業で用いられる簿記（＝商的企業簿記）をいい，銀行業や工業，農業などの異なった業態の企業等で利用される銀行簿記，工業簿記，農業簿記などと区別される。

　今日，簿記のもっとも代表的形態とされる複式簿記は，中世末期のジェノヴァやフィレンツェ，ミラノ，ヴェネツィアなどで活動していた商人の簿記実務から生成・発展したものであり，とくに冒険的海上商業で繁栄したヴェネツィア商人が用いた帳簿記録の方法は，ルカ・パチョーリ（Luca Pacioli）により，彼の数学書『算術，幾何，比および比例総覧』(1494年) に収録され，ヴェネツィア型の商業簿記（＝ヴェネツィア式簿記）がその後ヨーロッパ各

地に複式簿記の典型例として伝播・普及する一つの要因になった。⇨複式簿記，パチョーリ，工業簿記，銀行簿記

(中野常男)

しょうけんあなりすと【証券アナリスト】securities analyst

証券分析家のことで，証券を発行する企業の財務内容や収益力を分析して投資価値の判断を行ったり，産業動向，景気動向，金融状況などの分析・評価を行う専門家および，ポートフォリオの運用・管理に携わっている者や投資助言を専業とする投資顧問などを指す。アメリカでは会計士と同等の地位があるといわれている。わが国では日本証券アナリスト協会により検定制度が実施されている。

(外島健嗣)

じょうけんつきさいむ【条件付債務】

将来，一定の条件を満たすと，確定債務となる債務をいう。たとえば，就業規則や労働規約などによって従業員の退職時にその退職金を支払う定めがある場合の退職給与引当金などである。

(藤田晶子)

しょうけんほう【証券法】Securities Act of 1933

1929年のニューヨーク株式市場の大暴落を契機に実施された調査で，当時の証券市場で詐欺的行為等が横行していたことが明らかになったため，そのような行為等から投資者を保護することを目的として1933年にアメリカで制定された法律で，証券の発行・募集を規制するものである。証券の公募発行に際してすべての事実を十分かつ公正に開示することを義務づけていることから，証券真実法（Truth in Securities Act）あるいは発行真実法ともよばれている。同法による情報開示手段に，SECへの登録届出書の提出と投資者への目論見書の交付がある。登録届出書には，証券発行会社の財務・経営内容に関する事項や会計士の監査を受けた財務諸表等が記載され，公衆の閲覧に供される。なお，株式上場会社および株主数や総資産など一定の基準を満たした会社（主として店頭登録会社）は1934年証券取引所法に基づき，年次報告書や四半期報告書等による継続的情報開示が義務づけられている。

(外島健嗣)

しようそうしほん【使用総資本】

使用総資本は，

総資産＋手形割引・裏書高－建設仮勘定－繰延資産－自己株式－新株払込金（申込証拠金）

により計算される額である。重要な資金調達源泉である手形割引高・裏書高を加算し，未稼働である建設仮勘定，繰延資産，資本からの控除項目である自己株式，いまだ使用されていない新株払込金（申込証拠金）を減算する。

(大矢知浩司)

しようそうしほんかいてんりつ【使用総資本回転率】

売上高を分子として，使用総資本（総資本から遊休資本を控除したもの）を分母とする比率をいい，資本の効率性を判断する。すなわち，経営活動に投下した資本の何倍の売上高を得たかをみる指標である。⇨使用総資本

(藤田晶子)

しようはんばい【試用販売】

顧客に商品を試用させたうえで，当該商品の購入または返品を決定してもらう販売方法である。ここにおいては顧客が買取りの意思を表示した時点で収益を計上する（実際には，期限までに返品しないかぎり買取りの意思があるとされる）。試用販売のため商品を発送し

た場合には，
(借) 試　用　品　×××
　(貸) 試 用 仮 売 上　×××
とし，買取りの意思表示がなされた場合，この反対仕訳をするとともに，新たに
(借) 売　掛　金　×××
　(貸) 売　　　上　×××
の仕訳を行う。⇨実現主義，販売基準
(藤田晶子)

しょうひょうけん【商標権】
right of trade mark, trade mark

　産業財産権の一つである。商標に伴う権利であり，商標は商標法によって保護される。商標法で商標とは，文字，図形，記号もしくは立体的形状もしくはこれらの結合またはこれらと色彩との結合であって，(1)業として，商品を生産し，証明し，または譲渡する者がその商品について使用をするもの，(2)業として，役務を提供し，または証明する者がその役務について使用をするものをいう。商標は，事業者自身の提供する商品あるいはサービスと他人の類似する商品あるいはサービスを識別するために，使用される。商標権は設定の登録により発生し，商標権の存続期間は，設定の登録日から10年である。ただし，商標権の存続期間は，商標権者の更新登録の申請により更新することができる。商標権は無形固定資産に属し，法人税法では，耐用年数10年で定額法により償却される。⇨無形固定資産
(薄井　彰)

しょうひょうしょるい【証憑書類】
voucher

　取引事実を明らかにする書類を指す。この書類に基づいて会計記録が作成されることになるので，会計記録の正確性を証明するすべての書類が証憑となる。取引事実を立証するためには外部取引関係における関係当事者間で授受された書類が必要とされ，たとえば領収証（領収書），送り状などがある。⇨証憑書類（種類と管理）
(山口忠昭)

しょうひょうしょるい【証憑書類（種類と管理）】

　証憑書類には，仕入先からの送り状・納品書・請求書・領収証（領収書），得意先からの注文書・商品受領書等の他人から受け取るものと，仕入先への注文書の写し，振り出した小切手や手形の控え，得意先への送り状・請求書の写し，領収証の控え等の自己の発行したものの控えや写しがある。証憑書類は，取引の証拠となる重要な書類であるので，日付順に整理して，大切に保存しなければならない。⇨証憑書類
(市川直樹)

しょうひんありだかちょう【商品有高帳】stock ledger

　商品の在庫管理目的のために，商品の種類別に商品の受入れ，払出し，残高の明細を記録する補助元帳である。継続記録法による場合は，各商品の増加，減少および残高について，数量，単価および金額が記録される。棚卸計算法では，受入れについて数量のみを記録し，期末に一括して金額の計算を行う。継続記録法による期末帳簿棚卸高と実地棚卸高との差額を棚卸減耗損として把握できる。商品元帳，在庫品元帳ともいう。
(大城建夫)

しょうひんかいてんりつ【商品回転率】merchandise turnover, rate of stock-turn

　1年間に商品が何回転したかを示すもので，売上高を商品で除して計算される。回転率が高ければ販売効率がよく在庫費用が少ないことを示している。また，商品のほかに原材料，仕掛品，

製品などの棚卸資産に対する売上高の関係をみることで，棚卸資産回転率を計算することができる。これは，仕入や生産から販売までの企業経営の効率性を判断する指標である。さらに，棚卸資産の種類別にその残高を最も直接的に関連するフロー項目に対応づけて回転率や回転日数を計算することで経営の効率性を判断することができる。

(浦崎直浩)

しょうひんかんじょう【商品勘定】

商品勘定は，商品の売買および返品，値引の取引を記録する勘定である。その記録方法としては，分記法，総記法があるが，それによって商品勘定の性質が異なる。分記法では，商品の売買とも原価で記録され，純粋に資産勘定としての性質をもつのに対し，総記法では，販売時に商品勘定の貸方に売価で記入するため，資産と利益の混合勘定という性質をもつ。このような混合勘定の欠点を排除するため，三分法，売上高・売上原価対比法が工夫された。
⇨混合勘定 (大城建夫)

しょうひんけん【商品券】

商品券は，百貨店などで発行される証券である。商品券の発行は，商品代金の全部ないし一部を事前に受け取ることを意味し，前受金の受領と同義である。発行企業は，商品券発行に伴い商品券所持人に対しその額面金額相当分の商品引渡義務を負うことになり，当該義務を処理する勘定が商品券勘定である。⇨商品券勘定 (鈴木昭一)

しょうひんけんかんじょう【商品券勘定】gift certificate account

商品券とは，百貨店などが発行した証券のことである。商品券を発行したときは，負債として商品券勘定の貸方に記入する。商品を販売し，その対価として商品券を受け取り，回収したときには，商品券勘定の借方に記入する。そのため，通常，商品券勘定の残高は貸方に発生することになる。この残高は，商品券発行額のうち，商品券の未回収額を意味している。他方，他店発行の商品券を取得した場合には，資産の増加として処理することになるが，自店が発行した商品券と区別するために，他店商品券勘定を設けて，その勘定に借方記入することになる。

(杉田武志)

しょうひんさきものとりひき【商品先物取引】

商品先物取引とは，将来の一定の期日に，当該売買の対象となっている商品をあらかじめ取り決めた価格で売買することを約束する取引であり，おもに商品取引所で行われている。先物取引では，決済日に商品と代金を受け渡す受渡決済も行われるが，通常は，反対売買（転売または買戻し）による差金決済が行われる。そのため価格変動差益の獲得を目的とする投機や，現物の価格変動リスクを回避するヘッジ目的で利用される。⇨金融派生商品，ヘッジ会計 (森本和義)

しょうひんばいばいえきかんじょう【商品売買益勘定】

商品売買により生じた売買益を記録する勘定である。商品の売上高と売上原価との差額を商品売買益という。分記法では，販売時に商品の売上高を原価と売買益に分けて記録する。総記法では，販売時に商品勘定の貸方に売上高を売価のまま記入し，決算時に期末商品の実地棚卸高を商品勘定の貸方に記入することによって，売買益が算定される。商品販売益勘定ともいわれる。
⇨総記法，分記法 (大城建夫)

しょうひんひょうかそん【商品評価損】loss on valuation of products

棚卸評価損ともいう。通常の販売目的で保有する棚卸資産について，期末における正味売却価額（売却市場の時価である売価から，見積追加製造原価および見積販売直接経費控除したものをいう）が取得原価よりも下落している場合に，当該正味売却価額をもって貸借対照表価額とすることにより生じた評価損をいう。「棚卸資産の評価に関する会計基準」では，通常の販売目的で保有する棚卸資産について，上記の方法の適用を強制しており，それを売上原価または製造原価，あるいは特別損失に表示するものとしている。

（三光寺由実子）

しょうひんひょうかのほうほう【商品評価の方法】

商品の取得原価を基礎とする商品評価の方法として，個別法，先入先出法，平均原価法（移動平均法，総平均法）などがある。これによって商品の払出単価が決定される。この払出単価によって，払出価額が算定され，商品の売上原価と期末商品原価に期間配分される。なお，払出単価の計算には，実際の取得原価のほかに予定価格または標準原価を用いることがある。この場合，実際価格との原価差額は原則としてそれぞれの原価に配賦調整される。

（大城建夫）

じょうほう【情報】information

意思決定を行おうとする人に役立つデータをいう。貸借対照表や損益計算書などは経営者，取引先，投資家などの意思決定に役立つ情報の一つである。これらは企業の経営活動で生じるデータを複式簿記をベースとする会計システムで処理した結果であり，会計情報とよばれる。

（金川一夫）

じょうほうかいけい【情報会計（情報利用者指向的会計）】

法律制度や規則に準拠している制度会計に対して，情報の利用者を中心に展開される会計を情報会計または情報利用者指向的会計という。従来の伝統的な制度会計では原価主義情報による客観的な真実性が追求されるが，情報会計では情報利用者の意思決定に役立つ情報の有用性を追求する。情報会計においては，財務的情報のみならず，非財務的情報や非計量的情報をも含む。情報の提供者によって開示された情報に対して利用者からの要求やフィードバックによって，提供する情報を修正することにより，情報の有用性は高まる。インターネットを用いた情報伝達や開示方法，および情報収集方法も情報会計で取り扱われる。⇨意思決定会計，意思決定有用性，制度会計　　（西口清治）

じょうほうかがく【情報科学】computer science

学問分野としての情報科学の定義は，「情報の生成，伝達，変換，認識，利用等の観点からその性質，構造，論理を探求する学問」とされ，人間の感覚器官による認識のメカニズムや生体における情報の授受，伝達等の研究（生体工学）等を含んだ広い範囲を対象としている。しかし，近年エレクトロニクス技術やデータ通信網等の情報処理技術・基盤の発達に伴って，コンピュータに関連する技術や理論の研究が情報科学のなかで大きな比重を占めるようになった。

現在では，コンピュータの構成原理やコンピュータを用いた情報処理の基本原理に関する研究を指して，情報科学とよぶことが多い。具体的な研究分野には，コンピュータをはじめ，さまざまな情報通信システムの実現技術，企業情報処理や商用データベース・情

報検索等の応用システム，コンピュータを用いた設計（CAD）・生産（CAM）等の応用技術の研究・開発等がある。

今日の社会においては，コンピュータの普及と通信システムの発達により，情報が産業，社会，生活全般の中心的な基盤となりつつある。一方，社会において情報が果たす役割が大きくなるにつれ，コンピュータ犯罪，災害等に対する情報システムの脆弱性等の新たな社会的な問題が生じており，有効な解決が求められている。この意味において，コンピュータを中心に据えた情報科学が社会に与えるインパクトは大きく，その成果に広い関心が寄せられている。⇨データベース　　（金澤　薫）

じょうほうかんさ【情報監査】

監査の主題によって監査を情報監査と実態監査に分ける試みがなされている。とくに，わが国で主張されている考え方であり，情報監査では監査の主題を「人間の言明や陳述」に求める。財務諸表監査，予測情報の監査，株主宛の営業報告書に記載される非会計情報の監査が情報監査の典型事例である。外部監査の主流は情報監査といえる。情報監査に対比される用語が実態監査である。⇨実態監査　　（盛田良久）

じょうほうけんさく【情報検索】

information retrieval

データベース化された大量の情報から必要とする情報を短時間かつ正確に探し出すことをいう。検索方法は，取り扱う情報が統計情報のような数値データ，図書のような文献資料データ，図形・写真のような画像データなどの種類により検索方法は異なる。キーワードやシソーラスを利用して検索式をつくり，目的の情報を検索する方法が一般に使われる。コンピュータ，インターネットなどの進歩・普及により，これらを使ってデータベースを簡単に使えるような仕組みが多く提供されるようになった。　　（羽藤憲一）

しょうほうせこうきそく【商法施行規則】（旧規定）

平成18年5月1日に施行された会社法と同様にその施行前の商法でも，現在株主と債権者との利害調整，すなわち株主からの受託資金の管理・運用状況の開示と債権者の保護のために債権担保力の保全状況の開示との両立を目的とした会計制度がすべての株式会社に要求された。その目的達成のための中心手段は，株式会社取締役が作成する計算書類（等）と当時の商法特例法（「株式会社の監査等に関する商法の特例に関する法律」－会社法の施行と同時に廃止）で定めた大会社の取締役が作成する連結計算書類であった。平成18年5月1日の会社法施行前の商法施行規則は，主として以上の計算書類（等）および連結計算書類を作成するために必要な財産の評価方法，計算書類（等）および連結計算書類の記載方法およびそれらの書類の監査に関わる諸規定から成る法務省令であり，その迅速な改正手続を可能にすることによって，企業会計実務の変化に即応できるように配慮された。さらに，本省令は，証券取引法（金融商品取引法）会計制度で適用される諸規定との調整も行っており，有価証券報告書（有報）を提出している大会社の貸借対照表，損益計算書または連結計算書類の用語または様式の全部または一部について，財務諸表等規則または連結財務諸表規則を適用可能としていた（第200条）。会社法施行にあわせて，商法施行規則に代わり，会社法関連の諸規定に係わる法務省令として，会社法施行規則，会社計算規則および電子公告規則が施行された。

（佐々木重人）

しょうみげんざいかちほう【正味現在価値法】

資産評価基準の一つであり，ある資産から発生すると期待される将来キャッシュ・インフローを一定の利子率で割り引くことにより当該資産の貸借対照表価額を算定する方法である。資産の本質を経済的便益とみる立場からは，この方法による資産評価が理論的とされる。わが国の現行会計基準では，金融商品会計，減損会計，リース会計等でこの方法が適用されている。

(和田博志)

しょうみざいさんがく【正味財産額】

資産－負債＝資本
という資本等式において，左辺は資産という積極財産（プラスの財産）と負債という消極財産（マイナスの財産）から構成されており，右辺におかれた資本はその差額としての正味財産額と理解される。これは純財産，純資産，正味身代などとも称される。⇨純財産

(藤川義雄)

しょうみざいさんぞうげんけいさんしょ【正味財産増減計算書】

正味財産（資産の合計額が負債の合計額を超える額，つまり純財産額）の当期中の増減を示し，期末における正味財産合計額を表示する計算書類である。「公益法人会計基準」はその作成を定めており，そこでは正味財産を一般正味財産と指定正味財産に分けて，その増減を区分計算することを求めている。さらに，一般正味財産は経常と経常外とに区分して計算が行われる。正味財産増減額を計算表示する方法には，ストック式とフロー式とよばれる二つの方法があるが，「公益法人会計基準」はフロー式を採用している。

(尾上選哉)

しょうみじつげんかのうかがく【正味実現可能価額】

正常な営業過程において資産を売却する際に受け取ると期待される現金額から当該売却に必要な直接的費用を差し引いたものをいう。負債に関しては，正常な営業過程において負債を決済する際に支払われると期待される現金額に当該支払いに必要な直接的費用を加えたものがそれに当たる。当該評価額は，資産の場合も負債の場合も，時間価値を考慮しないという特徴をもつ。現在保有中の資産および現在負っている負債の多くは，その将来の売却時点および決済時点までに種々の追加的支出を必要とするため，それらのコストを考慮した純回収額および純支払額を把握することを目的としている。しかし，取得原価主義に基づく会計制度においては，資産を正味実現可能価額で評価することは，低価法を適用する場合などに限定されている。低価法を取得原価主義の一つの適用形態とする見解においては，低価法における時価は，正味実現可能価額であるべきと主張される。⇨低価基準

(徳賀芳弘)

しょうみばいきゃくかがく【正味売却価額】net saling price

「棚卸資産の評価に関する会計基準」によると，売価から見積追加製造原価および見積販売直接経費を控除したものと定義される。通常の販売目的で保有する棚卸資産については，期末における正味売却価額が取得原価よりも下落している場合，当該正味売却価額をもって貸借対照表価額とし，取得原価との差額は当期の費用として処理される。

(和田博志)

じょうよきん【剰余金】surplus

企業会計原則上は，会社の純資産額（自己資本）が法定資本の額（資本金）

を超える部分をいい，資本剰余金と利益剰余金に区分される（企業会計原則注解〔注19〕）。資本剰余金は(1)株主による資本の払込取引，(2)政府その他による資本の贈与取引，(3)資本の修正取引よりなる資本取引から生じる剰余金であり，資本準備金である株式払込剰余金や合併差益，建設助成金，贈与剰余金などがある。利益剰余金は損益取引から生じる剰余金であり，利益準備金，任意積立金，および当期未処分利益から構成される。ただし，貸借対照表の表示においては，資本準備金，利益準備金，およびその他の剰余金（任意積立金，当期未処分利益等）に区分される。一方，会社法上の剰余金は，企業会計原則の剰余金よりも狭義で，会社の純資産額と資本金および準備金（資本準備金と利益準備金）との差額をいう。⇨剰余金区分の原則　　　　　（潮崎智美）

じょうよきんくぶんのげんそく【剰余金区分の原則】

「企業会計原則」一般原則三に定められた「資本取引と損益取引とを明瞭に区別し，特に資本剰余金と利益剰余金とを混同してはならない」という原則の後半部分をいう。資本を増減・修正する資本取引から生じる資本剰余金と，期間損益計算にかかわる損益取引から生じる利益剰余金とが混同されると，資本の浸食や利益操作につながり，企業の財政状態および経営成績が適切に反映されない。そこで両剰余金の明確な区分が要求されている。⇨剰余金，資本取引・損益取引区分の原則
　　　　　　　　　　　（潮崎智美）

じょうよきんのしょぶん【剰余金の処分】

剰余金の減少をもたらすもののことである。剰余金の処分は，その会社の内部にとどまるものと，その会社の外部に出ていくものとに分けられる。前者には，剰余金の資本金または準備金への組入れや，任意積立金の積立てなどがある。後者には，剰余金の配当のほか，資本金または準備金の株主への払戻し，自己株式の有償取得などが挙げられる。なお，会社法は，剰余金の額の変動を明確にするために，従来の利益処分案に代えて，株主資本等変動計算書の作成を義務づけている。会社法では，剰余金の配当が期中に何度でも行えることから，剰余金の変動要因が多くなったためである。（鈴木和哉）

じょうよきんのはいとう【剰余金の配当】

会社が，その会社の株主に対して行う配当のことである。配当には，金銭による配当のほか，現物配当（金銭以外の財産からの配当）も認められている。剰余金の配当は，株主総会の決議によって決められる（会社法454条1項）。しかも，従来の商法とは異なり，配当を決議する株主総会は定時株主総会に限らず，また，配当は期中においていつでも，何回でも行うことができる。なお，自己株式については配当を行うことができないこととされている（同453条）。剰余金の配当は，「分配可能額」を限度として行うことができる（同461条1項）。分配可能額は，剰余金の額（その他資本剰余金＋その他利益剰余金）に，会社法が規定する一定の金額を加減して算出する（同461条2項）。配当は従来，利益から行うものとされており，商法の下では「利益の配当」としてとらえられてきた。しかし，会社法では，それまでの「利益の配当」に代わって，「剰余金の配当」という概念が取り入れられた。これにより，その他資本剰余金も，配当原資に充てることが可能となった。　（鈴木和哉）

しょうよひきあてきん【賞与引当金】
reserve for bonus

内国法人がその使用人および使用人としての職務を有する役員に対して支給する賞与に充てるため、暦年基準または支給対象期間基準によって設定される引当金を賞与引当金という。賞与引当金は、平成10年度の税制改正においてその廃止が決まり、損金算入限度額の順次的削減により平成15年までに経過的に解消されることとなった。すなわち、賞与は実際支給日の属する事業年度の損金の額に算入されることが原則処理であるが、引当経理廃止の代償として一定の条件が整うときは未払費用として損金計上する方法が認められている。　　　　　　　（浦崎直浩）

しょうらいかさんいちじさい【将来加算一時差異】

将来加算一時差異とは、当該一時差異が解消するときにその期の課税所得を増額する効果を持つものをいい、例えば、剰余金の処分により租税特別措置法上の諸準備金等を計上した場合のほか、連結会社相互間の債権と債務の消去により貸倒引当金を減額した場合に生ずる。(「税効果会計に係る会計基準」第二・一・3、注解（注3））（興津裕康）

しょうらいきゃっしゅ・ふろー【将来キャッシュ・フロー】

あらゆる資産が将来に生み出すキャッシュ・フローをいう。企業全体であれば、企業活動を通じて将来生み出すキャッシュ・フローということになる。株式であれば配当金および株式の売却、債券であれば利息および償還・売却によって将来にキャッシュ・フローを生み出す。資産投資を行う場合には、当該資産の将来キャッシュ・フローの現在価値とそれに付随する不確実性に対するリスク・プレミアムを考慮して投資決定がなされるため、将来キャッシュ・フローを予測することが重要になる。　　　　（百合草裕康）

しょうらいきゃっしゅ・ふろーのわりびきげんざいかち【将来キャッシュ・フローの割引現在価値】
discounted present value of future cash flow

その資産が、将来もたらすと予測されるキャッシュ・インフローとキャッシュ・アウトフローの額を、将来のリスクや物価の変動、貨幣価値の変動などを考慮した割引率で割り引いて算出した価値のことである。このような算出方法を割引キャッシュ・フロー法（DCF：discounted cash flow）という。将来キャッシュ・フローの割引現在価値は資産評価を行う際に用いられ、その重要性が高まっている。　（鈴木和哉）

しょうらいげんさんいちじさい【将来減算一時差異】

将来減算一時差異とは、当該一時差異が解消するときにその期の課税所得を減額する効果を持つものをいい、例えば、貸倒引当金、退職給付引当金等の引当金の損金算入限度超過額、減価償却費の損金算入限度超過額、損金に算入されない棚卸資産等に係る評価損等がある場合のほか、連結会社相互間の取引から生ずる未実現利益を消去した場合に生ずる。(「税効果会計に係る会計基準」第二・一・3、注解（注2））
（興津裕康）

じょがいじこう【除外事項】

財務諸表監査は、専門的能力と実務経験および独立性を備えた公認会計士による財務諸表の適正性に関する意見表明をその目的としているが、監査の結果、財務諸表の一部ないし全体についてその信頼性を保証できない事態が

明らかになることも考えられる。この場合，信頼性の保証を損なわせる事象の重要性に応じて，監査報告上で表明される意見も適正意見から限定付適正意見，さらに不適正意見ないし意見不表明と移行していくことになる。このように財務諸表の信頼性を損なうような事象に監査人が遭遇し，これに関する記載を監査報告書上で行った場合，これを除外事項（ないし限定事項）とよぶ。すなわち，これは適正意見に対する否定的な問題点を示す事項を意味する。
(伊豫田隆俊)

しょくぎょうてきせんもんかとしてのせいとうなちゅうい【職業的専門家としての正当な注意】

監査人が職業的専門家として通常払うべき義務，換言すれば，職業的専門家として一般に期待される注意義務のことである。監査人は監査に従事する他の人々と同程度の技術・知識・能力を有し，忠実にその業務を遂行しなければならないという義務であり，法律にいう「善良なる管理者の注意」に相当する概念である。その具体的内容は，その時代において一般に公正妥当と認められる監査の基準によって明らかにされるので，監査人が正当な注意を払ったといえるためには，これらの基準に厳密に準拠する必要がある。また，監査人が責任を問われるのは，これらの基準を遵守せず，したがって正当な注意を払わなかったとされる場合なので，職業的専門家としての正当な注意は，監査人の責任の限界を示す概念でもあるといえる。
(松井隆幸)

しょとくげんせんせつ【所得源泉説】

所得課税における担税力指標としての所得の本質あるいは範囲に関する所得概念論争の過程で主張された学説の一つである。純資産（純財産）増加説に対立する考え方である。所得源泉説は収益の流入源泉に着目し，一定の源泉から継続的・規則的・反復的に流入するものを所得と理解する。この説によると，キャピタル・ゲインや受贈物のように臨時的・非反復的に取得されたものは所得を構成しないことになる。このように所得源泉説は限定的な所得概念を主張する。わが国の現行所得税法は，所得の種類ごとに所得金額を算定する方式をとっているものの，原則としては総合課税であり，しかも退職所得，譲渡所得さらに一時所得も課税対象に含めているので，所得源泉説の考え方を採用しているとはいえない。益金から損金を控除して所得を算定する方式をとっている現行法人税についても同様である。⇨純財産増加説
(鈴木一水)

しょとくぜい【所得税】income tax

所得を課税物件（客体）とする租税で，個人所得税と法人所得税に分かれる。わが国の場合，たんに前者を所得税，後者を法人税とよんでいる。わが国の所得税法は，所得を10種類に分類したうえで総合し，これに累進税率を適用することで，担税力に応じた公平な税負担を実現している。納税義務者は原則として個人であり，暦年ごとに課税され，納期限は翌年3月15日までである（確定申告制度）。
(末永英男)

しょゆうけんがりゅうほされたこていしさん【所有権が留保された固定資産】

割賦販売で購入した資産やリース物件で，その所有権が売主に留保されている固定資産をいう。割賦購入した場合，代金が完済されるまで商品等の所有権は売主に留保されるが，資産は認識される。リース取引の場合，借り手は通常の売買取引に係る方法に準じて

会計処理を行う（ファイナンス・リース取引）が，一定の条件のもとでは，通常の賃貸借取引に係る方法に準じて会計処理を行う（オペレーティング・リース取引）ものとされ，当該リース物件の所有権は貸し手に留保される（「リース取引に関する会計基準」）。　（異島須賀子）

しわけ【仕訳】journalizing

複式簿記では，すべての取引は資産の増加，負債の減少，資本（純資産）の減少，費用の発生という借方側の取引要素と，資産の減少，負債の増加，資本（純資産）の増加，収益の発生という貸方側の取引要素との結合として認識される。仕訳とは，このような勘定記入の法則に従う取引の8要素とその結合関係に基づいて，簿記上の取引を借方要素と貸方要素に分解し，それぞれに適切な勘定科目を決定し，さらにその金額を確定することをいう。⇨仕訳帳　　　　　　　　　（大崎美泉）

しわけちょう【仕訳帳】journal

帳簿記録の担当者が，元帳に設けられた勘定に取引を記録（＝勘定記入）するに先立って，取引を貸借二面的に分析した結果を発生順に記録する帳簿をいう。元帳への勘定記入は，原始記入簿と位置づけられる仕訳帳から，転記，つまり，仕訳帳の借方記入を元帳の該当する勘定の借方に，仕訳帳の貸方記入を元帳の該当する勘定の貸方に書き移すという手続を介して行われる。仕訳帳は，いわば勘定記入のための指示書であり，そこからは取引の歴史的記録（発生順の記録）が得られる。⇨仕訳，元帳　　　　　　　（橋本武久）

じんかくしょうけいせつ【人格承継説】

合併の本質についての考え方の一つであり，「人格合一説」といわれることもある。これによれば，合併とは，複数の合併会社の株主持分を株式の交付・取得を通じて人格的に融合させる取引とみなされ，被合併会社の資産・負債は簿価で合併会社に継承され，さらに被合併会社の資本準備金，利益準備金，任意積立金等の純資産も従前の資本構成のまま合併会社に引き継がれる。したがって，合併にあたって新たに交付された株式および合併交付金の総額が被合併会社の資本金の額よりも少ない場合には，その差額は合併差益として処理される。すなわち合併差益は合併減資差益に限定されることになる。なお，この人格承継説に対立するものとして，被合併会社の株主がその純資産を合併会社に現物出資すると考える「現物出資説」がある。この考え方によれば，被合併会社から引き継いだ純資産額が合併会社の増加した資本金の額を超える額はすべて合併差益とされる。⇨現物出資説　　　　（原田満範）

しんかぶよやくけん【新株予約権】

従来の新株引受権に代えて新設された制度である。新株予約権とは，これを有するもの（新株予約権者）が，株式会社に対しこれを行使したときに，会社が新株予約権に対し新株を発行し，またはこれに代えて会社の有する自己株式を移転する義務を負うものである。⇨新株予約権付社債　　　　（河内山潔）

しんかぶよやくけんつきしゃさい【新株予約権付社債】

新株予約権（将来，一定の価額で新株を購入できる選択権）を付した社債をいう（会社法2条22号）。新株予約権と社債を分離して譲渡することはできない

(会社法254条2‐3項)。平成13年商法改正前は、商法は、特殊な社債として①転換社債と②分離型新株引受権付社債と③非分離型新株引受権付社債の規定を設けていた。平成13年の改正で、新たに新株予約権付社債(非分離型)の規定を設けた。新株予約権の行使を、付された社債ですることと定めれば、①の転換社債と同じになり、これを転換社債型新株予約権付社債という。転換社債型以外のものは、③の非分離型新株引受権付社債と同じになる。②の分離型新株引受権付社債は、新株予約権と社債を同時に募集し、同一人に割り当てられるものとして整理され、特殊な社債には含まれなくなった。会社法は、これらの制度を引き継いでいる。新株予約権付社債の発行者側は、原則として、区分法によって会計処理する(ただし、転換社債型新株予約権付社債については、一括法による処理も認めている)。新株予約権が行使され、新株を発行する場合、発行者側は、社債の対価部分と新株予約権の対価部分の合計額を、資本金または資本金および資本準備金に計上する。新株予約権が行使され、自己株式を交付する場合、社債の対価部分と新株予約権の対価部分の合計額が自己株式処分対価となり、それと自己株式の取得価額との差額だけ自己株式処分差額が生ずる。これは、その他資本剰余金の増減として処理する。取得者側は、転換社債型新株予約権付社債の場合、一括法によって、普通社債の取得に準じて会計処理し、その他の新株予約権付社債については、区分法によって、それぞれ別個の有価証券として会計処理する(「払込資本を増加させる可能性のある部分を含む複合金融商品に関する会計処理」)。　　　(清水啓介)

しんじつかつこうせいながいかん【真実かつ公正な概観】
true and fair view

　イギリス会社法において要請される会計および監査の基本原則であり、「真実かつ公正な写像」ともいう。この要請とは、会社の財務諸表が真実かつ公正な概観を示すべきこと、そしてその点についての監査意見が監査報告書に載せられるべきことである。法の計算規定に不備がある場合、その空白を埋める包括規定としての意味をもつが、さらに、ある時点における法や会計基準の範疇を超えてでも、開示することが必要な経済的実質が存在する場合、その開示を要求する規定(離脱規定)としての意味ももっている。この概念は、1978年EC会社法第4号指令を通じて加盟国の会計規定に導入されており、さらに国際財務報告基準(IFRS)の基本思考となっているということができる。　　　(佐々木隆志)

しんじつせいのげんそく【真実性の原則】
principle of true and fair reporting

　企業会計原則の最初に掲げられ、他のすべての原則を統括する最重要の原則である。企業会計が財務諸表を通じて真実な報告を提供すべきことを要請する原則である。なお、この原則がいう真実とは、決して普遍的・絶対的なものではなく、相対的なものである。会計処理に見積りや判断が介入することは当然であって、企業会計における唯一の絶対的な真実は存在し得ない。ゆえに、ある時代のある地域において定められている会計ルールに従った会計処理を採ることによって達成される相対的な真実性を要求するのがこの原則であるといえる。その意味では、真実性の原則とは、それ以外のすべての会計原則・基準を遵守すべきことを要

求する原則ということもできる。
(佐々木隆志)

じんめいかんじょう【人名勘定】
personal account

　債権・債務の発生・消滅・残高について記帳するため，相手方の氏名，屋号，商店名，会社名などの人名を勘定科目とした勘定である。得意先・仕入先に対する売掛金・買掛金の増減を取引先別にそれぞれ記帳するため人名を勘定科目とした諸勘定を用いると便利であるが，取引先が多数であるときには勘定の数が多くなってその取扱いに困難が生じてくる。そのため，売掛金勘定・買掛金勘定という統括勘定（統制勘定）によって一括して記帳し，その内訳を示す各人名勘定を得意先元帳・仕入先元帳という補助元帳の内に設けて記帳するのである。⇨仕入先元帳，得意先元帳　　　　(武田隆一)

しんようかんさ【信用監査】

　銀行が，短期資金の貸付の情報として銀行提出用の貸借対照表に対して，借手企業に要求した公認会計士による監査をいう。信用監査は，「貸借対照表監査」あるいは「信用目的のための監査」ともいう。ある時期，わが国では信用監査をアメリカ監査の典型（アメリカ式監査）であるという主張もなされたが，その後，監査研究者の実証研究により信用監査は普及していないことが判明した。⇨貸借対照表監査
(盛田良久)

しんようぶんせき【信用分析】
credit analysis

　銀行その他の金融機関は，企業から融資の申込みを受けると，貸付金が確実に回収できるかどうか，利息を確実に受け取ることができるかどうかを判断するために，申込企業の経営成績や財政状態を分析する。このような貸付の意思決定や既存の債権の回収の確実性を評価するために，財務諸表などの資料を用いて行う経営分析を信用分析という。信用分析では，短期的には申込企業の流動性が重視される。しかし，長期的には，負債の返済または支払能力は収益力に影響されるので，融資先の収益力がより重視される。⇨流動性分析　　　　　　　　　　(杉山晃一)

しんらいせい【信頼性】reliability

　会計情報が有用であるために備えるべき主要な質的特性の一つであり，FASBの財務会計概念書第2号は「当該情報に誤差と偏向がほとんど存在せず，また表現しようと意図するものを忠実に表現していることを保証する情報の特性」と規定している。上記概念書においては，この信頼性のもとに「検証可能性」，「表現の忠実性」，「中立性」が下位属性として示されている。測定者が個人的偏向なく測定を行った（中立性）測定値と測定手続の関係を操作的検証を通じて保証すること（検証可能性）により，情報が表現しようと意図する現象を有意な度合いで忠実に表現していること（表現の忠実性）が保証され，会計情報の信頼性が確保されることになる。通常，「目的適合性」と対置され，両者のトレード・オフ関係が問題となる。たとえば，目的適合性の下位属性のひとつである「適時性」を追求することによって会計情報の信頼性が損なわれる場合がそうである。⇨目的適合性　　　　(徳賀芳弘)

す

すとっく・おぷしょん【ストック・オプション】stock option

ストック・オプションとは、経営者や従業員が、自社の株式を特定の期間内あるいは特定時点で所与の価格（権利行使価格）で購入する権利のことを指している。通常当該権利は、経営者や従業員の報酬として利用される。しかも、権利行使価格に比べて自社株式の時価が高いほど、高い報酬が払われたことになるので、経営者や従業員はこぞって株価を上昇させようと経営努力するため、株主の利害とも合致することになる。また実際に権利が行使された場合にも、支払いは株式市場が行っているので、企業には大きなコスト負担とはならず、企業にとって二重に有利な手段である。実際に権利行使をする過程とは、権利を保有した者が、企業に権利行使価格を支払って自社株を購入し、市場において時価で売却するのである。こうした取引は当然会計的に記録される必要があるが、一方では自社株の取引としての側面から記録される必要があり、他方では報酬の支払いとして記録される必要もある。

（山地秀俊）

すとっくしきしょうみざいさんぞうげんけいさんしょ【ストック式正味財産増減計算書】

正味財産増減計算書における正味財産増減額の計算方法には、ストック式とフロー式がある。ストック式とは、当該年度中における正味財産増加額（それぞれの資産の増加額および負債の減少額）と正味財産減少額（それぞれの資産の減少額および負債の増加額）を対比させ、正味財産がどれだけ当期に増加（減少）したかを示す計算書である。改正前の「公益法人会計基準」はこのストック式を本則として採用していた。
⇨フロー式正味財産増減計算書

（尾上選哉）

するーぷっとかいけい【スループット会計】

生産プロセス全体におけるボトルネック（制約条件）に注目し、そのボトルネックの生産能力の向上に取り組むとともに、ボトルネックのペースに合わせて他の生産工程の稼働率を調整することで、不要な仕掛在庫や、納期遅れといった問題を解消しようとする、「制約理論（TOC）」の考え方のもとで考案されてきた管理会計ツールの一つである。通常、製品当たりの原価を計算することを主目的とせず、「スループット」（売上高−資材費）の増大、「在庫」（販売を意図する資材に投資した金額）の削減、「業務費用」（在庫をスループットに転換するために支出した金額）の削減を通じて、当該製品の生産・販売にかかるプロジェクト全体での利益の最大化を図ることが目的とされる。

（堀口真司）

すわっぷとりひき【スワップ取引】
swap transaction

二つの企業がそれぞれの債務を交換するなど,相等しい現在価値をもつキャッシュ・フローを生じるような債務同士,または債権同士を交換する取引である。代表的な形態として金利スワップと通貨スワップがある。金利スワップの基本型は,同一通貨で示された債権または債務の想定元本は交換せず,固定金利と変動金利のみを交換する取引である。通貨スワップの基本型は,異なる通貨で表示された想定元本と金利の両方を交換する取引である。
⇨金利スワップ　　　　　　（桜井貴憲）

せ

せいきのげんかしょうきゃく【正規の減価償却】normal depreciation

一定の耐用年数または有効期間を有する有形,無形の減価償却性資産について,適正な期間損益計算を行うために,その取得原価または製作価額を計画的,規則的に一定の減価償却方法に従って費用化することを意味する。正規の減価償却方法には,利用期間または耐用年数を基準とする定額法,定率法,級数法,利用度を基準とする生産高比例法,運転時間法がある。この正規の減価償却方法は,計画的,規則的に減価償却費を計算するところから規則的減価償却方法とも称される。正規の減価償却とされなかった不規則的,非計画的減価償却としては,予測不能な技術進歩や需要変化等の外的事情や災害,事故等の偶発的事情による臨時償却と税法上の特別償却がある。これを不規則的な償却という。　（高山清治）

せいきのぼきのげんそく【正規の簿記の原則】

企業会計原則は一般原則二において「企業会計は,すべての取引につき,正規の簿記の原則に従って,正確な会計帳簿を作成しなければならない。」と規定している。正規の簿記の原則は,財務諸表が網羅性,検証可能性,秩序性を有する記録手段としての簿記(正確な会計帳簿)に基づいて作成されることを要請し,かつ財務情報の利用者に対して真実な報告が伝達されることを要請したものであり,真実性の原則を支える原則であるといえる。

（木本圭一）

せいきのぼきのしょげんそく【正規の簿記の諸原則】

「すべての商人は,帳簿を備え置き,その帳簿に自己の営業取引と財産の状態を,正規の簿記の諸原則に従って,明瞭に記載しなければならない」(ドイツ商法典238条1項1文)。「資本会社の年度決算書は正規の簿記の諸原則に従って資本会社の財産,財務および収益状況につきひとつの事実関係に適合する写像を伝達しなければならない」(同264条2項1文)。これは,ドイツ商法典にみる正規の簿記の諸原則に関する記述部分である。このように,正規

の簿記の諸原則は，法体系のなかに成分化された規定である。1985年の商法典にみる正規の簿記の諸原則は次のとおりである。明瞭性の原則および概観性の原則（同243条2項），完全性の原則（同246条1項），貸借対照表同一性の原則（同252条1項1号），企業継続の原則（同252条1項2号），個別評価の原則（同252条1項3号），慎重の原則，実現原則（同252条1項4号），期間帰属原則（同252条1項5号），評価方法の継続性原則（同252条1項6号）。⇨一般に認められた会計原則　　　　　　（興津裕康）

ぜいこうかかいけい【税効果会計】
tax effect accounting

　財務報告（財務諸表）における法人税等の会計処理方法の一つであり，「税効果」を考慮する処理方法である。「税効果」とは，財務報告上と税務申告上の収益または費用（益金または損金）の認識時点の相違や，財務報告上と税務申告上の資産または負債の額に相違がある場合で，そうした相違に起因する税金支払額への潜在的な影響額である。税効果会計は，法人税等の期間配分という会計処理を伴うため，税金配分会計ともよばれる。税効果をある期間に生ぜしめ，後の期間に解消させるような財務報告上と税務申告上の諸項目の差異を「一時差異」とよび，税効果の額は，基本的には一時差異の額に法人税等の税率を乗じて計算される。税効果は損益計算書上，法人税等の額に加減算され，貸借対照表上，繰延税金資産または繰延税金負債として表示される。その処理方法としては，一般に資産負債法と繰延法があるが，わが国では資産負債法が採用されている。⇨資産負債法，繰延法

（齋藤真哉）

せいさんかち【清算価値】
liquidation value

　事業体の清算手続に際して，当該事業体の財産の評価額をいう。実際には，財産が競売等を通じて換金されるので，換金価値ともいう。このときの換金価値は，通常の継続事業の下での売却価値ないし正味実現可能価値とは異なり，簿価よりも著しく減少するのが一般的である。したがって，繰延資産のような換金価値を有しない資産の清算価値はゼロとなる。　　　　　　（松本康一郎）

せいさんきじゅん【生産基準】
production basis

　販売基準・回収基準と並ぶ収益認識基準の一つで，生産の進行に対応させて生産過程の途中もしくは生産完了時をもって収益を認識する基準である。分配可能額の算定を目的とした計算体系では，生産時点において販売が確実であり，かつその販売額が合理的に見積可能な場合に限って適用可能であるとされる。適用対象との関係から，どこまでを生産基準とよぶかについては見解が分かれるが，最広義には，請負価格があらかじめ確定している長期請負工事契約による工事収益の認識（とくに工事進行基準という），組織的な市場が存在し，容易に販売可能な石油・金などの採掘による収益の認識，および契約等により買上価格が確定している農産物の収穫による収益の認識（とくに収穫基準という）が含まれる。なお，生産基準は発生主義に，販売基準は実現主義に属する認識基準として，発生主義を実現主義の例外とする論者も多いが，これには問題があるとする見解もある。⇨工事収益，工事完成基準，工事進行基準　　　　　　（石井康彦）

せいさんたいしゃくたいしょうひょう【清算貸借対照表】

　企業が破産その他の理由により解散する場合に作成される貸借対照表のことである。企業の継続を前提にして定期的に作成されるいわゆる決算貸借対照表とは異なり，特殊貸借対照表の一つであり，企業債務の返済や残余財産の分配等についての基礎資料として利用される。したがって，そこに計上される資産としては換金価値のあるものに限定され（つまり繰延資産等の貸借対照表能力は否定され），また，処分価額で評価される（つまり取得原価評価は否定される）ことになる。⇨静的貸借対照表論

(笠井昭次)

せいさんだかひれいほう【生産高比例法】production method

　固定資産の実際の利用ないし操業度が年度によって異なり，しかも当該固定資産の減価の発生がその資産の利用度に比例する場合には，時間基準つまり耐用年数よりも利用度つまり運転時間ないしは生産高を基準にする方がより合理的な減価償却費の計算を可能にする。このような当該資産の利用度を基準とする減価償却方法を比例法という。この代表的なものとして生産高比例法がある。この生産高比例法は，利用度をあらかじめ物量的に確実に推定できる場合に利用可能であり，具体的には，固定資産の使用中に予測される総産出量を基準にして，要償却額（取得原価−残存価額）を除して生産量1単位当たりの減価償却費を計算し，当年度の生産量にそれを乗じることによってその年度の減価償却費を計算する方法である。これは鉱業用の固定資産の償却に適し，減価償却費を変動費として計算するところに特徴がある。⇨減価償却法

(高山清治)

せいじょうえいぎょうじゅんかんきじゅん【正常営業循環基準】
normal operating cycle rule

　資産・負債に関する項目を流動項目と固定項目に分類するための基準の一つである。正常営業循環基準とは，＜現金＞→商品・原材料の購入取引＜支払手形・買掛金＞→棚卸資産＜商品・原材料・仕掛品・製品＞→商品・製品の販売取引＜受取手形・売掛金＞→＜現金＞という企業の通常の営業循環過程に現れる営業債権（前払金も含む）・棚卸資産・営業債務（前受金も含む）を流動項目とするものである。⇨一年基準

(志賀　理)

せいぞうかんじょう【製造勘定】
manufacturing account

　メーカーが製品を生産するために消費した原価要素を集計するために用いられる，工業簿記に特有の勘定である。この勘定の借方には，材料費・労務費・製造経費の消費額が，それぞれ材料勘定・労務費勘定・経費勘定などから振り替えられて記入される。他方，貸方には完成品の製造原価が記入され，製品勘定へ振り替えられる。したがって製造勘定の残高は，その時点で未完成の仕掛品の残高を示すことになる。⇨製造原価，製品原価

(土田俊也)

せいぞうかんせつひ【製造間接費】
manufacturing expense,
factory overhead cost, burden

　製造間接費とは，製造直接費とともに製造原価を構成するものであって，製品の製造に対して直接的には把握できないが，各種の製品に共通的に発生した原価をいい，補助材料費，工場消耗品費，消耗工具器具備品費などの間接材料費，直接工間接賃金，給料，退職給付引当金繰入額などの間接労務費，および，減価償却費，水道光熱費，棚

卸減耗費，雑費などの間接経費の三つに分類される。なお，間接費の計算は，正確性，迅速性および差異分析の観点から，実際の発生額に対して事後的に配賦計算するのではなく，配賦率を使った予定によることが妥当とされている。

（橋本武久）

せいぞうかんせつひさい【製造間接費差異】overhead-cost variance

標準原価計算で製造間接費を標準配賦率により配賦している場合などにおいて，所定の原価計算期間の製造間接費の配賦額と実際に発生した金額との間に生じた差額をいう。製造間接費差異は，予算差異・能率差異・操業度差異などに適切に区分して分析することにより，業績評価の際の責任の所在を明確にでき，製造原価の削減の目標を達成するために役立てることができる。なお，具体的な分析方法は，製造間接費予算が固定予算と変動予算の場合で相違する。

（山下和宏）

せいぞうげんか【製造原価】manufacturing costs

販売用の製品やサービスの生産のために消費された財や用役の経済価値をいい，消費された財やサービスの取得原価に基づいて算定される。製造原価は通常，発生形態別に材料費（素材費・買入部品費・燃料費など），労務費（賃金給料・福利費・退職給付費用など），および経費（減価償却費・電力料・外注加工費など）に3区分して把握されたうえで，原価計算の手続を経て，完成品1単位当たりの製造原価が決定され，それが製品の取得原価となる。⇨売上原価

（池田健一）

せいぞうげんかほうこくしょ【製造原価報告書】schedule of cost of goods manufactured

製造業を営む企業が，当期の完成品の生産に要した製造原価を報告するために作成する報告書である。金融商品取引法に基づいて財務報告を行う企業は，個別企業の損益計算書に添付するために，これを製造原価明細書として作成するよう要求されている。この報告書には，当期の製造費用が材料費・労務費・経費に区分して記載された後，期首と期末の仕掛品棚卸高を加算・減算することにより，当期完成品の製造原価が明示される。

（石川博行）

せいぞうさしずしょ【製造指図書】work order

製品の製造または試作品の作成や仕損品の補修作業等の特定の作業を命令する書類であり，製造作業および原価計算を実施する際の基礎資料となるものである。一般的に，この書類には特定指図書と継続指図書の2種類がある。前者は，顧客からの受注に応じて個別に製造される製品に対して用いられる指図書である。後者は，見込生産をしている製品に用いられる指図書で当該製品を一定の期間の間，反復的かつ連続的に生産することを指示する書類である。なお，これらの書類は企業ごとの特性によって様式が異なっている。

（川﨑紘宗）

せいちょうせいぶんせき【成長性分析】growth analysis

成長性分析は，企業が成長する割合およびその原因を明らかにする分析である。成長率を測定するのに用いられる項目として，売上高，利益，総資産，設備投資，従業員数，付加価値額などがある。これらの項目の対前年度または特定の基準年度に対する伸長率とし

て，また，複利法を用いて数年間の数値の1年当たりの平均的伸長率として，成長率は算定される。分析にあたっては，各項目の個別的な成長率をみるにとどまらず，その相互のバランスがとれているかどうかをみることが重要である。近年，企業が事業の多角化を進めるに伴い，企業全体ではなく，事業内容ごとの成長率をみることの重要性が高まっている。また株主にとっては，企業全体の成長が個々の株主にとっての成長を必ずしも意味しないので，売上高や利益などの総額の成長率よりも，1株当たりの売上高や利益の成長率をみることが重要である。⇨収益性分析

(山田康裕)

せいてきたいしゃくたいしょうひょうろん【静的貸借対照表論（静態論）】

シュマーレンバッハは，損益計算にかかわらしめて構成した自己の動的貸借対照表に対して，従前の貸借対照表を静的貸借対照表と特質づけた。以後，この概念が普及したが，静態論ともいわれる。したがって，静的貸借対照表論あるいは静態論というのは，動的貸借対照表論あるいは動態論に対比される包括的名称であり，それらの提唱者自体が明確な問題意識を共有しているとは必ずしもいえない。しかし，その一般的特質を指摘すれば貸借対照表の目的を企業の財産計算に求めた点にある。具体的には，シェアー，ニックリッシュ，オスバール，ゲルストナー等の論者がいる。⇨財産貸借対照表

(笠井昭次)

せいどかいけい【制度会計】

株主や債権者（社債の所有者や銀行）など，企業外部の利害関係者に報告することを目的にした企業会計が，財務会計である。そして，法律の規制に準拠して実施される財務会計を制度会計という。会社法の規制に従った会計と，金融商品取引法の規制に従った会計は，制度会計である。また，法的規制を超えて行われる財務会計もある。たとえば，海外の投資者向けに自主的に英文財務諸表を作成したり，自然環境保護や地域社会貢献の程度を計測し報告する（環境会計や社会関連会計）場合である。

(須田一幸)

ぜいびきまえとうきじゅんりえき【税引前当期純利益】

損益計算書における経常利益の額に，特別利益の額と特別損失の額を加減した額をいい，金額がマイナスの場合はとくに税引前当期純損失という。税引前当期純利益は包括主義に基づいて算出されるため，臨時損益の期間外損益が加減されている。税引前当期純利益から法人税等を差し引いたものが当期純利益である。⇨経常利益，特別損益の部，包括主義損益計算書，前期損益修正，当期純利益

(宮本幸平)

せいひん【製品】product

製造業において，製造工程を終わって完成したが，まだ販売されていない生産物を示す。貸借対照表においては，棚卸資産の一つとして資産の部の流動資産に計上する。⇨製品原価

(福島吉春)

せいひんげんか【製品原価】
product cost

原価は「費用収益対応の原則」の適用形態に基づいて製品原価と期間原価とに分けられる。今日一般に使用されている全部原価計算において，製造原価は製品原価として扱われ，製造活動で発生した原価は商品の仕入原価のように，製品に付着するように集計する（原価の凝着性という）。当該製品が販売されたときに，販売された製品の製

造原価は売上原価という費用になり，その製品の販売から得られた売上という収益と対応される。販売されるまでは製品という資産として貸借対照表に計上され，費用にはならない。

一方，期間原価である販売費及び一般管理費の諸項目は，物に付着することなく，販売された期間の収益から費用として控除される。なお製品原価は個別的・直接的対応原価，期間原価は一括的・期間的対応原価ともよばれる。
⇨製品，売上原価 （福島吉春）

せいひんべつげんかけいさん【製品別原価計算】
cost accounting by product, product cost accounting

実際原価計算において製造原価は，まず費目別に計算し，次いで部門別に計算し，最後に製品別に計算する。財務諸表を作成する際，販売された製品の原価は売上原価として損益計算書に，また未完成であったり，いまだ販売されていない製品の原価は仕掛品あるいは製品として貸借対照表に計上するので，製品別原価計算が重要であるが，費目別計算および部門別計算も，製品別計算の正確化や原価管理のために重要である。 （福島吉春）

せいひんほしょうひきあてきん【製品保証引当金】

商品・製品を販売する際，一定期間に生じた商品・製品の欠陥につき無償で補修を行う旨を契約書あるいは保証書で約束している場合，将来発生する補修費用を当期の費用として計上し，当期の収益と対応させるために設定される貸方科目である。したがって，製品保証引当金は条件付債務の一種であり，工事補償引当金も同様の目的のために設定される。 （森本三義）

せいひんらいふさいくる【製品ライフサイクル】

ライフサイクルとは，さまざまな対象からなる一連の変化過程を意味する。その中で製品ライフサイクルには，大きく二つの意味がある。一つは，市場の視点から製品の一生を，生物の一生から類推し「誕生期，成長期，成熟期，衰退期」として示すものである。もう一つは，製品の一生を「研究開発から設計・企画・製造・販売・撤退まで」として示すものである。後者は，メーカー視点とユーザー視点という二つに区分される。⇨ライフサイクル・コスティング （江頭幸代）

せいみつかんさ【精密監査（精査）】
detailed audit

精密監査は，従業員が行う諸業務に誤謬・脱漏，虚偽・不正が含まれることを防止するために行われ，監査対象である証憑・伝票，会計帳簿，財務諸表の完全なる照合，すなわち「記録と記録の突合」を意味し，精細監査，全部監査ともいわれ，精査と略称されることもある。

しかしながら，この意味での精査は経営規模が大きくなるにつれ現実に適用が困難となるので，近代的財務諸表監査は内部統制が整備されていることを前提とした試査を基本としている。わが国の「監査基準」では監査人は「原則として」試査に基づいて監査手続を実施するとなっているが，試査による監査手続の適用が困難か望ましくないような場合，または小規模企業や不正摘発を目的とした場合などに精査による監査が実施されることがある。
 （柴　理梨亜）

ぜいむかいけい【税務会計】
tax accounting

会計には税法と関連を有し，個人や

法人の納める税金の金額を明らかにする領域がある。これを税務会計という。

広義には個人企業の所得(事業所得)にかかる税金(所得税)も税務会計の領域に含まれるが，一般的には株式会社などの法人の所得にかかる税金(法人税)が対象とされる。その場合，法人税額の計算にあたり，企業会計によって算出された利益を，税法(法人税法など)の規定によって調整し，所得金額を計算し直さなければならない。この立場から行われる会計が，一般(狭義)に税務会計とよばれる。

(中田 清)

せいりきにゅう【整理記入】
⇨決算整理

ぜいりし【税理士】

税理士は，税理士法によって，所得税，法人税，相続税等に対して，納税者の税務代理，税務書類の作成または税務相談を行うことができる職業的専門家である。税理士法第1条において「税理士は，税務に関する専門家として，独立した公正な立場において，申告納税制度の理念にそって，納税義務者の信頼にこたえ，租税に関する法令に規定された納税義務の適正な実現を図ることを使命とする。」と規定されている。税理士法により，税理士になるための資格試験制度，試験科目，試験の免除制度等が規定されている。税理士業務は，税理士資格を取得し，日本税理士会連合会に備える税理士名簿に登録をしなければ，行うことはできない。

(篠原敦子)

せーる・りーすばっくとりひき【セール・リースバック取引】
sale and lease-back transaction

賃貸借契約付き売却取引のことである。有形固定資産を対象として，実務上多用されている特殊なリース取引の一つであり，借手が所有する資産をいったん貸手に売却し，その後に改めて貸手から当該資産のリースを受ける取引である。この時に行われるリース取引が，ファイナンス・リース取引とみなされる場合には，借手はリースの対象となる物件の売却に伴う損益を長期前払費用または長期前受収益等として繰延処理し，リース資産の減価償却費の割合に応じ減価償却費に加減して損益に計上するものとしている(「リース取引に関する会計基準の適用指針」49項)。
⇨ファイナンス・リース取引　(和田博志)

せきそうひん【積送品】
consignment outward

自己の商品または製品の販売を他人(受託者)に委託する委託販売において，自己(委託者)から受託者に発送された商品または製品をいう。委託販売の収益実現の基準は，原則として，「受託者が委託品を販売した日をもって売上収益の実現の日とする。」(企業会計原則注解〔注6〕)という販売基準による。ただし，仕切精算書(売上計算書)が販売のつど送付されている場合には，当該仕切精算書(売上計算書)が到達した日をもって売上収益の実現の日とみなすことができる。委託販売の処理方法には，通常の商品販売時の会計処理と同じように，(1)分記法，(2)総記法，(3)三分法などがある。三分法による場合，売上収益の計上金額については，売上収益から受託者の販売手数料，その他の諸掛を控除しない金額による方法(総額法)と，それらを控除して委託者の正味手取額によって計上する方法(純額法)とがある。⇨委託販売，販売基準，積送品勘定　(金森絵里)

せきそうひんかんじょう【積送品勘定】consignment out account

委託販売のために現在積送中の商品または製品を整理する勘定をいう。三分法を採用し、諸掛が存在しないと仮定すると、まず商品の積送時に、
(借) 積　送　品　×××
　(貸) 仕　　　入　×××
という仕訳が行われる。この時、発送した商品を、手許の商品と区別するために積送品勘定を用いるのである。この後、受託者から仕切精算書（売上計算書）が到着したとき、
(借) 売　掛　金　×××
　　（または委託販売）
　(貸) 積 送 品 売 上　×××
という仕訳を行う。この場合、通常の商品売上と区別するために積送品売上勘定を用いる。そして、積送品売上に対する売上原価を仕入勘定で計算するために、
(借) 仕　　　入　×××
　(貸) 積　送　品　×××
という仕訳を行う。⇨委託販売、販売基準、積送品
(金森絵里)

せぐめんとじょうほうとうのかいじ【セグメント情報等の開示】

財務諸表の利用者が過去の企業業績を把握し、キャッシュ・フロー予測を適切に評価できるように、企業が行うさまざまな事業活動の内容とその経営環境に関する適切な情報を利用者に提供するために、連結財務諸表または個別財務諸表において、セグメント情報等の開示が要求されている。そこでは、セグメント情報として①報告セグメントの概要、②報告セグメントの利益（または損失）、資産、負債およびその他の重要な項目の金額とその測定方法に関する事項、③上記開示項目の合計額とそれに対応する財務諸表上の金額との間の差異調整に関する事項が開示される。また、それに加えて、セグメント情報の関連情報、固定資産の減損損失に関する報告セグメント別情報、のれんに関する報告セグメント別情報を合わせて開示しなければならない（「セグメント情報等の開示に関する会計基準」）。
(望月信幸)

せぐめんとじょうほうのかんれんじょうほう（しゅようなこきゃくにかんするじょうほう）【セグメント情報の関連情報（主要な顧客に関する情報）】

セグメント情報の関連情報の一つで、セグメント情報の中で同様の情報が開示されている場合を除き、企業は「主要な顧客に関する情報」として、主要な顧客がある場合には、その旨、当該顧客の名称または氏名、当該顧客への売上高および当該顧客との取引に関連する主な報告セグメントの名称を開示しなければならない（「セグメント情報等の開示に関する会計基準」29、32項）。
(高須教夫)

せぐめんとじょうほうのかんれんじょうほう（せいひんおよびさーびすにかんするじょうほう）【セグメント情報の関連情報（製品及びサービスに関する情報）】

セグメント情報の関連情報の一つで、セグメント情報の中で同様の情報が開示されている場合を除き、企業は「製品及びサービスに関する情報」として、主要な個々の製品またはサービスあるいはこれらの種類や性質、製造方法、販売市場等の類似性に基づく同種・同系列のグループごとに、外部顧客への売上高を開示しなければならない。なお、当該事項を開示することが実務上困難な場合には、当該事項の開示に代えて、その旨およびその理由を開示しなければならない（「セグメント情報等の開示に関する会計基準」29～30項）。
(高須教夫)

せぐめんとじょうほうのかんれんじょうほう（ちいきにかんするじょうほう）【セグメント情報の関連情報（地域に関する情報）】

セグメント情報の関連情報の一つで，セグメント情報の中で同様の情報が開示されている場合を除き，企業は「地域に関する情報」として，(1)国内の外部顧客への売上高に分類した額と海外の外部顧客への売上高に分類した額，(2)国内に所在している有形固定資産の額と海外に所在している有形固定資産の額，を開示しなければならない。ただし，海外の外部顧客への売上高に分類した額のうち，主要な国がある場合には，各区分に分類した基準と合わせて，これを区分して開示しなければならない。また，海外に所在している有形固定資産の額のうち，主要な国がある場合には，これを区分して開示しなければならない。なお，当該事項を開示することが実務上困難な場合には，当該事項の開示に代えて，その旨およびその理由を開示しなければならない（「セグメント情報等の開示に関する会計基準」29, 31項）。　　　　（高須教夫）

せっきょくざいさん【積極財産】

積極財産とは，資産を意味するドイツ会計学上の用語である。これに対して，消極財産は，負債を意味している。そして，この積極財産をプラスの財産構成要素，消極財産をマイナスの財産構成要素ととらえ，両者の差額を純財産すなわち資本とみなす。これを式で表せば，

　積極財産(資産) − 消極財産(負債)
　　　　＝ 純財産（資本）

という資本等式になる。この資本等式は，積極財産と消極財産とを財産というひとつの範疇でくくり，それぞれをそのプラス要素およびマイナス要素とする考え方（純財産学説）に基づいている。これは，貸借対照表等式，すなわち，

　資産＝他人資本（負債）
　　　＋自己資本（資本）

において，資産と負債とが左辺と右辺とに分離され，負債は狭義の資本とともに広義の資本という範疇でくくられるとする考え方（貸借対照表学説）と対照をなしている。⇨財産，資産，資本等式　　　　　　　　　　　　（山田康裕）

ぜんきそんえきしゅうせい【前期損益修正】prior period adjustments

過去の損益計算について修正の必要が生じた場合に，過去の損益計算を修正せずに当期の損益計算にそれを反映させるのが前期損益修正である。企業会計原則注解〔注12〕では，具体例として，過年度引当金過不足修正額，過年度減価償却過不足修正額，過年度棚卸資産評価訂正額，過年度償却済債権取立額があげられている。前期損益修正は当期の正常な収益力の測定・表示とは無関係な損益であるため，損益計算書上，臨時損益と同様に特別損益として掲げられていた。ところが，会社計算規則において，修正を行った過年度の財務諸表の提供が認められ（133条3項），また「会計上の変更及び誤謬の訂正に関する会計基準」においては，会計方針の変更，過去の誤謬の訂正については遡及適用，会計上の見積りの変更については変更後の会計期間にわたり会計処理がなされることとなった。このため前期損益修正という概念は，存在しなくなった。　（鈴木昭一）

ぜんたいきかんてきたいおう【全体期間的対応】

収益・費用の対応に関して，一般的には，臨時損益項目（主として臨時損失項目）には対応関係がないと解されて

いるが，これにも対応関係を認めることができるとする考え方がある。この見解によれば，収益に対する臨時損失項目の対応関係は，個別期間について考えられるのではなく，企業の全存続期間を通じた全体損益について考えられることになる。この場合の対応を全体期間的対応という。　　　（桜井久勝）

ぜんたいりえき【全体利益】

企業の全存続期間にわたる利益であり，全体利益計算において算出されるものである。これに対して，期間利益計算において算出される利益は期間利益であるが，シュマーレンバッハによれば，期間利益の合計は全体利益に一致すべきであるとされている。その一致によって，期間利益計算の真実性が保証される。全体利益計算では，全体収支計算というかたちで行われ，全存続期間の収入と支出の差額として全体利益を算出することから，客観的な真実性が確保されるからである。

（井原理代）

ぜんたいりえきけいさん【全体利益計算】

企業の設立から解散までの全存続期間にわたる利益計算をいう。全体利益計算が実際上可能であるのは，当座事業においてのみであり，永続的な存続期間をもつ継続企業では，それを待ちえないし，また必要ともしない。それにもかかわらず，全体利益計算は，継続企業で行われる期間利益計算の構造を理解し，現行会計の仕組みを考えるうえで重要である。このことについて，動態論の確立者シュマーレンバッハ（Schmalenbach, E.）は，次のように指摘している。全体利益計算は，全存続期間における一切の収入額と支出額との比較によって算出される。全体利益計算が全体収支計算というかたちで行われるのは，たとえ収益や費用に関係のない収入や支出があったとしても，全存続期間中にいずれは各々反対の支出や収入となって解消されるからである。これに対して，期間利益計算では，収入と収益，支出と費用また収入と支出の間に期間的な食違いが生じるが，その食い違って解消しない項目を収容する場として構成されるのが貸借対照表である。⇨全体利益　　　（井原理代）

ぜんぶげんかけいさん【全部原価計算】

全部原価計算とは，全部原価を用いて製品原価を計算する原価計算システムである。全部原価は，部分原価に対する概念であり，製造活動において発生した製造原価をすべて製品原価に集計する原価計算システムである。製造原価には，総原価に含まれる販売費・一般管理費は含まない。これに対置される概念は，部分原価計算である。この代表的形態は，直接原価計算であり，製品原価として直接費のみを集計する原価計算である。　　　（西村慶一）

そ

ぞうか【増価】
appreciation, accretion

資産価値の増加を指す用語であって、資産の現在価値が当該資産の帳簿価額を超える場合のその超過額をいう。増価は、一般的には、固定資産について該当し、評価益や減価償却との関連において、会計上問題となる。しかしながら、市場性のある有価証券のように転売できる市場が存在している資産の場合には、毎期時価で評価替えして値上がり益を認識することも可能である（増価基準accretion basis）。

（末永英男）

そうがくしゅぎのげんそく【総額主義の原則】

企業会計原則の第二 損益計算書原則一Bには、「費用及び収益は、総額によって記載することを原則とし、費用の項目と収益の項目とを直接に相殺することによってその全部又は一部を損益計算書から除去してはならない。」とある。これを総額主義の原則という。たとえば、売上高と売上原価を相殺することなく、あわせて表示するのである。売上原価を知られないために、売上総利益のみを表示するのは純額主義であり、総額主義の原則に反する。

（毛利敏彦）

そうかんじょうもとちょう【総勘定元帳】general ledger

企業の開設した勘定科目の勘定口座が設けられた帳簿である。たんに元帳ともいう。簿記では、取引をまず発生順に仕訳帳に記録する。次いで、この記録を仕訳の指示する勘定科目の勘定口座に移し替える。この作業を転記といい、そのために設けられた帳簿が総勘定元帳である。貸借対照表と損益計算書は総勘定元帳の記録をもとにして作成される。仕訳帳と総勘定元帳は、簿記における中心的役割をもつので、主要簿とよばれる。⇨仕訳帳

（伊藤清己）

そうきほう【総記法】

商品売買取引の処理方法の一つである。総記法は商品勘定を用い、その借方に前期繰越高と当期仕入高を仕入価額で、貸方に売上高を売価で記録する。しかし、これでは商品勘定が純粋な資産勘定ではなくなり、販売益の額も明示されない。したがって、総記法の場合には、これらの問題を解決するために、決算整理が必要となる。

＜例＞商品50,000円を現金で仕入れた。
(借) 商　　　　品　50,000
　(貸) 現　　　　金　50,000
この商品を60,000円で現金販売した。
(借) 現　　　　金　60,000
　(貸) 商　　　　品　60,000
⇨分記法

（伊藤清己）

そうげんか【総原価】total cost

総原価とは，材料費・労務費・経費からなる製造費用と販売費および一般管理費（販管費）を，一定単位（個数，重量など）の製品に集計した額のことである。原価計算制度上，製品原価（一定単位の製品に集計される原価）の範囲は製造費用のみであり，販管費までを含めた総原価を製品原価の対象とする実務は少ない。一方，各製品の総原価に利益を上乗せして販売価格を決定する場合など，価格決定目的で総原価を算定する機会は多い。　（福田直樹）

そうごういけん【総合意見】

2002年に「監査基準」が改訂されるまでは，監査報告書の意見区分では三つの個別意見を記載したうえで財務諸表が企業の状況を適正に表示しているかどうかについての意見すなわち総合意見を記載していた。改訂によって実質的な監査判断の必要性が強調され，現行の「監査基準」には次のように定められている。「監査人は，・・・，経営者が採用した会計方針が，企業会計の基準に準拠して継続的に適用されているかどうかのみならず，その選択及び適用方法が会計事象や取引を適切に反映するものであるかどうか並びに財務諸表の表示方法が適切であるかどうかについても評価しなければならない。」（「監査基準」第四の一の2）⇨監査意見，個別意見　　（百合野正博）

そうごうげんかけいさん【総合原価計算】process costing, process cost accounting

総合原価計算とは，標準化された製品を連続反復して生産する業種，たとえば，紡績，製紙，製粉，製糖，セメント，石油精製，化学薬品，ガス，電力，鉄鋼などの産業分野で採用されている原価計算方法である。この原価計算方法は，製造工程において発生した製造費用を一定期間（普通1か月を原価計算期間とする）ごとに，総括的に集計して，これを製品単位に割り当てる。総合原価計算では，仕掛品の算定が，製品原価に大きな影響を及ぼす，すなわち以下の式が成立するので，仕掛品原価の大きさが完成品原価に影響することになる。

　期首仕掛品原価＋当期製造費用
　　＝完成品原価＋期末仕掛品原価
　そこで，
　（期首仕掛品原価＋当期製造費用）
　　－期末仕掛品原価＝完成品原価

そして仕掛品原価の計算方法には，平均法，先入先出法，後入先出法の三つがある。

総合原価計算は製品種類，等級の別があるかどうかによって，単純総合原価計算，等級別総合原価計算，組別総合原価計算の3種類に分かれる。単純総合原価計算は，同種製品を反復的に連続生産する生産形態に適用される方法である。等級別総合原価計算は同一工程において，同種製品を連続生産するが，その製品の形状，大きさ，品位等によって等級に区分される場合に適用される方法である。組別総合原価計算は異種製品を組別に連続生産する生産形態に適用される方法である。⇨単純総合原価計算，等級別総合原価計算，組別総合原価計算　　　　（福田泰幸）

そうごうしょうきゃく【総合償却】composite depreciation

減価償却は，償却対象である固定資産の単位の設定方法により，個別償却と総合償却に区別することができる。個別償却は個別の資産に対して一定の減価償却率を適用して減価償却費を計算する方法であり，通常行われる減価償却方法である。それに対して，総合償却は複数の資産に対して一定の減価

償却率を適用して減価償却費を計算する方法である。さらに、総合償却は、複数の資産の共通性の有無により、二つの方法に区別することができる。その一つは、耐用年数または物質的性質に共通性のある複数の資産に対して平均耐用年数を用いて一括して減価償却費を計算する方法である（組別償却ともいう）。もう一つは、耐用年数または物質的性質に共通性のない複数の資産に対して平均耐用年数を用いて一括して減価償却費を計算する方法であり、通常、総合償却という場合、後者を指す。なお、総合償却の場合、個々の固定資産の未償却額は不明確であるため、平均耐用年数前に除却された資産については、通常その要償却額はすべて償却されたものとみなして処理される。

（魏 巍）

そうごうしわけちょう【総合仕訳帳】

同種の取引を一括して仕訳記入するためにつくられた仕訳帳をいう。総合仕訳帳は、取引量の増大に伴う記帳量と記帳能力とのギャップに対して、記帳能率を増進させてその解消をはかろうとしたものである。それは、19世紀初期にドイツで創案され、オーストリアでさらに発展をみたとされている。その一種として、わが国の銀行業で使用する現金式仕訳帳があげられる。

（井原理代）

ぞうし【増資】capital increase

増資とは、資本金を増加させることをいう。増資には、実質的増資と形式的増資がある。実質的増資は、資本金の増加とともに、純資産の増加を伴うものをいい、(1)資金調達のための通常の新株発行、(2)吸収合併における株式交付、(3)転換社債型新株予約権付社債の権利行使による株式への転換、(4)新株予約権付社債の権利行使による新株発行などにより行われる。形式的増資は、資本金の増加を生ずるが、純資産の増加を伴わないものをいい、(1)資本準備金および利益準備金の資本金組入れ、(2)その他資本剰余金およびその他利益剰余金の資本金組入れ、により行われる。

（西村美奈雄）

そうしさんりえきりつ【総資産利益率】return on assets, ROA
⇨総資本利益率

そうしほん【総資本】total capital

ある経済単位で運用されている総資産に対する調達源泉の総額をいう。貸借対照表を資金の調達源泉（貸方）と資金の運用形態（借方）の対照表とみた場合における、調達源泉の総額が総資本ということになる。総資本は、資本主（あるいは株主）が拠出した部分（ならびにその稼得利益の留保部分）と、資本主以外から調達した部分から構成される。前者が自己資本（いわゆる「資本」）であり、後者が他人資本（いわゆる「負債」）である。勘定式の貸借対照表に即していえば、貸方総額が総資本となる。なお、総資本は「企業資本」ともよばれる。⇨総資本回転率、総資本利益率

（牧田正裕）

そうしほんかいてんりつ【総資本回転率】turnover of total capital

総資本回転率とは総資本の利用効率を示す指標であり、

売上高÷総資本

によって求められる。総資本には期首と期末の平均値を用いることが望ましい。総資本は自己資本と他人資本の合計であり、企業が経営に投入している資本の総額をいう。総資本回転率は、総資本利益率の分解要素として示される。つまり、

総資本利益率＝利益÷総資本
　　　　＝（利益÷売上高）
　　　　　×（売上高÷総資本）
　　　　＝売上高利益率×総資本回転率

と変形できる。上の式から明らかなように，総資本回転率が高ければ総資本利益率の向上に貢献するが，この回転率は業種により幅がある。⇨総資本利益率，売上高利益率　　　　（境　宏恵）

そうしほんりえきりつ【総資本利益率】return on investment, ROI

総資本利益率は，また総資産利益率（return on assets, ROA）あるいは投資収益率ともよばれる。企業が投下した全資金（総資本または総資産）に対する稼得利益の割合をいい，計算構造的には，損益計算書の各種利益を貸借対照表の総資本（負債純資産合計）または総資産（資産合計）で割って求めるのが一般的である。とりわけ，経常利益を分子とする総資本経常利益率が典型例である。総資本利益率は，資本を投下して利益を稼得するという経営経済的な営利企業モデルに最も適合した収益性の代表指標であり，伝統的な経営分析において，基幹的な分析指標の地位を占めている。また，株主の投資資本（純資産，自己資本）に対する株主帰属利益（当期純利益）の割合である自己資本利益率（return on equity, ROE）が株主の投資効率指標として用いられている。なお，総資本利益率は，売上高利益率と総資本回転率の積としても成立するから，利益と資本効率の二つの要因指標に分解して分析することも可能である。⇨売上高利益率，総資本回転率　　　　　　　　　　（梶浦昭友）

そうぞくぜい【相続税】
succession tax, inheritance tax

相続または遺贈（死因贈与を含む）により取得した財産に対して課税される国税である。遺産総額から非課税財産・債務および葬式費用を控除し，相続開始前３年以内の贈与財産を加算した金額（課税価格）の合計額が遺産に係る基礎控除額（3,000万円＋600万円×法定相続人の数）を超える場合に初めて申告納税義務が生じる。なお，相続税には配偶者の税額軽減をはじめ各種税額控除等の特例措置も規定されている。相続税の申告書は，被相続人死亡の日の翌日から10か月以内に被相続人死亡時の住所地を所轄する税務署に提出し，その申告書の提出期限までに相続税を納付しなければならない。　（藤本大造）

そうたいてきしんじつせい【相対的真実性】

理論的には当該期間損益計算の絶対的真実性に対する相対的真実性，また企業の設立から解散にいたる全体損益計算の絶対的真実性に対する相対的真実性がある。前者の相対的真実性を支えるのは発生主義，後者を支えるのは一致の原則である。実践的には，期間損益計算における期間比較を可能にすることを相対的真実性ということもある。その場合，相対的真実性を支えるのは会計方法の継続性である。

（毛利敏彦）

そうへいきんほう【総平均法】
periodic average method

棚卸資産や有価証券の単価の決定方法の一つである。受入原価総額（前期繰越高＋当期受入高）を受入総量（前期繰越数量＋当期受入数量）で除して平均単価を求め，それをその期の払出数量および期末残高数量に乗じて，当期払出高および次期繰越高を計算する。

（松本敏史）

ぞうよ【贈与】donation, gift

一般的に贈与とは，ある者から他の者への対価の伴わない財産の譲渡をいうが，わが国の会計学上の贈与という場合は，それとは逆に財産の受け手の立場から，会社が他から資産の無償提供を受ける場合（積極的贈与）と債務の支払免除を受ける場合（消極的贈与）をいう。すなわち，前者の場合は，会社が，株主または株主以外の者から現金その他私財の提供を受けた場合，国または地方公共団体から助成金または補助金の交付を受けた場合，または公益企業がその事業に必要な施設の工事費として利用者から現金その他の資産の提供を受けた場合などであり，後者の場合は，会社の債権者から会社の債務の一部または全部の免除を受けた場合などである。その場合，受贈資産は，時価等を基準とした公正な評価額をもってその取得原価とする。なお受贈資産が計上されるとき収益が生じるが，贈与を受けた現金等によって資産を取得した場合には圧縮記帳が認められている。⇨圧縮記帳，取得原価

（武田隆一）

そうりつひ【創立費】
organization expenses

創立費とは，会社の負担に帰すべき設立費用をいう。例えば定款および諸規則作成のための費用，株式募集その他のための広告費，目論見書・株券等の印刷費，設立事務に使用する使用人の手当等がある。（財規ガイドライン36-1）創立費は，会社の存続期間にわたって効果を発現すると考えられるため，これを繰延資産として資産の部に計上することが認められている。また創立費は換金価値を有しないため，早期に償却することが望ましく，会社成立後5年以内に定額法によって償却しなければならない。　（高原利栄子）

そきゅうぎむ【遡及義務】
recourse obligation

手形等を裏書きまたは割引きし，当該手形が不渡りになった場合，裏書人または割引人が裏書先または割引先からの償還請求に応じなければならない義務をいう。

（桝岡源一郎）

ぞくせいほう【属性法】
⇨テンポラル法

そくていべーす【測定ベース（測定基礎）】

測定とは，会計的に認識された経済事象に貨幣数値を割り当てるプロセスである。つまり，財務諸表上に認識・計上される諸項目に金額を決めるプロセスであるといえる。測定対象となる財務諸表項目に貨幣数値を割り当てる測定基礎には，取得原価，再調達原価，正味実現可能価額，割引現在価値などがあり，それぞれの経済組織体の計算目的あるいは一定の前提に基づいて選択適用される。取得原価は，過去の資産取得取引において実際に支出した貨幣額（自家建設等によって取得した場合には，実際製造原価等）で決定される。再調達原価とは，現在所有している資産と同等の営業能力または生産能力を有する資産を購買市場で再取得するのに必要な見積支出額である。正味実現可能価額とは，現在所有している資産を販売市場で売却したならば受け取るであろう貨幣収入額（売却時価）から，アフター・コスト等を差し引いた金額である。割引現在価値とは，当該資産をそのまま利用するならば将来産出するであろうと予想される正味キャッシュ・フローを一定の利子率を用いて現在に割り引いた価値である。

（菊谷正人）

そしきてきかんさ【組織的監査】

監査責任者が，監査目標を達成するために，監査事務所が設定した品質管理の方針および手続を遵守して，指揮命令系統および職務権限の分担を明らかにした監査チームを編成し，監査実施者に対し，適切かつ的確な情報を提供するとともに，適切な指示，指導および監督を行う体制のもとで実施される監査をいう。組織的監査の実施は，直接的には監査責任者の責務であるが，監査実施者の人的資質の維持・向上，監査業務に対する審査体制の整備など，監査事務所の品質管理は組織的監査の実施に強い影響を及ぼす。　（松井隆幸）

そぜいこうか【租税公課】
taxes and duties

国，または地方公共団体が課するもののうち，印紙税，鉱区税，自動車税，自動車重量税，固定資産税，軽自動車税，事業税，付帯税を租税，各種負担金，分担金や公共組合が組合委員に課する組合費を公課という。いずれも，特別の給付に対する反対給付の性質をもたず，一方的に課されるものである。
（篠原敦子）

そぜいとくべつそちほう【租税特別措置法】special taxation measures law

この法律は，所得税・法人税・相続税などの軽減，免除，還付，あるいはこれらの税の納税義務，課税標準・税額の計算などについて，経済政策的または社会政策的観点から，所得税法・法人税法・相続税法などの本法の特例を規定したものである。法人税法の特例はその第3章に規定されており，特別償却や準備金などがそこに定められている。⇨法人税法　　　（中田　清）

そんえきかんじょう【損益勘定】
profit and loss account

損益勘定は，その年度の帳簿が締め切られるとき，費用・収益から構成される名目諸勘定の残高がそこへ振り替えられる集合勘定である。すなわち，期間損益計算のもとでの決算の過程では，損益勘定の残高として与えられる純損益が繰越利益剰余金勘定へ振り替えられ，最後に資産，負債，資本（純資産）の諸実在勘定の残高が残高勘定に振り替えられて，一切の勘定が締め切られる。ここでは，損益計算が帳簿締切手続と完全に一体化されている。しかし，複式簿記の損益勘定が損益計算上の損益法，残高勘定が財産法を体現する，と直ちに結論を下すことはできない。⇨残高勘定，資本金勘定
（狭間義隆）

そんえきけいさん【損益計算】

損益計算の展開過程は口別計算から期間計算への展開として与えられるが，このような区別は損益法に属するものである。すなわち，複式簿記の記帳記録に基づいて与えられた諸名目勘定の残高から収益と費用を比較することによって，その差額を損益とするのが損益法である。口別計算は商品別口別商品勘定を計算の単位とし，それぞれの販売の完了を待って損益計算を行う。期間計算は期間を単位とし，したがって期末棚卸手続を不可欠とする損益計算である。しかし，損益法は，財産計算的な財産法に対立する損益計算の方法であるからといっても，単純に帳簿上の取引記録のみに基づく方法ではない。
（狭間義隆）

そんえきけいさんしょ【損益計算書】
profit and loss statement

損益計算書とは，一会計期間における企業の経営成績を明らかにする報告

書である。損益計算書には，臨時的・偶発的損益や前期損益修正項目を包括して作成する包括主義損益計算書と，それらを排除し費用と収益の対応がみられる期間損益項目のみから成る当期業績主義損益計算書とがある。企業会計原則や会社法施行規則は前者によるが，企業会計基準第24号「会計上の変更及び誤謬の訂正に関する会計基準」の公表により過去の誤謬を前期損益修正項目として当期の特別損益で修正する従来の方法は，過去の財務諸表を修正再表示する方法に変更された。また，同基準第25号「包括利益の表示に関する会計基準」の公表により包括利益の表示が要請され，その表示方式として当期純利益を表示する損益計算書と包括利益を表示する包括利益計算書の二つからなる形式（2計算書方式）または両者を一つにまとめた形式（1計算書方式）がとられる。1計算書方式の場合，従来の損益計算書は「損益及び包括利益計算書」に読み替えられることになる。　　　　　　　　（井上定子）

そんえきけいさんしょかんじょう【損益計算書（系統の）勘定】

　企業の経営活動が複式簿記により二面的に記帳され全面的に把握される場合，複式簿記の勘定体系は貸借対照表（系統の）勘定と損益計算書（系統の）勘定の2系統に分類される。損益計算書（系統の）勘定という用語は，損益計算書に記帳される体系的組織的な勘定科目の総称として与えられる。いうまでもなく，損益が資本を増減させるのと同様に，資産と負債の増減もまた資本の増減をもたらす。企業会計上の資本概念の二面性，対抗性，相関性の問題がこれである。損益計算書（系統の）勘定は，貸借対照表（系統の）勘定と表裏の関係にあり，それがこれら二つの資本概念を明確に区別するものである。かくして，損益計算書（系統の）勘定は，貸借対照表（系統の）勘定と対立的ないし並列的にのみ位置づけられるものではなく，むしろ相互補完的ないし統一的な観点から考えられるべきものである。⇨収益勘定，費用勘定　　　　　　　　　　　　（狭間義隆）

そんえきけいさんしょげんそく【損益計算書原則】

income statement principles

　損益計算書原則は，一会計期間における企業の経営成績を明らかにするための損益計算書に関する一連の原則の総称である。損益計算書原則は，損益計算書に関する処理の原則と表示の原則から構成されている。わが国の企業会計原則は損益計算書原則において損益計算書の本質を明らかにし，会計処理の原則としては，次の原則を示している。収益の認識に関しては実現主義の原則，収益の測定に関しては収入額，費用の認識に関しては発生主義，費用の測定に関しては支出額を指示し，収益と費用の期間的対応の面からは，費用収益対応の原則が明示されている。損益計算書の表示に関する原則としては，一般原則の明瞭性の原則を支えるものとして，総額主義の原則，対応表示の原則，区分表示の原則が示されている。⇨総額主義の原則，区分・対応表示の原則　　　　　　　　（氏原茂樹）

そんえきけいさんしょとうしき【損益計算書等式】

　損益計算書は，企業の経営成績をフローの側面から明らかにする報告書である。したがって，そこでは，1会計期間に発生したすべての費用と1会計期間に実現したすべての収益を対応させることにより，期間損益が計算される。すなわち，

　収益－費用＝利益

という等式から企業利益が算出される。損益計算書では、借方に費用と利益が、貸方に収益が表示されるため、

費用＋利益＝収益

という等式が成立する。これが損益計算書等式である。⇨損益計算，損益計算書

（渡邉　泉）

そんえきけいさんしょのくぶん【損益計算書の区分】

損益計算書は、企業の利益がどのように生じたのかを説明するものである。企業の利益は、一般に、(1)企業本来の営業取引から生じた利益、(2)金融取引等によって生じた利益、さらに(3)臨時的な取引によって生じた利益に区分されるので、損益計算書も、利益の源泉別に区分し、各源泉から生じた利益を段階的に加算して表示する方法をとっている。企業会計原則による損益計算書は、企業利益の計算過程を、営業損益計算・経常損益計算・純損益計算の三つに区分して表示している。⇨営業損益計算，経常損益計算，純損益計算の区分

（渡邊大介）

そんえきけいさんしょぶんせき【損益計算書分析】
analysis of income statement

一定期間に属する収益と費用の比較によって当該期間の業績（経営成績）を表示する表が損益計算書である。したがって、損益計算書分析によって、一定期間の業績が分析されるが、その理解のためには損益計算書の構成を理解することが重要である。

損益計算書分析においては、まず売上高と売上総利益の比較によって売上総利益率が計算され、これによって販売されている商品・製品の採算性が判断される。同時に売上高と売上原価との比率である売上原価率に基づいて商品の仕入または製品の製造方法等の適否が判断される。次いで、売上高と営業利益との比率である営業利益率によって本業の業績の良否が判断されるとともに、販売および管理活動にかかわる経費の妥当性等が分析される。さらに、売上高と経常利益との比率である経常利益率によって当該期間の業績が把握されるとともに、営業外の費用と収益の比較によって本業外の資金の運用方法の当否や、資金調達方法の妥当性なども判断される。また、売上高に対する当期純利益の割合である当期純利益率は、長期的観点からみた場合の企業の業績を示すものとして理解することもできる。⇨損益計算書の区分，売上高費用率，売上高利益率　（福島孝夫）

そんえきとりひき【損益取引】
profit and loss transaction

損益取引というとき、交換取引・混合取引に対応して用いる場合と、資本取引と対応する概念として用いる場合の2通りがある。前者の場合は、いわば簿記学上の用語で、資産の増加や減少および負債の増加や減少が収益や費用の発生を伴うような取引をいい、後者は、いわば会計学上の用語で、資本と利益を混同すれば企業の損益計算において真実性が保証されなくなるために、両者の区別を明確にさせるために用いられる概念である。⇨資本取引

（渡邉　泉）

そんえきぶんきてんぶんせき【損益分岐点分析】break-even point analysis

損益がゼロとなる売上高や販売量のことを損益分岐点とよぶ。損益分岐点売上高は利益図表を使って示すことが可能であるが、次の算式を使えば容易に求められる。

$$損益分岐点売上高 = \frac{固定費}{1 - \dfrac{変動費}{売上高}}$$

$$\frac{変動費}{売上高} = 変動比率$$

1 − 変動比率 = 限界利益率

　企業経営における短期利益計画や経営分析にとって重要な分析方法の一つに原価・営業量(売上高・生産高等)・利益の三者の関係を取り扱うCVP分析があるが,損益分岐点分析は損益がゼロになるという特定のケースを取り扱うという意味で,CVP分析とは正確には異なる。しかし,一般には損益分岐点の意味を狭義の採算点ではなく,広義の採算の関係として解釈し,両分析を同一のものとして扱う場合が多い。これを利用することで,たとえば,ある一定の売上における損益を算出したり,ある一定の利益を得るための売上高を算出するといった分析が可能となる。⇨固定費,変動費　　　(羽藤憲一)

そんえきほう【損益法】

　損益法は,近年,用いられるようになった収益費用アプローチとは,異なる。損益法は,損益計算の基本方式の一つであり,

　　損益 = 当期収益 − 当期費用

という計算方式で示される。損益法と対比される計算の基本方式としては,財産法があり,

　　損益 = 期末財産 − 期首財産

という計算式で示される。損益法の場合には,収益および費用と区別される利得および損失も含まれる。損益法は,利得つまり価値の増加を取引源泉からとらえる損益計算であり,価値の流れの面からとらえるフロー計算である。なお,財産法は,利益つまり価値の増加を結果的にとらえる損益計算であり,価値の有高に基づくストック計算である。原価・実現主義を基礎とする損益法計算構造のもとにおいては,損益計算書の当期純利益と貸借対照表の当期純利益は,一致していた。損益法は,動態論会計つまり継続企業における収益力の把握を目的とする費用収益対応計算を意味している。⇨財産法

(氏原茂樹)

そんきん【損金】

　法人税法は,損金の概念を定義せずに「損金の額に算入すべき金額」として,別段の定めがあるものを除き,以下の項目を例示している(法人税法22条3項)。

(1) 当該事業年度の収益に係る売上原価,完成工事原価その他これらに準ずる原価の額
(2) 前号に掲げるもののほか,当該事業年度の販売費,一般管理費その他の費用(償却費以外の費用で当該事業年度終了の日までに債務の確定しないものを除く)の額
(3) 当該事業年度の損失の額で資本等取引以外の取引に係るもの

　したがって,損金は企業会計における費用・損失を基礎とする概念と考えられる。また,税法の目的は,「益金の額」から「損金の額」を控除して給付能力のある所得を算定することにあるので,損金は益金と同様に「損金の額」という一つのまとまった概念としてとらえられる。⇨益金　　(杉山晶子)

そんしつ【損失】

　経済価値の減少を意味するが,収益獲得のための意図的な犠牲である費用と区別するために,偶発的なもの,予測しなかった,ないし意図せざるものをとくに損失とよぶ。実体や経営者の統制を超えた環境要因もあり,一様ではない。火災等の災害損失,固定資産除却損がその例である。したがって,現在または将来の便益がなんら期待できず,収益により回収されるべきではないが,企業維持のために収益により補塡せざるをえない。また,損益計算

の結果，マイナスが生じた場合にも損失という。営業損失，経常損失，当期純損失などに分けられる。⇨営業損益計算，経常損益計算，当期純損失

(德前元信)

た

たいおうげんそく【対応原則】
matching principle

　一般に，費用収益対応の原則（principle of matching cost with revenue）ともいわれる。発生原則や実現原則と異なり，対応原則自体は特定の対象を数量的に評価する原則として作用するものではなく，測定過程の背後にあって，取引の事実関係についての認識原則として機能するものである。すなわち，発生原則および実現原則により貨幣的評価の与えられた収益と費用との関わり合いを，対象関連的（商製品の販売による売上高と売上原価との関わり合い）もしくは期間関連的（会計期間に関連して認識される販売費及び一般管理費と売上高との関わり合い）に表示する関係づけの原則，つまり表示原則として機能する。企業会計原則では，経常利益の算定段階まで収益と費用の対応関係を認め，特別損益項目については対応関係を認めていない。⇨発生原則，実現原則

（浦崎直浩）

たいしゃくたいしょうひょう【貸借対照表】balance sheet, B/S

　貸借対照表は，今日，一般に，一時点の財政状態を表示する財務表と考えられている。しかし，その具体的内容は，複式簿記機構を説明する基本的等式により相違している。たとえば資本等式の場合には，借方は資産（積極財産），貸方は負債（消極財産）および純財産（資本）となるのに対し，貸借対照表等式の場合には，借方は資産（資金ないし資本の運用形態），貸方は他人資本および自己資本（資金ないし資本の調達源泉）となる。貸借対照表の表示する財政状態は，純理論的には，これらの等式を含む基本的等式のいずれが複式簿記機構の説明として妥当であるのかが決定された後に，その妥当な基本的等式によって規定されるべきである。しかし，今日，必ずしもそのような過程を経ることなく，一般に，一時点の資金ないし資本の運用形態および調達形態を表示していると考えられている。⇨財政状態

（高山清治）

たいしゃくたいしょうひょうかんさ【貸借対照表監査】
balance sheet audit

　広義には貸借対照表を対象とする監査をいうが，通常，アメリカにおいて20世紀初頭から1930年代初めにかけて広く行われていた信用目的の監査をいう。1911年アメリカのモンゴメリー（Montgomery, R.H.）によって初めて用いられた用語であり，それまでイギリスで行われていた精細監査（detailed audit）に対する概念である。事実としての資産・負債の実在性および網羅性を帳簿から独立した形で確認し，それと比較することによって，記録としての貸借対照表の内容を検証するという特徴をもつ。この監査にはさまざまな限界があるが，一時点の状況のみに焦点を当てているため，粉飾等の不正や

誤謬の発見が難しく，企業の将来の安定性・収益性等の予測に役立つ情報が監査の対象とならないという点がとくに問題であった。また，企業の資金調達活動の中心が，銀行からの間接金融よりも，証券市場を通じての直接金融へ移っていったこととも相まって，1930年代以降，銀行信用目的の貸借対照表監査は，その地位を投資家保護目的の財務諸表監査へ譲ることになった。
〈佐々木隆志〉

たいしゃくたいしょうひょうかんぜんせいのげんそく【貸借対照表完全性の原則】

貸借対照表完全性の原則は，貸借対照表に記載される諸項目の範囲の確定（貸借対照表能力）に関する規定である。企業会計原則においては，第三　貸借対照表原則一における要請が，この原則に相当する，とみなされている。貸借対照表完全性の原則は，貸借対照表の本質をいかにとらえるかにより，その「完全」の内容を異にする，と一般に解されている。しかし，一般的には，この原則は正確な期間損益計算の観点から企業資本の運用形態をすべて資産として，また企業資本の調達源泉をすべて負債または資本として貸借対照表にもれなく収容することを要請している，と考えられる。
〈土井　充〉

たいしゃくたいしょうひょうとうしき【貸借対照表等式】

資本等式［資本＝資産－負債］と並んで，複式簿記の説明に用いられる等式のひとつである。貸借対照表等式は，貸借対照表に記載されている項目相互の関係を，
　資産＝負債＋資本
という等式関係で表現している。この等式は，一見して，資本等式の一部を移項して得られたかのようである。しかし，資産（積極財産）・負債（消極財産）をともに財産として同質的に扱う点，および実在する資産・負債の差として求められる資本は実在している必要がないという点に資本等式の特徴が求められるのに対し，貸借対照表等式は，負債（他人資本）・資本（自己資本）をともに資金の調達源泉として同質的に扱うと同時に資産をその運用形態としてみる点，および資産・負債・資本がともに実在しているとみる点にその特徴が求められている。ここに，貸借対照表等式の独自性がある。
〈石井康彦〉

たいしゃくたいしょうひょうび【貸借対照表日】

貸借対照表を作成する基準となる日のことをいう。貸借対照表作成日とは，一般的には決算貸借対照表を作成する基準となる日のことであり，決算を行う基準日である決算日のことをいう。ただ，どのような種類の貸借対照表を作成するときにもその作成の基準となる日を意味していることはいうまでもない。
〈羽藤憲一〉

たいしゃくたいしょうひょうひょうじげんそく【貸借対照表表示原則】

貸借対照表上の各科目をどのように表示すべきかを律する原則をいう。「区分表示の原則」，「配列表示の原則」，「総額主義の原則」等の原則で構成される。この原則は，企業の安全性分析や収益性分析等に資する情報の提供を目的として，貸借対照表に財政状態の明瞭表示を要請することから，企業会計原則の一般原則である明瞭性の原則を貸借対照表に適用した原則といえる。
〈浅野敬志〉

たいしゃくふっきのげんり【貸借複記の原理】

一つの取引を，資産・負債・純資産の増減（財産の増減）といった事実とそれに伴う収益・費用といった原因の二つの側面から記録することをいう。貸借複記により記帳する意義として，複式に記入することにより貸借の合計が一致することが挙げられる。これを仕訳帳と総勘定元帳の関係にも拡大すると，いわゆる大陸法を採った場合には，合計試算表の合計と普通仕訳帳の合計が一致し，これにより転記の正確性をみることができる。　（神納樹史）

たいしょうかんじょう【対照勘定（手形）】

例外的に貸借対照表の借方と貸方に同一金額で対応している項目を対照勘定という。たとえば手形の裏書譲渡に際して，
(借)　手形裏書義務見返　×××
(貸)　手 形 裏 書 義 務　×××
のように遡及義務の発生をその権利とともに記録しておき，決済により消滅したとき反対仕訳を行って消去する。これは本来の意味では取引ではないが，重要な事項について，備忘のために設けられるものである。　（林　昌彦）

たいしょくきゅうふかいけい【退職給付会計】

退職給付金の支給方式として退職一時金および退職年金がある。その場合，企業は外部の受託機関に資金を拠出し，受託機関はその資金つまり年金資産を運用して，退職従業員に給付金を直接支給することになる。そして，これを対象とする会計を退職給付会計という。また，退職年金を中心に展開されるところから年金会計ともいう。わが国では，退職給付とは，一定の期間にわたり労働を提供したこと等の事由に基づいて，退職以後に支給される給付をいうものとし，これを「退職給付に関する会計基準」において規定している。
　（高須教夫）

たいしょくきゅうふさいむ【退職給付債務】

退職給付債務とは，一定の期間にわたり労働を提供したこと等の事由に基づいて，退職以後に支給される給付（退職給付）のうち認識時点までに発生していると認められる部分を割り引いたものをいう。そして，この退職給付債務は次のように計算される。

(1) 退職給付債務は，退職により見込まれる退職給付の総額（退職給付見込額）のうち，期末までに発生していると認められる額を割り引いて計算する。

(2) 退職給付見込額は，合理的に見込まれる退職給付の変動要因を考慮して見積もる。

(3) 退職給付見込額のうち期末までに発生したと認められる額は，①退職給付見込額について全勤務期間で除した額を各期の発生額とする方法（期間定額基準），②退職給付制度の給付算定式に従って各勤務期間に帰属させた給付に基づき見積もった額を，退職給付見込額の各期の発生額とする方法（給付算定式基準），のいずれかの方法を選択適用して計算する。

(4) 退職給付債務の計算における割引率は，安全性の高い債券の利回りを基礎として決定する。

なお，その場合に，退職給付債務から年金資産の額を控除した額は負債（または資産）として計上するものとし，貸借対照表に計上するにあたっては，「退職給付に係る負債」（または「退職給付に係る資産」）等の適当な科目をもって計上する。　（高須教夫）

たいしょくきゅうふひきあてきん【退職給付引当金】

労働協約等により従業員の退職時に一定額を支払う契約がある場合，従業員の労働によりその支払義務は発生するため，期間の経過とともに将来の支払額のうち当期の経過部分を費用計上するとともに，「退職給与引当金」として負債の部に計上していた。従来は税法の基準に従い，(1)当期発生基準額，(2)累積基準額，(3)給与総額基準額により費用計上が行われていたが，「退職給付に係る会計基準」（平成10年）では，発生給付評価方式による計上および「退職給付引当金」へと名称変更がなされている。⇨退職給付債務　　（倉田幸路）

たいしょくきゅうふひようのしょり【退職給付費用の処理】

当期に係る勤務費用，利息費用，期待運用収益の額ならびに数理計算上の差異および過去勤務費用に係る当期の費用処理額は，退職給付費用として，当期純利益を構成する項目に含めて計上する。そしてその場合に，退職給付費用の計算は次のように行われる。

(1) 勤務費用は，退職給付見込額のうち当期に発生したと認められる額を割り引いて計算する。
(2) 利息費用は，期首の退職給付債務に割引率を乗じて計算する。
(3) 期待運用収益は，期首の年金資産の額に合理的に期待される収益率（長期期待運用収益率）を乗じて計算する。
(4) 数理計算上の差異および過去勤務費用は，原則として各期の発生額について，予想される退職時から現在までの平均的な期間（平均残存勤務期間）以内の一定の年数で按分した額を毎期費用処理する。

なお，その場合に，退職給付費用は，原則として売上原価または販売費及び一般管理費に計上する。また，数理計算上の差異および過去勤務費用の当期発生額のうち，費用処理されない部分（未認識数理計算上の差異および未認識過去勤務費用）については，その他の包括利益に含めて計上し，その他の包括利益累計額に計上されている未認識数理計算上の差異および未認識過去勤務費用のうち，当期に費用処理された部分については，その他の包括利益の調整（組替調整）を行う。　　（高須教夫）

たいむ・べーしす【タイム・ベーシス】time basis

(1)製造間接費を製造指図書別に配賦する方法のひとつであり，直接作業時間あるいは機械時間を基準にして配賦する方法である。製造間接費が直接材料費や直接労務費の金額に比例して発生する場合には，この材料費や労務費を基準にして配賦するのに対して，この方法は製造間接費の発生が時間に関連していることを前提にしている。製造作業が主として人的作業による場合には直接作業時間が，機械によって行われている場合には，機械時間がよりすぐれた配賦基準になる。⇨時間基準
　　（桑原正行）

(2)財務会計では，繰延資産等に適用される費用認識の基準を意味し，繰延資産が時間の経過によって費用となるという考え方をいう。繰延資産は，繰延資産の償却費として費用化され，タイム・ベーシスに基づいて繰延経理により配分されることになる。⇨発生原則
　　（興津裕康）

たいようねんすう【耐用年数】
service life

固定資産原価は，その多くが複数年度にわたって配分され，費用化されるが，その期間は事前的には定めることができない。そこで固定資産の減価償

却においては，事前に利用可能として推定された年数（耐用年数）を見積もり，これに基づいて各年度の減価償却費が決定される。耐用年数の決定は，損耗等の物質的減価原因と陳腐化等の機能的（経済的）減価原因の両者を考慮して決定されるが，実務上は財務省令で定める法定耐用年数によるのが一般的である。　　　　　　　　　（清水泰洋）

たいりくしきけっさんほう【大陸式決算法】

英米式決算法に対する決算法で，主にドイツ・フランスなどヨーロッパ大陸諸国で行われているので，大陸式決算法とよばれている。収益および費用の諸勘定ならびに損益勘定の締切りは英米式決算法と同じであるが，資産・負債・純資産の諸勘定を締め切る際には，これらの勘定残高を集計するために設けられた閉鎖残高勘定に勘定残高を振り替える決算振替仕訳を行ったうえで締切りを行う。この決算法によると，勘定記入はすべて仕訳帳の仕訳を通して行うという記帳原則が守られ，閉鎖残高が貸借一致することにより締切手続の正確性が検証できる。
（神納樹史）

だうん・すとりーむとりひき【ダウン・ストリーム取引】

down-stream transaction

ダウン・ストリーム取引とは，連結会社間における取引の一つで，親会社から子会社に棚卸資産，有形固定資産その他の資産を販売する取引をいう。そして，「連結財務諸表に関する会計基準」においては，当該取引により親会社に生じた未実現損益は，その全額を消去しなければならない。しかもこの場合には，未実現損益の全額を親会社持分が負担するものとしている。⇨アップ・ストリーム取引　　　（芝田全弘）

たかんじょうふりかえだか【他勘定振替高】

損益計算書における売上原価は，商品または製品の期首棚卸高に当期商品仕入高または当期製品製造原価を加え，そこから商品または製品の期末棚卸高を控除する形式で計算される。しかし，商品または製品が販売，仕入，生産以外の理由で増減する場合，売上原価区分における商品または製品の期末棚卸高と貸借対照表上の商品または製品とは一致しなくなる。他勘定振替高とは，このような不一致を回避するために，当該項目の内容を示す科目をもって損益計算書の売上原価区分に別建てで表示すべきものである。具体例としては，災害による損失，自家消費，見本品としての譲渡等がある。⇨売上原価
（田中　勝）

たてかえきんかんじょう【立替金勘定】

取引先や役員・従業員などにかわって当方が第三者に対して行った金銭の一時的な支払いを記帳する勘定である。たとえば，仕入先の支払うべき運賃や諸経費の立替えが行われるときの，外部に対する立替金もこれである。これら立替金は，通常，一時的な金銭の融通であるから短期債権として流動資産の部に属するが，利息収入は生まない。立替金勘定は現金または現金同等物でもって回収されると，貸方記入されて消滅する。多額で継続的な立替金は補助簿で管理されるべきである。税法上も会計上も，貸倒引当金の設定対象となる。立替金勘定は，その金額が資産総額の一定割合を超過すると，その内容を明示する科目で区分表示されることになっている。　　　　　　　（狭間義隆）

だとうせいかんさ【妥当性監査】

　取締役の職務執行を対象とする業務監査の性質を，取締役の職務執行があらかじめ定められた経営方針に準拠し，合理的・能率的であるかどうかという観点から行われるととらえた場合の監査をいい，取締役の職務執行が法令・定款に違反していないかどうかという観点から行われる適法性監査とは区別される。妥当性監査は，理論上，経営政策的なまたは能率増進を目的とする積極的な妥当性監査と，一定事項が不当か否かという消極的かつ防止的な妥当性監査に分類される。取締役の職務執行全般に対する取締役会の業務監査権との関係で，監査役監査の範囲が適法性監査だけでなく，妥当性監査にも及ぶかどうかについて議論が分かれている。すなわち，監査役監査は，(1)適法性監査に限定されるとする説，(2)取締役の職務執行の妥当性一般に及ぶとする説，(3)取締役の職務執行が著しく不当な場合にそれを指摘するという限られた範囲において妥当性の監査に及ぶとする説などがある。　（井上善弘）

たなおろしげんもうそん【棚卸減耗損】

　棚卸資産の有高には，帳簿棚卸に基づく帳簿有高と，実地棚卸に基づく実際有高とがある。この2種の有高の間には，品質低下や陳腐化等による価値的な減少，および棚卸資産の保管中に生じた紛失・盗難・蒸発等による数量的な減少を原因として，差異が生じることがある。前者の価値減少による差異が棚卸評価損とよばれるのに対し，後者の数量的減少による差異は棚卸減耗損とよばれる。棚卸減耗損は，棚卸減耗数量に単位当たりの取得原価を乗じることによって算定され，原価性があれば製造原価，売上原価の内訳項目または販売費に算入され，これを棚卸減耗費ともいい，原価性がなければ営業外費用または特別損失に算入される。
⇨売上原価，販売費及び一般管理費，経常損益計算，純損益計算の区分，棚卸評価損
　　　　　　　　　　　　　（土井　充）

たなおろししさん【棚卸資産】
inventory

　生産・販売・管理という経営活動において費消される資産のうち，費用化に際し，その費消部分が物量的に把握できないものを設備資産というのに対して，これが物量的に把握できるものを棚卸資産という。具体的には，原材料・仕掛品・製品とか，市場価格の変動によって利益を得る目的で保有する資産とか，事務用品等の消耗品などがこれに該当する。　　　　（石井康彦）

たなおろししさんかいてんりつ【棚卸資産回転率】
turnover ratio of inventory, inventory turnover

　棚卸資産回転率とは，
　　売上高÷棚卸資産
で示され，棚卸資産が1年間に何回転するか，その在庫滞留の長さを示す指標である。回転期間で考えると，在庫が何月分の売上高に相当するかを示す。回転率が低い場合または低下している場合には，滞留品がないかどうかに注意する必要がある。　（大矢知浩司）

たなおろしひょう【棚卸表】
inventory sheet

　発生主義会計のもとでは，収入と収益，支出と費用とは必ずしも一致しない。そこで，適正な期間損益計算を行う目的から，これらに生じる期間的な差異を補正する必要が生じ，この簿記手続きを決算整理とよび，ここで処理される事項をまとめた表を棚卸表という。決算整理事項としては，売上原価

の算定，貸倒引当金の見積り，固定資産の減価償却，収益・費用の見越し・繰延べなどがある。　　　（橋本武久）

たなおろしひょうかそん【棚卸評価損】
loss from inventory valuation

　品質低下，陳腐化，市場価格の下落により，期末時点での棚卸資産の評価額が帳簿価額よりも低くなる場合，その評価額に切り下げることで生じる費用を棚卸評価損という。この評価損は，通常の場合，販売活動を行う上で不可避的に発生したものであるため，売上原価として扱う。ただし，原材料の品質低下に起因する簿価切下額など，製造に関連し不可避的に発生するものについては，製造原価として処理する。評価損が災害や重要な事業部門の廃止などの臨時事象に起因し，かつ金額が多額であるときには，特別損失に計上する。⇨商品評価損　　　（浅野敬志）

たにんしほん【他人資本】
borrowed capital

　資本主や株主以外の第三者から調達した資本を他人資本という。資本主や株主から調達した自己資本と対比される。実際の貸借対照表をみる場合，負債に該当する箇所が他人資本にあたる。このように資本を調達源泉別に区分する方法は，貸借対照表借方を資本の運用形態とし，貸方を資本の調達源泉として把握する考え方に立脚している。
　　　　　　　　　　　　（千葉啓司）

たんいつしわけちょう【単一仕訳帳】

　すべての取引をその発生順に従い一つの仕訳帳に記入する帳簿を単一仕訳帳という。一冊の仕訳帳から，企業の経済活動の歴史的記録ないし原初的記録が得られるため，仕訳帳から元帳への転記の手続が単純であるという長所をもっている。また，このように単一仕訳帳と元帳からなる帳簿組織を二帳簿制といい，複式簿記において最低限保持すべき帳簿組織であると考えられている。しかし，単一仕訳帳では，取引量の増大や企業規模の拡大に対応した記帳業務の効率化（分業）が図れない，情報ニーズに応じて重要な特定種類の取引についての明細が得られないなどの欠点がある。これらの問題に対応して，特定の取引に関する補助記入帳を仕訳帳として用いる特殊仕訳帳（分割仕訳帳）が考案された。この場合，通常の仕訳帳は普通仕訳帳とよばれる。　　　　　　　　　（津村怜花）

たんいつしわけちょうせいど【単一仕訳帳制度】single journal system

　単一仕訳帳制とは，すべての取引をまず一つの仕訳帳に発生順に記入し，次に仕訳のつど単一の元帳（総勘定元帳）の各勘定口座に個別転記していく帳簿組織のことをいう。この制度の仕組みが単純で理解しやすいこと，転記の手続が簡単であることなどの利点をもっている一方，取引量や取引回数あるいは取扱商品の種類が増えると，仕訳および転記の手数がかかることなどの欠点をもっている。　　（神納樹史）

たんいつしわけちょう・たんいつもとちょうせい【単一仕訳帳・単一元帳制（帳簿組織の原型）】

　複式簿記において最低限保持されるべき帳簿組織であり，仕訳帳と元帳それぞれ一冊からなる単純な帳簿組織である（二帳簿制ともいわれる）。今日では，このような帳簿組織は，実際に使用されることはほとんどないが，複式簿記における記帳関係の基本を簡潔に示すことができるので，簿記の入門書ではとくに複式簿記の基本構造を解説する際に一般的に用いられている。そ

こでは，すべての取引が，まず原初記入簿（原始記入簿）としての単一の仕訳帳に発生順に記録（＝仕訳記入）され，次いで，仕訳帳から個々の仕訳ごとに個別に転記（＝個別転記）されるかたちで単一の元帳に記録（＝勘定記入）される。したがって，この種の帳簿組織では，すべての取引が発生順に一冊の仕訳帳に記録されるので，仕訳帳から元帳への転記の手続が単純であるという長所をもっている。しかし，その反面，(1)重要な特定種類の取引についてのまとまった明細記録が得られない，(2)取引量の増大や企業規模の拡大に対応した分業による記帳業務の合理化が図れないといった短所をもっている。
⇨帳簿組織，特殊仕訳帳制　　　（桑原正行）

たんいつしわけちょう・ほじょぼへいようせい・ぶんかつもとちょうせい【単一仕訳帳・補助簿併用制・分割元帳制】

　この帳簿組織は，単一仕訳帳・単一元帳制のうえに多数の補助簿をつけ加えたものであり，主要簿に補助簿を併用するという意味で補助簿併用制ともよばれる。そして，補助元帳を設ける場合，元帳は複式簿記の機構上，必要なすべての勘定を含む通常の元帳（総勘定元帳）と，特定勘定の内訳記録としての特殊元帳（補助元帳）とに分割される。しかし，仕訳帳は単一仕訳帳のままなので，この帳簿組織は，単一仕訳帳・補助簿併用制・分割元帳制として特徴づけることができる。

（興津裕康）

たんいつせいのげんそく【単一性の原則】

　株式や債券等の売買決定情報を提供する目的，アカウンタビリティ（会計報告責任）を果たすための株主総会での報告目的，金融機関等からの与信を受けるための信用目的，公平な課税を受けるための租税目的等，さまざまな目的のために会計報告書は利用される。また，それぞれの会計報告書は，利用者のニーズや読解能力についての一定の水準を予定して作成されるので，その名称や様式，さらには科目の分類や配列は多様である。たとえば，株主総会に提出される計算書類等と内閣総理大臣および証券取引所に提出される財務諸表とは，その様式や科目の配列等は大きく異なる。つまり，会計報告書には形式多元とならざるをえない事情がある。

　しかし，そのように形式が多様であっても，その内容は，信頼しうる会計帳簿に基づいて作成され，政策の考慮のために真実な表示をゆがめてはならない。つまり，形式は多元であっても，その提供する情報内容は実質一元でなければならない。これが単一性の原則である。

（原田満範）

だんかいほう【段階法】

　連結財務諸表を作成するにあたって，子会社の株式を複数回にわたって段階的に取得した場合，従属会社の資本勘定と支配会社の投資勘定の相殺消去の方法として，段階法と一括法がある。段階法は従属会社の株式取得日を基準として段階的に消去計算をする方法であるのに対し，一括法は，段階的に株式を取得したとしても支配を獲得した時点で一括して消去計算をする方法である。⇨一括法　　　（坂上　学）

たんしきぼき【単式簿記】
single entry bookkeeping

　簿記はその構造に基づいて単式簿記と複式簿記とに分けられる。ただし単式簿記は一般に積極的には定義されず，複式簿記以外の簿記と定義される。したがって歴史的には，単式簿記から複

式簿記へと発展したことになるが，単式簿記は必ずしも時代遅れの旧式簿記というわけではない。たとえば小遣帳や家計簿は一般に金銭の収支のみを記入する単式簿記であるが，これを複式簿記で記録すべきだとは一概にいえない。⇨複式簿記 （福島吉春）

たんじゅんそうごうげんかけいさん【単純総合原価計算】

量産品が生産され，原価計算上区別すべき品種が単一種類であると判断される場合に適した総合原価計算である。期間中に発生した多様な費目別発生額を当月製造原価として集計し，その集計結果と前月から繰り越される月初仕掛品原価を，当月中間製品・完成品と月末仕掛品とに配分する原価計算である。これにも，工場全体を一括して計算する場合と，工程別に区分して集計する場合とがあるが，たんに単純総合原価計算というときには，前者を指すことが多い。 （田中嘉穂）

たんぶんしきかんさほうこくしょ【短文式監査報告書】short form report

監査人が監査を実施した結果としての最終的な結論を，意見として表明する監査報告書という書類のひとつの形態であり，長文式監査報告書に対置される用語である。その記載内容は，通常，監査の対象，監査人が実施した監査の概要，財務諸表に対する監査人の専門的意見に3分される。このように表示区分や記載事項が標準化されるのは，金融商品取引法や会社法に基づく法定監査制度が，不特定多数の利用者にとって分かりやすく受け入れやすいことを期待しているためである。⇨長文式監査報告書 （松本祥尚）

ち

ちぇっくりすと【チェックリスト】
check list

　監査の実施において，あらかじめ一定の計画・実施・その検討といった一連の業務内容を一覧表として作成しておき，それらの業務実施の状況と照合することによって，業務の重複や脱漏を避け，有効な監査を効率的に実施することを目的にしたものである。その種類としては，(1)監査手続を網羅的に一覧表にし，監査計画の立案を合理的に行うための監査手続一覧表と，(2)監査対象項目別に適用すべき監査技術や人員配置や場所・時間などを定め，特定の具体的な監査計画における個々の監査の実施を照合するための監査手続照合表がある。⇨監査計画　（松本祥尚）

ちからのちょぞうこ【力の貯蔵庫】
⇨動的貸借対照表

ちゅうかんかんさ【中間監査】

　連結財務諸表が主要財務諸表となる制度改訂に伴い，中間連結財務諸表と中間財務諸表（以下，中間財務諸表とよぶ）も監査対象に含められることになった。中間財務諸表は中間会計期間に係る企業集団または企業の財政状態，経営成績およびキャッシュ・フローの状況に関し，有用な情報を提供するものでなければならないが，その作成方法は「予測主義」から「実績主義」に変更された。そこでは，中間監査は年度監査と同程度の信頼性を担保するものではなく，中間財務諸表に基づく投資者の判断を損なうことがない程度の信頼性を担保するものであると位置づけられている。それは中間監査が年度監査と同じように通常実施すべき監査手続を実施できず，事務負担の問題や年度監査との関係などから，合理的な範囲で監査手続の一部を省略できる監査と位置づけられているからである。中間監査は年度監査と同様の監査が実施されているという投資者の誤解を避けるとともに監査人の責任を明確にする必要がある。⇨中間監査基準

（友杉芳正）

ちゅうかんかんさきじゅん【中間監査基準】

　中間連結財務諸表の監査基準の設定と中間財務諸表監査基準の改訂のため，平成10年6月16日に「中間監査基準」が公表された。監査人の適格性の条件，監査人が業務上守るべき規範は，現行監査基準の一般基準に規定されており，中間監査においても当然準拠すべきものであるため，中間監査基準は中間監査実施基準（7条項）と中間監査報告基準（5条項）から構成される。中間監査における通常実施すべき監査手続として，省略できる特定監査手続，子会社等の中間財務諸表に対する監査手続，他の監査人の利用は，監査人の合理的な判断に委ねる。中間監査報告書の範囲区分では，合理的に保証できる範囲での監査手続の省略の場合は，そ

の旨を，合理的に保証できる範囲を超える監査手続の省略の場合は，その旨とその理由を記載する。意見区分では，中間財務諸表が，企業集団または企業の中間会計期間に係る財政状態，経営成績，キャッシュ・フローの状況に関する有用な情報を表示しているか否かの意見表明を行う。⇨中間監査

(友杉芳正)

ちゅうかんざいむしょひょう【中間財務諸表】interim financial statements

わが国の会計制度上，事業年度が1年である会社が，その期央（中間期）に作成する財務諸表をいう。これは，当該中間会計期間における有用な会計情報を提供するもの（実績主義という）である。金融商品取引法では，半期報告書制度において上場会社等以外の金融商品取引法適用会社にこれを作成することを求めており，この場合，「中間連結財務諸表等の作成基準」および「中間財務諸表等規則・同ガイドライン」，「中間連結財務諸表規則・同ガイドライン」に基づくとともに，公認会計士または監査法人の監査証明を受けなければならない。なお，中間財務諸表は，中間連結財務諸表および個別ベースの中間財務諸表からなり，前者の中間連結財務諸表は，中間連結貸借対照表，中間連結損益計算書および中間連結包括利益計算書，中間連結株主資本等変動計算書，中間連結キャッシュ・フロー計算書をいい，後者の個別ベースの中間財務諸表は，中間貸借対照表，中間損益計算書，中間株主資本等変動計算書，中間キャッシュ・フロー計算書をいう。 (永戸正生)

ちゅうかんはいとうがく【中間配当額】interim period

会社法によれば，株式会社における剰余金の配当は，分配可能額として求められる会社財産の範囲内で配当を行う限り，いつでも期中何回でも実施することができる。剰余金の配当を実施しようとするときは，原則として株主総会の普通決議がそのつど必要とされるが（会社法454条1項），取締役会設置会社は，1事業年度の途中において一回に限り取締役会の決議によって剰余金の配当（配当財産が金銭であるものに限る）をすることができる旨を定款で定めることができる（同454条5項）。この定款の定めに基づき取締役会の決議により事業年度の途中で行われる1回限りの剰余金の配当を「中間配当」といい，その配当額を「中間配当額」という。

(大下勇二)

ちゅうかんほうじん【中間法人】intermediary corporation

中間法人とは中間法人法に基づいて設立され，社員に共通する利益を図ることを目的とし，かつ，剰余金を社員に分配することを目的としない社団であってこの法律により設立されたものをいう。既存の中間法人には有限責任中間法人と無限責任中間法人があり，公益法人制度改革関連法の一つとして成立した「一般社団法人及び一般財団法人に関する法律」の施行により（平成20年12月1日施行），中間法人法は廃止された。これにより，既存の中間法人は一般社団法人へ移行することになっている。

(兵頭和花子)

ちゅうき【注記】note

企業の財務内容を明らかにし，情報利用者が的確な判断，意思決定を行うために必要な情報として，本体である財務諸表に対する注記がある。受取手形の割引高，裏書譲渡高，保証債務等の偶発債務，担保に供している資産，発行済株式1株当たり当期純利益，同1株当たり純資産額等がこれである。

注記には，それを書く場所によって，脚注，横注，頭注に分けられる。そのうち一般的なのは脚注である。⇨脚注
（興津裕康）

ちゅうきひょう【注記表】

会社法に基づく計算書類の一つとして作成と報告が要求されている財務書類である。注記表は，計算書類本体の記載内容に関する重要な事項を，計算書類の本体とは別の箇所に記載することにより，本体の簡潔性を維持するとともに，必要な情報を詳細に伝達する役割を果たしている。注記表には，個々の企業ごとの計算書類を構成する個別注記表と，企業集団の連結計算書類を構成する連結注記表があり，それらの記載内容は，会社計算規則98条から116条に定められている。
（姚　小佳）

ちゅうしょうがいしゃかいけいきじゅん【中小会社会計基準】

2002年6月に中小企業庁から『中小企業の会計に関する研究会報告書』が公表されたことを契機に中小会社会計基準に関する議論が活発化した。同『報告書』によれば中小会社会計基準とは「資金調達先の多様化や取引先の拡大を目指す中小企業が，商法上の計算書類を作成するに際して準拠」すべきものとされている。中小会社は，大会社と比較すると，所有と経営の未分離，不完全な内部統制，単一の事業内容，会計に関する専門知識の欠如等の特徴がある。そのため，従来の大会社に焦点を当てた会計基準とは異なる，中小会社の特性を斟酌した会計基準が必要になる。上記『報告書』では会計プロセスのインプット段階の記帳が重視され「整然かつ明瞭」で「正確かつ網羅的」な適時の記帳が求められている。日本税理士会連合会や日本公認会計協会からも関連する報告書が公表されている。
（浦崎直浩）

ちゅうしょうがいしゃかんさ【中小会社監査】

中小会社は，大会社と比較して，「出資者＝経営者」支配であること，内部統制の整備・機能状況が脆弱であること，経理能力が低いことなどの経営上の問題点を有している。そのため，アメリカ公認会計士協会の「小会社監査マニュアル」では，内部統制機構が整備されていないことから統制テストに代えてシステムズ・ウォークスルーを行い，限定された領域で会計業務機構の健全性の程度を評価したうえで，分析的手続に重点をおいた勘定残高テストを実施することが勧告されている。アメリカの小会社監査では，システムズ・ウォークスルー・アプローチが最も効率的な監査アプローチとして定着している。
（浦崎直浩）

ちゅうりつせい【中立性】neutrality

中立性とは，情報作成者の提供する情報のなかに，情報利用者の意思決定行動に影響を与えるバイアス（偏向）が存在しないことをいう。このバイアスとは，情報作成者が提供する情報を通じて，情報利用者の意思決定行動を作成者側が考えるある特定方向に誘導させることを意味する。中立性は，検証可能性，表現の忠実性とともに，信頼性を支える会計情報の質的特性のひとつである。したがって，情報作成者がこのようなバイアスがかかった情報を提供すれば，会計情報の信頼性を欠く結果となる。⇨信頼性　（村井秀樹）

ちゅうわか【中和化】

マールベルク（Mahlberg, W.）によって提唱される。棚卸資産の取揃品に相当する一定量，すなわち，基準量

については，期首と期末の貸借対照表を同じ価額で通過（中和化）させることで，期中の物価変動の影響も貨幣価値変動の影響も排除しようとするものである。典例になるのは固定資産の土地であるが，棚卸資産についても，基準量は「経営の必須有高」として，当初の取得原価のまま評価される。期末にこれを上回る「超過有高」は投機量，これを下回る「不足有高」は要補充量として，時価で評価される。その限りで，とくに物価変動の影響を排除するために，シュマーレンバッハ（Schmalenbach, E.）によって提唱される「恒常有高法」に類似する。しかし，同じ価額で通過（中和化）させるにしても，すべての貨幣価値変動の影響を排除するために，棚卸資産だけに限定することなく，資産と負債・資本の組合わせまで徹底される。たとえば，土地または経営の必須有高と資本は，貨幣価値変動に関係しない「実質的中和化」，現金または債権と債務は，相反して関係する「形式的中和化」，超過有高は，貨幣価値変動に関係する「非中和化」，このように分析することで，期末の貨幣価値ではなく，期首ないし安定時の貨幣価値に統一される。

(土方 久)

ちょうきかりいれきん【長期借入金】
long-term borrowing

　長期借入金とは，借用証書を差し入れて金融機関その他から金銭を借り入れた場合の債務のうち，返済期日が決算日の翌日から起算して1年を超えて到来するものをいう。長期借入金は，貸借対照表上，固定負債の部に記載される。ただし，当初は長期借入金とされたものであっても，時の経過によって返済期限が1年以内になったものは，短期借入金に振り替えられ，流動負債の部に記載される。⇨固定負債, 流動負債

(澤登千恵)

ちょうきまえばらいひよう【長期前払費用】

　前払費用のうち，貸借対照表日の翌日から起算して1年を超える期間を経て費用となるものを長期前払費用という。この長期前払費用は，企業会計原則および財務諸表等規則において固定資産のうちの「投資その他の資産」に属するものとされている。その場合，長期前払費用は「投資その他の資産」における「その他の資産」の代表的なものである。長期前払費用は，支出の効果が将来に及ぶという点で繰延資産と同じ性格を有しているが，繰延資産がすでに役務の提供を受けているのに対して，長期前払費用はいまだ役務の提供を受けていないという点で，繰延資産とは異なる。⇨投資その他の資産, 前払費用

(上野清貴)

ちょうせいねんきん【調整年金（厚生年金基金）】adjusted pension

　厚生年金基金は，国の厚生年金の老齢年金のうち報酬比例部分を代行するとともに，代行部分の3割以上の任意の上乗せ給付部分を付加して，独自の企業年金の運用を行う年金制度である。昭和41年にイギリスの例にならって導入されたもので，企業の退職金と国の厚生年金の機能負担の重複を避けるという当初の意図から調整年金とよばれた。企業は「厚生年金基金」という健康保険組合に類似した特別法人を設立し，規約の作成とともに，意思決定機関としての事業主と加入者を代表する代議員会を，執行機関としての理事長と理事を選任し，生命保険会社，信託銀行，または投資顧問会社と契約を結んで資金の運用を行う。厚生年金基金に対する従業員の拠出部分は社会保険料控除の適用がある。

(黒川行治)

ちょうぶんしきかんさほうこくしょ【長文式監査報告書】
long-form report

　監査報告書の種類のうち，短文式監査報告書に対置される用語であり，特定の依頼人との契約に基づき，重点的に検査した監査対象項目の詳細や，監査人が実施した監査手続の内容など，種々の重要な事項に対する監査人の結論が詳述された書類である。記載内容については，経営管理や受信能力の判定を目的にして，内部統制に関する改善提案，受取勘定や支払勘定の期間分布や競争企業との比較分析など，その利用目的に応じて弾力的に設定される。
⇨短文式監査報告書　　　　　（松本祥尚）

ちょうぼ【帳簿】book, account-book

　帳簿は主要簿と補助簿から構成される。仕訳帳および総勘定元帳が主要簿といわれる。仕訳帳は取引を発生順に記録するための帳簿であり，総勘定元帳は用いられるすべての勘定を示した帳簿で，各勘定科目ごとの増減および残高が記録される。補助簿は補助記入帳と補助元帳に区分される。補助記入帳は特定の種類の取引を発生順に記録するための帳簿で，現金出納帳，仕入帳，売上帳，受取手形記入帳などがこれに含まれる。補助元帳は特定の勘定についての明細を示すための帳簿で，商品有高帳，売掛金元帳，固定資産台帳などがこれに含まれる。⇨帳簿組織
（千葉啓司）

ちょうぼけっさん【帳簿決算】

　決算本手続ともいう。帳簿決算はあらかじめ予備手続として，試算表の作成および棚卸表の作成，必要に応じて精算表の作成などを行った後，決算整理，収益勘定・費用勘定の締切り，資産勘定・負債勘定・資本（純資産）勘定の締切り，全帳簿の締切り，といった一連の手続をふむ。まず決算整理に基づいて整理記入を行う。主たる修正事項は，棚卸資産の棚卸高，固定資産の減価償却，繰延資産の償却，引当金の設定，収益費用の見越し繰延べなどがある。次に収益勘定および費用勘定を損益勘定に振り替え，利益額が算定される。次に資産・負債・資本（純資産）の各勘定を締め切る。大陸式決算法では決算残高勘定を設け，これを相手勘定とする仕訳を行って締め切る。これに対し，英米式決算法では仕訳を経ずに直接締め切る。英米式決算法は簡便ではあるが，検証性に欠けるため，決算後試算表を作成し決算整理後の資産・負債・資本（純資産）の残高の正確性を検証する必要がある。最後に仕訳帳と元帳の締切りを行う。仕訳帳は決算整理前にいったん締め切り，決算整理および上記諸勘定の締切仕訳を行った後，再び締め切る。次に補助元帳と元帳との残高を照合し，差額が生じた場合は元帳の整理記入を行い補助元帳の修正を行ったうえで締め切る。これら帳簿決算を終えた後，決算手続の最終段階である財務諸表の作成が行われる。
（坂上　学）

ちょうぼそしき【帳簿組織】
book-keeping system

　財産管理ならびに財務報告という目的を達成するために，帳簿を有機的に結合させた仕組みを帳簿組織という。製本帳簿を前提とすると，帳簿は複式簿記を行ううえで必要不可欠な主要簿としての仕訳帳および総勘定元帳と，補助簿としての補助記入帳および元帳とに区別される。また，これらの帳簿は，その記入が取引の発生に応じ直接になされるのか転記によってなされるのかにより，原始簿としての仕訳帳および補助記入帳と，転記簿としての総勘定元帳および補助元帳とに区別

される。

　複式簿記において，最も基本的な帳簿組織は主要簿のみを用いた単一仕訳帳・単一元帳制であるが，特定取引や特定勘定についての明細記録を必要とするときに補助簿が設けられる。さらに，複式簿記における基本的手続である仕訳と転記の合理化を図るために，仕訳帳と同一取引を記入している原始簿としての補助記入帳を仕訳帳として利用し，複数の仕訳帳を用いる特殊仕訳帳制がとられる。⇨単一仕訳帳・単一元帳制，特殊仕訳帳制　　　（泉　宏之）

ちょうぼたなおろしだか【帳簿棚卸高】

　棚卸資産の種類ごとに帳簿を設けて，「受入量・払出量」を継続的に記録し，帳簿上で「在庫量」を把握する方法を帳簿棚卸法（継続記録法ともいう）といい，これによる期末棚卸高を帳簿棚卸高という。つまり実地に棚卸をせず，帳簿残高によって「あるべき在庫量を確認すること」で，それは

$$\frac{前期(月)}{繰越数量} + \frac{期(月)中}{受入数量} - \frac{期(月)中}{払出数量}$$
$$= \frac{次期(月)}{繰越数量}$$

により求められる。⇨実地棚卸高
　　　　　　　　　　　　（柴山　正）

ちょくせつけいひ【直接経費】
direct expense

　原価要素を発生形態によって分類するとき，材料費，労務費以外の原価が経費である。また，原価要素は，製品との関連において製品の製造に関して直接的に認識される直接費と認識されない間接費に分類される。したがって直接経費は，特定製品に直接的に認識できる，あるいは直接的に追跡可能な経費を意味する。個別原価計算と組別原価計算における外注加工費，特許権使用料などが，直接経費の例としてあげられる。　　　　　　（岡野憲治）

ちょくせつげんかけいさん【直接原価計算】direct costing

　直接原価計算とは，製造原価を，固定費と操業度に関連して直接的に変動する変動費とに区分し，直接費に変動製造間接費を加えた原価で棚卸品を評価し，売上原価を計算し，固定費は期間原価として処理する原価計算である。限界原価計算とか貢献差益計算，変動原価計算という名称でも知られている。また，直接原価計算は，製品原価を全部原価計算よりも狭い範囲で計算するので部分原価計算であるともいわれる。直接原価計算は，利益管理に役立つ原価計算システムとして，とくにアメリカで生成し，発展した。　（岡野憲治）

ちょくせつざいりょうひ【直接材料費】direct material cost

　原価の形態別分類基準によれば，材料費とは，物品の消費によって発生する原価である。製品との関連における分類基準によれば，直接費とは，製品の生産に関して直接的に認識される原価である。したがって直接材料費とは，特定製品に直接的に認識できる，あるいは直接的に追跡可能な材料費を意味する。製品に直接賦課される直接材料費の例としては，主要材料費と買入部品費があげられる。⇨材料費
　　　　　　　　　　　　（岡野憲治）

ちょくせつひょうじゅんげんかけいさん【直接標準原価計算】

　直接標準原価計算は，原価管理に役立つ標準原価計算と利益管理に役立つ直接原価計算とが結合した原価計算であり，原価管理にも利益管理にも役立つ情報を提供するように創造された原価計算システムである。直接材料費，

直接労務費，変動間接費などの直接費は，事前に定められた製品単位当たりの標準原価に基づいて原価管理をする。これらの標準直接費を売上高から差し引いて限界利益が計算され，さらに固定費を期間原価として処理するという計算構造の特質を活用して，短期利益計画などの利益管理に利用する。つまり直接標準原価計算は，直接原価計算の計画と意思決定に対する長所と，能率測定尺度としての標準原価計算の長所を結合し，原価管理と利益管理に有用な情報を提供するように創造された原価計算システムである。⇨限界利益，原価管理，利益管理　　　　（岡野憲治）

ちょくせつほう【直接法（減価償却）】
direct write-off method

固定資産の減価償却に関して，毎期の減価償却費を当該固定資産勘定から直接控除する会計処理方法を直接法といい，

（借）　減価償却費　×××
　　（貸）　当該固定資産　×××

という形式で仕訳される。これは，毎期の減価償却費を当該固定資産勘定から直接控除せずに減価償却累計額勘定を設けて会計処理する間接法と比べて，次のような欠点を有している。(1)当該固定資産の取得原価が明示されない。(2)過去に行われた減価償却の累計額が明示されない。このような理由から，有形固定資産の減価償却に際して，間接法を原則として採用しなければならないと各会計規則は規定しているが，例外として直接法も認められている。しかし，この場合には，当該有形固定資産の減価償却累計額を注記しなければならないとされている。なお，無形固定資産の減価償却については，直接法のみが用いられる。⇨間接法，減価償却　　　　　　　　（上野清貴）

ちょくせつほう（きゃっしゅ・ふろーけいさんしょ）【直接法（キャッシュ・フロー計算書）】

直接法とは，キャッシュ・フロー計算書の「営業活動によるキャッシュ・フロー」の区分において，主要な取引ごとにキャッシュ・フローを総額表示する方法である（「連結キャッシュ・フロー計算書等の作成基準」第三・一・1）。これは，例えば，営業収入，原材料または商品の仕入支出，人件費支出，その他の営業支出，という取引ごとに総額表示をすることを意味する（同注7）。直接法による表示では，営業活動に係るキャッシュ・フローが主要な取引ごとに総額で表示されるため，キャッシュ・フロー計算書の利用者は，営業活動に係るキャッシュ・フローの総額だけではなくその内訳も知ることができる点に長所が認められる。しかし，直接法により表示するためには，主要な取引ごとにキャッシュ・フローに関する基礎データが必要となり，一般に実務上の手数を要する。　（戸田統久）

ちょくせつろうむひ【直接労務費】
direct labor cost

原価の形態別分類基準によれば，労務費とは，賃金，給料など労働用役の消費によって発生する原価である。製品との関連における分類基準によれば，直接費は，製品の生産に関して直接的に認識される原価である。したがって直接労務費は，特定製品に直接的に認識できる，あるいは直接的に追跡可能な労務費を意味する。製品に直接賦課される直接労務費の例としては，作業時間報告書または出来高報告書をもとにして，消費賃率に作業時間または出来高を乗じて算定される直接賃金があげられる。

（岡野憲治）

ちょぞうひん【貯蔵品】 supplies, stores

　棚卸資産の一つであり，販売活動および一般管理活動において短期間に消費する予定の財貨のことである。貯蔵品には，包装材料や事務用消耗品に加え，耐用年数1年未満または単価が僅少な工具，器具および備品のうち，取得時に経費または材料費として処理されていない貯蔵中のものも含まれる。また，有形減価償却資産を除却した場合，処分されるまでは貯蔵品とされる。貯蔵品は，貸借対照表の流動資産の部において，「原材料及び貯蔵品」の区分に表示される。　　　　（中溝晃介）

つ

つうかさきものよやく【通貨先物予約】 currency future

　将来の一定の時点（「限月（げんげつ）」という）を決済日として，あらかじめ決められた価格で特定の金融商品や外国通貨を売買する契約のことを先物取引といい，とくに売買の対象が通貨の場合を通貨先物予約という。先物取引においては日々価格が形成されるため，価格変動に伴って未決済の残高（「建玉（たてぎょく）」という）の損益が計算される（「値洗い」という）。決済の方法には2種類あるが，限月までに反対売買を行うことにより，差金決済ですまされることが多い。差金決済が行われなかった場合には，限月において現物を授受する受渡決済が行われる。先物取引の利用法として，先物価格を現物価格と一定の関係に保つ裁定と，現物の価格変動による差額の取得を目的とする投機と，現物の価格変動リスクの回避を目的とするヘッジとがある。とくに三つ目の利用法に関連して，ヘッジ対象物に係る損益と先物取引に係る損益を同一の会計期間に認識し，前者を後者で相殺するヘッジ会計が問題となる。先物取引に係る相場の変動を損益として認識する基準としては，決済基準と値洗基準の二つがある。決済基準は，先物相場の変動に基づく値洗差額を，当該先物取引の決済時に損益として認識する基準である。これに対して値洗基準は，先物相場の変動に基づく値洗差額を，値洗いのつど損益として認識する基準である。「金融商品に関する会計基準」によれば，値洗基準による処理が求められている。
⇨オプション取引，スワップ取引，ヘッジ会計　　　　　　　　　　（山田康裕）

つきあわせ【突合】 check, checking

　二つ以上の内部証拠を照らし合わせて，事実や記録が合致しているかどうかを確かめることにより，会計記録や計数の正否を確かめる監査技術で，照合ともいう。財務諸表のすべての項目に適用できることから一般監査技術に分類され，証憑突合，帳簿突合，計算突合が含まれる。(1)証憑突合は証憑自体の信憑性やその背後の取引の実在性を確かめた後に，証憑と帳簿記録との照合を行うことで，証憑に示される原

始記録が会計帳簿に正確に記入されていることを確かめる手続である。(2)帳簿突合は関連する帳簿相互間の記帳内容に相違がないことを確かめる手続であり、転記突合（仕訳帳と総勘定元帳との突合），勘定突合（補助簿と総勘定元帳の当該勘定との突合），伝票突合（会計伝票と関係帳簿記録との突合——伝票会計制のもとでは会計伝票が仕訳帳と補助簿の機能を果たしている）に細分される。(3)計算突合は被監査会社が行った各種の帳簿，計算書，明細書，試算表等における計算結果を監査人が再計算して，計算結果の算術的正確性を確かめる手続である。⇨監査技術　　　（津田秀雄）

つきわりけいひ【月割経費】

月割経費とは，一定の期間にわたって発生する経費であるために，その経費が原価計算期間に均等に配分される経費をいう。具体的には，減価償却費，不動産賃借料，支払保険料，租税公課などがある。これらの経費は，経費月割表によって集計され，月割計算が行われる。これに対置される概念は，測定経費である。　　　　　　　（西村慶一）

て

てぃーきゅーえむ【TQM】
total quality management

1980年代に，日本のTQCをベースとして，さらなる戦略的要素を組み込みながら，体系的な品質管理の仕組みを構築したものである。TQMは，Total Quality Managementの略称で，総合「質」経営と訳される。TQMの基本構造は，1987年にアメリカにおいて制定されたマルコム・ボルドリッジ国家品質賞（MB賞）の審査基準をそのモデルとしている。TQMとTQCを比較すると，その対象範囲と体系化において，相違点をみいだすことができる。TQMはTQCに比べて，品質概念を拡張し，経営全体の品質をその対象とし，実践上も，教育システムやマニュアルの整備などの体系的な取組みをしている点が特徴である。加えて，支援ツールにおいても，TQC支援ツールに加えて，QFD（品質機能展開），タグチ・メソッド，品質コスト概念も活用される。⇨TQC　　　　　（吉田栄介）

てぃーきゅーしー【TQC】
total quality control

製造活動のみならず，組織内のあらゆる活動をその対象とし，トップ・マネジメントから現場の従業員まで巻き込んだ，全員参加による品質管理活動である。TQCは，Total Quality Controlの略称で，全社的品質管理ないしは総合的品質管理と訳される。こうした近代的な品質管理は，1920年代にアメリカで提唱されたさまざまな統計的品質管理（Statistical Quality Control：SQC）の手法を出発点としている。1950年代にデミング（Deming, E.）らにより日本に紹介された近代的品質管理手法は，1960年代以後，日本において独自の発展を遂げた。それがTQCである。品質管理活動に優れ

た企業を顕彰するデミング賞は1951年に創設された。当時、紹介されたQC七つ道具やSQC手法に加えて、新QC七つ道具などのツールを活用しながら、QCサークルとよばれる小集団活動を通じた全員参加の品質管理活動を展開したことが、日本的品質管理活動としてのTQCの特徴である。また、品質管理の目標が、不良品の排除から、顧客満足へと拡大していったのも大きな特徴である。⇨TQM　　　（吉田栄介）

ていかきじゅん【低価基準】

"cost or market, whichever is lower" basis

　企業会計原則においては、商品、原材料などの棚卸資産、一時的所有の有価証券について取得原価を基礎としているが、時価が取得原価を下まわった場合、時価をとることができるとしている（第三・五・AおよびB）。これを低価基準という。低価基準は、取得原価の場合に比べて時価との差額だけ費用が増大する効果があり、会計利益はそれだけ縮小するので、保守主義の典型とされる。低価法、低価主義ともよばれる。　　　　　　　（毛利敏彦）

ていがくしきんまえわたしほう【定額資金前渡法（インプレスト・システム）】

imprest system

　小口現金制度での資金前渡しの方法の一種である。日常頻繁に生じる小口経費の支払いのために設けられる小口現金制度で、一定期間の所要経費の見込額を見積もり、それに基づいて一定額を支給して、定期的に支払経費の内容を報告させるとともに、その報告に基づく実際支払額を定期的に補給することで、補給日には常に一定額が小口現金支払係（用度係）に前渡しされているようにする方法をいう。この方法によれば、総勘定元帳の小口現金勘定の残高も常に一定額になる。⇨小口現金勘定　　　　　　　（小倉康三）

ていがくほう【定額法】

straight-line method

　固定資産の減価償却方法のひとつで、直線法ともよばれる。これは減価が時の経過に伴い平均的に発生するという前提に基づき、毎期均等額を償却する方法である。毎期の減価償却費は、償却可能額（取得原価－残存価額）を耐用年数で除して算出される。この方法では、毎期均等額の減価償却費を計上するため、グラフ上、未償却残高は右下がりの直線で、減価償却累計額は右上がりの直線で示される。⇨減価償却法
　　　　　　　（藤岡英治）

でぃすくろーじゃー【ディスクロージャー（会社法の開示）】

　多数の者から出資を受け、大規模に事業展開する株式会社には、多くの利害関係者が存在している。それぞれの利害関係者が会社の内容を判断できるように、会社法は会社に関する情報のディスクロージャー（開示）を要求している。経営者が株主より委託された資金を適切に管理、運用しているかどうか、あるいは債権回収の可能性があるかどうかなどを判断するために、会社の財務状況の情報開示は特に重要である。会社法は、貸借対照表、損益計算書、株主資本等変動計算書、個別注記表（以上四つを計算書類という）、および事業報告、ならびにこれらの附属明細書の作成を義務づけている（会社法435条2項）。計算書類等は監査を受け（同436条）、定時株主総会に提出し、承認を受けることによって確定する（同438条）。ただし、会計監査人設置会社では、条件を充たす場合には定時株主総会における計算書類の承認は不要であり、取締役会で確定する（同

439条)。計算書類等の開示には，(1)株主へ郵送する（直接開示方式）（同437条），(2)会社に備え置き，株主や債権者の請求に応じて閲覧，謄写を認める（間接開示方式）（同442条），(3)官報または日刊新聞紙に掲載するか，電子公告を行う（同440条，939条）という三つの方法がある。各事業年度の計算書類等以外にも，臨時決算日における臨時計算書類，大会社に対する連結計算書類の開示についても会社法で定められている。
(平野由美子)

でぃすくろーじゃー【ディスクロージャー（金商法の開示）】disclosure

金融商品取引法は，投資者を保護する目的のために制定された法律であって，金融商品取引法の適用会社は，企業内容，つまり企業の財務内容の開示のために作成された財務諸表について公認会計士または監査法人による監査を受け，投資者の投資判断に役立つ情報を開示することを義務づけられている。この企業内容の開示制度には定時報告制度と臨時報告制度があり，前者には(1)有価証券報告書制度，(2)四半期報告書制度がある。 (興津裕康)

ていりつほう【定率法】
declining-balance method

定率法は減価償却費の計算方法の一つである。固定資産の帳簿価額（取得原価−減価償却累計額）に償却率を乗じて減価償却費を計算する。簿価が減価償却の計算の基礎になるので，減価償却費は年々減少する。そこで逓減的減価償却法ともいう。経済的，技術的な陳腐化の早い固定資産に適用される。
償却率は，耐用年数をnとして

$$償却率 = 1 - \sqrt[n]{\frac{残存価額}{取得原価}}$$

で算定される。

ところが，最近，新しい定率法が考案され，そこでは

償却率 = 1 ÷ 耐用年数 × 2

で算定される。このことから200％定率法とよばれることもある。
⇨定額法，減価償却法 (毛利敏彦)

でーた【データ】data

人間またはコンピュータが処理する数字，文字，記号，画像，音声などの集まりをいう。コンピュータで処理する場合，コンピュータが認識できるようにデジタル形式で表現される。「情報」と区別するために，なんらかの価値が見いだされていないたんなる諸事実，概念，指令を「データ」とよぶこともある。 (井上英理佳)

でーたしょりしすてむ【データ処理システム】data processing system

データ処理の流れを正確，高速かつ効率的に行えるように考慮されたシステムである。コンピュータの導入により，大量のデータを高速に処理することが可能となった。コンピュータを利用したデータ処理システムのことをとくに電子データ処理システム（electronic data processing system：EDPS）とよぶこともある。
(井上英理佳)

でーたべーす【データベース】
database, DB

データを大量に蓄積して，コンピュータで処理しやすいように体系的に整理・統合されたものをいう。コンピュータ上にデータを保存しておくと，データの更新や維持管理が容易であり，多目的に利用できる。また個別のデータをデータベース化することにより，複数の人がデータを共用することができるようにもなる。 (井上英理佳)

でーたべーすかんりしすてむ【データベース管理システム】
database management system

　データベースを作成・維持管理・運用するためのソフトウェアである。データベース全体の編成を確立し，データの格納，検索，セキュリティ，保全などを行う。利用者が容易にデータを検索するための機能や，データベースを効率的に管理運用できるような機能をもつ。これらの機能を利用することでデータをある一定の順番に並べ替えて表示したり，必要なデータを瞬時に取り出したり，抽出されたデータを一定の書式でプリント出力したり，データを容易に追加や更新したりすることができる。　　　　（井上英理佳）

てがたうらがきぎむかんじょう・てがたうらがきぎむみかえりかんじょう【手形裏書義務勘定・手形裏書義務見返勘定】

　手形裏書義務勘定・手形裏書義務見返勘定とは，手形の裏書譲渡に伴う偶発債務を対照勘定により処理するときの勘定である。手形を裏書譲渡したとき手形裏書義務見返勘定の借方と手形裏書義務勘定の貸方に記入しておき，手形が期日に無事決済されたときその反対記入によって消去する。
（長尾則久）

てがたかしつけきん【手形貸付金】

　金銭の貸借に際して，貸し手が貸付金の回収を確実にするため，借用証書の代わりに約束手形や為替手形を受け入れたことにより生じる債権である。こうした手形は，通常の商品売買代金の決済に利用される商業手形とは異なり，資金の融通のために振り出されているので融通手形または金融手形とよばれる。この手形貸付金にかかる取引を記録する勘定を手形貸付金勘定とい

う。　　　　　　　　　（和田博志）

てがたかしつけきんかんじょう【手形貸付金勘定】
⇨手形貸付金

てがたかりいれきん【手形借入金】

　金銭を借り入れるとき，借用証書の代わりに，約束手形や為替手形を振り出して借り入れる方法がある。この時の手形を金融手形（または融通手形）といい，商品代金の支払いのために用いる手形，すなわち商業手形と区別している。それゆえ，約束手形や為替手形を振り出して金銭を借り入れたときは，商品代金の支払いに関して発生する手形債務と区別するため，その債務を手形借入金勘定を用いて記入する。
（渡邊大介）

てがたかりいれきんかんじょう【手形借入金勘定】
⇨手形借入金

てがたとりひき【手形取引】

　手形には約束手形と為替手形の2種類がある。手形の種類に関係なく，得意先や仕入先との間の通常の取引に基づいて発生した債権債務を処理するのが商業手形である。このような手形の債権債務の発生・消滅・変更に関する諸取引を手形取引という。⇨約束手形，為替手形　　　　　　（柴山　正）

てがたのうらがきじょうと【手形の裏書譲渡】

　手形所持（裏書・譲渡）人が，満期日（支払期日）前に，商品代金の支払いや買掛金の決済手段として，所有している手形の裏面に必要事項を記入し，署名あるいは記名・押印して手形債権を第三者（被裏書人・譲受人）に譲り渡すことである。つまり裏書譲渡は，手

形所有者が行う行為である。したがって満期日（支払期日）の手形所持人が，手形債務者から支払いを受けることになる。⇨割引手形，偶発債務　（柴山　正）

てがたのこうかい【手形の更改】

手形の債務者（支払人）が，満期日（支払期日）に，その手形代金の返済が困難になった場合，手形の不渡りの発生を避けるために，手形の債権者（受取人）に対して支払延期を申し出ることがある。この依頼を受取人が承諾すれば，支払人が支払期日を延期した同額の新手形を振り出して旧手形と交換することで，手形の書換えともいう。更改にあたり延期された支払期日までの利息は，現金などで支払うか，または新手形にそれを加算する。⇨不渡手形
(柴山　正)

てがたわりびきぎむかんじょう【手形割引義務勘定】

手形の割引きをすることにより生じる偶発債務を備忘記録する際に用いる対照勘定である。金融機関で手形を割り引いたときに，手形割引義務見返勘定の借方と手形割引義務勘定の貸方に記録しておき，当該手形が無事に決済されたときに反対仕訳が行われ，両勘定の残高がゼロとなる。なお，これらの勘定は内部管理目的のための備忘勘定であり，貸借対照表上に現れることはない。
(和田博志)

てきかくねんきん【適格年金】

qualified pension

企業が退職年金または一時金の支給を目的として，生命保険会社との保険契約または信託銀行との信託契約に基づいて，将来の退職金給付のための資金を計画的に準備する積立式の年金制度である。アメリカの退職給付優遇税制にならい，一定の要件に合致し国税庁の承認を受けた企業年金（適格年金）に対する事業主の掛金は，これを損金として認めるとともに，従業員に対する給与としての課税も積立時点ではしないとすることで，積立式の年金制度を普及促進させるという目的から昭和37年に導入された。なお，適格退職年金制度は平成24年3月末をもって廃止された。
(黒川行治)

てきせいいけん【適正意見】

⇨無限定意見

てきせいせいかんさ【適正性監査】

わが国の金融商品取引法に基づく財務諸表監査では，監査人の意見は，経営者の作成した財務諸表が，一般に公正妥当と認められる企業会計の基準（GAAP）に準拠して，企業の財政状態，経営成績およびキャッシュ・フローの状況をすべての重要な点において，適正に表示しているかどうかについて表明される。この意見表明の形態を適正性監査という。監査人は，財務諸表の適正性を判断するにあたって，たんに経営者の採用した会計方針がGAAPのいずれかに継続的に準拠しているかどうかだけでなく，その会計方針の選択や適用の方法が会計事象や取引の実態を適切に反映するものであるかどうかを判断し，そのうえで財務諸表の表示方法が適切であるかどうかについても評価しなければならない。なお，財務諸表が適正である旨の監査人の意見は，財務諸表には全体として重要な虚偽表示がないということについて合理的な保証を得たとの監査人の判断を含んでいると理解されている。⇨財務諸表監査
(井上善弘)

でふぉると・りすく【デフォルト・リスク】

デフォルト・リスクとは，債券の発行体が財政難や業績不振に陥ることによって，債務不履行すなわち利子や元本の支払いが不可能になる危険性のことをいう。このような債務不履行には，完全な支払不能だけでなく，部分的な支払不能や履行の遅延も含まれる。債券の発行体の財務状況や収益性などを検討することによってデフォルト・リスクを評価し，その結果を指標化したものが債券の格付けである。

（山田康裕）

でりばてぃぶ【デリバティブ】
derivatives

デリバティブとは，先物取引，先渡取引，オプション取引，スワップ取引などのように，基礎となる商品の市場価値の指数等によって相対的にその価値が定められるような金融派生商品をいう。このようなデリバティブは，その基礎をなす本体商品に含まれる財務リスクの移転を図り，これらの商品の契約価額がその基礎をなす金融商品の価値変動に連動している。これらの金融派生商品は，比較的近年に開発され，市場を形成するようになったので，株式・社債等の従来型の金融商品に対して，しばしば新金融商品（デリバティブ）とよばれるようになった。また，デリバティブ取引により生じる正味の債権および債務は，時価をもって貸借対照表価額とし，評価差額は，原則として，当期の損益として処理する（「金融商品に関する会計基準」25項）。⇨金融派生商品

（浦崎直浩）

てんかんかぶしき【転換株式】
convertible share

ある種類の株式から他の種類の株式への転換権が株主に与えられた株式が転換株式である。転換の条件（転換価額または転換比率），転換によって発行すべき株式の内容，転換を請求できる期間が定款で定められる（旧商法222条ノ2）。たとえば，優先株の株主に普通株への転換権を与えれば，その株主は収益が少ない間は優先株株主として安定した配当を受け，収益が好転した後，普通株に転換すれば，高配当を受けることが可能となる。転換社債と同様に，企業の資金調達を容易にするものであるが，わが国ではほとんど利用されていない。上場企業としては唯一，日立造船の例がある。平成13年の商法改正により，「転換株式」という用語が「転換予約権付株式」に改められた（旧商法222条ノ3）。⇨転換予約権付株式

（後藤雅敏）

てんかんしゃさい【転換社債】
convertible bond

一定の条件で株式に転換できる権利が付与された社債をいう。転換権は所有者がもち，それが行使されれば転換社債は消滅し，株式に置き換えられる。業績が悪いときは社債権者のまま安全な位置にとどまり，好転時に転換権を行使し，株主となって高配当と値上がり益を期待できるという点で普通社債よりも購入者にとって魅力ある商品となっている。同時に企業の資金調達も容易になる。会計では，1株当たり利益の計算と転換時の会計処理が関連する問題領域となる。転換社債は潜在的な株式であるので，貸借対照表上で残高があれば，発行済株式総数が将来において増加する可能性があることを意味し，それは同時に1株当たり利益が減少することも意味する。その影響額（希薄化された1株当たり利益）を知っておくことは重要である。平成13年の商法改正により，転換社債は，新株引受権付社債とともに新株予約権付社債

となった。⇨社債，新株予約権付社債
(後藤雅敏)

てんかんよやくけんつきしゃさい【転換予約権付株式】

会社法制定前の商法は，会社が数種の株式を発行する場合，株主が他の種類の株式に転換することを請求できる株式の発行を認めていた。これを転換予約権付株式という。会社法は，新たに，発行する全部または一部の株式の内容として株主が当該株式会社に対して当該株式の取得を請求できる旨の定めを設けた取得請求権付株式（会社法2条18号）の規定を設けた。これについて，請求によって株式を取得するのと引替えに会社が株主に交付する代価には，金銭，社債，新株予約権，新株予約権付社債，他の種類の株式等，多様なものが認められている。これらのうち，請求によって，株主が他の種類の株式を取得することになるものが，会社法制定前の商法における転換予約権付株式に相当する。発行するすべての株式について取得請求権付株式とする場合，全部の株式の内容が均一であることが前提とされていることから（同109条1項），株主の取得請求権行使の対価としての財産には，株式は含まれないため，会社法制定前の転換予約権付株式に相当するのは，会社法上の取得請求権付株式のうち，種類株式として発行され，取得の代価が他の種類の株式と定められたものとなる。
(清水啓介)

てんき【転記】posting

仕訳帳において仕訳され，記載されている勘定科目，金額などを元帳に写し替えることをいう。仕訳帳に借方記入された勘定は元帳の該当勘定の借方に，仕訳帳に貸方記入された勘定はその貸方に転記される。特殊仕訳帳が設けられている場合，一つの取引について元帳に二重に転記してしまうおそれがあるが，これを二重転記という。この二重転記を避けるためにチェックマークが用いられる。
(千葉啓司)

でんしこうこく【電子公告】
electronic public notice

インターネットなどの電磁的方法により行われる公告方法であり，平成16年の商法改正によって，従来官報や日刊新聞紙に限定されていた公告方法に加えられた。会社法では，電子公告は，公告方法のうち電磁的方法により不特定多数の者が公告すべき内容である情報の提供を受けることができる状態に置く措置であって，法務省令で定めるものをとる方法をいうとされている。なお，電磁的方法とは，電子情報処理組織を使用する方法その他の情報通信の技術を利用する方法であって法務省令で定めるものをいう（会社法2条34号）。
(魏 巍)

でんししょうとりひき【電子商取引】
electronic commerce

インターネット等のコンピュータネットワーク上で行われる商取引の総称であって，仮想店舗（サイバーショップ）とよばれるインターネット上の店舗でおもに行われる取引をいう。その活動は，商品情報発信，受注，信用情報入手，代金回収，物流，アフターサービス，マーケティング等の商取引の一部，もしくはネットワーク上で行う範囲をいい，狭義にはこれらの活動のうち，商品情報発信から代金回収までの流れをネットワーク上で行うケースを電子商取引とよぶ。
(鞄 大輔)

でんしちょうぼ【電子帳簿】
electronic records

電磁的記録をもって作成された帳簿や書類のことである。電子帳簿保存法(「電子計算機を使用して作成する国税関係帳簿書類の保存方法等の特例に関する法律」)により，紙ベースの書類の一部を電磁的記録で保存することが認められており，制度上，電子帳簿は書面をもって作成される帳簿や書類と同質であるとみなされる。なお，電磁的記録とは，電子的方式，磁気的方式その他，人の知覚によっては認識することができない方式で作られる記録であって，電子計算機による情報処理の用に供されるものとして法務省令で定めるものをいう(電子帳簿保存法2条三)。
(魏 巍)

でんしふぁいりんぐしすてむ【電子ファイリングシステム】
electronic filing system

写真，図面，大量の書類などを画像データとして保存して，検索するシステムである。たとえば，多品種の商品を扱う企業では，商品カタログをイメージスキャナーで読み取り，検索用のキーワードをつけてこのシステムに蓄積しておく。そして顧客から要求があるとき，即時に検索して商品情報を提供することができる。 (金川一夫)

でんしまねー【電子マネー】
electronic money

デジタルデータ化された貨幣価値をICカードなどの媒体に記録したものをいう。ネットワーク上で貨幣価値の譲渡を直接実行する手段，オフラインでの少額決済の手段として用いられる。電子マネーの形態としてはモンデックスを代表とするオフラインでの流通を視野に入れたICカードタイプ，Eキャッシュに代表されるネットワーク上での流通のみを目的としたネットワーク型に大別される。いずれの場合も貨幣価値はデジタルデータ化されているため，ネットワークを介した遠隔地の決済の即時性が向上する等のメリットがある。しかしその反面，偽造や二重使用といった不正行為への厳重なセキュリティ対策が不可欠である点や貨幣発行権限に付随する問題点等，解決すべき課題も多い。 (鞆 大輔)

でんぴょうしきかいけい【伝票式会計】slip accounting system

伝票を利用した帳簿組織を伝票制度といい，これに基づいて組織的に会計記録を行うことを伝票式会計，あるいは伝票式簿記とよぶ。この伝票式簿記には，企業に生起する取引について，仕訳伝票1種類のみを使う1伝票制，入金伝票，出金伝票，振替伝票の3種類の伝票を使用する3伝票制，入金伝票，出金伝票，振替伝票，仕入伝票，売上伝票を用いた5伝票制がある。伝票式会計では，伝票の金額を日，週，月のような一定の期間ごとに集め，勘定科目別に借方と貸方の合計金額を集めて仕訳集計表を作成することになる。一日を単位とした仕訳集計表を仕訳日計表とよび，集計表の作成期間に応じて，週計表，月計表ともよばれる。こうした仕訳集計表から，総勘定元帳へと合計転記される方法が採られることになる。 (杉田武志)

てんぽらるほう【テンポラル法】
temporal method

テンポラル法は在外子会社等の外貨表示財務諸表の換算方法のひとつである。属性法ともいわれる。テンポラル法は，原価基準や時価基準による測定を原価や時価という属性の測定と考え，その測定属性に応じて，換算に用いる為替相場を選択適用する方法であ

る。テンポラル法では，外貨表示財務諸表作成時に原価で測定されている項目は取引時為替相場で，時価で測定されている項目は決算時為替相場で換算される。換算で生じる為替差損益は当期の損益計算書に含められる。その結果，換算前の外貨表示財務諸表では当期純利益（または当期純損失）が計上されていたにもかかわらず，換算後の邦貨表示財務諸表では当期純損失（または当期純利益）が計上されるという，いわゆる換算のパラドックスが生じることがある。⇨外貨換算，修正テンポラル法

(井上善文)

と

とうきぎょうせきしゅぎそんえきけいさんしょ【当期業績主義損益計算書】

当期業績主義，すなわち，期間損益計算の結果の整理・表示にあたっては，当期の正常な収益力を表示すべきである，という考え方に基づいて作成される損益計算書である。具体的には，臨時的・偶発的な利得（固定資産売却益など）もしくは損失（災害損失など）を計算要素から除くことにより，当期の損益であり経常的・反復的な性格を有する収益・費用のみを選択して記載しようとする損益計算書で，企業会計原則に従って説明すれば「営業損益計算の区分」および「経常損益計算の区分」とを合わせた部分のみを損益計算書とするものである。したがって，そこにおいて最終的に表示されるもの（ボトムライン）は経常利益（または経常損失）となる。⇨経常利益，包括主義損益計算書

(中村信博)

とうきじゅんそんしつ【当期純損失】
net loss

損益計算書の純損益計算の区分において，経常損益計算の区分において算定された経常損益に特別利益を加え，特別損失を減じて算定された税引前当期純損益に当期の負担に属する法人税額，住民税額等を加減した結果，損失が計上された場合の損失額を当期純損失という。会社計算規則でも，これにならっている。

(篠原敦子)

とうきじゅんりえき【当期純利益】
net income, net profit

現代会計の目的のひとつはある期間における企業の経営成績ないし企業の収益力を明らかにすることにあるが，これを最終的に表すのが当期純利益であり，損益計算書において計算される。当期純利益は，個別損益計算書と連結損益計算書とでは，その計算過程が若干異なる。個別損益計算書では，当期純利益は次のような過程で算定される。すなわち，売上高から売上原価を控除して売上総利益がまず計算され，これから販売費及び一般管理費を控除して営業利益が算定される。この営業利益に営業外収益および営業外費用を加算減算して経常利益が計算され，これに特別利益および特別損失を加算減算して税引前当期純利益が算定される。この税引前当期純利益から法人税，住民

税及び事業税を控除し，法人税等調整額を加減して当期純利益が算定される。連結損益計算書では，個別損益計算書における税引前当期純利益まで，その計算過程は同じであるが，名称が異なり，税金等調整前当期純利益となる。そして，この税金等調整前当期純利益から法人税，住民税及び事業税を控除し，法人税等調整額を加減して当期純利益が算定され，これから非支配株主に帰属する当期純利益を控除して，親会社株主に帰属する当期純利益が算定される。　　　　　　　　　　（上野清貴）

とうきみしょぶんりえき【当期未処分利益】

　当期純利益に前期繰越利益，一定の目的のために設定した積立金のその目的に従った取崩額，中間配当額，中間配当に伴う利益準備金の積立額等を加減して表示する（企業会計原則第二・九）項目であるが，会社法施行により損益計算書上で計算表示されていた当期未処分利益という項目は廃止され，代わりに繰越利益剰余金が新設された。　　　　　　　　　　　　（高橋和幸）

とうきゅうべつそうごうげんかけいさん【等級別総合原価計算】

　等級別総合原価計算は，同一工程において同種製品を連続生産するが，その製品を形状，大きさ，品位等によって等級に区別する場合に適用される。顧客ニーズの多様化に応じた製品別計算の一形態である。各等級製品ごとに適当な等級係数が定められ，一定期間における完成品の機会原価（または製造費用）をその等級係数に基づいて各等級製品に按分して，各等級製品の原価を算定する。　　　　　（古田隆紀）

とうごうほうこく【統合報告】
integrated reporting

　国際統合報告評議会（IIRC）が公表した国際統合報告フレームワークによれば，統合報告の目的は，①より効率的で生産的な資本の配分を可能とするために，財務資本の提供者が利用可能な情報の質を改善すること，②複数の異なる報告を基礎に，組織の長期にわたる価値創造能力に強く影響するあらゆる要因を伝達する企業報告に関して，よりまとまりのある効率的なアプローチを促すこと，③広範な資本（財務，製造，知的，人的，社会・関係および自然資本）に関する説明責任およびスチュワードシップを向上させるとともに，資本間の相互関係について理解を深めること，④短・中・長期の価値創造に焦点を当てた統合思考，意思決定および行動に資することにある。それらの目的を実現するために作成される書類が，統合報告書である。統合報告書は，組織の外部環境を背景として，組織の戦略，ガバナンス，実績，および見通しが，どのように短・中・長期の価値創造につながるかについての簡潔なコミュニケーション手段となるものである。統合報告書は，従業員，顧客，サプライヤー，事業パートナー，地域社会，立法者，規制当局および政策立案者を含む，組織の長期にわたる価値創造能力に関心を持つ全てのステークホルダーにとって有益であるとされている。　　　　　　　　　　（浦崎直浩）

とうざかりこしかんじょう【当座借越勘定】
⇨当座借越契約

とうざかりこしけいやく【当座借越契約】

　当座預金の引出しは預金残高までであり，それを超えて小切手を振り出せ

ば「過振」となり，その小切手は預金不足のため不渡りとなる。そこでこのような事態を防止するため，当座預金残高以上の小切手振出しができるよう，前もって銀行と結ぶ契約を当座借越契約といい，借入限度額（極度額）・期間・利率等を定め，かつ根抵当という担保物件を差し入れて契約を結ぶ。

（藤井則彦）

とうざかんじょう【当座勘定】

当座預金勘定と当座借越勘定を区別せず，両者を統括した場合の勘定を当座勘定といい，この勘定の残高が借方残のときは預金残高を示し，貸方残のときは当座借越残高を示すことになる。
⇨当座借越契約，当座預金勘定

（藤井則彦）

とうざひりつ【当座比率】quickratio, acid test ratio

酸性試験比率ともいい，当座資産を流動負債で除して求められ，短期支払能力の判定のための比率である。一般に，100％以上が好ましいといわれ，「1：1の原則」ともいわれる。流動比率と異なる点は，流動比率の場合には，分子を流動資産とするが，流動資産のなかにも棚卸資産やその他の資産は返済能力に問題があるため，当座比率の方がより短期支払能力の判定に有効である。⇨流動比率　　（藤井則彦）

とうざよきん【当座預金】
checking account

金融機関との当座勘定契約に基づき，手形・小切手の支払いを当該金融機関に委託し，その支払資金として預け入れるものである。したがって，当座預金は出納預金の代表的なもので，預金者の請求次第でいつでも引出し可能であるが，その際には必ず小切手の振出しが必要であり，また無利息の預金である点に特徴がある。当座預金取引の条件等については，全国銀行協会制定の「当座勘定規定（ひな型）」により標準化されている。

（竿田嗣夫）

とうざよきんかんじょう【当座預金勘定】checking account

取引決済を小切手で行う場合に利用される当座預金口座の増減が記帳される勘定である。すなわち，同口座への預入時に当座預金勘定に借方記入され，小切手の振出時には同勘定に貸方記入される。この勘定の残高は借方に生じ，預金現在高を示す。当座預金については，当座借越契約に基づく「過振り」（預金残高を超過した小切手振出し）に留意し，銀行勘定調整表を作成して銀行と自社の同勘定の差額を修正する必要がある。⇨当座勘定，当座借越契約

（竿田嗣夫）

とうざよきんすいとうちょう【当座預金出納帳】bank book

当座預金の管理のために，当座預金取引について記録する帳簿である。取引銀行ごとに，取引の時期と内容・預入額・引出額・残高を記入して，補助簿として利用するのが普通で，当座預金元帳ともよばれる。摘要欄には預入れや引出しの内容を簡潔に記入し，借または貸欄には，当座預金残高がある場合は借，当座借越の場合は貸と記入する。また，特殊仕訳帳として用いる場合の様式や処理方法は現金出納帳に準ずる。⇨現金出納帳　　（竿田嗣夫）

とうさん【倒産】

倒産とは，企業が経済的に破綻し，決済の時期に支払わねばならない債務を支払うことができない状態をいう。企業が手形や小切手の不渡りを出し，銀行から取引停止を受けたときは，これを事実上の倒産といい，これによっ

て資金繰りができなくなる。この状態から、破産手続、清算手続をとることにより破産に至るか、民事再生法による再生手続、会社更生法による会社更生手続などにより再生を図る途も開かれている。また、任意に倒産処理をする方法もある。⇨清算貸借対照表
(興津裕康)

とうしかち【投資価値】

投資対象としての証券の内在価値・本質的価値のことをいう。投資を行うことによってもたらされる報酬がすなわち投資価値であるといえる。ただし、投資による報酬は、不確実性を伴う。そのため、投資が生み出すと予想される将来の期待収益を一定の利子率で割り引いた現在価値、すなわち将来受け取るべき価値の現在における評価額、の総和で表現される。 (児島幸治)

とうしそのたのしさん【投資その他の資産】

投資とは、他企業の支配、長期的な資金の有効利用などを目的として出資、貸付を行うことであり、そのための勘定として投資有価証券(関係会社有価証券を除く)、関係会社有価証券、出資金、長期前払費用などがある。企業会計原則第三の四(1)Bは、「子会社株式その他流動資産に属しない有価証券、出資金、長期貸付金並びに有形固定資産、無形固定資産及び繰延資産に属するもの以外の長期資産は、投資その他の資産に属するものとする」と規定している。会社計算規則も「投資その他の資産」という用語を用いている。
(児島幸治)

とうしゆうかしょうけん【投資有価証券】

市場性のある長期的な利殖を目的として所有する株式、社債、地方債、外国証券その他の有価証券および市場性のない有価証券で関係会社有価証券を除いたものをいう。これらの有価証券は、市場性のある一時所有目的で保有される有価証券や支配目的などのために長期間保有される有価証券とは質的に異なるため、区別して処理される。投資有価証券は固定資産の部に表示される。
(山地範明)

どうてきたいしゃくたいしょうひょう【動的貸借対照表】

シュマーレンバッハ(Schmalenbach, E.)によって主唱される。運動を意味する動態の認識、すなわち、損益計算を目的に作成される貸借対照表に呼称される概念である。状態を意味する静態の認識、すなわち、財産計算を目的に作成される貸借対照表、「静的貸借対照表」に対立する。

企業の設立から解散までの全体損益計算は収入・支出計算、これを人為的に区画した期間損益計算は収益・費用計算であると理解されるなら、全体利益は期間利益の合計に等しいので、収入と支出、収益と費用の双方、相互の期間的ズレである「未解決項目」を収容するのが貸借対照表であると理解される。

もちろん、企業の解散までには、すべて解決(解消)して、「現金項目」と「資本項目」だけになるので、これもまた収容しておかねばならない。したがって、貸借対照表の借方側には、(1)支出・未費用、(2)支出・未収入、(3)収益・未収入、(4)現金、これに対して、貸方側には、(1)収入・未収益、(2)収入・未支出、(3)費用・未支出、(4)資本が収容される。貸借対照表は、期間損益計算を全体損益計算につなぐ連結環として理解されてのことである。その限りで、損益計算の手段でしかない。
⇨静的貸借対照表論 (土方 久)

どうてきたいしゃくたいしょうひょうのこうぞう【動的貸借対照表の構造】

期間損益計算を企業会計の第一の目的とする見解を動的貸借対照表論(動態論)というが,このなかでの貸借対照表いわゆる動的貸借対照表の役割について,損益計算は損益計算書が行い,貸借対照表はそれに役立つ表であるとするものと,貸借対照表自体が損益計算を行っているとするものの二つの解釈が可能である。

この違いは会計の出発点にある収支の見方の違いに求められる。たとえば,費用性資産である設備を購入したとき,

(借) 設　　備　×××
(貸) 現　　金　×××

と記録するが,前者では,借方すなわち現金減少に対する原因をみて,この支出のうち費用となる部分は損益計算書に(減価償却費として)収容され,残りすなわち支出・未費用(設備)が貸借対照表に(将来の費用として)収容されるとみる。つまり,貸借対照表は収入支出から収益費用を選択する構造のなかで,それらの間の未解決項目を収容し,将来の損益計算に奉仕する表とされる。後者では,貸方の現金減少の方をみて,この支出(減少)は費用に相応する値を表さないから,費用とならなかった値(設備)を計算的な収入として現金に戻し加えると,結果として費用の値のみが現金へマイナスとして作用することになる。

このように収益費用に見合うように計算的な収入支出を現金に加減すれば,貸借対照表は,借方・収入,貸方・支出というかたちで損益計算をすることができる。ここでは,期間損益計算のために計算的な収入支出を現金に加算したり減算したりする構造のなかで,貸借対照表が意味づけられる。⇨動的貸借対照表　　　　　　　　(新田忠誓)

とくいさきもとちょう【得意先元帳】
customer's ledger

売掛金元帳ともいう。仕入先元帳とともに人名勘定口座を開設したものであり,取引先ごとの売掛金勘定の内訳明細を記録するための補助元帳である。総勘定元帳の売掛金勘定の借方合計および貸方合計は,補助元帳としての得意先元帳の借方合計および貸方合計の総計と一致する。したがって,売掛金勘定は得意先元帳の人名勘定を統制する勘定となり,このような役割を果たしている勘定を統制勘定(統括勘定)という。
　　　　　　　　　　　　(高原利栄子)

とくしゅしわけちょうせい【特殊仕訳帳制】

特殊仕訳帳制(分割仕訳帳制,複合仕訳帳制ともいう)のもとでの帳簿組織の基本的な特徴は,補助簿,とくに補助記入帳のうちのあるものが,記帳業務合理化の観点から,取引の歴史的記録の保有という仕訳帳の機能を果たすものとして主要簿(=仕訳帳)化され,複数の仕訳帳が保有される点にある。そこでは,現金の受払いや当座預金の預入れ・引出し,商品の仕入や売上といった比較的高い頻度で生じる特定種類の取引を,それらの取引の明細を記録する補助簿である現金出納帳や当座預金出納帳,仕入帳,売上帳に,当該帳簿への記入が同時にその特定種類の取引の仕訳記録ともなりうるような工夫を加えたうえで記録する。そして,その他の取引のみを従来の仕訳帳に記録する方式がとられる。この場合,特定種類の取引に特化した仕訳帳として機能する現金出納帳や仕入帳などは,もはやたんなる補助簿ではなく,現金収支取引や仕入取引などの仕訳記録を行うものとして,主要簿(=仕訳帳)に転化する。このような特定種類の取引に関する仕訳記録を行うように工夫

されたかつての補助簿を特殊仕訳帳 (special journal) といい，特定種類の取引以外のその他の取引を仕訳記録する従来の仕訳帳を普通仕訳帳 (general journal) という。その結果，特殊仕訳帳制のもとでは，仕訳記録は，特殊仕訳帳 (それ自体が複数の帳簿からなる) と普通仕訳帳とに2分される。なお，仕訳帳の分割のみならず，元帳も総勘定元帳と特殊元帳 (補助元帳) とに分割されるときは，この帳簿組織は，分割仕訳帳・分割元帳制 (または特殊仕訳帳・特殊元帳制) ということができる。⇒分割仕訳帳制，普通仕訳帳　(清水泰洋)

とくていきふきん【特定寄附金】

所得税法上寄附金控除の対象となる寄附金で，国又は地方公共団体への寄附金，指定寄附金，特定公益増進法人への寄附金等の寄附金が挙げられる。個人が特定寄附金を支出した場合，個人所得の計算上，一定の範囲で所得控除や税額控除の措置を受けることができる。法人の場合は，前二者は全額，特定公益増進法人への寄附金は一般の寄附金とは別枠で損金算入限度額が計算され，法人所得の計算上損金の額に算入される。　(古田隆紀)

とくべつしゅうぜんひきあてきん【特別修繕引当金】

reserve for special repair

経常的に修繕作業が行われる固定資産と異なり，船舶や溶鉱炉などの固定資産は定期的に特別修繕作業が必要である。特別修繕引当金は，数年後に実施される特別修繕作業に備え，必要となる巨額の費用を見積もり，それを修繕実施前の各会計期間の費用に計上する際に設定される貸方項目である。また，特別修繕引当金は実務上，負債の部に表示されることになるが，債務性をもたないため，負債性引当金ではな

く，評価性引当金であるという見解もある。　(魏　巍)

とくべつしょうきゃく【特別償却】

extraordinary depreciation

租税特別措置法は，産業政策上の目的から，特定の固定資産について，普通減価償却限度額の他に，特別な減価償却費を，当該固定資産の減価償却費の損金算入限度額に加算することを認めている。この特別に加算される減価償却費の計上を特別償却という。これには，狭義の特別償却と割増償却がある。前者は，使用初年度に，普通償却費の他に，取得原価の一定割合を損金算入するものである。後者は，数年度にわたって，普通償却の割増しを認めるものである。特別償却は課税の減免ではなく，課税の繰延である。特別償却の会計処理には，①普通の減価償却に加えて特別償却額を減価償却費に計上する方法，②普通の減価償却とは別個に損金経理する方法，③剰余金処分による方法がある。税法は①を建前とするが，この方法は，特別償却が，会社法上認められる相当の償却には該当しないおそれがあることから，②または③の方法も認めている。ただし，②についても，適正な期間損益計算を歪めるおそれがあるので，③の方法が企業会計上は望ましい。　(清水啓介)

とくべつそんえきのぶ【特別損益の部】

かつての商法施行規則による損益計算書の区分表示において使用される用語である。計算書類規則は，損益計算書には経常損益の部と特別損益の部を設けなければならないと規定している (商規95条，99条)。両者のうちで特別損益の部には特別利益および特別損失が記載される。⇒純損益計算の区分

(石原裕也)

とっきょけん【特許権】patent

知的財産権（知的所有権）の一つであり，新製品や新製法の独創的なアイディアを，その創作者に対して一定期間独占的に所有することを認める特許法上の権利である。特許権，実用新案権，意匠権，商標権を指して，工業所有権と称する。会計上は無形固定資産に属する。特許法上の存続期間は20年であるが，償却にかかわる法人税法上の耐用年数は8年となっている。⇨無形固定資産　　　　　　　（向山敦夫）

とりかえほう【取替法】 replacement method

企業が設備を取り替えたときに，これに要した支出を取替費として計上し，設備の帳簿価額は，旧設備の取得原価のままで計上する方法である。部分的取替えを繰り返すことにより，設備全体の用役潜在力が維持されるとみなされた場合，減価償却方法の代用として適用される。初期の鉄道会計に取替法の発生形態をみることができる。⇨減価償却　　　　　　　　　（林　良治）

とりひき【取引】transaction

簿記の記録の対象を取引という。日常にいう取引の意味にほぼ等しい。ただし，簿記は経済財が，増加，減少する場合にかぎって記録するので，この点で日常に用いている取引と若干の差がある。たとえば，盗難，災害，事故などによる財の減少は，簿記上は取引としても日常用語では取引ではない。また，契約は日常用語としては取引になるが，簿記では通常は記録しない。
　　　　　　　　　　　　（毛利敏彦）

とりひきのはちようそ【取引の8要素】

簿記上の取引は，記帳にあたって，例えば，資産の増加と減少，負債の増加と減少，資本の増加と減少という六つの要素に分解される。さらに資産の増減原因のうち，増資や減資にみられるような資産の直接的な増減をもたらす原因（資本取引）と，企業本来の目的とされる損益に影響を及ぼし，その結果として資本の増減をもたらす原因（損益取引）とに区分される。後者の原因を収益・費用とよぶならば，取引は，上記の資産の増加と減少，負債の増加と減少，資本の増加と減少に，収益の発生および費用の発生を加えて，八つの要素に分解される。これらを取引の8要素という。複式簿記ではすべての取引が，例外なく，ある勘定の借方と，他の勘定の貸方に二面的に記帳されるが，いかなる勘定の借方，あるいは貸方に記入するかという，取引の8要素における要素間の結合パターンを示すと，以下の図のようになる。

```
　借　方　　　　　　　貸　方
資産の増加　＼／　資産の減少
負債の減少　／＼　負債の増加
資本の減少　＼／　資本の増加
費用の発生　　　　収益の発生
```
　　　　　　　　　　　（三光寺由実子）

とりひきびれーと【取引日レート】

取引日レートとは，取引日現在の実際の為替相場である。具体的には，資産を取得した日，負債が発生した日，資本が拠出された日のような取引発生時の為替相場を意味する。わが国では，取引発生時の為替相場として，取引が発生した日における直物為替相場のほかに，取引発生時直近の一定期間の平均相場（取引発生日の属する月または週の前月または前週の平均相場）あるいは一定日の直物為替相場（取引発生日の属する月もしくは週の前月もしくは前週の末日または当月もしくは当週の初日の直物為替相場）を利用することもできる。⇨決算日レート法　　　　　　（菊谷正人）

な

ないぶかんさ【内部監査】
internal audit

　企業その他の組織体の業務活動の公正性，有効性および効率性を高めるために自主的に実施される第2次的で間接的な統制活動を指す。目的においては第1次的で直接的な統制活動と共通するが，働きかける統制対象において異なる。第1次的な統制活動は業務活動を対象として，それに直接に指揮・統制を加えることで目的を達成しようとするが，内部監査活動はそうした第1次的な統制活動の機能状況等を監査技法を用いて評定し，必要なときには改善策を助言・勧告することで，間接的に業務活動の有効性と効率性を高めようとする。このために内部監査活動は監査と経営管理の複合した第2次的な統制活動とされ，コントロールのコントロール（control of controls）ともいわれる。第1次的な統制活動のいずれの局面や場を具体的な評定の対象とするかにより会計監査（会計業務の監査），業務監査（会計以外の業務の監査），組織・制度・システム監査の別が，アプローチの面から経営横断的な職能監査（たとえば販売監査）と経営縦断的な部門監査（たとえば営業部監査）の別が，さらに監査課題によって責任監査，業績監査，経済性監査などに種別化されて実施される。　　　　（津田秀雄）

ないぶけんせいしすてむ【内部牽制システム】internal check system

　内部牽制は組織体の内部において，従業員による業務上の誤謬・不正を発見し，またそれらが発生しないようにするために職務（とくに兼務させてはならない職務）を分掌させ，それにより特定の従業員が特定の取引の全局面を支配できないように計画された組織上の工夫である。典型的には，ある業務（たとえば現金管理）に係る記録職能（たとえば現金出納帳の記帳係）と財の管理職能（たとえば金庫係）が分離させられ，そのうえで適宜に財の帳簿有高と実際有高を照合することなどで相互にチェックされるように業務処理手続が制度化されている場合である。記録の系列に属する職能と管財の系列に属する職能をさらに細分したり（たとえば現金出納帳を現金収納帳と現金支払帳に分けて記帳担当させ，現金を管理する金庫係とは別に現金出納を伴う取引の遂行を承認する管理者を定めることなど），分割した業務過程の一部を機械化したり（たとえばレジスターによる現金出納記録の機械化），複式の機構を採用すること（たとえば複式簿記の採用や物理的に2人に所持させている2個の鍵を同時に使用しないと開かない金庫を採用すること）などにより一層精密な内部牽制が行われることとなる。⇨内部監査，内部統制

（津田秀雄）

ないしょうこ【内部証拠】
internal evidence

　監査証拠を入手源泉から区分するものであって，監査人が財務諸表に対する意見形成のために被監査会社の内部から入手した監査証拠をいう。たとえば，被監査会社が作成し保管している証憑，伝票，会計帳簿，議事録，稟議書などである。一般的には，被監査会社の管理下にあるために証拠力は，被監査会社の外部で得られた外部証拠よりも弱いとされる。⇨外部証拠

（津田秀雄）

ないぶとうせい【内部統制】
internal control

　広義には，企業の最高方針に基づいて，経営者が全社的経営管理の観点から，企業内部における執行活動を計画し，その実施を調整し，かつ実績を調査することであり，これらを計算的統制の手段によって行うことをいう。おもな計算的統制の手段には，「内部牽制」「内部監査」および「経営管理制度」がある。内部牽制は，不正・誤謬を自動的に検証し，その発生を発見・予防する機能をいう。内部監査は，内部会計監査に加え，経営能率の向上のための経営監査からなる。経営管理制度には，予算制度，標準原価計算などがある。以上のように，広義の内部統制とは，企業の経営活動に対する計数的管理機能一般を指すものとされる。狭義には，外部監査の前提として内部統制を考える場合であって，資産の保全，会計記録の正確性・信頼性の維持という見地から，内部牽制と内部監査を主たる内容とする。⇨内部監査，内部牽制システム

（牧田正裕）

ないぶとりひき【内部取引】
　取引は，営利目的の経済行為であり，他への財・サービスの移転をいう。その移転が，企業外部か内部で生じたものかによって，外部取引と内部取引に区分される。内部取引とは会計単位内において価値の移転が生じ，その結果資産，負債，資本に変動をもたらす事象をいう。内部取引の例としては，製造業における内部活動，本支店間，支店相互間，本社工場間，事業部間または連結集団における親会社と子会社間の製品移動がある。

（江頭幸代）

ないぶりえき【内部利益】
　内部利益とは，原則として，本店，支店，事業部等の企業内部における独立した会計単位相互間の内部取引から生ずる未実現の利益をいうものとされている。たとえば，支店独立会計制度が採用されている場合には，商品をその仕入価額（原価）に一定の利益を加算して本店から支店に払い出しているケースがみられる。この場合，本店はこの取引から利益を得ることになる。これは企業内部で発生した利益であり，まだ企業外部との取引において実現していないので内部未実現利益とよばれるものである。本支店合併の財務諸表を作成するにあたってこの利益は控除されなければならない。⇨内部取引

（小津稚加子）

ないぶりえきりつほう【内部利益率法】internal rate-of-return method
　投資案件の経済性を判定する方法のひとつである。この方法と正味現在価値法（net present value method，NPV法）とをDCF法（discount cash flow method）とよぶ。内部利益率とは，投資によって得られるであろう将来の正味現金収入の現在価値が，投資額と等しくなる割引率である。この内部利益率の大きな投資案件を経済的に有利な案件であると判定する方法である。内部利益率をｒ，現在の投資額をＣ，毎年度末の

純現金収入額を，P_1，P_2，…，P_nとすると，内部利益率法の一般式は次式のようになる。

$$\sum_{j=1}^{n} \frac{P_j}{(1+r)^j} = C$$

上式より算出された内部利益率 r と目標利益率 i とを比較する。$r > i$ のとき，その投資案は有利，$r < i$ のときは不利と判断される。　　　（吉田栄介）

ないぶりゅうほりつ【内部留保率】

純利益のうち内部留保される留保率である。企業内部に留保される内部留保（留保利益：retained profit, retained earnings, retained surplus）を分子とし，純利益を分母として求められる。内部留保とは，配当金や役員賞与などの社外流出分と株式配当のような資本金への振替分を除いて，自己資本（剰余金）として留保される利益をいう。

（吉田康久）

なしくずししょうきゃく【なし崩し償却】amortization

無形固定資産については，残存価額を考慮せずに当該資産の取得原価の全額が耐用年数にわたり定額法によって償却される。このように，取得原価の全額を償却することが可能である場合，これをとくに「なし崩し償却」とよぶ。なお，無形固定資産のうち鉱業権については，生産高比例法によって償却することが認められている。⇨無形固定資産　　　　　　　　　　（杉山晶子）

に

にかわせてがた【荷為替手形】

遠隔地に販売した商品等の代金を迅速，早期に回収するために，貨物代表証券を担保とし，売り主を振出人，買い主を名宛人とする為替手形を振り出し，当該銀行でその手形の割引をする。この種の為替手形を荷為替手形という。荷為替手形の割引を荷為替の取組みという。荷為替手形の額面金額は，送り状金額の7，8割が普通である。なお，荷為替の取組みにあたって，丸み替といって，手形金額を商品代金金額として，銀行は2，3割を頭金とし，手形回収まで預かっておくこともある。遠隔地へ商品を販売する場合，売上代金の早期回収を図る手段として，貨物代表証券を担保とする荷受人宛のこの荷為替手形は，商業上重要な処理項目のひとつであるといえよう。⇨為替手形

（林　良治）

にじゅうきちょう【二重記帳】

複式簿記は，企業の経営活動すなわち企業に生成するすべての簿記上の取引を継続して記録・計算し，財産の変化および収益・費用の発生を明らかにするシステムである。その特徴として，勘定形式を用いた計算であることおよび貸借複記であることがあげられる。すなわち簿記上の取引は，勘定を記録計算の単位として，組織的に借方と貸方に二重記録されることになる。これを二重記帳という。⇨複式簿記

（杉山晶子）

にじゅうせきにんのげんそく【二重責任の原則】

財務諸表の作成責任は経営者にあり，財務諸表について表明される監査意見の責任は監査人にあるとする原則である。経営者は公正妥当と認められる企業会計の基礎に準拠して適正な財務諸表を作成する責任に対し，監査人は財政状態，経営成績およびキャッシュ・フローの状況を重要な点において適正に表示しているかを表明する責任である。この社会的役割分担を前提とすることで，経営責任の設定・解除を円滑に遂行することができる。 （諏訪有香）

にとりひききじゅん【二取引基準】
two-transaction perspective

二取引基準とは，外貨建取引とその取引の代金決済取引とを別個の取引とみなして会計処理を行う基準であり，それらを連続した一つの取引とみなして会計処理を行う一取引基準とは異なる。二取引基準によると，財貨の輸入時点における為替レートによる円換算額をもって取得原価を確定し，取引時の円換算額と決算時における為替レートによる円換算額との差額を為替換算差損益とし，さらに債務決済時における決済金額との差額を為替決済損益として認識する。「外貨建取引等会計処理基準」では，外貨建取引に関する処理の結果を開示することは経営者の意思決定過程の評価に役立つこと，および，一取引基準は実務上，その適用に困難性を伴うことの二つの理由から二取引基準を採択している。⇨一取引基準，外貨建取引 （本田良巳）

にんいつみたてきん【任意積立金】
voluntary reserve

剰余金の処分項目のひとつで法的に強制されずに，定款の定め，株主総会の決議，契約条項の定めによって，その目的や使途および処分方法などが任意に決定される積立金である。任意積立金には，配当平均積立金，設備拡張積立金，減債積立金などのように，それを設定する目的が明示されている積立金のほかに，目的を示さない別途積立金があるが，いずれも剰余金の処分の結果，社内に留保された利益を示している。任意積立金は，利益剰余金のうち，会社法445条4項によって積み立てることを強制される利益準備金と異なり，所定の目的のために取り崩すことが可能である。任意積立金をその目的のために取り崩したときは，取崩額を繰越利益剰余金に含め，株主総会における剰余金の処分および配当の対象とする。なお，配当平均積立金は，剰余金の配当にかかわるので，その取崩しにおいても株主総会の承認が必要とされる。⇨剰余金の処分，剰余金の配当 （島田美智子）

ね

ねあらいきじゅん【値洗基準】

先物取引に関連して生じている相場変動による損益を,決算時に明示的に損益として認識し,損益計算書の本体に計上する会計処理基準である。これに対し,相場変動による損益を未実現とみて将来の決済時点まで計上を繰り延べる会計処理を決済基準という。値洗基準は,先物取引で生じている損益が,いつでも反対売買によって確定可能なことから実現利益と同等の確実性を備えていることを根拠としており,実現可能概念とか拡張された実現概念ともよばれる。⇨決済基準,通貨先物予約
(桜井貴憲)

ねていとう【根抵当】

抵当権の一種であり,一定の範囲の不特定の債権を限度額(極度額)を定めて担保する抵当権をいう。このため,金融機関との間に行われる証書借入,手形借入,手形割引,支払承諾等の取引から発生する債権の担保として広く利用されている。継続的取引でかつ多種の債権を一括して,一定の限度額まで担保するものであり,対銀行との取引上,重要な担保提供の方法である。
(山本哲三)

ねんきんかいけい【年金会計】

pension accounting

退職給付金(退職一時金,年金)の代表的な支給方式に企業年金制度がある。これに加入した企業は外部の受託機関に資金を拠出し,受託機関はその資金(年金資産)を運用して退職従業員に給付金を直接支給する。この企業年金制度を主要な対象とする会計領域を一般に年金会計(あるいは退職給付会計)という。旧来の年金会計では受託機関への拠出額をそのまま労務費としていた。しかしその金額は,年金財政上,支払資金の確保に必要な金額として計算されており,必ずしも費用の発生額を表すわけではない。そのため今日の年金会計では費用の測定と資金の拠出を切り離している。ここで退職給付の基本的な性格を賃金の後払いとするならば,従業員の勤続は「退職給付費用の発生-退職給付債務の増加」の取引として認識される。そのため年金会計では,将来の退職給付見込額の割引現在価値(割引率には国債等の利回りを用いる)である退職給付債務の増減額を基礎に置き,これに退職給付債務の支払原資である年金資産の時価の増減額を加減して退職給付費用を測定している。具体的には,勤務費用,利息費用,年金資産の期待運用収益,数理計算上の差異の償却額,過去勤務費用の償却額などに分解して退職給付費用を測定する。年金資産が退職給付債務に不足する場合,企業はその差額をいずれ補填しなければならない。そのためこの積立不足額は貸借対照表の固定負債の部に「退職給付に係る負債」として計上される。逆に年金資産が退職給付債務を上回る場合は,その差額を貸借対照

表の固定資産の部に「退職給付に係る資産」として計上する。⇨過去勤務費用, 年金債務, 年金資産　　　（松本敏史）

ねんきんさいむ【年金債務】

　従業員の退職後に給付される年金給付額のうち，現時点で発生している部分の割引現在価値を意味する。企業が従業員に給付する年金は従業員の退職後になされるものであるのに対し，債務の認識は従業員が年金制度に加入している期間にわたって認識するため，給付と債務の認識との間に時間的な差異が存在する。現時点において企業が負っている年金債務額を算定するためには時間価値を考慮して現在価値に割り引く必要がある。FASB基準書第87号では，次の３種類の債務があげられている。(1)法的に従業員の年金受給権が確定している確定給付債務。(2)法的な年金受給権の確定とは関係なく，従業員の現在の給与水準で計算される累積給付債務。(3)退職時の予測給与水準を使用して計算される予測給付債務。わが国では予測給付債務を年金債務（退職給付債務）としている。⇨年金資産　　　　　　　（神谷健司）

ねんきんしさん【年金資産】

　年金給付のための資金の調達方法として，事前積立制度を採用している年金制度において，年金の給付を行う目的のために積み立てられた資金である。年金資産は年金給付の支払いにのみ取り崩すことが制度上規定されており，企業外部に積み立てられ運用される。積立資産は通常株式や債券等に投資され保有される。年金資産は年金債務（退職給付債務）から控除される項目であり，貸借対照表に全額が表示されることはない。⇨年金債務　（神谷健司）

ねんきんしさんのこうせいかち【年金資産の公正価値】

　年金（退職給付）制度では，企業会計上の各期の退職給付債務の計算とは別個に，将来の退職金支出に備え，掛金の拠出および基金の運用により長期の資金の積立てを行う。資金の積立てにあたり，運用利回率，死亡率，脱退率，昇給率等の基礎率をもとに数理計算を行い，将来の各年の支払給付の予測と各期の掛金額が計算される。しかし，基礎率はすべて期待に基づくものであり，実際の運用利回率や昇給率等とは異なるものなので，資金の積立ての結果である年金資産残高の公正価値は当初の計画とは異なるのが通例である。年金会計においては，各期の退職給付債務と年金資産の公正価値との比較による積立超過・不足の状況の把握が重要となる。　　　　　（黒川行治）

ねんきんひよう【年金費用】

　年金給付に対して企業が計上する期間費用である。年金の給付が行われた時点で費用計上するのではなく，年金は労働の対価であるとの立場から，従業員の勤務に対応して制度加入期間中に規則的に費用計上される。年金（退職給付）費用は，勤務費用，利息費用，年金資産の期待運用収益，過去勤務費用および数理計算上の差異から構成される。　　　　　　　　　（丑丸智弘）

の

のれん【のれん】goodwill

会社計算規則は，資産または負債としてのれんを計上することができる旨を規定しており（会社計算規則11条），吸収合併，吸収分割，株式交換，新設合併，新設分割，株式移転，および事業の譲受けに際しての，のれんの計算方法を定めている（同12-29条）。会社法においては，会計処理および表示に関しては，一般に公正妥当と認められる企業会計の慣行に従うものとされている（会社法431条）。また，会社計算規則3条は，この省令の用語の解釈及び規定の適用に関しては，一般に公正妥当と認められる企業会計の基準その他の企業会計の慣行をしん酌しなければならないと規定している。そこで，「一般に公正妥当と認められる企業会計の基準」の一部を成す企業会計基準第21号「企業結合に関する会計基準」に従えば，被取得企業の取得原価が，受け入れた資産および引き受けた負債に配分された純額を上回る場合には当該超過額はのれんとして会計処理し，下回る場合には当該不足額は負ののれんとして会計処理する。のれんは，資産に計上し，20年以内のその効果の及ぶ期間にわたって，定額法その他の合理的な方法により規則的に償却する。ただし，のれんの金額に重要性が乏しい場合には，当該事業年度の費用として処理することができる。負ののれんが生じる場合には，当該事業年度の利益として処理する。のれんは無形固定資産の区分に表示し，当期償却額は販売費及び一般管理費の区分に表示する。負ののれん発生益は，原則として，特別利益に表示する。また，のれんは「固定資産の減損に係る会計基準」の適用対象資産となることから，規則的な償却を行う場合においても減損処理が行われることになる。のれんの内容は，一般に同種事業との比較における超過収益力と解され，優れた経営組織，優良な取引先，営業上の秘訣等から成る事実関係ないしはそれらの相乗効果による結果としてとらえられる。⇨営業権

（杉山晶子）

のれんしょうきゃく【のれん償却】

「企業結合に関する会計基準」は，他社の買収により貸借対照表に計上されたのれんを20年以内のその効果の及ぶ期間にわたって，定額法その他の合理的な方法により規則的に償却することを定めている。のれんは無形固定資産であるから，残存価額をゼロとして償却額が計算され，その記帳は直接控除法による。のれん償却は，その際に用いられる費用勘定である。

（和田博志）

は

ぱーちぇすほう【パーチェス法】
purchase method

パーチェス法は，企業結合取引をある企業（取得企業）による他の企業（被取得企業）の取得と捉え，当該取引において，取得企業が被取得企業から受け入れる資産および負債を，取得時における時価（公正価値）で評価する方法である。そして，対価として交付する現金および株式等の時価（公正価値）である取得原価と時価評価された識別可能な資産および負債の差額である識別可能純資産額との差額部分は，のれんとして処理する。なお，パーチェス法は共同支配企業の形成および共通支配下の取引以外の企業結合に対して適用される。 (小形健介)

ばいかかんげんげんかほう【売価還元原価法】retail inventory method

売価還元原価法は売価還元平均原価法ともいわれ，期末棚卸資産を評価する売価還元法の一つである。取扱商品の種類が多い小売業や卸売業では，事務負担を軽減させるため，期末棚卸資産の評価には，売価還元法の採用が認められている（小売棚卸法ともいう）。売価還元法は，期末棚卸資産を差益率などによって区別し，区別された棚卸資産ごとに一定の原価率を乗じて期末棚卸資産の原価額を計算する方法である。売価還元法で使用する原価率の計算方法の違いによって，売価還元原価法と売価還元低価法がある。売価還元原価法の原価率は，

(期首繰越商品原価＋当期受入原価総額)÷(期首繰越商品小売価額＋当期受入原価総額＋原始値入額＋値上額－値上取消額－値下額＋値下取消額)

で求められる。それに対して，売価還元低価法の原価率は，上記の計算式から値下額および値下取消額を除外して求められる。 (魏 巍)

ばいかかんげんていかほう【売価還元低価法】
⇨売価還元原価法

はいきほう【廃棄法】

廃棄法は，固定資産費用の計上方法の一つであり，その耐用期間中には減価償却を行わず，廃棄時に，当該固定資産の取得原価を全額費用として計上する方法である。⇨取替法

(渡邉泰宏)

はいきほう【廃棄法（環境）】
retirement method

「廃棄物の処理及び清掃に関する法律（廃棄物処理法）」の略称である。日本国内で排出される廃棄物には，家庭や会社などから排出される一般廃棄物に加え，工場や建設などから排出される産業廃棄物がある。現在，廃棄物の大半を占める産業廃棄物は，その再生利用化は進んでいるものの，排出抑制自体の取組みは十分には進んでおら

ず，またその処理を巡っては，不法投棄などの不適正処理が多数発生するなど，社会的にも大きな問題となっている。そこで，廃棄物の適正な処理を確保し，より一層の循環的利用を促進するために，平成22年5月に当該法の改正が行われた（平成23年4月施行）。今回の法改正では，産業廃棄物の処理に関する責任者が明確にされ，その責任の強化・徹底が図られている。

(堀口真司)

ばいきゃくじか【売却時価】

　売却時価とは，現在時点において売却市場で成立している価格である現在の売却価格をいう。すなわち，資産を現在時点において市場で売却することによって得られるであろう金額をいう。売却時価を利用する会計方法は売却時価会計とよばれる。これに対して，現在時点において購入市場で成立している価格である現在の購入価格，すなわち取替価格を利用する会計方法は取替価格会計あるいは取替原価会計とよばれている。⇨測定ベース　(西村美奈雄)

ばいきゃくじかかいけい【売却時価会計】

　売却時価会計とは，損益計算と貸借対照表目的のために，資産の測定基準として売却時価を利用しようとする会計の方法である。ここにいう売却時価は，企業の清算を前提とした強制的な売却によって得られるであろう金額ではなくて，企業の継続を前提とした通常の営業過程における売却によって得られるであろう金額である。売却時価会計は，企業の有する財貨ならびに用役に対する一般的な支配力に関する情報を提供するがゆえに，企業の市場における活動を，したがってまた，環境への適応を，より容易にするものであ

るといえる。⇨売却時価，測定ベース

(西村美奈雄)

はいしゅつけんとりひき【排出権取引】

　排出権取引は，排出量取引，排出枠取引，排出許可証取引，排出クレジット取引とも呼ばれている。排出権取引とは，まず汚染物質の排出総量を設定し，その総量を各主体に割り当て，各主体間での汚染物質の売買取引を認めたものである。排出権取引は市場メカニズムを利用している。これが直接規制よりもより安いコストで汚染物質を削減できる理由は，削減のための限界費用が各企業によって異なっているからである。京都議定書上の排出権には四つの種類がある。第一に，初期割当量単位の移動から生じる排出権である。第二に，J1（先進国間の共同実施）から生じる排出権である。第三に，CDM（先進国と発展途上国間の共同排出削減事業）から生じる排出権である。第四に，RMU（国内吸収源活動からの除却単位）である。この四つの排出権は全く異なった制度から生じるが，登録簿間および登録簿内での移転ならびに取引が可能である。

(村井秀樹)

はいとうかのうりえきのげんどがく【配当可能利益の限度額】
profit available for dividend

　わが国で一般的にいう配当可能利益の限度額とは，会社法461条1項の分配可能額を指す。会社法が配当可能利益の限度額を定めるのは，株主に対する配当について一定の制限を設けることによって債権担保力を保全するという，債権者保護の思考によるものである。なお，分配可能額は剰余金の額から①自己株式の帳簿価額を減算し，②最終事業年度の末日後に自己株式を処

分した場合における当該自己株式の対価の額を加算し、③法務省令（会社計算規則158条）で定める各勘定科目に計上した額の合計額を減算して得た額をいう（会社法461条2項）。⇒純資産，資本金，分配可能額，法定準備金，資本準備金，利益準備金　　　　　　　（金森絵里）

はいとうきん【配当金】dividend

会社が経営活動で稼得した利益を原資とし、出資者や株主に対しその出資口数や持株数に応じてなされる剰余金の配当額をいう。株式会社では株主有限責任制度がとられているため債権者保護の観点から、その額は分配可能額以内とするよう上限が定められており（会社法461条1項）、具体的な金額は、原則として株主総会で承認され確定する。　　　　　　　　　　（橋口　徹）

はいとうせいこう【配当性向】
dividend payout ratio

配当性向とは、

期間配当金÷配当可能利益

であり、経営活動による成果（利益）のうち、会社法による制約、債権者との契約や定款などを考慮した後での分配可能額と、実際に出資者に配当として分配される金額との比率である。このため、役員賞与等を無視し、分配可能額のうち、企業内部に留保される金額を示す比率を内部性向とすれば、

配当性向＝（1－内部性向）

という関係が成立する。なお、わが国では、1株当たりの期間配当金を平準化するという、安定配当政策がとられてきたが、株主主権を重視して、営業成績に基づいた利益処分を行うという立場から、配当性向を基準にした配当政策を実施すべきであると主張されるようになってきた。　　　　（牧浦健二）

はいとうへいきんつみたてきん【配当平均積立金】
dividend equalization reserve

毎年度平均的な株主配当を支払えるように、つまり株主への安定配当を実施できるように、企業が設ける積立金である。金融商品取引法会計においては、積立金の内での分類は任意積立金であり、任意積立金の内での分類は特定目的積立金である。税務上は利益積立金に分類される。　　（水谷文宣）

ばいばいもくてきゆうかしょうけん【売買目的有価証券】

時価の変動により利益を得ることを目的として、短期的に保有する有価証券をいい、一般に頻発的な売買取引の対象となる。貸借対照表上時価で評価され、評価差額は当期の損益として処理される。　　　　　　　（齋藤雅子）

はいぶんほう【配分法】

配分法は、費用の認識原則である発生原則の適用形態のひとつであり、棚卸資産、固定資産そして繰延資産等の費用性資産にその適用が限定されている。棚卸資産は売上原価として費用化され、先入先出法、移動平均法、総平均法等の継続記録法、あるいは棚卸計算法に基づいて配分される。固定資産は減価償却費として費用化され、定額法、定率法等の減価償却法によって配分される。繰延資産は繰延資産の償却費として費用化され、タイム・ベーシス等の基準に基づいて配分される。⇒発生原則　　　　　　　　（火原克二）

はいれつきじゅん【配列基準】

貸借対照表の資産・負債の配列方法には、流動性配列法と固定性配列法がある。流動性配列法は流動資産から固定資産、流動負債から固定負債のよう

に流動性の高い資産・負債から順に記載する方法であり，固定性配列法は逆に，固定資産から流動資産，固定負債から流動負債のように流動性の低い資産・負債から記載する方法である。流動性配列法は企業の支払能力を明らかにするのに適しており，また固定性配列法は固定資産が多額にのぼる企業に適しており，わが国の場合，電力会社やガス会社が採用している。なお，わが国の企業会計原則および財務諸表等規則は流動性配列法を採用している。
⇨流動性配列法，固定性配列法

(向山敦夫)

ぱちょーリ【パチョーリ】
Pacioli, Luca

複式簿記に関する世界最初の印刷された解説文献とされる「計算記録詳論」(Paticularis de Computis et Scripturis) を含む数学書『算術・幾何・比および比例総覧』(Summa de Arithmetica Geometria Proportioni et Proportionalita) の著者である。1445年頃，イタリア中部のサン・セポルクロに生まれ，青年期をヴェネツィアで富裕な商人の家庭教師として過ごし，後にフランチェスコ派の修道士となり，また，フィレンツェやローマなどの大学で数学を講じて，1517年に亡くなった。『スンマ』は，その名が示すように数学の百科全書であり，1494年にヴェネツィアで出版された。複式簿記の解説を行っている「計算記録詳論」は，『スンマ』の第1部第9編論説第11にあたり，計36の章に分かれている。そこで解説されている簿記の内容は，パチョーリ自身が述べているように，『スンマ』が当時のイタリア商人の簿記実務を紹述したものであることから，口別商品勘定や，日記帳→仕訳帳→元帳という三帳簿制に代表されるイタリア式貸借簿記，とくにヴェネツィア式簿記の特徴を多く備えていたものになっている。なお，パチョーリの『スンマ』は，これまで数多くの言語に翻訳(または復刻)されているが，わが国でも，時代順に，平井泰太郎，黒澤清，片岡義雄，本田耕一，岸悦三，片岡泰彦の各教授によってその全訳または部分訳が公刊され，また，復刻版も西川孝治郎，小島男佐夫の両教授のほか，雄松堂書店および日本簿記学会(非売品)によって公刊されている。

(橋本武久)

はっせいきゅうふほうしき【発生給付方式】

年金費用の一部を構成する勤務費用算定方式のひとつであり，当年度に負担させる勤務費用を，現時点で年金制度に加入している従業員の勤務に対応する年金給付増加分の現在価値とする方式である。年金給付額が年金制度加入従業員の勤務に対応して増加していくことを前提としている。当年度の従業員の勤務に対応して増加する年金給付増加額を求め，その年金給付増加額を現在価値に割り引いた金額をもって当年度の年金費用の構成要素とする。この方式をとくに単位年金積増方式という。個人別にみれば，制度加入期間が短いうちは勤務費用は少なく，退職間近になるにつれ割引期間が短くなるため勤務費用は多くなる。⇨年金費用

(丑丸智弘)

はっせいげんそく【発生原則】

発生原則は，適正な期間損益計算を行うため，基本的に，費用の認識(期間帰属)に適用される原則である。その適用形態として費用性資産に適用される配分法，引当金等に適用される見積法および支出基準がある。なお，収益には，原則として，実現原則が適用されるが，発生原則が適用される場合

がある。⇨配分法，見積法，支出基準
(火原克二)

はっせいしゅぎかいけい【発生主義会計】

　発生主義会計とは，企業に属する財貨・役務の経済価値の増加減少の事実を対象として，収益および費用を認識し計上する基準（発生主義）に基づいて，当期の収益および費用を確定して損益を求める損益計算方式をいう。わが国では，費用に関しては，企業の経営活動において生じた経済価値の減少に着目して認識する発生主義が採用される。しかしながら，収益に関しては，経済価値の増加という事実に基づいて認識した場合，客観的かつ確実な価額を測定することが困難であること，処分可能利益の算定が困難になることから，貨幣性資産の裏付けが得られた時点で認識する実現主義が採用される。一般に，このような資金的裏付けは，財貨・役務が販売された時点（販売基準）において得られるとされる。なお，今日の財務会計においては，まず，実現基準に基づき期間収益が確定され，次に発生主義に基づき費用として認識されたもののなかから，その収益を獲得するために犠牲となった費用が期間費用として認識される（費用収益対応の原則）。そしてこのように認識された期間収益と期間費用の差額として期間損益が算定される。
(井上定子)

ばらんす・すこあかーど【バランス・スコアカード】
balanced scorecard（BSC）

　企業のビジョンや戦略の実現プロセスをサポートする業績評価システムである。伝統的な業績評価の設定目標が財務的業績中心であったのに対し，BSCでは，「財務の視点」，「顧客の視点」，「社内ビジネス・プロセスの視点」，「学習と成長の視点」という四つの視点から，戦略目標がバランスよく設定される。各戦略目標は，戦略実施上のシナリオが想定する目標間の因果関係を考慮して設定される。さらに，戦略目標達成に影響する重要成功要因（CSF）が検討され，その達成を測定する財務的・非財務的業績指標が設定される。これらの業績指標を測定・評価することで戦略実施状況や成果が把握でき，戦略実現プロセスの管理に役立つ。BSCは，戦略目標と具体的な業績指標をリンクさせることで，抽象的なビジョンや戦略を，従業員が理解容易で実践的な活動指針となる，戦略的一貫性を持つ業績評価指標に置き換える仕組みである。非財務的指標の改善が財務的指標に与える影響を明示するので，BSCを媒介とした，経営トップと従業員間のコミュニケーションの促進が期待できる。また，BSCにおける「バランス」とは，財務的業績指標と非財務的業績指標，財務的成果とその源泉たる「内部プロセス」や「学習と成長」，短期的成果と長期的成果とのバランスを意味している。よって，BSCは，短期的な財務業績と長期的な成長性をバランスさせた経営に役立つ。
(島　吉伸)

はんきほうこくしょ【半期報告書】
interim report

　半期報告書とは，1年決算の会社が半期で作成する財務諸表をいう。その性格には，半期をひとつの独立会計期間とみなす実績主義と，半期を一事業年度の構成部分とみなす予測主義とがある。わが国では平成10年に企業会計審議会より公表された「中間連結財務諸表等の作成基準の設定に関する意見書」においてその性格付けが予測主義から実績主義に変更された。従来，半期報告書の提出義務は上場会社等が

負っていたが，平成18年の金融商品取引法の改訂により半期報告書制度が四半期報告書制度に統合されるに伴いその義務はなくなった。なお，上場会社等以外の会社は引き続き半期報告書制度が適用されるが，四半期報告書の任意提出も認められている（その場合，半期報告書の提出は不要）。⇨四半期財務諸表
(井上定子)

はんせいひん【半製品】
part-finished goods,
semi-finished product

　工程別総合原価計算が行われる場合に，製品製造の各工程において生ずる中間生産物をいう。半製品は加工中の未完成品ではあるが，ある一定の加工を終えているため，そのまま外部へ販売可能か，あるいは一時的に倉庫などに貯蔵可能である。この点で，同じ未完成品である仕掛品とは異なる。なお半製品の原価は，工程別の製造原価を期末仕掛品と完成品に分割したうえで，当該工程の完成品原価を，さらに直後の工程への振替分と半製品としての入庫分に配分することで計算される。

(髙橋和幸)

はんばいきじゅん【販売基準】
sales basis

　収益の認識原則である実現原則は，財貨・役務の販売という事実に基づくので，販売基準とよばれる。その場合，財貨・役務の発送もしくは引渡しが生じることから，これを引渡基準ということもある。販売基準ないし引渡基準という場合の顧客への引渡しをどのような事象に求めるかについては，店頭での引渡し，送り状の発送，車両への積込み，得意先店での引渡し，さらに機械等の商品の場合には据付けの後の試運転（検収基準）など業種により異なるケースがみられる。一般には，これらはすべて認められるが，業種によってその認識の方法が異なる。⇨実現原則
(火原克二)

はんばいひおよびいっぱんかんりひ【販売費及び一般管理費】

　販売費は商品や製品の販売活動に伴い発生する費用であり，具体的には販売手数料，販売員給料，発送費，広告料，貸倒損失，貸倒引当金繰入などがあげられる。一般管理費は企業全体の管理・運営活動に伴い発生する費用であり，具体的には管理業務に携わる従業員の給料，通信費，交通費，支払家賃，減価償却費，保険料などがあげられる。販売費と一般管理費は営業費と総称されることもある。実務においては両者の区分は困難であることが多く，損益計算書においては両者を区分しないで販売費及び一般管理費として一括して表示される場合が多い。⇨一括的・期間的対応
(及川勝美)

ひ

ぴあ・れびゅー【ピア・レビュー】
peer review

　ある会計事務所が実施した監査業務の適否を，第三者的な立場にある別の会計事務所（つまり同業者を意味するピア）が審査（レビュー）することをいい，相互審査ともよばれる。ピア・レビューの目的は公的権力の介入を避けつつ，監査業務の品質を業界が自主的に向上させることにあり，会計事務所の監査業務の品質管理システムとその遵守状況が主要な調査内容となる。

（内川正夫）

ひえいりほうじん【非営利法人】
non-profit organization

　非営利法人とは，営利を目的として活動を行っている法人（たとえば株式会社など）に対して，営利を目的とせず不特定多数の者の利益を実現すること（非営利）が活動目的であること，さらに財・サービスの販売以外の源泉からの資源（たとえば寄付など）を受領すること，獲得した利益の分配が禁じられていることなどの特徴を持った法人をいう。この非営利法人には，公益法人，学校法人，宗教法人，医療法人，社会福祉法人，特定非営利活動法人などが含まれる。　　　　（兵頭和花子）

ひかくかのうせい【比較可能性】
comparability

　会計情報を有用にさせる特性として比較可能性が求められる。それは，単一企業についての時の経過にわたる比較可能な会計情報や複数企業間の単一時点における比較可能な会計情報は，情報利用者の意思決定にとって有用だからである。FASBの財務会計概念書第2号では，比較可能性とは「情報利用者に2組の経済現象についての類似と差異の識別を可能にする情報の特性」と定義され，「一定の方針および手続を期間を通して遵守する」という首尾一貫性を「必要条件」としている。これに対して，企業間の比較可能性の確保のためには，一定の方針および手続を企業間を通して遵守することが求められるが，そうした画一性については議論のあるところである。

（井原理代）

ひきあてきん【引当金】reserve, allowance

　期間損益を算定するにあたり，期間費用は，通常，当期中に生じた財貨・サービスの費消といった事象に基づいて計上される。ただし，例外的に，将来の期間に生ずるであろう事象に基づく費用を，
（借）△△引当金繰入額　×××
　（貸）△△引当金　×××
という仕訳を行うことにより当期の期間損益に見積計上することがある。このような費用計上に伴って設定される項目（上記仕訳の貸方項目）が引当金である。具体的には，退職給付引当金，修繕引当金，貸倒引当金などがある。

⇨退職給付引当金，引当金の設定要件
(佐藤　靖)

ひきあてきんのせっていようけん【引当金の設定要件】

引当金を設定して将来の費用を当期の期間損益に見積計上するための要件は，(1)将来の費用（または損失）の発生が当期以前の事象に起因し，(2)その発生の可能性が高く，(3)その金額を合理的に見積もることができるという3点である（企業会計原則注解〔注18〕）。以上の要件がすべて満たされる場合において，当期の負担に属する金額が期間損益に算入されるとともに，同額が引当金として計上される。⇨引当金
(佐藤　靖)

ひきだしきん【引出金】drawing

個人企業において，店主が家事費や店主個人が負担すべき金額を支出する場合，あるいは店の商品を使用する場合，その金額を引出金という。通常，引出金は資本金勘定の減少（借方）として処理されるべきであるが，引出しが頻繁に行われる場合は，引出金勘定を設けて記入し，決算において一括して総引出額を資本金勘定に振り替える。
⇨引出金勘定
(末永英男)

ひきだしきんかんじょう【引出金勘定】drawing account

個人企業において，期中に店主（事業主）が私用のために店の商品や資金を頻繁に引き出したりする場合には，そのつど，資本金勘定を用いて記帳するのではなく，引出金勘定（店主勘定，事業主勘定などともいう）を用いて処理する。仕訳のうえでは，引出時には当該引出金額がこの勘定の借方に，これを返済したときには貸方に記入される。そして決算時にその借方勘定残高がある場合には最終的に資本金勘定の借方に振り替えられることになる。⇨引出金
(松井泰則)

びじねす・えんていてぃ【ビジネス・エンティティ】business entity

ビジネス・エンティティは，一般に企業実体という訳語がつけられている。ビジネス・エンティティという概念は，企業という経済主体が，出資者（所有主）から独立して存在すると見るものである。所有主と企業を分離する観点に立つことによって，資産＝負債＋純資産という均衡等式が成立し，所有主から企業に提供された財産が同時に資本であるという複式簿記の二面的把握が可能になる。ビジネス・エンティティの概念には，典型的には法的実体を意味するが，経済的実体としての連結企業集団をビジネス・エンティティとして想定することもある。
(朱　愷雯)

びじねす・げーむ【ビジネス・ゲーム】business game, management game

企業環境を表すモデルにより，模擬的な企業経営を体験し，企業経営のダイナミックな理解，意思決定能力の体得，分析技法の習得，企業における各種職能の役割などを学ぶための教育・訓練手段である。戦争ゲームの開発により，軍隊における在庫管理や人事管理のゲームが出現したが，これが経営問題に適用されることとなった。1950年代中期にAMA（アメリカ経営協会）により最初のゲームがつくられ，その後，アメリカでは，1961年までに100を超えるビジネス・ゲームがつくられ，その8年後には182，1980年の報告では228のビジネス・ゲームが紹介されている。アメリカにおけるビジネス・ゲームの発展を4段階に分けてみると，第1段階（1957年～1963年）では，手で

ゲームの成績を計算するボード型ゲームが多く開発される。第2段階（1962年～1968年）では、ボード型からメインフレーム上のゲームへと転換される。第3段階（1966年～1986年）では、メインフレーム上のゲームが多数開発され、複雑性も増す。第4段階（1984年～）では、多くのメインフレーム上のゲームがパソコン用に開発され、パソコン相手に1対1で利用可能なゲームも開発されている。

（羽藤憲一）

びじねす・せぐめんと【ビジネス・セグメント】business segment

単一の製品やサービス、または関連する製品やサービスのグループにより区分され、他のビジネス・セグメントとは異なるリスクやリターンの影響を受ける企業の構成単位である。ビジネス・セグメントは、製品やサービスの種類や性質、製造方法、販売市場の類似性によって識別され、そこでは企業の内部組織や取締役会、最高経営責任者への内部財務報告システムに注目することが必要である。なお、「ビジネス・セグメント」はIAS第14号によって最初に用いられた用語であり、基本的には「事業の種類別セグメント」（「セグメント情報の開示基準」）と同様である。

（望月信幸）

ひしはいかぶぬしもちぶん【非支配株主持分】uncontrolled interest

非支配株主持分とは、子会社の資本のうち親会社に帰属しない部分である。そして、連結財務諸表をすべての株主持分を反映するもの（経済的単一体概念）と考えるか、あるいは親会社の株主持分のみを反映するもの（親会社概念）と考えるかにより、非支配株主持分を資本とするか否かが分かれる。

（小形健介）

ひとかぶあたりけいじょうりえき【1株当たり経常利益】

1株当たり利益の分析指標としては、1株当たり純利益が一般的である。しかし、税引後当期純利益には、特別利益および特別損失といった非経常的な損益が含まれるので、それは企業の正常な収益力を示さない。そこで、株主にとっての正常収益力を示す分析指標として求められるのが1株当たり経常利益である。それは次の計算式で求められる。

1株当たり経常利益(円)
$$= \frac{経常利益}{発行済株式総数}$$

（原田満範）

ひとかぶあたりじゅんしさん【1株当たり純資産】equity per share

1株当たり純資産は、
自己資本÷発行済株式総数
で算定され、1株当たり純資産額（ただし、帳簿価額）を提示するものである。この金額が大きいときは、1株当たり剰余金が多いことを示し、投資家は株価との関係（株価純資産倍率PBR：price bookvalue ratio＝株価÷1株当たり純資産額）にも注目する必要がある。ただし、含み資産（時価と原価との差額）、租税特別措置法に基づく無税の任意積立金に含まれる将来の未払税金分は考慮されていない。

（大矢知浩司）

ひとかぶあたりじゅんりえき【1株当たり純利益】

earnings per share（EPS）

株価形成を理論的に説明する考え方の一つに、配当割引モデルがある。この考え方によれば、1株当たり利益の成長率が株価形成に大きな役割を果すことから、投資家の注目する経営指標とされてきた。さらに、1株当たり純利益は、株主資本純利益率と1株当

たり純資産に分解できるので，1株当たり純利益の増加が，利益の成長率を示すと考えれば，この二つの指標が1株当たり純利益の成長要因とみなすこともできる。

1株当たり純利益
= 税引後当期純利益 / 発行済株式総数
= 税引後当期純利益 / 株主資本 × 株主資本 / 発行済株式総数
= 株主資本純利益率 × 1株当たり純資産

なお，分母となる株数は，新株の発行や減資などによって一定ではないため，正確を期すには，期末発行済株式数だけでなく，さまざまな方法で修正計算が必要となる。 （櫻田照雄）

ひとかぶあたりひりつ【1株当たり比率】

株主資本の立場からみた分析指標のひとつであり，その代表的なものとして1株当たり純資産や1株当たり純利益などがある。1株当たり純資産は，期末現在時点における1株当たり株主持分有高を表し，1株当たり純利益は期中における株主持分の増加を表す。これら二つの指標は，アナリストなどによる企業評価や株価形成，さらには投資意思決定において直接利用されることの多い重要なデータであり，財務諸表に補足情報として注記される。これらの指標は次の計算式によって求められる。

1株当たり利益（円） = 税引後当期純利益 ÷ 発行済株式総数

1株当たり純資産（円） = 自己資本 ÷ 発行済株式総数

⇨ 1株当たり経常利益，1株当たり純資産，1株当たり純利益 （原田満範）

びぼうかがく【備忘価額】
memorandum price

正規の簿記の原則に従って生ずる消耗品等の簿外資産につき，財産管理等の配慮から，当該資産の存在を明示するために備忘目的で付される金額をいう。なお，税法上は，平成19年度の税制改正により，平成19年3月31日以前に取得の減価償却資産は，償却可能限度額まで償却した後5事業年度で，備忘価額1円まで均等償却でき，平成19年4月1日以後に取得の場合は，耐用年数経過後に備忘価額1円まで償却可能となった。また，圧縮記帳の場合も，備忘価額1円以上が要求される。（法人税法施行令61，93条） （竿田嗣夫）

ひゃくぶんりつそんえきけいさんしょ【百分率損益計算書】

百分率損益計算書とは，収益・費用および利益の各項目について売上高に対する構成比率を示した表である。つまり，売上高を100％とし，これに対する売上原価，販売費及び一般管理費，営業利益などの構成比率を算定して作成される。百分率損益計算書は，百分率による共通の表記が行われるため，異なる企業間の比較または同一企業の時系列比較を行うことができる。さらに，百分率損益計算書には，売上高営業利益率，売上高経常利益率等，収益性分析に必要な比率が明示されており，それらの比率の利用により，経営成績の良否を判断することができる。

（姚　小佳）

ひゃくぶんりつたいしゃくたいしょうひょう【百分率貸借対照表】

百分率貸借対照表とは，貸借対照表の借方・貸方の総額の全体に対する構成比率を示した表である。つまり，貸借対照表の借方・貸方の総額をそれぞれ100％とし，これに対する資産構成

項目ならびに負債および純資産構成項目の構成比率を算定して作成される。百分率貸借対照表は，各項目が構成比率によって示されており，資産項目と負債および純資産項目の構成や相互関係を容易に把握し，規模の異なる企業間の比較または同一企業の時系列比較を行うことができるため，経営分析において重要である。　　（姚　小佳）

ひよう【費用】expense

狭義には「期間費用」を指し，期間の収益を獲得するのに貢献した財貨・役務の費消をいう。期間費用は，(1)「取引価額」による測定，(2)「発生基準」による費用把握，(3)「費用収益対応の原則」による期間帰属決定，というプロセスを通じて認識・測定される。製造業における材料を例にとると，(1)「支出額」に基づき材料の取得原価が決定され，(2)材料の「消費」という事実に基づき発生費用たる材料費が把握される。(3)発生費用のうち，当期の収益（売上）に直接対応する部分が期間費用たる「売上原価」を構成し，他方，当期の収益に対応しないものについては，資産（たとえば，仕掛品や製品）の一部として次期に繰り越される。ただし，収益と間接的に対応する「販売費及び一般管理費」や「営業外費用」については，発生費用が直ちに期間費用となる。広義には，財貨・役務のあらゆる費消をいい，臨時損失や前期損益修正といった「期間外費用」を含む。
（牧田正裕）

ひょうか・かんさんさがくきんとう【評価・換算差額金等】

資産・負債を時価評価することによって生じる評価差額のうち，当期純利益の計算からは除外されることになる項目である。具体的には，その他有価証券評価差額金，繰延ヘッジ損益，土地再評価差額金，為替換算調整勘定等がある。これらの項目はその他包括利益の構成要素とされており，財務諸表上は損益計算書に計上されることなく，純資産の増減項目として処理されている。　　（和田博志）

ひょうかかんじょう【評価勘定】
valuation account

それ自体では独立した意味をもたず，常に別に存在する主たる勘定の存在を前提として，その勘定の控除額または加算額を表すために設けられた勘定をいう。これは，主たる勘定からの控除額を示す相殺勘定（控除的評価勘定）と，加算額を示す付加勘定（付加的評価勘定）とに分けられる。なお，相殺勘定のみを指して，評価勘定ということもある。相殺勘定は，資産等の勘定科目に対して相殺的な性格であるため，主たる勘定とは反対の借方側あるいは貸方側に記録される。具体的には，売上債権（受取手形勘定・売掛金勘定（借方側））に対する貸倒引当金勘定（貸方側）等がある。一方，付加勘定は，主たる勘定と同じ借方側あるいは貸方側に記録される。具体的には，商品の購入（仕入勘定（借方側））に対する仕入諸掛勘定（借方側），資本金勘定（貸方側）に対する株式払込剰余金勘定（借方側）等がある。　　（津村怜花）

ひょうかげん【評価減】

商品については，会社法上，期末の時価が取得原価または製造原価より著しく下落し，かつ，当該資産の時価が取得原価または製造原価まで回復する見込みのない場合には，取得原価または製造原価を必ず時価まで切り下げなければならない。このように貸借対照表価額を時価まで下げることを評価減あるいは強制評価減という。
（興津裕康）

ひょうかせいひきあてきん【評価性引当金】valuation allowance

評価性引当金とは，特定資産に対して将来予測される価値減少を表す評価勘定であり，当該資産価額から控除形式で資産の部に表示される引当金をいう。引当金は資産控除性をもつ評価性引当金と負債性をもつ負債性引当金に分類される。評価性引当金の例として貸倒引当金等があげられる。なお，貸倒引当金は企業会計基準第10号「金融商品に関する会計基準」において取り扱われている。　　　　　（井上定子）

ひようかんじょう【費用勘定】
expense account

費用とは，収益を獲得するために犠牲に供された経済価値あるいは収益に対応する経済価値の費消分をいう。これには，売上収益に対応する売上原価，販売費及び一般管理費の営業費用項目や，営業外収益を含めた当期収益に対応する財務活動費用項目等がある。この費用に属する勘定科目を総称して費用勘定という。火災消失損，盗難損失等のように収益に対応する費用としての性質をもたない純粋な経済価値の減少や，固定資産売却損，有価証券売却損等のような売買差損は損失といい，この損失に属する勘定科目を総称して損失勘定という。⇨個別的・直接的対応，一括的・期間的対応　　　（中西　基）

ひょうじゅんげんか【標準原価】
standard cost

標準原価は，特定製品の製造に消費されるべき財貨と用役の消費量を科学的，統計的調査に基づいて能率の尺度となるように予定し，かつ，予定価格または正常価格で計算した原価である。標準原価は，次のように定式化される。

　標準原価＝標準消費量×予定価格
原価管理のために，標準として適用される期間の長短によって基準標準原価，当座標準原価が，規範としての水準によって理想標準原価，現実的標準原価などが利用される。　　　（岡野憲治）

ひょうじゅんげんかけいさん【標準原価計算】standard costing

標準原価計算とは，実際に生産された製品などの原価を，事前に定められた製品単位当たりの標準原価に基づいて算定し，これと原価の実際発生額との差異の原因を必要に応じて分析し，報告する手続の全体をいう。標準原価計算は原価管理に役立つ原価情報の提供を目的とする原価計算であり，アメリカで創造され，発展した。その基本思想は，作業を標準化し，計算システムと責任権限の対応する管理組織を整備することによって，個人の作業能率の判定と階層別管理単位における管理者の業績評価をし，原価引下げを実現する点にある。⇨標準原価　（岡野憲治）

ひようせいしさん【費用性資産】

将来費用化される資産をいい，非貨幣性資産ともよばれる。動的貸借対照表上でいえば，支出・未費用項目に相当する。棚卸資産，有形固定資産（土地および建設仮勘定を除く），無形固定資産，繰延資産がこれに該当する。資産の貨幣性・費用性分類は損益計算の観点からの分類であり，資産の評価方法を規定するとされる。費用性資産は，回収過程ではなく投下過程にある資本であり，投下額（支出額）で評価する原価基準が理論上妥当な評価基準とされる。　　　　　　　　（浅野敬志）

ひようどうたいろん【費用動態論】

損益計算を中心目的として企業会計現象をみる動態論においては，シュマーレンバッハに代表されるように貸借対照表は，収支計算と損益計算の間

の未解決項目の収容表と解釈される。このとき，借方には，商品，製品，設備など資産の大部分を占める支出・未費用項目，貸付金などの支出・未収入項目，売掛金などの収益・未収入項目，それに現金に代表される支払手段が収容される。この見方から分かるように，ここには借方すなわち資産の統一的な解釈がない。そこで，借方・資産の統一的な解釈をめざして主張されたひとつの見解が費用動態論である。具体的には，資産の大部分を占め利益獲得のために必要不可欠な支出・未費用つまり費用性資産に注目し，他の項目も費用性資産と同じ性格をもつものと解釈する。この場合，利益獲得活動から引き上げられた現金つまり支払手段の解釈が問題となる。費用動態論では，そもそも現金は利益獲得活動の循環のなかに存在し，次に利益活動のために支出され費用となることが運命づけられたものであるから，費用性資産と変わらないと主張する。現金がこのように解釈できれば，収益・未収入は未収入（いずれ現金が流入する）すなわち現金同等物と解釈されるので，この項目が借方の統一的な解釈の阻害要因とはならない。支出・未収入項目については一時的に利益獲得活動の循環から外れているものの，未収入の側面に注目し，これも現金同等物と解釈できる。⇨資金動態論

(新田忠誓)

ひれいひ【比例費】proportional costs

比例原価ともいう。原価様に基づいて，原価は変動費と固定費に大別されるが，とくに，比例費とは，営業量（コスト・ドライバー）の増減に応じて，総額において正比例的に増減する，すなわち，営業量の変化率 b に対する原価の変化率 k の割合である反応度 r（r＝k／b）が1である変動費をいう。その典型的な例には，製品の直接材料費や純粋な時間給または出来高給による直接労務費がある。⇨固定費

(吉田一将)

ひれいれんけつがいねん【比例連結概念】

proportionate consolidation concept

比例連結概念は，経済的単一体概念および親会社概念とともに連結基礎概念のひとつである。親会社概念と同様に，連結財務諸表は親会社株主のために作成されるべきであるとみなす考え方である。ただし，親会社概念よりもさらに親会社持分を重視し，連結財務諸表には，企業集団全体の資産および負債と収益および費用のうち親会社の持分相当額のみを計上する（部分連結または比例連結）。したがって，非支配株主持分に対応する資産および負債の割合部分は連結されず，非支配株主持分は連結貸借対照表には現れない。共同支配の実態にある合弁会社（関連会社）については，比例連結を支持する見解もあるが，現行では，混然一体となっている合弁会社の資産および負債等を一律に持分比率で按分して連結財務諸表に計上することは不適切であるとの理由で，比例連結は認められていない。

(澤登千恵)

ひれんけつこがいしゃ【非連結子会社】unconsolidated subsidiary

親会社は，原則としてすべての子会社を連結の範囲に含めなければならないが，子会社のうち，(1)支配が一時的であると認められる企業，(2)前記以外の企業であって，連結することにより利害関係者の判断を著しく誤らせるおそれのある企業，のように連結の範囲に含まれないものを非連結子会社という。また，重要性の原則の適用のもとに，連結の範囲から除外された小規模子会社も非連結子会社に該当する。⇨

ふ

ふぁいなんす・りーす【ファイナンス・リース】finance lease

リースの形態には，オペレーティング・リースとファイナンス・リースの二つがある。ファイナンス・リースは，物件の修理，維持保守管理などは特定の賃借人が負担するもので，リース期間中の解約が原則として認められない点に特徴がある。ファイナンス・リースの場合，経済的実態を適正に反映させるためにレッシー（借手）はリース開始時に当該物件を貸借対照表にリース資産として，またこれに対応するリース債務を負債として計上することになる。リース資産とリース負債が一対になってオンバランス化されることになる。この場合，借手からリース取引を見ると，リース物件は所有権移転のない点を除いて，物件が取得され，利用される通常のケースと同じであるとみて，リース開始時に借手は当該リース物件をリース料総額から利息相当額を控除した取得原価相当額で資産として，同時に将来負担すべきリース債務を負債としてオンバランス化する。その後，この資産は耐用年数にわたって減価償却され，リース負債（未払リース負債）はリース料支払いごとに処理される。⇨オペレーティング・リース，リース資産・リース負債

（興津裕康）

ふぁんだめんたるぶんせき【ファンダメンタル分析】fundamental analysis

企業価値はその企業のもつ基礎的な能力（ファンダメンタルズ）によって決定されるとする立場から行う証券分析の手法の総称である。投資家は現在の証券価格が割安か割高かをもとに投資意思決定を行うため，判断の基準となる証券価値に関心がある。価値を決定するのが企業の将来の利益やキャッシュ・フローの創出能力であるとき，経営戦略についての記述や財務諸表の数値などを用いた見積りが有用となる。企業の収益性や安全性を検討する財務諸表分析はファンダメンタル分析の代表といえる。ファンダメンタル分析に対して，証券価格の動き，例えば株価チャートの特徴から株価を評価する手法としてテクニカル分析がある。

（石光　裕）

ふかかち【付加価値】value added

企業が生産活動やサービス供給活動によって，新たに追加した価値の金額的測定値をいう。計算方法としては控除法と加算法がある。控除法は付加価値の定義式でもあり，生産高（または売上高）から前給付費用を控除して求める。ここで前給付費用とは，当該企業が前段階の企業その他から受け入れた価値の金額的測定値である。また，利益が自己資本の期間増殖分として認識されるのに対し，付加価値には利益

のみならず，他人資本投入の対価としての金融費用，労働力の投入の対価としての労働収益（人件費），社会資本整備の対価としての税金等を含んでおり，これらの付加価値構成項目を加算して付加価値を求める方法が加算法である。したがって，付加価値は利益よりも利害関係者の範囲の広い成果指標である。また，付加価値の概念には，付加価値額に減価償却費を含む粗付加価値と，減価償却費を含まない純付加価値とがある。⇨付加価値率　　　　（梶浦昭友）

ふかかちりつ【付加価値率】
value added ratio

付加価値額を売上高（または生産高）で除した比率をいう。販売・生産高に占める企業の新たな価値創造力を表す指標である。付加価値率が増大すれば，外部供給価値として企業が実現した売上高に占める付加価値の割合が増加するから，企業の利害関係者への分配の原資が増加する。したがって，付加価値率の増加は企業それ自体と企業利害関係者の厚生の増大をもたらすことになる。⇨付加価値　　　　（梶浦昭友）

ふかほうしき【賦課方式】

年金給付のための資金の調達方法のひとつであり，現在の退職世代の年金給付に必要な資金を，現役世代の掛金によって賄う方式である。賦課方式は世代間の相互扶助により機能する。この方式では基本的に積立金が生じることはない。人口構成によっては，世代間で負担の不公平が生じるという問題点はあるが，インフレの影響を排除することができる。世代間の相互扶助に依存するため企業年金には向かない。

（神谷健司）

ふくかいけいせいど【複会計制度】
double-account system

イギリスの公益事業会計において生成した会計で，1868年の鉄道規制法によって制度的に確立されたとされる。複会計制度の最も際立った形式的特徴は，貸借対照表が資本勘定（資本収支勘定ともいう）と一般貸借対照表に2分割される点にあり，複会計制度の名称はこの特徴に由来する。複会計制度のもとでは，すべての収入・支出は，資本的収入・支出と収益的収入・支出に2区分され，前者は資本勘定に，後者は収益勘定に収容される。すなわち，資本勘定の貸方に資本的収入が，借方に資本的支出がそれぞれ収容され，その差額として運転資本が表示される。他方，収益勘定の貸方に収益的収入が，借方に収益的支出がそれぞれ収容され，その差額として当期純利益が計算される。収益勘定は通常の損益計算書に相当する。収益的収入・支出のうち当期損益に作用しないものは，一般貸借対照表に収容される。すなわち，一般貸借対照表の貸方に流動資産が，借方に運転資本，流動負債，当期純利益がそれぞれ収容され，運転資本の調達と運用が表示される。一般貸借対照表の表示形式で特徴的なことは，通常の貸借対照表と貸借が逆になることである。

複会計制度においては，資本の調達・運用にかかわる現金収支に依拠した経理がなされるために，減価償却は実施されず，固定資産の維持は取替法によって図られる。このために，複会計制度は，半発生主義に基づく会計制度と見なされることもある。⇨取替法

（藤井秀樹）

ふくごうきんゆうしょうひん【複合金融商品】
compound financial instruments, hybrid financial instruments

　複数種類の金融資産または金融負債が組み合わされているものをいう（「金融商品に関する会計基準」注解注1）。金融技術の発展，顧客ニーズの多様化等を背景として，近年，多種多様な複合金融商品が生みだされているが，これらの会計処理をめぐってはさまざまな問題が生じている。すなわち，これらについて「区分（分離）処理」を採用すべきか，「一体（一括）処理」を採用すべきかという問題や，また，とくに発行体の会計処理に関して，これらを負債項目とすべきか，資本項目とすべきかといった問題等が大きな議論となっている。

　この点に関して，わが国の会計基準では，複合金融商品を大きく，「払込資本を増加させる可能性のある部分を含む複合金融商品」と，「その他の複合金融商品」という二つに分類したうえで，それぞれの会計処理を定めている（同35-40項）。前者の例としては，転換社債型新株予約権付社債やそれ以外の新株予約権付社債が，また，後者の例としては，金利オプション付借入金やゼロ・コスト・オプション等が，それぞれあげられる。　　　（田口聡志）

ふくさんぶつ【副産物】by-product

　同一工程，同一原材料において，2種類以上の製品が同時かつ必然的に生産される場合，相対的に価値の高い物品を主産物とし，相対的に価値の低い物品を副産物とする。副産物は，主産物の製造過程から必然に派生する物品であり，副産物が生じた場合は，その価額を算定して主産物の製造原価から控除する。　　　　　　　（梅津亮子）

ふくしきぼき【複式簿記】
double-entry bookkeeping

　財産と資本主関係に影響を及ぼすすべての事象（いわゆる簿記上の取引）を，財産の増減と資本主関係の変動の両面から継続的に記録し，その記録に基づいて財産計算と損益計算を有機的に完成させる簿記をいう。以上の特徴のいずれかを欠いた簿記は，単式簿記とよばれる。複式簿記においては，財産計算の結果に基づいて貸借対照表が，損益計算の結果に基づいて損益計算書が，それぞれ作成される。貸借対照表で表示される当期純利益と損益計算書で表示される当期純利益は常に一致し，しかもかかる一致に至るまでのすべての勘定記入は貸借が平均する。このことから，複式簿記は，記録・計算の正しさを，それ自体の構造によって検証する自己検証機能をもつことになる。今日では簿記実務のコンピュータ処理が一般化し，帳簿を使用した貸借複記の実務はほとんど行われなくなった。しかし，膨大で複雑な簿記実務の全体構造を一元的に説明するのは，なお依然として複式簿記の原理である。⇨単式簿記　　　　　　　　　　　（藤井秀樹）

ふさい【負債（FASB）】liability

　FASBの財務会計概念書第6号「財務諸表の構成要素」（1985年）は，負債を，「過去の取引または事象の結果として，特定の実体の現在の責務から発生する，将来ほかの実体に資産を引き渡すか，サービスを提供するという，将来において発生の可能性の高い経済的便益の犠牲」と定義している。この定義は，以下のような要素（条件）から構成されている。(1)「現在の責務」から発生すること，(2)当該責務は，過去の取引または事象の結果であること，および(3)当該責務の決済において，経済的便益の犠牲が発生する可能性が高

いこと，である。(1)は将来ではなく現在において責務が発生していることを意味する。(2)は将来の取引および事象を原因とするものを排除するものである。(3)は経済的便益の発生の可能性の低い責務の認識を排除するためのものであり，IASCの「財務諸表の作成と表示のためのフレームワーク」(1989年)では認識規準のひとつとされている。⇨負債(初学者のための定義)

(徳賀芳弘)

ふさい【負債（初学者のための定義）】
liability

　将来，金銭を支払う現在の責務，および財またはサービスを提供しなければならない現在の責務のうち，合理的に貨幣評価のできるものをいう。負債は，一般的には，財貨やサービスの受入れ，または費用・損失の発生や見積りから生じる。負債は，制度上は，資金の調達源泉の違い（営業循環基準）と調達期間の長短の違い（一年基準）とに基づいて支払手形や買掛金などの流動負債と社債や長期借入金などの固定負債に区分・表示されるが，支払条件の不確定性を理由として見積負債（負債性引当金等）が前二者と区分して独立表示される場合もある。負債の本質観として歴史的には次のようなものが存在した。資本主理論は，財産および正味財産の二つの勘定系統が等しい関係にあるとし，負債を積極財産（資産）から差し引かれる消極財産であり，資本主に対する請求権であると考えた。一方，企業主体理論は，経済学上の資本財という概念を取り入れ，負債も他人資本として資本に含める。この場合，負債と資本の区別は，企業（企業の資産）に対する請求権の強さの相違である。また，資金理論は，負債を含めたすべての持分を資金形態の資産に対して加えられる拘束とした。この場合，負債と資本の区別は，資金源泉の違いによる区別でしかない。近年のFASBやIASCは，負債はある実体の資産に対する外部実体の請求権であり，その決済に資産の犠牲を伴うとした。この場合，負債は将来における資産の犠牲であり，資本は残余持分である。⇨負債(FASB)

(徳賀芳弘)

ふさいせいひきあてきん【負債性引当金】

　金額または決済期日が確定していない見積負債をいい，貸借対照表の負債の部に記載される。同じく引当金という名称が使われているが，特定資産からの控除額を示し，該当資産からの控除形式で記載される評価性引当金とは区別される。負債性引当金は，(1)条件付債務である引当金，および(2)法律上の債務ではないが，会社計算規則6条2項の規定により計上する引当金に大別される。

　企業会計原則注解〔注18〕に従えば，(1)に属する引当金として，製品保証引当金，売上割戻引当金，返品調整引当金，賞与引当金，工事補償引当金，および退職給与引当金等を，(2)には，修繕引当金，特別修繕引当金，債務保証損失引当金，損害補償損失引当金等をあげることができる。なお，債務保証引当金と損害補償損失引当金は，偶発損失としての保証債務と損害賠償責任に備えた引当金である。

　負債性引当金の貸借対照表における表示は，一年基準に基づいて流動負債と固定負債とに区分して掲記する。負債性引当金の貸借対照表能力は，その費用性に基づいて，換言すれば，発生主義または費用収益対応の原則を根拠として決定されてきたが，近年では，引当金を発生させる責務の負債性（負債の定義と認識規準に合致するかどうか）に基づいて決定されるようになってき

た。⇨評価性引当金，偶発債務

〔徳賀芳弘〕

ふさいひりつ【負債比率】debt ratio

負債総額の自己資本に対する比率（負債÷自己資本×100）をいう。企業の資本構成の安全性を示す基本的な指標である。自己資本すなわち純資産が負債を担保するものと理解し，企業の安全性を確保するためには，この比率は100％以下であることが望ましい。負債比率が高いことは，企業の資金返済能力や，景気変動等の要因に対応する企業の存続可能性に問題のあることを意味する。反面，インフレーション経済のもとで，利子費用以上の利益を確保することができる場合には，負債比率の高いことは企業業績を高める要因となる。

〔福島孝夫〕

ふずいひよう【付随費用】（固定資産）

固定資産を購入し使用可能な状態にするまでに必要とする購入代価以外の諸費用が付随費用（副費）といわれ，外部付随費用（外部副費）と内部付随費用（内部副費）からなる。外部付随費用としては買入手数料，運送費，荷役費，運送保険料，関税等があり，内部付随費用としては据付費，試運転費等がある。これらの付随費用は原則として固定資産の取得原価に含められる。

〔森本三義〕

ふせい【不正】fraud

経営者または従業員による財務諸表上の意図的な虚偽（irregularity）表示または脱漏である。意図的であるという点で誤謬（error）とは異なる。一般に不正は，使込みや横領に対する従業員による会計上の操作を意味する「従業員不正」と，(1)横領・詐欺などの違法行為（illegal act）や不正収支を隠蔽

するための決算上の操作，(2)利益数値を実際より大きく見せかけるための粉飾，(3)逆に実際より小さく見せかけるための逆粉飾などの「経営者不正」に分類される。⇨誤謬

〔松脇昌美〕

ふぞくめいさいしょ【附属明細書】

附属明細書は，会社法435条2項の規定により，会社が毎決算期に作成しなければならない計算書類等の一つであり，貸借対照表，損益計算書，株主資本等変動計算書および個別注記表（計算書類）ならびに事業報告の記載の明細ないしこれらを補足する重要な事項を記載した書類である。したがって，会計事項のみならず，非会計事項も記載内容とされる。附属明細書は，計算書類および事業報告と異なり，株主に直接送付されるものではなく，会社に備え置いて株主および債権者の閲覧謄写に供される間接開示書類である。
⇨附属明細書の記載事項，附属明細表

〔笠井敏男〕

ふぞくめいさいしょのきさいじこう【附属明細書の記載事項】

附属明細書は，事業報告に係る附属明細書と計算書類に係る附属明細書に区分され，前者においては事業報告の内容を補足する重要な事項をその内容とするものでなければならない（会社法施行規則128条）。一方，後者においては，(1)有形固定資産及び無形固定資産の明細，(2)引当金の明細，(3)販売費及び一般管理費の明細，(4)関連当事者との取引に関して注記を省略した事項の明細のほか，貸借対照表，損益計算書，株主資本等変動計算書及び個別注記表（計算書類）の内容を補足する重要な事項を表示しなければならない（会社計算規則117条）。

〔渡邉泰宏〕

ふぞくめいさいひょう【附属明細表】

附属明細表は、貸借対照表、損益計算書およびキャッシュ・フロー計算書などに記載されている重要な事項について補足するために、その内容、増減の状況などを明らかにするものである。附属明細表の種類は、(1)有価証券明細表、(2)有形固定資産等明細表、(3)社債明細表、(4)借入金等明細表、(5)引当金明細表、(6)資産除去債務明細表であり（財務諸表等規則121条、連結附属明細表については連結財務諸表規則92条を参照）、これらの様式は財務諸表等規則および連結財務諸表規則に定められている。

(平野由美子)

ふつうしわけちょう【普通仕訳帳】
general journal

特殊仕訳帳（special journal）をベースとした帳簿組織は、単一仕訳帳制に対して、特殊仕訳帳制（または分割仕訳帳制、複合仕訳帳制）といわれる。たとえば、現金出納帳、当座預金出納帳、仕入帳、売上帳を特殊仕訳帳として利用する帳簿組織を考えれば、従来の仕訳帳は特殊仕訳帳と区別されて普通仕訳帳（general journal）とよばれ、大陸式決算法を前提とすれば、開始仕訳（再振替仕訳）、決算整理仕訳、決算振替仕訳とともに、特殊仕訳帳に記録される現金収支取引や仕入取引などの特定種類の取引以外のその他の取引の仕訳記録を収容する役割を担うことになる。⇨特殊仕訳帳制

(田中　勝)

ふてきせいいけん【不適正意見】
adverse opinion

金融商品取引法に基づき作成される連結財務諸表または財務諸表が、企業の財政状態、経営成績、およびキャッシュ・フローの状況を「適正に表示していない」という公認会計士または監査法人による監査意見をいう。連結財務諸表または財務諸表に不正や誤謬による不適切な会計処理または表示があり、その事項の重要性に鑑みて、当該財務諸表が全体として虚偽の表示にあたると判断された場合に表明される。⇨無限定意見、限定意見

(池田喜志高)

ぶぶんれんけつ【部分連結】
partial consolidation

FASB 1991年討議資料においてあげられている三つの連結基礎概念のうち、比例連結概念に対応する連結手続である。この概念においては、報告実体は親会社であるが、連結財務諸表には純資産額のうち親会社の所有主がそこから利益を得る部分、すなわち親会社の所有主が直接に受益持分を有している資産、負債、収益および費用のみが表示されることになる。したがって、子会社の資産、負債、収益および費用のうち親会社株主持分に対応する部分のみが連結財務諸表に含められ、少数株主持分（非支配株持分）は表示されず、少数株主（非支配株主）が受益持分を有している部分についてはそこから除外されることになる。

(高須教夫)

ふへんせい【不偏性】
freedom from bias

1966年、米国会計学会（AAA）は、『基礎的会計理論』（ASOBAT）を公表した。そこでは、会計情報が備えるべき特性が示されており、そのひとつが不偏性である。これは事実を偏らずに決定し、報告しなければならないことを意味する。またそこには資料を処理する場合に用いられる技術は偏向のないものでなければならないことも含まれている。⇨ASOBAT

(都築洋一郎)

ぶもんきょうつうひ【部門共通費】
indirect departmental costs

　二つ以上の部門で共通的に発生するために，どの部門で発生したかを個別に認識できない費目をいう。そのため部門共通費は，発生額と直接的な因果関係が存在すること，容易に配賦額が計算できることの2点を考慮したうえで，適切な配賦基準を決定し配賦額を計算する必要がある。たとえば，一つの建物のなかに二つ以上の部門を設ける場合，その建物の減価償却費，固定資産税，火災保険料は部門共通費であり，各部門の占有面積を配賦基準として配賦額を計算する。機械保険料，電力料，福利施設負担額・厚生費は，機械帳簿価額，機械馬力数，従業員数を配賦基準とする。なお，部門別に集計される原価要素の範囲は，部門費計算の目的，採用される原価計算の形態に依存する。たとえば，合理的な製品原価計算を重視して個別原価計算を採用する場合は一般に，製造間接費のみが部門共通費となる。⇨部門別原価計算，部門個別費
(島田美智子)

ぶもんこべつひ【部門個別費】
direct departmental costs

　どの部門で発生したかを直接に認識できる費目をいう。たとえば，補助材料費は，出庫伝票に記載された部門名から直接に使用部門を認識できるので，部門個別費となる。そのほかに，各部門の職長の給料，従業員の賃金などがある。部門個別費は，配賦率を用いて計算する部門共通費とは異なり，発生額をその部門に直課すればよい。⇨部門共通費
(島田美智子)

ぶもんべつげんかけいさん【部門別原価計算】

　費目別計算→部門別計算→製品別計算という三つの段階を経て行われる原価計算プロセスの第2段階にあたり，費目別に認識された原価要素を原価部門別に集計する手続をいう。製品原価の正確な計算と適切な部門費管理のために，原価部門を製造部門と補助部門に分類し，製品が通過しない補助部門で発生する費目は，補助部門費として製造部門に配賦し，すべての製品原価が製造部門を通して集計される。原価を発生場所ごとに把握するので，場所別原価計算ともよぶ。⇨原価部門
(島田美智子)

ぶらんど【ブランド】brand

　経済産業省ブランド価値評価研究会は2002年公表の報告書において，「企業が自社の製品等を競争相手の製品等と識別化または差別化するためのネーム，ロゴ，マーク，シンボル，パッケージ・デザインなどの標章」，としてブランドを定義している。企業が外部からブランドを購入した場合には，無形固定資産として財務会計上認識される。自己創設のブランドは，(企業結合の場合を除き) 財務会計上，認識されない。

　一方，管理会計においては，政府機関や経営コンサルティング会社などによって提唱されているさまざまな価値評価モデルのいずれかにより，自己創設部分をも含むブランド価値評価を可能にするよう試みている。典型的な価値評価モデルとしては経済産業省モデルの他に，インターブランド社によるモデルや日本経済新聞社と伊藤邦雄氏による「CBバリュエーター」がある。なお，インターブランド社や日本経済新聞社・伊藤邦雄氏は，経済産業省とは多少異なったブランドの定義を採用している。
(水谷文宣)

ふれっしゅ・すたーとほう【フレッシュ・スタート法】
fresh start method

　フレッシュ・スタート法は，企業結合の会計処理方法のひとつであり，すべての当事会社の存続性を認めず，企業結合により新たに会社が生じ，すべての当事会社の資産・負債に対する支配が変化すると仮定し，すべての資産・負債を企業結合時の公正価値で評価する方法である。フレッシュ・スタート法はさらに，のれんの資産計上を認めるか否かによって，すべての当時会社についてのれんを計上する相互パーチェス法と，識別可能資産・負債のみを公正価値で評価してのれんを計上しない公正価値プーリング法の二つに分類される。どの当事会社が支配会社であるかが判別できない企業結合の場合には，フレッシュ・スタート法を適用することには理論的合理性があるとする見解もあるが，評価差額が拠出資本として拘束されてしまうために問題があるとする見解もある。なお，フレッシュ・スタート法は，会計制度上は認められておらず，会計理論上でのみ主張されてきた方法である。

(記虎優子)

ふろーしきしょうみざいさんぞうげんけいさんしょ【フロー式正味財産増減計算書】

　正味財産増減計算書における正味財産増減額の計算方法には，フロー式とストック式がある。フロー式とは，正味財産の増加原因（収益）と減少原因（費用）を対比させ，正味財産がどれだけ当期に増加（減少）したかを計算する方法である。公益法人会計基準はフロー式による正味財産増減計算書を採用している。フロー式による計算書は企業会計の損益計算書と類似のものであり，事業活動の効率性（経済性）の情報提供が可能であるといわれている。⇨ストック式正味財産増減計算書

(尾上選哉)

ふわたりてがた【不渡手形】
dishonored note

　手形の所持人は，満期日およびその後2取引日以内に支払場所で手形代金の支払いを請求する。支払人がそれに応じなかったとき，その手形を不渡手形という。この場合，手形所持人は，裏書人や振出人に対してその支払いを遡求することができる。遡求できる金額は手形金額だけでなく，手形法48条の定めにより，満期後の法定利息や不渡りに伴う費用も含まれる。なお，手形所持人の側では，手形上の不良債権を区別するため，不渡金額を受取手形勘定から不渡手形勘定に振り替える。

(全　在紋)

ふわたりてがたかんじょう【不渡手形勘定】dishonored note account

　受取手形が不渡りになった場合，あるいは割引きした手形が不渡りとなり償還請求を受けた場合，または自己の裏書きした手形が不渡りとなり償還請求を受けて支払った場合，この勘定の借方に記入する。記入する金額としては，手形金額，拒絶証書の作成費用，満期日以降償還日までの法定利息および通知費用等が含まれる。この勘定の期末残高に対しては貸倒引当金を設定する必要がある。

(長谷川博史)

ぶんかつしわけちょうせい【分割仕訳帳制】

　特定の取引に関する補助記入帳のあるものを，仕訳帳として用いたものを特殊仕訳帳という。特殊仕訳帳として用いられる帳簿は，一般に現金出納帳，当座預金出納帳，仕入帳，売上帳である。このほかに受取手形記入帳や支払

手形記入帳も特殊仕訳帳化されることがある。このとき本来の仕訳帳を普通仕訳帳という。このように単一の仕訳帳を分割して複数の仕訳帳を用いる帳簿組織を，分割仕訳帳制あるいは複合仕訳帳制，特殊仕訳帳制という。補助記入帳を主要簿化する背景には，企業規模の拡大に伴う取引量の増大により記帳の合理化が必要になること，同時に分課制度の成立により記帳が分業化されることがある。補助記入帳に仕訳帳の機能をもたせれば，一つの取引を仕訳帳と補助記入帳に二重に記入する必要がなくなる。さらに頻繁に発生する勘定科目について特別の金額欄を設けて記入し，一定期間の合計額によって一括して転記を行えば，手数軽減の効果は大きい。しかし，同一の取引が二つの特殊仕訳帳に記入される場合には注意しなければならない。この場合，そのままでは二重転記になるので，それを回避する措置をとる必要がある。
⇨特殊仕訳帳制，普通仕訳帳　（林　昌彦）

ぶんきほう【分記法】

分記法とは，商品売買の記帳を商品勘定と商品売買益勘定を用いて行う方法をいう。この方法は，商品を仕入れたときにその取得原価で商品勘定の借方に記入し，売り上げたときにはその原価で貸方記入し，売価と原価の差額分については，原価よりも売価の方が大きい場合には商品販売益勘定の貸方に記入する。このように商品売上時に原価と利益に分けて記録する点に，この方法の特徴がある。また，この方法では商品勘定が純粋な資産勘定として扱われ，増加・減少が原価で記入されるので，同勘定の借方差額は手許商品の有高を示し，勘定記録によって商品の管理が可能である。　（神納樹史）

ふんしょくけっさん【粉飾決算】
window dressing

会計的技法を用いて虚偽の財務諸表を作成することにより，企業の経営成績および財政状態を実際よりも良好にまたは悪く表示することである。このように粉飾決算は，広い意味では企業の経営成績および財政状態を実際よりもより良く示す場合もより悪く示す場合も含むが，狭い意味では前者だけを意味し，後者は「逆粉飾」とよばれて区別される。粉飾の方法としては，(1)売上高の過大計上，(2)棚卸資産の過大計上，(3)費用の過小計上等が一般的であるが，今日の経済的状況を反映した簿外債務の存在等も粉飾決算のひとつの表れである。粉飾決算は，企業の真実な姿を歪め，企業の利害関係者に不測の損害を与えるおそれがあるので，厳に慎まなければならない行為である。
（池田喜志高）

ぶんせきてきてつづき【分析的手続】
analytical procedure

監査手続のひとつで，監査人が企業をめぐる財務または財務以外のデータを入手し，重要な比率と傾向の分析を通じて異常な変動や異常項目の有無を検討し，財務情報の合理性を確かめる手続をいう。分析的手続の手法としては，(1)数期間にわたる金額の変化を分析すること，(2)財務諸表項目間の比率を算出して比較すること，(3)財務および財務以外のデータ（たとえば，従業員数，販売数量等）を使って推計値を算出し，財務諸表に計上されている金額と比較すること，(4)同業種の数値と当該企業の数値を比較すること等がある。分析的手続は，監査計画の段階，監査の実施段階，監査の最終段階の各段階で用いられ，その結果，合理的な監査計画の策定，迅速かつ効率的な監査の実施，および監査の総括的吟味に役立

つ。⇨監査技術, 監査手続　(池田喜志高)

ぶんぱいかのうがく【分配可能額】
distributable surplus

　剰余金の配当は分配可能額の範囲でなされなければならない(会社法461条1項)。臨時計算書類を作成しない場合には, 分配可能額は剰余金の額から①自己株式の帳簿価額を減算し, ②最終事業年度の末日後に自己株式を処分した場合における当該自己株式の対価の額を加算し, ③法務省令(会社計算規則158条)で定める各勘定科目に計上した額の合計額を減算して得た額をいう(会社法461条2項)。そして, 会社計算規則158条では, まず, 正ののれんの額の2分の1と繰延資産の部に計上した額との合計額(a)が資本金と準備金との合計額(b)を超える場合であって, (1) a ≦ b + 最終事業年度の末日におけるその他資本剰余金の額である場合, または, (2)(1)ではないが最終事業年度の末日におけるのれんの額の2分の1 ≦ b + 最終事業年度の末日におけるその他資本剰余金の額の場合には, aからbを減じて得た額を分配可能額算定上控除すべきものとしている。また(3)(1)ではなく, 最終事業年度の末日におけるのれんの額の2分の1 > b + 最終事業年度の末日におけるその他資本剰余金の額の場合には, その他資本剰余金の額と繰延資産の部に計上した額との合計額を控除しなければならない。また, 負のその他有価証券評価差額金および負の土地再評価差額金も控除することが要求されている。さらに, 純資産額が300万円を下回る会社は, 分配可能額が生じても, 剰余金の配当を行うことはできない。以上に加えて, 連結配当規制適用会社については, 会社の個別貸借対照表上の剰余金額を基礎として算定された分配可能額を連結貸借対照表上の剰余金額を基礎として算定された分配可能額が下回る額を分配可能額算定上控除するものとされている。⇨剰余金, 剰余金の配当

(金森絵里)

ぶんるいきじゅん【分類基準】

　企業会計原則において,「資産, 負債及び資本の各科目は, 一定の基準に従って明瞭に分類しなければならない」(企業会計原則第三・四)とされ, 資産は流動資産・固定資産・繰延資産に, 負債は流動負債と固定負債とに区別され, 資本は資本金と剰余金とに区別される。この基準を分類基準といい, 明瞭表示を支える基準のひとつである。なお, 流動資産と固定資産, 流動負債と固定負債を区分する際に用いられる基準としては, 正常営業循環基準と一年基準がある。⇨正常営業循環基準, 一年基準, 明瞭性の原則　(杉山晶子)

へ

へいかはっこう【平価発行】
　社債を券面額（par value）で発行することを平価発行ないし額面発行という。これは発行価額が額面ないし券面と一致することをいう。また，額面株式の廃止により額面株式の平価発行はなくなった。発行価額が額面未満の場合を割引発行といい，額面を超える場合を打歩発行（プレミアム付発行）という。わが国における社債発行は割引発行が多く，平価発行もみられるが，打歩発行の例は少ない。⇨社債
（松村勝弘）

へいきんたいようねんすう【平均耐用年数】avarage service life
　多種類の有形固定資産が一体となってひとつの機能を果たしている場合に適用可能な減価償却方法としての総合償却において，各種資産に一括して共通適用される平均的な耐用年数である。その年数は，グループを構成する個別資産の要償却額の合計を，各資産の個別耐用年数による年間減価償却費の合計で除して算定される。したがって平均耐用年数は，グループに属する資産の構成が変化する場合には新たに算定する必要がある。
（若林公美）

へっじかいけい【ヘッジ会計】
hedge accounting
　ヘッジ取引（ヘッジ手段）によって生じる損益とヘッジ対象物に生じる損益を同一の会計期間に認識し，双方の損益を期間的に対応させる会計処理である。こうして認識された複数の損益の相殺額が，ヘッジ取引の経済効果を示す。ヘッジ会計が必要となるのは，たとえばヘッジ取引に対しては時価基準，一方ヘッジ対象物に対しては原価基準という異なった評価基準が採用され，外部の利害関係者がヘッジ手段の経済効果を判断できない場合である。これらの損益の認識期間を一致させるためには，ヘッジ対象物を時価評価するか，あるいはヘッジ取引の損益を繰り延べる必要が生じるが，これらの会計処理がヘッジ会計といわれる会計処理にほかならない。
（佐藤清和）

へっじたいしょう【ヘッジ対象】
　ヘッジ会計が適用されるヘッジ対象は，相場変動等による損失の可能性がある資産又は負債で，当該資産又は負債に係る相場変動等が評価に反映されていないもの，相場変動等が評価に反映されているが評価差額が損益として処理されないもの若しくは当該資産又は負債に係るキャッシュ・フローが固定されその変動が回避されるものである。なお，ヘッジ対象には，予定取引により発生が見込まれる資産又は負債も含まれる（「金融商品に関する会計基準」30項）。
（浦崎直浩）

べっとつみたてきん【別途積立金】

　株主総会の決議によって社内に留保された利益のうち，目的を特定せずに設定された任意積立金を別途積立金という。目的が特定された任意積立金の多くは，その目的を遂行するためであれば，取締役会の決議だけで取り崩すことができるが，別途積立金の取崩しには株主総会の決議が必要である。⇨任意積立金　　　　　　　　　（林　昌彦）

へんどうひ【変動費】variable costs

　費用は，売上が増加すればスライドして増加し，売上が減少すればスライドして減少する性格の変動費と売上にスライドせず固定的に発生する固定費に2分類できる。費用の科目によって分類する科目指定法，各科目ごとに変動費率を指定する変動費率指定法等があるが，商品仕入高・原材料費・外注加工費・物品税・消費税・販売手数料は100％，製造経費（外注加工費・減価償却費を除く），販売費及び一般管理費の一部の項目については，その3％を変動費部分とすれば，変動費は，
　変動費＝[〔原材料費＋外注加工費＋｛(製造経費－外注加工費－減価償却費)×0.03｝]×原価率＋当期商品仕入高]×費用率＋物品税・消費税＋販売手数料＋｛(その他営業原価＋荷造発送費＋広告・宣伝費＋拡販費・その他販売費＋貸倒損失・貸倒引当金繰入額＋支払特許料＋その他販管費)×0.03｝×原価率
と計算される。売上にスライドしない固定費の増加を抑制することが経営の安定化には必要である。変動費と固定費との割合の合理化には，素材転換・支払条件の短縮・在庫管理の徹底・製造工程の見直し等によるコストの削減，レイオフによる人件費の合理化，物流コストの削減などが必要である。⇨固定費　　　　　　　　　（大矢知浩司）

ほ

ほうかつしゅぎそんえきけいさんしょ【包括主義損益計算書】
all-inclusive income statement

　今日みる損益計算書は，一般に包括主義損益計算書といわれ，損益計算の対象となる期間の分配可能利益（処分可能利益）の算定を目的として作成されるものであり，通常の継続的・反復的な経済活動から生ずる収益・費用項目（期間的正常項目）のみならず，特別損益にみられるような超期間的臨時項目をも含めて作成する損益計算書をいう。ここでは，投下資本の回収計算の結果生じた回収余剰が示されるのである。　　　　　　　　　　（火原克二）

ほうかつりえき【包括利益】
comprehensive income

　包括利益は，企業会計基準第25号「包括利益の表示に関する会計基準」では「ある企業の特定期間の財務諸表において認識された純資産の変動額のうち，当該企業の純資産に対する持分所有者との直接的な取引によらない部

分をいう」と定義されている。なお，ここにいう当該企業の純資産に対する持分所有者には，当該企業の株主のほか，当該企業の発行する新株予約権の所有者や，連結財務諸表においては当該企業の子会社の非支配株主も含まれる。包括利益という利益概念を理解するためには，その他の包括利益を理解することが重要である。その他の包括利益は，同基準では「包括利益のうち当期純利益に含まれない部分をいう」とされている。つまり，その他の包括利益は，包括利益と当期純利益との間の差額である。なお，連結財務諸表におけるその他の包括利益には，親会社株主に係る部分と非支配株主に係る部分が含まれる。わが国の会計基準では，長らく包括利益の表示について定められてなかったが，国際的な会計基準とのコンバージェンスの観点から，連結財務諸表において包括利益を表示することが導入された。しかし，包括利益の表示は，連結先行で導入されたため，個別財務諸表では当面の間，包括利益の表示は行わないこととされている。

(記虎優子)

ほうこくせぐめんと【報告セグメント】

事業セグメントの中から，量的基準に従って決定された報告すべきセグメントのことをいう。その量的基準として，(1)売上高がすべての事業セグメントの売上高の合計額の10％以上であること，(2)利益または損失の絶対値が，①利益の生じているすべての事業セグメントの利益の合計額，または，②損失の生じているすべての事業セグメントの損失の合計額の絶対値のいずれか大きい額の10％以上であること，(3)資産がすべての事業セグメントの資産の合計額の10％以上であること，という3つがあげられている。そして，この量的基準のいずれかを満たす事業セグメントは報告セグメントとして開示しなければならない(「セグメント情報等の開示に関する会計基準」12項)。

(高須教夫)

ほうじん【法人（会社法）】
corporate person, legal person

自然人以外に法律上権利義務の帰属主体たるものを法人という。会社法は，会社は法人とすると規定している(会社法3条)。会社はその構成員たる社員から独立の法人格が与えられていることにより，会社自身の名において権利を有し義務を負い，会社自身の名において訴訟当事者となる。さらに，会社財産への強制執行には会社自身に対する債務名義が必要とされる。これに対して，会社の財産と社員の個人財産との独立性は，会社の種類に応じて異なるが，株式会社においては完全に独立している。法人たる会社の設立には，一般的な法律が規定する設立手続の要件を満たした場合に，当然に会社の設立が認められるという準則主義が採用されている。しかし，特定の事案において，会社が法人であるからといって，会社の社員からの形式的な独立性を貫くと，正義・公平に反する結果となることがあり，そのような場合には，会社の法人格が否定されることがある(法人格否認の法理)。⇨株式会社，有限会社

(三島徹也)

ほうじん【法人（民法）】

民法33条は法人法定主義のもと法人について，学術・技芸・慈善・祭祀・宗教その他の公益を目的とする法人，営利事業を営むことを目的とする法人その他の法人の設立，組織，運営及び管理については民法その他の法律の定めによると規定している。民法上の法人は，一定の目的のために集まっ

た人の集合体である社団法人と一定の目的のために集まった財産の集合体である財団法人に区別され，営利を目的としない社団法人・財団法人を一般法人といい，一般社団法人と一般財団法人（一般社団法人及び一般財団法人に関する法律2条1号）と称する。

さらに公益事業を行う法人として行政庁から公益認定を受けた法人は，公益社団法人・公益財団法人として公益法人となることができる（公益社団法人及び公益財団法人の認定等に関する法律2条4号）。公益事業とは，公益に関する一定の事業であって不特定かつ多数の者の利益の増進に寄与するものをいう。

これに対して，営利事業を行い社員に剰余金の配当を目的とする株式会社などの法人（会社法2条1号・3条，商法4条1項）を営利法人という。

（浦川章司）

ほうじんぎせいせつ【法人擬制説】

法人は，法律による擬制（性質が異なるものを同一のものとみなすこと）を通して，本来の人格者であり法的主体である自然人と同様に，特別に人格を認められた主体であるとみなす法人学説をいう。法的擬制の範囲内でのみ許される存在として，法人の存在や活動は，これを限定的に理解することになる。法人擬制説によれば，法人の実質は，その形式にもかかわらず，個人の集合体にほかならない。今日では，法人学説としては，法人擬制説に代わり法人実在説が支配的となっている。ただし，税法の領域では，法人擬制説もなお引き続き有力である。法人税・所得税を通じる二重課税の排除（わが国では，法人税における受取配当の益金不算入と所得税における配当控除の制度）の理論的根拠は，法人擬制説に求められるところである。他方，この制度が，二重課税の完全な排除ではなく，その部分的な排除を目的としている点では，法人実在説を反映しているといえる。

（西村幹仁）

ほうじんじつざいせつ【法人実在説】

法人は，法律がたんなる擬制を通して創り出したものではなく，自然人と並んで独立の社会的実体を有する法的主体であるとみなす法人学説をいう。このような実体を備えているかぎり，これを法人として認めるものであり，一定の法定の要件を充足する社団または財団は，当然に法人格を取得する。また，法人の活動は，独立の法的主体のそれとして，その範囲を広くとらえることになる。法人実在説は，今日では，法人擬制説に代わり支配的な法人学説となっている（ただし，税法の領域では，法人擬制説もなお引き続き有力である）。法人実在説によれば，形式的にも実質的にも法人は，個人から独立した別個の実在である。その所得は，法人自体のものであり，そこに二重課税の問題が生じることはない。

（西村幹仁）

ほうじんぜい【法人税】

corporation tax, corporate tax

法人税には，(1)各事業年度の所得に対する法人税，および(2)退職年金等積立金に対する法人税の2種類がある。しかし一般には，法人税といえば(1)を指す（(2)については，平成11年4月1日から平成26年3月31日までに始まる事業年度に対して課税が停止されている）。これは，法人の所得（内国法人については，普通法人および協同組合等の場合にはすべての所得，公益法人等および人格のない社団等の場合には収益事業から生じた所得）に課される税金（国税）である。法人は各事業年度終了の日から2か月以内に確定申告書を税務署に提出し，法人税を

納付しなければならない。法人税額は所得金額に法人税率を乗じて算出する。また所得金額は，益金から損金を差し引いて求める。　　　　　（中田　清）

ほうじんぜいとう【法人税等】

会社計算規則93条1項において，次に掲げる項目の金額は，その内容を示す名称を付した項目をもって，税引前当期純利益金額又は税引前当期純損失金額の次に表示しなければならないとする。
　1　当該事業年度に係る法人税等
　2　法人税等調整額
ここにいう法人税等とは，利益に関連する税金を指す。すなわち，法人税，住民税（都道府県民税，市町村民税）および利益に関連する金額を課税標準とする事業税である。したがって事業税であっても，電気，ガス供給業等のように収入金額を課税標準とするものは，利益に関連する金額を課税標準としないのでここにいう法人税等には含まれない。なお，損益計算書においては「法人税，住民税及び事業税」あるいは「法人税等」という名称で記載されている。　　　　　（中田　清）

ほうじんぜいとうちょうせいがく【法人税等調整額】

税効果会計を適用した場合に，損益計算書に現れる項目である。将来減算一時差異が生じるとき，当期の納付すべき法人税等の金額は，税引前当期純利益に税率を乗じた金額より大きくなる。これは税金の前払効果を有することになるから，貸借対照表上では繰延税金資産として計上される。そして，それと同時に，損益計算書では法人税等調整額として計上される。これは当期純利益の計算上，法人税，住民税及び事業税から控除される。

税引前当期純利益　　　　　×××
法人税，住民税及び事業税　×××
法人税等調整額　　　　　△×××
法人税等合計　　　　　　　×××
当期純利益　　　　　　　　×××

また，将来加算一時差異が生じるときは，当期に納付すべき法人税等の金額が税引前当期純利益に税率を掛けた金額よりも小さくなる。これは税金の未払いに相当することになり，貸借対照表上では繰延税金負債として計上されるとともに，損益計算書では法人税等調整額として計上され，法人税，住民税及び事業税に加算されることとなる。　　　　　（中田　清）

ほうじんぜいほう【法人税法】

corporation tax law

法人税法（昭和40年法律第34号）は，法人税について，その納税義務者，課税所得の範囲と計算，税率および税額の計算，申告・納付・更正・決定等の重要事項を定める法律である。法人税法に定めのない技術的細目については，法人税法施行令（昭和40年政令第97号），法人税法施行規則（昭和40年大蔵省令第12号），減価償却資産の耐用年数等に関する省令（昭和40年大蔵省令第15号）においてこれを定める。さらに，法人税法の特例法として，法人税法の定める原則的取扱いを社会経済政策的目標等の達成のために部分的に修正することを目的とする租税特別措置法（昭和32年法律第26号），租税特別措置法施行令（昭和32年政令第43号），租税特別措置法施行規則（昭和32年大蔵省令第15号）があげられる。法人税法といったとき，以上の法令の全部をこれに含めることがある。　　　　　（西村幹仁）

ほうていじゅんびきん【法定準備金】
legal reserve

　会社が法律によって積立てを強制される準備金をいい，資本準備金と利益準備金からなる。株式会社の場合，資本準備金は，株主による払込資本のうち資本金に組み入れられなかった部分である。また，資本準備金は，その他資本剰余金から配当を行う場合，その10分の1を資本準備金として積み立てなければならない（会社法445条4項）。一方，利益準備金も，その他利益剰余金から配当を行う場合，その10分の1を利益準備金として積み立てなければならない（同4項）。これらの積立ては，資本準備金と利益準備金の合計額が基準資本金額（資本金の額に4分の1を乗じて計算される額）に達するまで行われる（会社計算規則22条）。なお，会社法上，法定準備金という名称は廃止されている。会社法において，株主資本の部は資本金，準備金，および剰余金に分類され，資本準備金と利益準備金は準備金に包括されている。　　　（齊野純子）

ぽーとふぉりお【ポートフォリオ】
portfolio

　投資家が所有する有価証券の組合わせをいう。投資家がどのように組み合わせて投資するかという資産選択の問題に対して定式化したものが，ポートフォリオ選択の理論（マーコビッツ，H.M.）である。危険回避的投資家は，ある収益率の期待値（リターン）をもたらすすべてのポートフォリオのなかから，最小の標準偏差（リスク）のものを選択する。それは効率的ポートフォリオとよばれ，そのうち投資家の方針に適合するものが最適ポートフォリオである。　　　（金川一夫）

ぼがいしさん【簿外資産】
off-balance-sheet asset

　重要性の原則が適用された結果，期末時点に存在する資産が会計帳簿に資産として記載されず，したがって貸借対照表に資産として表示されない資産をいう。貸借対照表完全性の原則に従えば，期末時点に保有するすべての資産を会計帳簿に記載し，貸借対照表に資産として計上すべきであるが，項目ないし金額の観点から重要性が乏しいと判断された場合には，正規の厳密な方法によらず，簡便な方法を用いることが容認されている。その結果，本来なら資産として処理すべき項目（未使用消耗品や前払費用）を費用として処理することや，未収収益の計上省略が認められることがある。なお，不正な経理によって隠蔽された資産（秘密資産）や含み資産も広義には簿外資産といえるが，わが国の制度会計では区別されている。　　　（福島孝夫）

ぼがいふさい【簿外負債】
off-balance-sheet liability

　重要性の原則が適用された結果，期末時点に存在する負債が会計帳簿に負債として記載されず，したがって貸借対照表に負債として表示されない負債をいう。貸借対照表完全性の原則に従えば，期末時点に保有するすべての負債を会計帳簿に記載し，貸借対照表に負債として計上すべきであるが，項目ないし金額の観点から重要性が乏しいと判断された場合，正規の厳密な方法によらず，簡便な方法を用いることが容認されている。その結果，本来なら負債として処理すべき項目（前受収益）を収益として処理することや未払費用の計上省略が認められることがある。なお，不正な経理によって隠蔽された負債（秘密負債）も広義には簿外負債といえるが，わが国の制度会計で

は区別されている。　　　（福島孝夫）

ぼきこうじゅん【簿記公準】

　簿記公準は，勘定計算に関する必要最小限の条件を意味するもので，会計を行うために，すべての会計事実をインプットし，それを分類・記録保持して財務諸表としてアウトプットするシステムとしての簿記の存在を要請する前提である。簿記公準は，勘定公準と勘定系統の公準とから成り立っている。勘定公準は，勘定の設定と構成に関するもので，計算対照性・包括可能性・要素的同質性という3要件を内容としている。また，勘定系統の公準は，勘定を一定のルールに従ってグループ化することを要請するもので，勘定系統の例として貸借対照表勘定と損益計算書勘定があげられる。　　（浦崎直浩）

ほしゅしゅぎのげんそく【保守主義の原則】principle of consevatism

　企業会計原則は「一般原則の六」に，「企業の財政に不利な影響を及ぼす可能性がある場合には，これに備えて適当に健全な会計処理をしなければならない」とある。継続企業を前提に，この企業の全生命期間を人為的に区画する期間損益計算では，評価と見積り，そのための判断が介入することは避けられない。そこで，真実性の原則に反しないかぎりであるが，「適当に健全な会計処理」として，「予測される将来の危険に備えて慎重な判断に基づく会計処理」が要請される。具体的には，(1)複数の会計処理が可能である場合に，最も健全な方法，例えば，減価償却では，定額法ではなく定率法が採用される。(2)会計処理にあたって，複数の判断が可能である場合には，最も慎重な判断，例えば，減価償却では，最短の耐用年数が採用される。この保守主義に基づくことで，収益と資産を計上することは抑制，費用（損失）と負債を計上することは促進される。しかし，真実性の原則に反して故意に，収益と資産を過小に計上することと，費用（損失）と負債を過大に計上することは「過度の保守主義」として禁止される。同原則注解［注4］には，「企業会計は，予測される将来の危険に備えて，慎重な判断に基づく会計処理を行わなければならないが，過度に保守的な会計処理を行うことにより，企業の財政状態及び経営成績の真実な報告をゆがめてはならない」とある。⇨企業会計原則　　　　　　（土方　久）

ほしょうさいむかんじょう【保証債務勘定】

liability on guaranty account, customer's liability on guaranty account

　保証債務勘定は，他人または他社の債務を保証した場合に，その他人または他社が当該債務を履行しなかったときに生じる偶発債務を備忘的に記録しておくための対照勘定のひとつである。また，他人または他社の債務を保証することによって，同時に保証した本人または会社に対する法律上の遡求権が生じる。その債務と同額の遡求権を表す勘定が保証債務見返勘定である。

　そこで，その仕訳処理を示すと次のとおりである。

（借）　保証債務見返　×××
　（貸）　保　証　債　務　×××

　この対照勘定は他人または他社が債務を履行したときに，反対仕訳を行い相殺処理する。なお，保証債務は本来の債務ではなく，全くの偶発債務であるので，貸借対照表には計上せず，注記する。⇨偶発債務，対照勘定

（脇浦則行）

ほしょうさいむみかえりかんじょう【保証債務見返勘定】
⇨保証債務勘定

ほじょぼ【補助簿】subsidiary book
　帳簿組織の中心は仕訳帳と総勘定元帳で，主要簿とよばれている。実務上は，主要簿に企業のすべての活動に関する情報を記載することができない。したがって，主要簿を整然かつ簡潔なものとするために，記帳項目を限定し，主要簿に記載できない細目項目を記載する帳簿を設ける。主要簿の記載内容を補完する帳簿が，補助簿とよばれる。
〔林　良治〕

ほじょもとちょう【補助元帳】
　主要簿の総勘定元帳に設定された統制勘定の内訳を示す元帳をいう。企業規模の拡大・取引の複雑化に伴い，勘定科目数も増大し，同種同性質の勘定科目には，補助簿による整理統合が必要となる。総勘定元帳には，補助元帳に収容されている内訳勘定を統括するために統制勘定が用いられる。
〔林　良治〕

ほんしてんかいけい【本支店会計】
　本支店会計とは，企業が本店以外に支店や工場を開設している場合，各組織単位内部および相互間の取引を処理するための会計である。これには，支店のすべての取引を本店で集中的に会計処理する本店集中会計制度と，支店のすべての取引を支店で会計処理する支店独立会計制度とがある。
　本支店会計では，決算時に未達取引の処理，内部取引の相殺，内部利益の消去といった手続を行い，本支店合併損益計算書と本支店合併貸借対照表を作成する。
〔小形健介〕

ほんしてんがっぺいそんえきけいさんしょ【本支店合併損益計算書】
　本店と支店は独立した帳簿をもって，各自独自の処理を行うが，決算に際してはそれぞれの同じ科目を合算し，外部報告用合併損益計算書を作成しなければならない。作成する際には次の二点に注意する必要がある。①内部取引の相殺消去。すなわち「支店へ売上」および「本店より仕入」は会社内部の取引であり，対外的には売上高・仕入高として計上できないので，本支店合併損益計算書に計上しない。②内部利益の控除。すなわち本支店間の商品取引が，原価に一定の利益を加算した金額で行われる場合，決算日に売れ残った商品に含まれている利益は未実現の内部利益となる。本支店合併損益計算書上の期首・期末商品棚卸高から内部利益の額を直接控除する。
〔三代川正秀〕

ほんしてんがっぺいたいしゃくたいしょうひょう【本支店合併貸借対照表】
　本店と支店は独立した帳簿をもって，各自独自の処理を行うが，決算に際してはそれぞれの同じ科目を合算し，外部報告用合併貸借対照表を作成しなければならない。作成する際には次の二点に注意する必要がある。①支店勘定と本店勘定の相殺消去。すなわち本店勘定と支店勘定は会社内部の債権・債務を示すものであり，本支店合併貸借対照表には相殺して表示しない。②内部利益の控除。すなわち本支店間の商品取引が，原価に一定の利益を加算した金額で行われる場合，決算日に売れ残った商品に含まれている利益は未実現の内部利益となる。本支店合併貸借対照表上の商品から内部利益の額を直接控除する。
〔三代川正秀〕

ほんてんかんじょう・してんかんじょう【本店勘定・支店勘定】

home office account, branch account

　企業の規模が大きくなると各地に支店を設け，本支店が独自の帳簿をもって会計を処理する。本支店間の取引で生じる債権・債務の処理は，本店に支店勘定を，支店に本店勘定を設けて処理する。この両勘定は，本支店の貸借関係を処理するためのもので，その残高は貸借逆の残高で必ず一致することから照合勘定といわれる。支店勘定は通常借方残高となり，支店に対する債権を示すが，本店勘定は通常貸方残高となり，本店に対する債務を示す。なお，本店勘定と支店勘定は会社内部の債権・債務を示すものであるから，対外的な本支店合併財務諸表には表示しない。　　　　　　　　（三代川正秀）

ほんてんしゅうちゅうけいさんせいど【本店集中計算制度】

　この制度は，2か所以上の支店を有する企業において，支店相互間の取引を記帳する方法である。たとえば，A，B，Cの三つの支店を設けている場合，各支店は他の支店勘定を設けないで，他の支店との取引はすべて本店との取引として記帳する。そして本店は，支店からその報告を受けて両方の支店勘定に記帳する。A支店が本店の指示によりB支店に現金10,000円を送金し，B支店がこれを受け取った場合，会計処理は次のようになる。

A支店
（借）　本　　　　店　10,000
　（貸）　現　　　　金　10,000
B支店
（借）　現　　　　金　10,000
　（貸）　本　　　　店　10,000
本店
（借）　B　支　店　10,000
　（貸）　A　支　店　10,000

　この方法以外に，各支店で他の支店勘定を設ける支店分散計算制度が考えられるが，通常は本店集中計算制度が用いられる。　　　　　　　（大下勇二）

ま

まいぼつげんか【埋没原価】
sunk cost

　意思決定をする場合に考慮してはいけない原価のことであり，無関連原価の一種である。たとえば，ある人が値上がり益を見込んでNTT株式1株を300万円で買ったとしよう。ところが，思惑とは逆に大幅に値下がりして100万円になってしまったとする。ここで，最初に投資した300万円は埋没原価であり，考慮してはいけない。考慮すべきことは，保有しているNTT株100万円の価値を増やす方法の探索とそれらの合理的な比較である。　（清水信匡）

まえうけきんかんじょう【前受金勘定】advances received account

　商品や用役の引渡しに先立って，その対価の一部あるいは全部を受け取った場合に生じる一時的な債務を処理する勘定である。商品や用役の引渡しによって，その債務は消滅することになる。　（齊野純子）

まえうけしゅうえき【前受収益】
deferred income

　一定の契約に従って継続的に役務を提供している場合，決算日現在において，いまだに提供していない役務に対してすでに支払いを受けた対価をいう（企業会計原則注解〔注5〕(2)）。次期以降に収益となるまで経過的に負債として計上するものであり，貸借対照表上は流動負債として取り扱われる（同〔注16〕）。具体例として，前受利息，前受賃貸料などがある。前受収益は，継続的な役務提供契約に基づく前受額のみとされ，通常の営業取引において生じる前受金とは区別される。
　　　　　　　　　　　　（齊野純子）

まえきゅうふ【前給付】

　シュマーレンバッハ（Schmalenbach, E.）によって呼称される「資産」の概念である。貸借対照表の借方側には，(1)支出・「未費用」，(2)支出・「未収入」と(3)収益・「未収入」の未解決項目に加えて，(4)現金が収容されるので，資産の概念は，現金も含めて，使用給付または用益給付か，金銭給付が将来に受け取られる，そのような可能性が高いか確実である意味の「将来のプラスの効用」をもたらすものと理解される。もちろん，金銭給付か，使用給付または用益給付が過去または現在に引き渡された，そのような事実がある場合に限定されてのことである。負債の概念として呼称される「後給付」に対立する。「積極給付」とも呼称される。貸借対照表は前給付と後給付を表示することで，企業の「力の貯蔵」を表現するものと理解される。⇨後給付
　　　　　　　　　　　　（土方　久）

まえばらいきんかんじょう【前払金勘定】
advances account

　商品や用役の提供を受ける前に，その代金の一部あるいは全部を支払った場合に生じる一時的な債権を処理する勘定である。商品や用役の提供を受けたとき，その債権は消滅する。また，建物その他の有形固定資産を建設する際に前もって支出した代金は，前払金勘定ではなく，建設仮勘定で処理される。⇨建設仮勘定　　　　　（齊野純子）

まえばらいひよう【前払費用】
prepaid expense

　一定の契約に従い，継続して役務の提供を受ける場合，いまだ提供されていない役務に対して支払われた対価を前払費用という。このような対価は，時間の経過とともに次期以降の費用となるものであるから，貸借対照表に経過的に資産として計上されるのである。前払保険料，前払家賃，前払利息などがその例である。なお，決算期後1年以内に費用となるものは流動資産，1年を超えるものは投資その他の資産（投資等）に含まれる。また，前払費用は，かかる役務提供契約以外の契約等による前払金とは区別しなければならない。⇨見越し・繰延べ　（林　昌彦）

まてりある・ふろーこすとかいけい【マテリアル・フローコスト会計】
material flow cost accounting

　生産工程を「質量保存の法則」の観点から捉え，インプットおよび加工にかかるコストを，物質のフローごとにそれぞれの物量に応じて厳密に配分し，アウトプットされる全ての物質にかかるコストを算定しようとする，原価計算技法のひとつである。結果として，従来の製品以外の物質（負の製品）にかかるコストも，製品（正の製品）と同様に算定されることになる。政策的には，廃棄物等にかかるコストを，製品にかかるコストと同様に算定し，その貨幣単位での比較を通じて廃棄物等の削減を促し，生産プロセス全体での資源生産性の向上を図る，管理会計ツールとなることが期待されている。
　　　　　　　　　　　（堀口真司）

まねじめんと・あぷろーち【マネジメント・アプローチ】
management approach

　セグメント会計において，セグメントを決定する方法として，従来から使用されてきたビジネス・セグメント・アプローチと米国会計基準（SFAS 131）や国際財務報告基準（IFRS 8）に導入されたマネジメント・アプローチという二つの手法がある。わが国でも，平成20年3月に公表された企業会計基準第17号「セグメント情報等の開示に関する会計基準」においてマネジメント・アプローチが導入された。マネジメント・アプローチとは，経営者が意思決定や業績評価のために使用している企業の組織区分を基礎にセグメント情報の開示を行う考え方である。その長所として，①財務諸表利用者が経営者と同じ視点から企業の事業を検討できること，②内部管理のために作成した情報を基礎とするためセグメント情報作成の追加的コストが少ないこと，③企業の組織構造に基づいているセグメントの設定に恣意性が入りにくいこと，といった利点があげられている。一方，その短所として企業間の比較が困難であることが指摘されている。
　　　　　　　　　　　（陳　琦）

まねじめんと・さーびす【マネジメント・サービス】management service

　マネジメント・コンサルティング・サービス（MCS），マネジメント・ア

ドバイザリー・サービス (MAS) ともいう。それは，公認会計士がクライアント（依頼先）の事業地位向上目的の達成のために経営活動のあらゆる分野における計画・組織・統制に関して，会計の職業的専門家として助言・勧告・その実行の援助を行う業務である。その業務内容は，長期戦略計画プログラムの確立，利益計画の再調査，コンピュータシステムの設計・立案，合併案の分析，株式公開のためのコンサルティングなど多岐にわたる。公認会計士はマネジメント・サービス業務を行うにあたって，監査との関係で独立性を保持しなければならず，経営の意思決定に関与するような地位に就いてはならない。なお，アメリカでは，コンサルティング業務は，クライアントのニーズに焦点を当てること，直接的な第三者責任はないこと，クライアントとの取決めによって公認会計士の業務が制限されることが強調されている。

(挽　直治)

まんきほゆうもくてきのさいけん【満期保有目的の債券】

満期保有目的の債券とは，満期まで所有する意図をもって保有する社債その他の債券をいう。満期保有目的の債券は，取得原価をもって貸借対照表価額とする。ただし，債券を債券金額より低い価額または高い価額で取得した場合において，取得価額と債券金額との差額の性格が金利の調整と認められるときは，償却原価法に基づいて算定された金額，すなわち当該差額に相当する金額を弁済期または償還期に至るまで毎期一定の方法で取得価額に加減した金額をもって貸借対照表価額とする（「金融商品に関する会計基準」16項）。

(梅津亮子)

み

みかくていじこう【未確定事項】
uncertainty

当該事業年度の財務諸表に影響を及ぼす可能性のある事象で，財務諸表または監査報告書作成日において，それらのもたらす影響を合理的に判定できないものをいう。代表的な例としては，偶発事象，とくに偶発損失があげられる。それらには，原則として，(1)当期の引当計上を要する，偶発損失の発生の可能性が高くかつその金額を合理的に見積もることができる場合，(2)注記開示を要する，損失の発生の可能性は高いがその金額を合理的に見積もることができない場合，そして(3)開示を要しない，発生の可能性が低い場合がある。⇨偶発債務

(松本祥尚)

みけっさんかんじょう【未決算勘定】
suspense account

発生した取引の勘定科目や金額が確定できない場合に，これを一時的に処理するための仮の勘定である。たとえば，火災によって建物が焼失したが，保険金の支給や金額が直ちに確定しない場合などにそれを未決算勘定で処理

しておく。ただし，これはあくまで一時的な仮の勘定であるため，未確定の事項が確定した時点ですみやかに適当な勘定に振り替えなければならない。なお，決算においてもそれらが確定しない場合，その性質を示す適当な科目で表示しなければならない。

（荒鹿善之）

みこし・くりのべ【見越し・繰延べ】
accrual, deferred

見越しとは，当期中に収入・支出がないものであっても，発生主義の観点から判断して，それを当期の収益・費用として処理することをいう。収益の見越しにより未収収益（資産）が，費用の見越しにより未払費用（負債）が貸借対照表にそれぞれ経過的に計上される。繰延べとは，当期中に収入・支出のあったものであっても，それを次期以降の収益・費用として処理することをいう。収益の繰延べにより前受収益（負債）が，費用の繰延べにより前払費用（資産）が貸借対照表にそれぞれ経過的に計上される。 （及川勝美）

みじつげんそんえきのしょうきょ【未実現損益の消去】

未実現損益の消去とは，連結会社相互間の取引によって取得した棚卸資産，固定資産その他の資産に含まれる未実現損益を消去することをいう。当該損益の消去方法には，全額消去・持分按分負担方式（未実現損益を全額消去し，親会社の持分と非支配株主持分とにそれぞれの持分比率に応じて負担させる方法），全額消去・親会社負担方式（未実現損益を全額消去し，その全額を親会社の持分に負担させる方法），部分消去・親会社負担方式（親会社の持分比率に相当する未実現損益のみを消去し，親会社の持分にこれを負担させる方法）の三つの方法がある。現在では，親会社から子会社への販売取引（ダウン・ストリーム取引）であれ，子会社から親会社への販売取引（アップ・ストリーム取引）であれ，売手側の持分比率に応じた全額消去・持分按分負担方式が用いられている。

（小形健介）

みしゅうきん【未収金】
accounts due

通常の取引によって生じる債権で売掛金以外のもの，および通常の取引以外の取引によって生じる債権で1年以内に回収されると認められるものをいい，未収収益とは区別しなければならない。たとえば，土地，建物等の固定資産や営業権等の無形固定資産または投資有価証券を売却した場合，あるいは役務を提供した場合に生じる債権をいう。 （長谷川博史）

みしゅうきんかんじょう【未収金勘定】
accounts due account

通常の取引に基づいて発生した未収入金で売掛金以外のもの，および販売資産以外の資産の売却のような通常の取引以外の取引に基づいて発生した未収入金で1年以内に回収されると認められるものを処理する勘定である。たとえば，外注先に対する資材支給に伴って生じた営業債権としての未収入金，および有価証券や有形固定資産等の売却に伴って生じた営業外債権としての未収入金で短期のものは，この勘定で処理する。 （畑山 紀）

みしゅうしゅうえき【未収収益】
accrued revenue, accrued income

一定の契約に従い，継続して役務の提供を行うとき，すでに提供した役務に対していまだその対価の支払いを受けていないものをいう。未収利息，未収地代などがその例である。未収収益

は，契約により時間の経過とともにすでに当期の収益として発生しているので，これを当期の損益計算書に計上するとともに，貸借対照表の資産の部に計上する。なお，役務提供契約以外の契約等による未収金と混同してはならない。⇨見越し・繰延べ　　　（庄司樹古）

みせいこうじうけいれきん【未成工事受入金】

建設業者等が長期請負工事契約に際して発注者から受け取る前受金である。未成工事受入金は，工事完成基準を採用している場合はその完成引渡時に，工事進行基準を採用している場合は決算修正仕訳時に，完成工事高に振り替える。なお，未成工事受入金に代えて，工事前受金が用いられることもある。⇨工事収益　　　　　（山下寿文）

みせいこうじししゅつきん【未成工事支出金】

建設業独自の勘定科目であり，建設業財務諸表規則では流動資産に属する資産項目である。この勘定は，引渡しを完了していない工事の工事費用に材料費，前渡金および手付金等を加えたものから工事進行基準による完成工事原価に含められた部分を除いたものである。財務諸表等規則においては半成工事勘定として表示され，仕掛品と同じ扱いになる。⇨工事収益

（長谷川博史）

みたつかんじょう【未達勘定】

transit account

本支店間で取引が行われても，決算時点でその報告が相手方に伝わっていないような未達取引がある場合，本店勘定と支店勘定の残高は一致しない。未達勘定とは，この不一致を調整し，すでに手許にある商品や現金と区別するために一時的に用いられる勘定のこ

とである。具体的には未達現金や未達商品といった勘定があり，現金や商品が到達した時点で本来の現金勘定，商品勘定に振り替えられる。なお，未達勘定があっても本支店合併財務諸表上は，本来の現金勘定や商品勘定に含めて表示される。⇨本店勘定・支店勘定，未達取引
（荒鹿善之）

みたつとりひき【未達取引】

本支店間で送金や商品発送が行われても，伝達に日数を要するなどの理由により，決算時点でその報告が相手方に伝わっていないことがある。このような取引を未達取引という。未達取引があれば，本店勘定と支店勘定の残高は一致しない。したがって，本支店合併財務諸表を作成する際は，未達現金や未達商品などの未達勘定を用いて調整する必要がある。⇨本店勘定・支店勘定，未達勘定　　　　　　（荒鹿善之）

みつもりほう【見積法】

①各費目を変動費と固定費に分類する方法のひとつであり，記帳技術的方法あるいは費目別精査法ともいう。具体的には，各勘定科目を過去の経験や知識をもとにして，操業度やコストドライバーに対し比例関係にある変動費とそうでない固定費とに分類する。この方法は，手続が比較的簡単であり，実務上多く採用されるが，固定費と変動費とに明確に区分できない費目も存在するため，これらの費目については，数学的・統計的分解法を用いることが望ましい。　　　　　　　（高橋邦丸）

②見積法は，将来の支出または資産の減少に基づいて当該期間の費用額を見積もるという発生原則の適用形態のひとつであり，減価償却に適用される配分法と対比される。その典型は，退職給付引当金，製品保証引当金などの引当金に適用されるケースにみられ，

統計的手法による引当経理に基づいて費用額が算定されることになっている。
⇨発生原則　　　　　　　　（興津裕康）

みなしきふきん【みなし寄付金】
　公益法人等が，その収益事業に属する資産のうちからその収益事業以外の事業（非収益事業）のために支出した金額は，これをその収益事業に係る寄付金の額とみなして，寄付金の損金算入限度額の範囲内で損金算入できるというものである（法人税法37条5項）。
（尾上選哉）

みに・ぷろふぃっとせんたー【ミニ・プロフィットセンター】
micro profit center
　海外では一般にマイクロ・プロフィットセンター（micro profit center）とよばれる，企業内部の小集団をプロフィットセンターとして扱う経営管理手法の日本的呼称である。企業内部の組織単位は，その責任・管理範囲に応じて，投資責任が課せられた事業部のような投資センター（investment center），利益責任が課せられた事業部のような利益センター（profit center），部門内で発生した原価にのみ責任をもつ製造部のようなコスト・センター（cost center）などに区分される。ミニ・プロフィットセンター制は，こうした伝統的区分ではコスト・センターとして管理されることが一般的であった小さな組織単位に利益責任を課すことでプロフィットセンター化を意図する。企業での実際の取組みは，京セラのアメーバ経営のような洗練されたものから，実態としてはコスト・センターでありながら擬似的・非公式にプロフィットセンターとみなす擬似ミニ・プロフィットセンターまで，さまざまな形態がある。　　　（吉田栄介）

みはらいきん【未払金】
　本来の営業活動以外の活動に関連して，特定の契約などによりすでに確定している負債のうち，未だその支払いが終わらないものをいう。営業活動による通常の取引において生じたものについては，買掛金を用いる。したがって，未払金と買掛金についての判断は，当該企業の営業活動との関係によって行われなければならない。また，役務提供契約による未決済項目については，その支払義務が確定していない場合は未払費用として処理され，確定している場合は未払金として処理される。
（姚　小佳）

みはらいひよう【未払費用】
accrued expense
　正確な期間損益計算を行うために，継続して役務の提供を受ける契約を締結している場合（たとえば，建物の賃借契約等）においては，貸借対照表日（決算日）にいまだ支払いがなされていなくても，すでに時間の経過により，役務の提供を受けていれば，その時間の経過に応じて費用が発生していると考えられるので，当期の費用として損益計算書に計上するとともに，その支払いがなされていない対価を未払費用として貸借対照表の負債の部に計上しなければならない。なお，同じく対価の未払いであっても，役務の継続的な提供以外の未払金とは，区別されなければならない（企業会計原則注解〔注5〕）。未払費用の例としては，未払家賃，未払手数料，未払利息等がある。
（山下寿文）

みはらいほうじんぜいとう【未払法人税等】
　各事業年度分の法人税，住民税（都道府県民税および市町村民税）および事業税の未納付額をいう。法人税，住民

税,事業税にかかる租税債務は,各事業年度の終了のときに成立するから,当該事業年度においてこれを見積計上しなくてはならない。これら租税債務は,その時点で法的に成立しているものの,確定するにはいたらず,不確定性を残していることから,他の未払金と区別して,これを「未払法人税等」などその内容を示す適当な名称を付した科目で計上するのである。

(西村幹仁)

みりこうけいやく【未履行契約】
executory contract

　未履行契約とは,契約者双方または一方が契約上の義務のすべてを履行しているものではない契約である。これは,当事者双方が契約上の義務をすべて履行している履行済契約と対比される。現行の会計処理上,双方が契約を締結した段階でその一部を注記または備忘勘定として処理する場合もあるが,基本的にはオフバランスである。当事者の一方または双方が履行すれば,その取引はオンバランスとなる。このような処理になる背景は,一般経済上の取引概念と簿記上の取引概念が異なっているからである。商品購入契約や先物契約のように,たんに契約しただけでは,貸借対照表になんら影響を及ぼさないため,簿記上の取引とは認識されないのである。これに対して,契約に基づく権利・義務を積極的に貸借対照表に計上する契約会計という考え方もある。また,今日のオフバランス取引の典型例である金融派生商品(デリバティブ)の会計問題も,根本的には,未履行契約をどのように認識・測定するのかということにかかわっている。
⇨オフバランス取引,金融派生商品

(村井秀樹)

む

むがくめんかぶしき【無額面株式】
no-par value stock

　無額面株式とは株券に額面金額の記載のない株式のことをいう。従来,無額面株式に対して,額面金額が記載されている額面株式があったが,会社が株式発行によって自由に資金調達を行う妨げとなるおそれがあることから,平成13年の商法改正により株式の額面制度が廃止された。また,額面株式の場合には額面額は少なくとも資本金額に組み入れられ,資本額の下限を決めていたが,このような株式額と資本額との関係は額面株式の廃止により切断されたとされる。

(神納樹史)

むけいこていしさん【無形固定資産】
intangible fixed asset

　無形固定資産とは,長期にわたり企業の収益力の要因となる無形の資産をいう。有形固定資産とは異なり有体物としての実態を示すものではないが,有償取得であるから,その価額は対価によって認識される。具体的には,(1)鉱業権,特許権,商標権,実用新案権などの法律上の独占的権利,(2)専用側

線利用権,電気ガス施設利用権などの建設費用を負担して取得する各種の施設利用権,(3)超過収益獲得能力といった経済的事実関係から生じる営業権(のれん)などがある。また,「研究開発等に係る会計基準」によりソフトウェアが無形固定資産として計上されることになった(財務諸表等規則27-28条)。
(五百竹宏明)

むけいこていしさんのしょうきゃく【無形固定資産の償却】

無形固定資産の償却は,基本的には原価配分の原則に従って,残存価額をゼロとする定額法が一般的に用いられる(例外として,鉱業権には生産高比例法が認められている)。無形固定資産は,取得原価のすべてが償却可能額であるから,「なし崩し償却」ともいわれる。無形固定資産のうち,たとえば電話加入権,借地権などについてはその償却が不用である。⇨なし崩し償却
(五百竹宏明)

むげんていいけん【無限定意見】
unqualified opinion

無限定適正意見ともいう。無限定意見とは,経営者の作成した財務諸表が,一般に公正妥当と認められる企業会計の基準に準拠して,財政状態,経営成績およびキャッシュ・フローの状況をすべての重要な点において,適正に表示しているとの監査人の判断である。また,無限定意見は,財務諸表には全体として重要な虚偽の表示がないということについて合理的な保証を得たとの監査人の判断を含んでいる。

監査人は,意見の表明に先立って,財務諸表の適正性に関する意見を形成するための合理的基礎を得なければならない。意見表明のための合理的な基礎が得られた場合には,経営者の採用する会計方針およびその適用方法,財務諸表の表示が,一般に公正妥当と認められる企業会計の基準に準拠しているかどうかについて意見を形成しなければならない。監査人は,財務諸表が一般に公正妥当と認められる企業会計の基準に準拠しているかどうかの判断にあたっては,経営者が採用した会計方針が企業会計の基準に準拠して継続的に適用されているかどうかのみならず,その選択適用の方法が会計事象や取引を適切に反映するものであるかどうか,および財務諸表の表示方法が適切であるかどうかについても実質的に判断しなければならない。これらのいずれかを否定する重要な除外事項が存在する場合には限定付適正意見が表明され,この除外事項が特に重要な場合には不適正意見が表明されることとなる。⇨監査意見,限定意見,不適正意見
(朴　大栄)

めいもくしほんいじ【名目資本維持】
nominal capital maintenance

　企業に投下された名目的な貨幣数量によって与えられる資本を名目資本（または名目貨幣資本）といい，この名目資本を資本利益計算において維持することを名目資本維持という。名目資本維持に基づく会計においては，名目資本が利益決定の基準とされ，当該資本を超えて回収された資金余剰が利益とされる。名目資本維持に基づく会計の最も一般的な形態は，取得原価主義会計である。取得原価主義会計のもとでは，資産は原価評価され，そのうえで名目資本の維持が図られる。したがって，取得原価主義会計における利益計算では，貨幣価値の変動のみならず，個別物価の変動も捨象されることになる。これに対して，貨幣価値の変動を反映した実質資本（実質貨幣資本）を維持することを実質資本維持といい，個別物価の変動を反映した物的資本を維持することを実体資本維持という。
⇨実質資本維持，実体資本維持

（藤井秀樹）

めいりょうせいのげんそく【明瞭性の原則】

　企業会計原則の第一，一般原則の四において示されたもので，「企業会計は，財務諸表によって，利害関係者に対し必要な会計事実を明瞭に表示し，企業の状況に関する判断を誤らせないようにしなければならない」とする原則をいう。公開性の原則ともいう。この原則は債権者および株主等の利害関係者が，財務諸表を通じて経営成績および財政状態を判断する際に誤りがないように，必要な資料を明瞭に表示することを要求するものである。ただし，利害関係者の判断を誤らせるおそれがない程度に重要性の乏しいものは，重要性の原則に基づいて会計処理や表示を簡略化することが認められている（企業会計原則注解〔注1〕）。明瞭性の原則が要求するものとしては，(1)損益計算書および貸借対照表の主要項目における附属明細表（たとえば有形固定資産等明細表，引当金明細表など）の作成，(2)損益計算書および貸借対照表の区分表示，(3)勘定科目の明瞭性（科目名でその内容が明確に表現されていること），(4)科目の系列的配列（原則として流動性配列法を用いること），(5)総額主義の原則による表示，(6)会計処理にあたって採用した重要な会計方針（たとえば有価証券・棚卸資産の評価基準，固定資産の減価償却方法，繰延資産の処理方法，引当金の計上基準など）の注記，(7)決算後の重要な後発事象の注記，などがある。⇨一般原則，重要性の原則，附属明細表，総額主義の原則，後発事象

（宮本幸平）

も

もうらせい【網羅性】

正規の簿記の原則に従って，正確な会計帳簿を作成するにあたって要請される諸要件のうちのひとつである。すなわち，網羅性とは，会計帳簿に記録されるべきすべての会計事実が正しく記録されていることを要請するものである。つまり，企業のすべての経済的取引ないし活動が正確に記録されるとともに，脱漏や架空の記録が行われないことを要請する，会計帳簿上の記録に際しての基本的要件を意味するものである。
(尹　志煌)

もくてきてきごうせい【目的適合性】
relevance

目的適合性とは，情報利用者の意思決定に影響を及ぼす情報が，役立ちうる形式でかつ必要とされるときに入手可能な状態にすること（適時性）を，情報作成者に要請した規準である。ここでいう適時性とは，目的適合性を補完するものである。したがって，情報利用者の立場からみれば，目的適合性は過去・現在・未来の事象にかかわる意思決定の不確実性を減少させるのである。このように，目的適合性は会計情報の質的特性のなかで最も重要な特性である。⇨ASOBAT，意思決定有用性
(村井秀樹)

もくひょうりえき【目標利益】
target profit

企業は事業年度が始まる前に，その事業年度の計画（予算の具体化）を立て，その予算に従って業務活動を行っている。この計画の中心となるのが，長・短期の利益計画であり，この利益計画の目標とする利益が目標利益であって，利益計画はこの目標利益を設定することから始まる。この目標利益は通常利益の総資本（自己資本＋負債）に対する割合すなわち総資本利益率で示される。このほかにも利益額や売上利益率が用いられる場合も多い。目標利益率を設定する場合には，当該企業の過去の実際利益率，一般情勢，適切な配当率・社内留保率・同種諸企業の平均率・当該企業の実情などが考慮される。総資本利益率は，

$$\frac{売上高}{総資本} \times \frac{純利益}{売上高}$$

（資本回転率×売上高純利益率）

に分解して検討されることもある。⇨利益管理
(山下正喜)

もちかぶがいしゃ【持株会社】
holding company

持株会社には，純粋持株会社と事業持株会社・金融持株会社が存在する。純粋持株会社とは，株式を所有することによって，他の会社を支配することを主たる事業目的としている会社のことである。事業持株会社とは，自らの事業活動を主たる目的としつつ，他の

会社の株式を所有することによって，その会社を子会社として支配している会社のことである。また，金融持株会社とは，銀行，保険会社等の金融業を営む会社を子会社とする持株会社のことである。

　欧米においては，持株会社は，いずれの形態にあっても許容されているが，わが国においては，戦前の財閥とよばれた持株会社の事業支配力の過度の集中に対する反省から，1997年12月に施行された「私的独占の禁止及び公正取引の確保に関する法律」（独占禁止法）の改正以前は，一般的に持株会社は禁止されており，事業持株会社のみが許容されているとみなされていた。

　1997年の独占禁止法9条の改正により，持株会社とは，発行済株式数の100分の50を超える株式を所有する子会社の株式の取得価額の合計額の会社の総資産の額に対する割合が100分の50を超える会社をいうと規定され，この規定によって，1947年以来の持株会社禁止規定は排除され，純粋持株会社の設立が可能になった。また，金融持株会社も「持株会社の設立等の禁止の解除に伴う金融関係法律の整備等に関する法律」などによって，1998年3月以降，設立可能となっている。

　このような持株会社に関する改正の目的は，わが国企業の国際競争力を高め，経済構造改革を推進することにあるとされているが，企業分割・買収・合併を含む企業行動の自由度を上げるという意味で，欧米諸国と対等の状況となったといえる。ただ，過度の支配力の集中による競争の排除をもたらす可能性があるという弊害を残している。

(道明義弘)

もちかぶきじゅん【持株基準】

　連結の範囲に含まれる子会社を決定するための基準のひとつで，親会社が直接・間接に議決権の過半数を所有していることをそのメルクマールとする。この基準は，形式基準であるために主観的判断の介入を避けることができるのであるが，その反面で「連結はずし」を招くおそれがあり，多くの国々において持株基準から支配力基準への移行が行われており，わが国においても支配力基準が採用されることになった。⇨支配力基準，親会社概念

(小津稚加子)

もちぶん【持分】equity

　会計上の持分という用語は，企業の負債と資本を一括して持分としてとらえたもので，アメリカのペイトン(Paton, W.A.)が，資産(assets)＝持分(equities)という会計等式に基づいて会計理論および勘定理論を展開したことから一般化された会計概念である。すなわち，貸借対照表の借方に掲載されている企業の保有資産の金額は，貸方に掲載されている各種の持分の金額に等しいという関係を用いて，貸借対照表の貸方を企業と資金提供者との持分関係で説明するのである。この意味での持分は，通常企業の所有する諸資産に対する請求権であり，他人資本提供者である債権者の債権者持分と自己資本提供者たる株主の株主持分，または出資者持分，所有者持分に分けられる。この見解に対して，債権者持分と株主持分の法律的な意味での相違から，債権者に対してはその金額だけ金銭債務などの義務を負うのであるが，株主に対しては，企業はそのような義務を負わないことから，株主は請求権を有さないとする見解もある。また，株主持分についても，資本金と繰越利益剰余金のみを株主持分とし，それ以外の資本剰余金および利益剰余金を企業自体に属する企業持分とする見解もある。さらに，現代企業では，企業に対する

利害関係者の拡大から，企業の資産に対する持分は，株主，債権者のみでなく，取引先，消費者，地域住民，従業員も持分権者となりうるとした持分拡張論もみられる。また逆に，FASBのように，持分を資本（所有者持分）に限定し，負債（債権者持分）を除く見解もみられる。⇨資本金　　（藤永　弘）

もちぶんぷーりんぐほう【持分プーリング法】pooling of interests method

持分プーリング法は，企業結合取引を企業結合に係る企業（結合当事企業）の所有主持分が当該取引後に融合しただけで，結合当事企業の資産および負債に対する持分が当該取引以前のまま継続している（持分の結合）とみなしている。そしてその場合，すべての結合当事企業の資産，負債および資本を当該企業の帳簿価額で引き継ぐことになる。なお，持分プーリング法は共同支配企業の形成および共通支配下の取引に対して適用される。　（小形健介）

もちぶんほう【持分法】
equity method

持分法とは，投資会社が被投資会社の資本および損益のうち投資会社に帰属する部分の変動に応じて，その投資の額を連結決算日ごとに修正する方法をいう。持分法の適用に際しては，被投資会社の財務諸表の適正な修正や資産および負債の評価に伴う税効果会計の適用等，原則として，連結子会社の場合と同様の処理を行う。そして，持分法の適用は次の手続による。
(1) 投資会社の投資日における投資とこれに対応する被投資会社の資本との間に差額がある場合には，当該差額はのれんまたは負ののれんとし，のれんは投資に含めて処理する。
(2) 投資会社は，投資の日以降における被投資会社の利益または損失のうち投資会社の持分または負担に見合う額を算定して，投資の額を増額または減額し，当該増減額を当期純利益の計算に含める。のれん（または負ののれん）の会計処理は「企業結合に関する会計基準」32項（または33項）に準じて行う。
(3) 投資の増減額の算定にあたっては，連結会社と持分法適用会社との間の取引に係る未実現損益を消去するための修正を行う。
(4) 被投資会社から配当金を受け取った場合には，当該配当金に相当する額を投資の額から減額する。

なお，非連結子会社および関連会社に対する投資については，原則として持分法を適用する。　（高須教夫）

もといれ【元入】

開業にあたり，資本主が金銭その他の財産を自らの会社経営のために出資することをいう。また，開業後，営業拡張などの目的で追加出資することは，追加元入という。資本主は出資をすることで自己の資産を失うが，代わりに会社の持分（equity）という企業資産全体に対する抽象的請求権を取得することとなる。この持分は，個人企業では，資本金勘定または元入金勘定で処理される。引出金勘定などを設けていない場合，この資本金勘定は元入額や増（減）資額と期間利益（損失）の額から構成されるため，純資産を表すこととなる。

これに対し，株式会社などの法人企業においては，社員や株主からの出資を資本金勘定で処理する。この場合，資本金勘定は法定資本を処理する勘定となるため，純資産ではなく資本の一部を表すこととなる。また，組合企業・合名会社・合資会社・合同会社等

の場合には，資本金勘定に代えて，出資した組合員または社員別に設けた出資金勘定で処理することが一般的である。

(津村怜花)

もとちょう【元帳】ledger

会計帳簿のひとつで取引を記録するための勘定口座を設定している帳簿をいう。元帳には総勘定元帳と補助元帳がある。総勘定元帳は，企業活動の全体を記録するために，すべての資産・負債・純資産や収益・費用の勘定を設定し，その増加・減少や発生・取消を記録する。それに対して，補助元帳は，売掛金・買掛金・商品などの特定の勘定に関する債権・債務や商品の管理目的のための内訳明細を記録する勘定口座を設定した帳簿である。帳簿記録の手順は，すべての取引を仕訳帳に記録し，それを総勘定元帳に転記するので，これらの帳簿を主要簿といい，通常，元帳という場合には主要簿である総勘定元帳をいう。この帳簿は，すべての財産や損益の管理に利用されると同時に，この帳簿から誘導して財務諸表を作成する（誘導法）。元帳の形式には，標準式と残高式がある。

(坂下紀彦)

や

やくいんしょうよきん【役員賞与金】

賞与とは役員または使用人に対する臨時的な給与（雇用契約に基づき労務の対価として支払われる）をいう。役員に対する賞与は，使用人に対する賞与とは性質が異なり，労務の対価というよりは役員の功績に対する利益参加の性格をもつため，税法上損金不算入の取扱いを受ける。　　　　（浦崎直浩）

やくいんたいしょくきん【役員退職金】

退職給与とは労働協約等に基づいて使用人または役員が提供した労務の対価として支払われるものであると解釈されており，基本的には給料または報酬の後払いの性格をもっている。退職給与は原則として損金経理されるが，役員に対する退職給与の額のうち，損金経理をしなかった金額および損金経理をした金額で不相当に高額な部分の金額については損金の額に算入されない。　　　　　　　　（浦崎直浩）

やくそくてがた【約束手形】

promissory note

手形の振出人がその名宛人（なあてにん）に対し，将来の定められた日（満期日）に当該手形金額を支払うことを約束した証券である。ここに登場する手形関係者は振出人と名宛人の2人であり，振出人は手形債務を負い，名宛人は手形債権者となる。この手形は，通常，名宛人に対し商品仕入代金や買掛金を支払うために利用される。売買取引の代金決済として利用される約束手形は，商業手形といわれ，そのほかに融通手形・金融手形として利用されることもある。⇨為替手形，受取手形勘定，支払手形勘定　　（阿部　仁）

ゆうかしょうけん【有価証券】
securities

会計上の有価証券は，原則として金融商品取引法2条に規定されるものをいい，国債証券，地方債証券，社債券，株券または新株予約権証券，投資信託や貸付信託の受益証券などがその代表的なものである。この他に金融商品取引法上の有価証券に類似し，企業会計上の有価証券として取り扱うことが適当と認められるものも含まれる。

有価証券は，保有目的によって①売買目的有価証券，②満期保有目的の債券，③子会社株式及び関連会社株式，④その他有価証券の4つに分類され，①と④は時価，②と③は取得原価をもって貸借対照表価額とする。ただし②については，取得価額と債券金額が異なり，その差額の性格が金利の調整と認められるときは，償却原価法に基づく価額をもって計上する。

(松田有加里)

ゆうかしょうけんかんじょう【有価証券勘定】securities account

有価証券勘定は，有価証券の売買が行われた際に分記法によって記録されてきた。その場合には，有価証券勘定は純粋な資産勘定としての記録が行われることになる。平成11年の「金融商品に係る会計基準」の新設に伴い，有価証券の発生の認識は原則として約定日基準となった。そのため，約定日に取得価額で有価証券勘定に借記し，受渡日までの価格変動分を運用損益とすると同時に，その変動分を有価証券勘定に借記あるいは貸記することになる。この変動分を加減したものが売却時においては有価証券の売却原価に相当し，売却時にはそれが貸記されることになる。売却価額とこの金額との差額が有価証券売却損益である。⇨有価証券，有価証券の評価替え，有価証券評価損益

(井上良二)

ゆうかしょうけんのひょうか【有価証券の評価】

「金融商品に関する会計基準」では，金融資産である企業が保有する有価証券には，(1)売買目的有価証券，(2)満期保有目的の債券，(3)子会社株式よび関連会社株式，(4)その他有価証券，(5)時価を把握することが極めて困難と認められる有価証券がある。売買目的有価証券および1年内に満期の到来する社債その他の債券は流動資産に属するものとし，それ以外の有価証券は投資その他の資産に属するものとする(「金融商品に関する会計基準」15-23項)。これらの有価証券を買い入れて取得したときは，購入価額に買入手数料等の付随費用を加えた金額が帳簿価額となる。従来の方法では，これに平均原価法等の方法を適用して算定した取得原価をもって貸借対照表価額としたのであるが(企業会計原則第三・五・B)，売買目的有価証券では，時価をもって貸借対照表価額とし，評価差額は当期の損益

として処理する（「金融商品に関する会計基準」15項）。

満期まで所有する意図をもって保有する社債その他の債券（満期保有目的の債券）は、取得原価をもって貸借対照表価額とする。ただし、債券を債券金額より低い価額又は高い価額で取得した場合において、取得価額と債券金額との差額の性格が金利の調整と認められるときは、償却原価法に基づいて算定された価額をもって貸借対照表価額としなければならない（同16項）。これは、他社発行の割引社債を取得した場合、社債割引額は利息相当額であるから、その一定額を社債利息受取時に社債利息に計上し、その額を漸次、有価証券勘定に増価させる、いわゆるアキュミュレーションを認め、また他社発行の打歩社債を取得した場合、アキュミュレーションとは逆に、償還時までに一定額を減価して最後に額面金額の償還を受けるようにする、いわゆるアモチゼーションを認めるものである。

子会社株式および関連会社株式は、取得原価をもって貸借対照表価額とし、売買目的有価証券、満期保有目的の債券、子会社株式および関連会社株式以外の有価証券（その他有価証券）は、時価をもって貸借対照表価額とし、評価差額は洗い替え方式に基づき処理する（同18項）。また、時価を把握することが極めて困難と認められる有価証券については、そのうち社債その他の債券の貸借対照表価額は、債権の貸借対照表価額に準ずる。一方、そのうち社債その他の債券以外の有価証券は、取得原価をもって貸借対照表価額とする（同19項）。

満期保有目的の債券、子会社株式および関連会社株式ならびにその他有価証券のうち、時価を把握することが極めて困難と認められる金融商品以外のものについて時価が著しく下落したときは、回復する見込があると認められる場合を除き、時価をもって貸借対照表価額とし、評価差額は当期の損失として処理しなければならない。時価を把握することが極めて困難と認められる株式については、発行会社の財政状態の悪化により実質価額が著しく低下したときは、相当の減額をなし、評価差額は当期の損失として処理しなければならない。なお、これらの場合には、当該時価及び実質価額を翌期首の取得原価とする（同20－22項）。　（浦崎直浩）

ゆうかしょうけんのひょうかがえ【有価証券の評価替え】

従来、企業会計原則上、有価証券は取得時も取得時以降も原価基準が採用されていたが、平成11年の「金融商品に係る会計基準」の新設により一部の有価証券の期末評価に時価基準を適用することになった。一部の有価証券とは、売買目的で保有している有価証券（売買目的有価証券）および「その他有価証券」である。売買目的有価証券は期末時点で、時価基準が適用されるため、低価基準の適用は実質的になくなったと考えてよい。時価基準の適用により有価証券評価損（有価証券運用損）か有価証券評価益（有価証券運用益）が必ず計上されるからである。

評価差額については、時価が簿価よりも高い場合には評価益（運用益）、時価が簿価よりも低い場合には評価損（運用損）となる。評価損益は売買目的有価証券に係るものは営業外損益、「その他有価証券」に係るものは損益計算書を通じることなく税効果を調整したうえで直接に純資産の部に計上する。⇨有価証券、有価証券評価損益

（井上良二）

ゆうかしょうけんばいきゃくえき【有価証券売却益】
gain on the sale of securities

　有価証券を売却した場合，売却価額が取得原価よりも大きいときは売却益が生じ，この差額を有価証券売却益として処理する。流動資産に分類される有価証券の売却益は，損益計算書上，営業外収益として表示し，固定資産に属する投資有価証券の売却益は，特別利益として表示する。なお，時価の変動により利益を得ることを目的として保有する有価証券（いわゆる売買目的有価証券）は，時価をもって貸借対照表価額とし，評価差額は当期の損益として処理しなければならない。売買目的有価証券の評価益は，損益計算書の営業外収益の区分において有価証券運用益という独立科目として表示するか，もしくは，有価証券売却益に含めて表示する。⇨有価証券　　　（浦崎直浩）

ゆうかしょうけんばいきゃくえきかんじょう【有価証券売却益勘定】
gain on the sale of securities account

　有価証券を売却したとき，売却した有価証券の帳簿価額と売却価額との間に正の差額が生じることがある。この差額を処理する勘定が有価証券売却益勘定（収益勘定）である。有価証券は，余裕資金の有効利用であることが多いから，売却価額が帳簿価額よりも高いことが一般的である。なお，これと反対に，売却価額が帳簿価額より低い場合には，その差額は有価証券売却損勘定（費用勘定）として処理される。

（市川直樹）

ゆうかしょうけんひょうかそんえき【有価証券評価損益】
profit and loss from securities revaluation

　売買目的有価証券とその他有価証券は，いずれも期末において時価で評価するが，帳簿価額と時価との差である評価差額については，その取扱いが異なる。売買目的有価証券の評価差額は当期の損益として処理し，損益計算書上で有価証券評価益（損）として掲記する（有価証券売却益（損）に含めて表示することもできる）。

　その他有価証券の評価差額は，(1)評価差益と評価差損を相殺した残額を純資産の部に計上する方法（全部純資産直入法），もしくは(2)評価差益は純資産の部に計上し，評価差損は当期の損失とする方法（部分純資産直入法）のいずれかにより処理する。なお，純資産の部に計上される評価差額については，税効果会計を適用しなければならない。

（松田有加里）

ゆうかしょうけんりそく【有価証券利息】

　国債・社債などの利付債券を保有することによって得られる利息をいう。財務諸表等規則は，有価証券利息を営業外収益に属するものとし，個別財務諸表においては，預貯金利子・貸付金利息など有価証券利息以外の受取利息と区別して表示するものとしている。なお，債券の売買が利払日以外に行われる場合，買い手は直前の利払日から売買日までの端数利息を売り手に支払うが，これは債券の取得原価には含めず，有価証券利息のマイナスとして処理される。　　　　　　　（田村威文）

ゆうけいこていしさん【有形固定資産】tangible fixed asset

長期にわたり営業活動のために使用する目的で保有される物理的形状をもった資産であり,使用価値としての経済的効益がその資産性の内容をなすものである。これは,時の経過や使用または処分などによって費用化するので,費用性資産に属するものとされている。(1)建物および付属設備,(2)構築物,(3)機械および装置,(4)船舶および水上運搬具,(5)車両およびその他の陸上運搬具,(6)工具,器具および備品,(7)土地,(8)建設仮勘定などがこれに含まれる。⇨費用性資産 (畑山 紀)

ゆうけいこていしさんかいてんりつ【有形固定資産回転率】

有形固定資産回転率とは,

売上高÷(有形固定資産−建設仮勘定)

で示され,有形固定資産は1年間に何回転するか,有形固定資産が効率的に活用されている度合を示す指標である。この回転率が低い場合には,設備投資が過剰で資金固定化を招くおそれがあり,収益性,流動性の悪化につながることにもなる。 (大矢知浩司)

ゆうけいこていしさんのしゅとくげんか【有形固定資産の取得原価】

有形固定資産は,原則として1年以上の長期にわたって使用または利用することを目的として所有する相当価額以上の資産のうち,具体的・物理的形態を有するものをいう。その取得原価は,原則として実際に支払った対価により決定されるが,取得形態の相違に応じてその取得原価の計算も相違する。購入により取得した場合には,重要性の原則等を適用する場合を除いて,購入代金に引取費,購入手数料等の付随費用を加算してこれを取得原価とする。自家建設により取得した場合には,適正な原価計算基準に従って算定した製造原価が取得原価となる。現物出資の対価として有形固定資産を受け入れた場合には,受入資産の公正な評価額と出資者に対して交付された株式の公正な評価額のうち,いずれかより高い信頼性をもって測定可能な金額をもって取得原価とする。自己所有の有形固定資産と交換に有形固定資産を取得した場合,等価交換を前提として,交換に供された譲渡資産の適正な簿価または受入資産の時価等をもって取得原価とする。贈与その他無償で取得した場合には,時価等を基準とした公正な評価額をもって取得原価とする。⇨取得原価 (古庄 修)

ゆうげんがいしゃ【有限会社】limited liability company

有限会社は,有限会社法によって設立された社団法人である。株式会社と同じように,間接有限責任社員のみで構成されている。社員の責任は出資の金額を限度とするが,会社に対する出資義務を負うにすぎず,会社債権者に対し直接に弁済責任を負うことはない。株式会社に比べ,設立手続および機関が簡略化されていることから,中小規模の企業に利用されてきた。しかし,会社法の施行に伴い,有限会社法が廃止されたために,新たに有限会社を設立することはできない。既存の有限会社は,会社法の下で,株式会社として存続するが,その商号中に有限会社の文字を用いる株式会社を特例有限会社という。特例有限会社は,経過措置および会社法の特則によって,旧有限会社法の規定が適用されるのと同様の取扱いを受けている。したがって,取締役の任期に制限がなく,計算書類の公告を要しない。特例有限会社は,株式会社への商号変更に伴う定款の変更,

特例有限会社の解散の登記および株式会社の設立の登記によって，通常の株式会社に移行することができる。

（下中和人）

ゆうげんせきにん【有限責任】
limited liability

　株式会社制度では，企業の所有権を分割した株式の購入者である株主（出資者）は，出資先の企業が経営活動に行き詰まり，あるいは事業に失敗して，その企業が倒産することになった場合に，個人の財産をもって，会社の債務を弁済する必要はない。これが有限責任である。つまり，出資者は自己の出資額を放棄するだけにとどまり，それ以上の払込みを要請されることはないのである。出資者は，自己の払込額を限度としてその責任を回避することができる。それゆえ，この有限責任は，出資者に対して一定の安心感を与えるものとなる。なお，株式会社の成立にあたり決定的な要件となる。

（杉田武志）

ゆうずうてがた【融通手形】

　融通手形とは，現実の商取引に基づき発行される商業手形とは異なり，第三者から金銭の融通を図ることを主目的として発行される手形をいう。そのため，融通手形は商業手形に比べ不渡りになる危険性が高い。⇨手形貸付金，手形借入金

（井上定子）

ゆうせんかぶしき【優先株式】
preferred stock

　株主が剰余金の配当や残余財産の分配を受ける順位が他の株式より優先的である株式のことである。剰余金の配当が優先的に行われる優先株式について，これは配当を受けた後に残余の配当を受け取れるかどうかにより参加型と非参加型に区別される。また，配当金が所定の優先配当金額に達しない場合，次期以降に不足額の累積分が優先的に支払われるかどうかにより累積型と非累積型に区別される。優先株式は他の株式に比べて優先的な地位をもつ一方で，定款の定めにより議決権をもたないことが一般的である。⇨劣後株式

（中溝晃介）

ゆうどうほう【誘導法】

　貸借対照表の作成方法のひとつで，棚卸法に対するものである。誘導法によって作成される貸借対照表は，損益法による期間損益の決定を前提としている。すなわち総勘定元帳における諸勘定のうち損益勘定へ振り替えられたものは損益計算書を構成し，貸借対照表はこの結果としてそれ以外の残余の諸勘定の帳簿残高を集めて作成される。誘導法を用いる場合でも，期末財産の実地棚卸等によって，帳簿上の記録を修正することが必要である。

（森田知香子）

よ

ようえきせんざいりょく【用役潜在力】service potentials

用役潜在力とは、ある財貨（資産）が生み出す将来の用役（純収入）を一定の利子率で割り引いた現在価値であり、この財貨を取得するにあたり支払われた貨幣額（取得原価）がその概算額を示すものとみなされる。つまり、用役潜在力とは財貨がもつそれ自体の収益価値であり、取得原価はそれを貨幣額をもって表現したものであるといって差し支えない。取得原価は資産のもつ用役潜在力の貨幣的表現である。資産の本質を規定する類似概念として将来の経済的便益という用語がある。
⇨取得原価 　　　　　　　　　　　（浦崎直浩）

よきん【預金（当座預金以外の預金）】deposit

一般に普通預金、定期預金、通知預金、別段預金などの銀行預金を指し、預金勘定で処理する。信託銀行、信用金庫などの金融機関に対する各種預貯金、掛金、郵便貯金なども含み、同じく預金勘定で処理される。その際、それぞれの種類に応じて別個の預金勘定を開設することもある。小切手の振出しという取引の決済を主目的とした当座預金は、上記の各種預金とは区別して当座預金勘定で処理される。⇨当座預金、当座預金勘定 　　　　　（酒井文一）

よさんかんり【予算管理】budgetary management, budgetary control

伝統的な用語としての「予算統制」には、今日「予算管理」という用語が用いられている。予算管理のプロセスは、利益計画に基づく予算編成方針の策定および各部門への示達、部門予算の編成、予算課等の調整による総合予算へのまとめ、予算委員会による総合予算の検討と調整、トップマネジメントによる承認と示達、予算の執行、実績の測定、実績と予算との比較、予算差異分析、管理者への結果の報告、是正改善措置、およびフィードバックからなる。⇨予算差異 　　　　　（堀井愼暢）

よさんさい【予算差異】budget variance

製造間接費差異の一種であり、各部門管理者の予算に対する管理責任を表す。固定予算による場合、製造間接費実際発生額とあらかじめ設定された標準配賦率決定の基礎となる基準操業度（作業時間）における固定予算額との差異である。しかし、製造間接費中の変動費要素の発生が作業時間に依存しているため、管理責任を問うには無理がある。変動予算の場合には、実際発生額と実際作業時間における許容予算額（変動予算額）との差異である。⇨予算管理 　　　　　　　　　　（堀井愼暢）

よさんとうせい【予算統制】
budgetary control
⇨予算管理

よそくかち【予測価値】
predictive value

　会計情報は投資者の投資意思決定を改善することによって有用性をもつといえる。FASBの財務会計概念書第2号では，投資判断を改善する情報の属性を予測価値とフィードバック価値とよび，これらの価値特性が適時性とともに会計情報の目的適合性を規定する質的特性として位置づけられている。予測価値は「利用者が過去または将来事象の成果を正確に予測する確率を増大させるのに役立つ情報の特質」であると定義され，フィードバック価値は「利用者が事前の期待を確認または改訂することを可能にする情報の特質」と定義している。会計情報の予測価値は，情報それ自体が予測値であることを求めるものではなく，投資意思決定に対するインプットとしての価値を意味する。　　　　　　　　（浦崎直浩）

よそくきゅうふほうしき【予測給付方式】

　年金費用（退職給付費用）の一部を構成する勤務費用の算定方式のひとつであり，個々の従業員あるいは従業員グループのいずれかの勤務期間にわたって付与される年金給付総額を予測し，退職時までに勤務費用総額が予測年金給付総額と等しくなるように規則的に制度加入期間に割り当てる方式である。代表的な方式に，到達年齢方式，加入年齢方式，総合保険料方式（開放型，閉鎖型）がある。いずれの方法を採用するかにより算定される期間費用は異なる。⇨年金費用，過去勤務費用
（丑丸智弘）

よそくじょうほう【予測情報】
prospective financial information

　予測情報とは，企業の将来の経済状況や活動計画に関する経営者の諸仮定に基づいた，特定の将来期間における企業の財政状態や経営成績に関する見積情報を意味する。日本では決算短信において次期の業績予測として売上高，経常利益，当期純利益等の公表が要請されているが，イギリスやアメリカで近年問題とされているのは利益予測情報を基幹とした予測財務諸表の開示である。ただし，欧米諸国では，予測情報は過去情報と比較して正確性や信頼性が欠如しているために，かかる予測情報の開示は義務づけられていない。また，企業の経営者は予測情報の公表に伴う訴訟危険を憂慮して予測情報の任意開示に対しても消極的な対応をみせているのが現状である。⇨予測情報の監査　　　　　　　（浦崎直浩）

よそくじょうほうのかんさ【予測情報の監査】

　予測情報はおもに予測財務情報として取り上げられ，予測財務情報には発生の可能性が最も高く原則的に当年度を超えない予測情報（forecast）と，仮説的仮定を含み次期以降にわたってもよい仮説情報（projection）とがある。予測財務情報の監査は信頼性の保証として，公認会計士の関与形態が全くあるいはほとんどなされないものから，レビュー（review）がなされるもの，さらには監査がなされるものがある。レビューまたは監査においては，予測あるいは仮説に基づき，将来予測の合理性を検討するものであるため，予測財務情報の実現可能性を保証するものではない。予測情報についてカナダでは監査，アメリカではレビューがなされている。日本の「決算短信」では次期の業績予測として，売上高，経

常利益，当期純利益などが有用な情報として提供されているが，レビューや監査はなされていない。国際監査基準では，予測財務情報の監査意見は，積極的に「肯定」するのではなく，「否定の否定」により，消極的に「肯定」する意見表明方式をとっている。⇨予測情報　　　　　　　　　（挽　直治）

よていげんか【予定原価】
predetermined cost

　予算原価と同義語であり，予定価格，予定作業能率および予定操業度における実際に発生すると期待される，予算編成に組み込まれる原価であり，規範性において標準原価とは異なる。たとえば規範性の高い標準原価を直接材料費予算に用いると，これと連動している製造高予算や購買予算に破綻をきたし，予算全体が機能しない。そのため，科学的に設定される標準原価に一定の許容額を加算して，予算原価を設定することが望ましい。⇨予算管理，予定原価計算　　　　　　　　（堀井悟暢）

よていげんかけいさん【予定原価計算】predetermined costing

　業務活動が実際に行われる前に，製品，その他の給付単位当たりの予定原価を算定する計算システムである。その計算は，原則的には各種資源の

$$予定価格 \times \frac{給付単位当たり}{の予定消費量}$$

によって計算され，実際に期待される原価を予想するものであることが多く，見積原価，予算原価などともよばれる。臨時に計算される場合でも，多くは，原価計算制度との整合性を考慮して計算することが必要となる。その利用目的は，利益計画の樹立，予算編成，大小のプロジェクトや業務改善によるコスト・ダウンの見積り，製品売価の見積り，資材の購入価格の見積りなどである。⇨予算管理，予定原価　（田中嘉穂）

よやくはんばい【予約販売】
sale by subscription,
selling by subscription

　買い手からあらかじめ代金の一部または全部を予約金として受け取り，後日販売契約に従って商品を引き渡す販売形態で，出版業などに多く見受けられる。予約販売では，受け取った予約金は前受金（負債）に記入され，決算日までに商品の引渡しが完了した分だけを当期の売上高に計上する引渡基準が適用される。決算日に前受金の残額があれば，貸借対照表の負債の部に記載して次期以降に繰り延べなければならない（企業会計原則注解〔注6〕）。⇨実現原則　　　　　　　　（大崎美泉）

ら

らいふさいくる・こすてぃんぐ【ライフサイクル・コスティング】
life cycle costing

　アメリカにおいて取得原価と所有原価を考慮する調達方法として開発された原価計算である。また，予算編成において，プロジェクトへの支出の評価と経済性を判断し，順位をつけるという意思決定方法である。

　イギリスでは，プラントなどの経済性を判断するためのライフサイクル・コストを分析する原価計算である。また，有形資産の選択意思決定をする場合に，最適な原価を計算するために，エンジニアリング，会計学，数学，統計学などを統一的に利用することであるという理解もある。

　ドイツでは，原価の低い製品あるいはシステムを獲得するために，総原価を分析することがライフサイクル・コスティングである。

　わが国では，「システマティックな意思決定方法である」，「資産のライフサイクル全体で発生するコストを測定し，伝達するためのツールである」，「製品の収益性を判断するのに役立つ情報を提供する原価計算である」，「トータル・コストに基づいて調達の意思決定をする方法である」，「製品のライフサイクル全般にわたって発生するコストを集計・分析して，その結果を経営管理者に報告する計算システムである」などの多様な定義が主張されている。

〔岡野憲治〕

り

りーすかいけい【リース会計】

特定の物件の所有者である貸手（レッサー）がその借手（レッシー）に対して，リース期間にわたり，これを使用収益する権利を与え，借手はリース料を貸手に支払う取引をリース取引といい，これを取り扱う会計をリース会計という。リース取引は大きくオペレーティング・リース取引とファイナンス・リース取引とに分けられるが，会計処理上，前者は通常の賃貸借取引にかかわる方法に準じて，後者は経済的実態を適正に反映させるために原則として通常の売買契約にかかわる方法に準じて，その会計処理が行われることになる。つまり，ファイナンス・リースにおいてその借手は原則としてリース開始時にリース物件を貸借対照表の資産側にリース資産として，またこれに対応するリース債務を負債として計上することが求められる。⇨リース資産 (松井泰則)

りーすしさん【リース資産】

リース取引は大きくオペレーティング・リース取引とファイナンス・リース取引とに分けられる。このうちオペレーティング・リース取引については通常の賃貸借取引にかかわる方法に準じて会計処理される。これに対してファイナンス・リース取引の場合，借手側の立場からリース取引をみるならば，リース物件はこれが取得されたものと同様な状態にあるといえることから，リース開始時において借手は当該リース物件を資産に，同時に将来負担すべきリース債務（未経過リース料）を負債に計上することが求められる。わが国の「リース取引に関する会計基準」によれば，リース資産の取得原価は，リース料総額から利息相当額を控除した残高（取得原価相当額）によって算定される。⇨ファイナンス・リース

(松井泰則)

りーすさいむ【リース債務】

⇨リース資産

りえき【利益】profit

利益は，ある期間における企業純資産（資本）の増加分であり，二つの方法で計算することができる。ひとつは，期末純資産から期首純資産を控除して算定する方法であり，これは財産法もしくは資産負債観に基づく利益とよばれている。ほかは，ある期間の収益から費用を差し引いて算定する方法であり，これは損益法ないしは収益費用観に基づく利益とよばれている。前者は貸借対照表によって把握される結果計算的利益であり，後者は損益計算書によって把握される原因計算的利益である。複式簿記の適用によって，両者は原理的に一致する。この利益は包括利益とよぶことができる。この包括利益は当期純利益とその他の包括利益からなる。その他の包括利益は，純資産の変動のうち株主資本の変動を除いたも

のであり，その他有価証券評価差額金，繰延ヘッジ損益，為替換算調整勘定，退職給付に係る調整額などが該当する。　　　　　　　　　（上野清貴）

りえきかんり【利益管理】
profit management

　もともと利益管理とは，一般に経営全体の目的ならびに経営方針に基づいて利益計画を設定し，さらにそれを予算として具体化することによって経営活動を統制する一連の活動を意味していた。この場合，一定の計画期間を対象として，利益目標を設定し，その達成に向けての諸方策を作成するプロセスを利益計画といい，この利益計画を可能にするように予算編成，期中の執行活動，戦略的意思決定の統制，利益差異分析等を通じて企業活動をコントロールすることを意味している。利益管理とは，どのようにすれば最小の犠牲（原価）で最大の目標利益を獲得することができるかを，企業マネジメントから総合的に考えることである。この手法として，全社的なTQCやQCサークル，カンバン方式，原価企画があげられる。また，間接費管理でのABC（活動基準原価計算），さらにはABCを用いて企業のマネジメントにまで役立たせようとするABM（活動基準マネジメント）がある。近年では，バランス・スコアカードという手法もある。これは，さまざまな企業戦略・目標を具体的に実現するための業績評価システムである。このように今日では，利益管理はたんに目標利益の達成という命題から，戦略的に企業競争力の拡大を意図しているのである。⇨目標利益　　　　　　　　　（村井秀樹）

りえきじゅんびきん【利益準備金】
legal retained earnings, legal reserve of retained earnings

　利益準備金は，剰余金の配当を行う場合に，会社法の規定に従い計上しなければならない利益の留保である。その他利益剰余金を減少して剰余金の配当をする場合には，準備金（資本準備金および利益準備金）の額が資本金額の4分の1に達するまで，その他利益剰余金の減少額に10分の1を乗じて得た額を利益準備金として計上しなければならない（会社法445条4項，会社計算規則22条）。利益準備金は，貸借対照表の純資産を構成する株主資本のうち利益剰余金に属する。⇨資本準備金，法定準備金　　　　　　　　（渡邉泰宏）

りえきそうさ【利益操作】

　一般に認められた会計基準に従って，会計処理が行われている場合に生ずる利益額よりも故意に利益額を大きくしたり，また反対に利益額を小さくすることを利益操作という。一般に会計不正，とりわけ粉飾決算との関連から取り上げられている。⇨粉飾決算
　　　　　　　　　　　　　（興津裕康）

りがいかんけいしゃ【利害関係者】
stakeholder, interested parties, persons concerned

　利害関係者とは，企業の経済活動に関心をもつか又はその影響を受ける個人や団体をいう。たとえば，株主，債権者，従業員，仕入先，得意先，消費者，地域住民，国・地方自治体などがこれにあたる。株主は自己の資金を企業に投資し，金融機関などの債権者は資金を貸し付け，従業員は労働力を提供する。また，仕入先や得意先・消費者は，企業の生産・販売活動に関わり合いをもつ。地域住民は環境問題など企業の社会的責任という観点から利害

関係を有し，国や地方自治体は法人税・住民税・事業税等の納付に関連して関係を有する。企業は，ディスクロージャーによる情報の開示を通じて利害関係の調整を図っている。

(朱　愷雯)

りすく・あぷろーち【リスク・アプローチ】risk approach

リスク・アプローチは，監査項目ごとに監査リスクを評価し，その評価に応じて監査計画を設定し，監査を効率的に進めていく監査方式である。すなわち，リスクの高い監査項目には監査資源（時間，人員　手続等）を多く配分し，リスクの低い監査項目には監査資源を少なく配分することにより，結果的に監査を有効かつ効率的に遂行しようとするものである。⇨監査リスク

(中村映美)

りすく・けいざいかちあぷろーち【リスク・経済価値アプローチ】risk reward approach

リスク・経済価値アプローチとは，金融資産の譲渡に係る消滅の認識に関するひとつの考え方であり，金融資産のリスクと経済価値のほとんどすべてが第三者に移転した場合に当該金融資産の消滅を認識する方法である。リスク・経済価値アプローチの特徴は，金融資産に内在するリスクと経済価値は分離不可能なものとして考えていることである。リスク・経済価値アプローチに対して，金融資産の消滅の認識に関するもうひとつの考え方は財務構成要素アプローチとよばれる。

(姚　小佳)

りすくからのかいほう【リスクからの開放】

これは，企業会計基準委員会の討議資料『財務会計の概念フレームワーク』（2006年12月）において，純利益および収益・費用（の認識）を説明する概念として使用されている。討議資料では，財務報告の目的は，（当該企業の）投資のポジションとその成果を開示することとされている。そして，純利益はリスクから解放された投資の成果と定義され，収益・費用の認識は投資のリスクからの解放に基づいて行われると述べられている。ここで投資のリスクとは，当該企業が行った投資の成果の不確実性を意味し，成果が事実となれば，それはリスクから解放されたことになる。なお，投資のリスクからの解放のタイミングをどのように捉えるかは，投資の実態や本質によって異なり得るとしている。

(都築洋一郎)

りすく・へっじ【リスク・ヘッジ】risk hedging

リスクに起因して生じるダメージを，他者へ移転することによって対象を防御する行為である。つまりリスクそれ自体を直接低減するのではなく，リスクによる損失をカバーするための予防措置を施すことを意味している。その意味で保険型のリスク管理法のひとつである。たとえば，先物契約によって現物の価格変動リスクをヘッジする場合，この先物契約のコストは一種の保険料と同じ性質を有する。すなわち，先物契約自体は現物の価格変動リスクを低減するわけではない。しかし，事後に現物に損失が生じた場合，先物市場における反対ポジションの決済益によって，この損失を相殺できるような体制をとっておくことがリスク・ヘッジなのである。⇨ヘッジ会計

(佐藤清和)

りそくほう【利息法】
interest method

　債券を債券金額と異なる価額で取得（または発行）し，その差額が金利の調整と認められるとき，償却原価法によって貸借対照表価額が決定されるが，利息法はその償却原価法のひとつである。利息法は，債券の利息受取総額（発行者側では支払総額）と上記の金利調整差額の合計額を，債券の帳簿価額に対し一定率となるように，複利をもって各期の損益に配分する方法であり，当該配分額と利息計上額との差額は帳簿価額に加減される。

（土田俊也）

りにあ・ぷろぐらみんぐ【リニア・プログラミング】linear programming

　線型計画法のことである。一定の条件のもとに，最大値あるいは最小値を求める方法をいう。最も簡単な例としては，

$$a_1 x_1 + b_1 y_1 < c_1$$

のもとに $a_2 x_2 + b_2 y_2$ を最大（最小）にすることである。応用した例に原価管理や資金計画における最適生産量の計算，最適な資源配分の計算がある。また，経営分析において最もよく使われる主成分分析法もこの方法を応用したものである。コンピュータと統計解析用ソフトの発展によって，容易に解を見つけることが可能となった。⇨原価管理，利益管理

（近澤孝昌）

りゅうどうしさん【流動資産】
current asset

　固定資産に対する対概念であって，資産のうち，現金および正常営業循環基準または一年基準に基づき，比較的短期間に現金化されると認められる資産をいう。代表的な流動資産には，現金・預金などの当座資産，受取手形・売掛金などの売上債権，売買目的有価証券ならびに1年内に満期の到来する有価証券および貸付金，商品・製品・半製品・原材料・仕掛品などの棚卸資産があげられる。また，1年以内に費用となる前払費用は，流動資産に属する。⇨一年基準，正常営業循環基準

（庄司樹古）

りゅうどうしさんかいてんりつ【流動資産回転率】
current assets turnover ratio

　流動資産回転率とは，
　　売上高
　　　÷（流動資産＋手形割引・裏書高）
であり，流動資産が1年間に何回転するか，流動資産が活用されている度合を示す指標である。3回転であれば，流動資産は1回転するのに4か月を要することを示している。

（大矢知浩司）

りゅうどうせいはいれつほう【流動性配列法】current arrangement

　資産および負債の項目の配列は，原則として，流動性配列法によるもの（企業会計原則第三・三，財務諸表等規則13条）としており，わが国では，貸借対照表の借方は流動資産から固定資産そして繰延資産へと，また，その貸方は流動負債から固定負債そして純資産（資本）へと配列することになっている。これを流動性配列法という。流動資産と固定資産，流動負債と固定負債を区別する基準には，正常営業循環基準（営業循環基準）と一年基準がある。また，電力・ガス事業では，借方を固定資産から流動資産へ，貸方を固定負債から流動負債へと配列する固定性配列法をとるが，貸方を純資産（資本）から固定負債そして流動負債へと配列する本来の固定性配列法とは異なる。⇨固定性配列法，配列基準

（若林公美）

りゅうどうせいぶんせき【流動性分析】

財政状態の健全性を短期的支払能力の切り口から判断することをいい，財務安全性分析ともいう。具体的には，流動比率，当座比率，現金比率，棚卸資産対売掛債権比率などによって判断する。特定の比率の変動を観察するのではなく，複数の比率を総合した新しい変数を作成することによって分析を行うことが重要である。いわゆる多変量解析の技術を導入することが要請される。コンピュータと統計解析用ソフトの発展によって，それが可能である。
⇨流動比率，当座比率 　　　（近澤孝昌）

りゅうどうひりつ【流動比率】
current ratio

流動比率とは，
（流動資産の金額÷流動負債の金額）
×100％

で表される比率であり，企業の支払能力を表す。流動資産は1年以内に資金化する資産であり，流動負債は1年以内に支払いを要する負債である。流動負債は近々支払期限のくる負債であるので，流動資産がゆとりをもってこれを超えていないと，その企業は支払不能になるおそれをはらんでいるといえる。だから，流動資産が流動負債を超える差額のことを正味運転資本というが，これがゆとりをもってプラスであることが望ましい。一般的には，流動比率は200％を超えていることが望ましいとされている。今日では，日米企業におけるそのばらつきは大きいが，日米企業とも平均的には100％を超えている。旧来，わが国の場合，メインバンクが企業の支払能力を補完していたから，流動比率は低くてもよかったが，今日では必ずしもそうではなくなってきている。　　　（松村勝弘）

りゅうどう・ひりゅうどうほう【流動・非流動法】
current-noncurrent method

流動・非流動法によると，流動項目についてはすべて決算時レート（current rate）が用いられ，非流動項目についてはすべて取得時または発生時レート（historical rate）が用いられる。そもそも流動項目・非流動項目の区分は企業の信用分析に用いる技法であり，この流動性区分を換算に用いる明確な根拠がないと批判されている。

（本田良巳）

りゅうどうふさい【流動負債】
current liability

短期間に支払義務ないし給付義務が解消すると予測される負債である。短期間か否かの判断基準として，正常な営業循環プロセス内であるか否かという基準（正常営業循環基準）と，1年以内か否かという基準（一年基準）がある。まず支払手形，買掛金等の通常の営業取引から生じる負債について正常営業循環基準を用い，続いてそれら以外の負債については一年基準を用いて，各基準に適合する場合は流動負債に，適合しない場合は固定負債に分類する。
⇨一年基準，正常営業循環基準

（吉岡一郎）

りんじきょがくのそんしつ【臨時巨額の損失】

天災等の突発的な事象によって，固定資産または企業の営業活動に不可欠な資産に生じた損失であり，その損失をその期の純利益や過去からの繰越利益をもって負担できないほどの巨額の損失のことをいう。この損失の全額を発生期間の損失として処理すると，多くの企業が債務超過に陥るおそれがある。そこで企業会計原則注解〔注15〕では，とくに法令によって認められる

場合に限り，損失額を次期以降の期間にも負担させるために，経過的に貸借対照表の資産の部に記載し，将来の一定期間にわたり繰延経理をすることを認めている。⇨繰延資産　（及川勝美）

りんじしょうきゃく【臨時償却】

通常，固定資産の減価償却は定額法・定率法といった所定の減価償却方法に従って定期的・規則的に進められる。このような正規の減価償却以外にも，減価償却計画の決定当初は予測不可能であった新技術の発明などにより，当該固定資産が機能的に著しく減価した場合にも減価償却が行われることがある。このような臨時的・追加的に行われる減価償却は臨時償却とよばれ，正規の減価償却とは区別される。なお，臨時償却は「会計上の変更及び誤謬の訂正に関する会計基準」において廃止されることになった（57項）。

（及川勝美）

れ

れつごかぶしき【劣後株式】
deferred shares

株主が剰余金の配当や残余財産の分配を受ける順位が他の株式より劣後的である株式のことである。後配株式ともよばれる。会社に十分な剰余金があれば，劣後株式を発行しても資金調達を行うことができる。一方で，剰余金が不十分な場合，配当が支払われないなど普通株式の株主と比べて不利な立場となることから，資金調達が困難となる。したがって，劣後株式が発行されることは稀である。　（中溝晃介）

れんけつがいしゃ【連結会社】

連結会社とは，他の会社を支配し，連結財務諸表の作成が要請される親会社と，親会社により連結に含められる子会社をいう。つまり，連結会社は，親会社と連結に含められる子会社とから構成される。⇨子会社，非連結子会社

（小形健介）

れんけつかぶぬししほんとうへんどうけいさんしょ【連結株主資本等変動計算書】

連結貸借対照表の「純資産の部」（株主資本，その他の包括利益累計額，新株予約権，および非支配株主持分）を構成する各項目について，期首残高から出発し，期中の変動額（増加・減少）を経て，期末残高に至る一連の動きを一括して示す目的で作成される一覧表である。連結貸借対照表の「純資産の部」は純資産の時点的な静的ストックを表示するのに対し，連結株主資本等変動計算書は純資産の期間的な動的フローを表示するものとして位置づけられるものであり，連結貸借対照表と連結損益及び包括利益計算書とを株主資本等を媒介として結合する計算表としての意義をもつ。　（戸田統久）

れんけつきゃっしゅ・ふろーけいさんしょ【連結キャッシュ・フロー計算書】

連結キャッシュ・フロー計算書は，金融商品取引法の適用を受ける企業が作成し，公表する連結財務諸表のひとつであり，企業集団の一会計期間におけるキャッシュ・フローの状況を報告することを目的として作成され，貸借対照表や損益計算書と並ぶ第三の財務諸表と位置づけられている。企業会計審議会が公表した「連結キャッシュ・フロー計算書等の作成基準」によれば，連結キャッシュ・フロー計算書は，営業活動によるキャッシュ・フロー，投資活動によるキャッシュ・フロー，財務活動によるキャッシュ・フローの三つに区分し，表示される。連結キャッシュ・フロー計算書の作成にあたっては，連結会社相互間のキャッシュ・フローの相殺消去や，在外子会社の外貨によるキャッシュ・フローの換算などを行う必要がある。なお，連結キャッシュ・フロー計算書は，平成11年4月1日以後開始する事業年度から作成されている。また，中間連結キャッシュ・フロー計算書は連結キャッシュ・フロー計算書に準じて作成される。⇨キャッシュ・フロー計算書
(辻川尚起)

れんけつけいさんしょるい【連結計算書類】

会社法444条の規定により一定の株式会社が作成し報告する連結財務諸表であり，連結貸借対照表，連結損益計算書，連結株主資本等変動計算書および連結注記表を指す。なお，金融商品取引法で作成が義務付けられている連結キャッシュ・フロー計算書は，会社法上は作成を要求されていない。金融商品取引法によって連結財務諸表の提出が義務付けられている会社は連結計算書類を作成しなければならず（会社法444条3項），また，会計監査人設置会社は各事業年度に係る連結計算書類を作成することができる（同1項）。連結計算書類は，会計監査人設置会社の場合は監査役および会計監査人の監査を受けなければならない（同4項）。さらに，会計監査人設置会社が取締役会設置会社である場合には，監査を受けた連結計算書類は取締役会の承認を受けなければならず（同5項），また，取締役は，定時株主総会の招集の通知に際して株主に対し，取締役会の承認を受けた連結計算書類を提供しなければならない（同6項）。
(戸田統久)

れんけつけっさんび【連結決算日】

連結財務諸表の作成のための決算期末を連結決算日という。連結決算は親会社の決算日をもって年1回行われる。連結財務諸表を作成するためには，親会社と子会社の決算日が同一であることが望ましいが，子会社の決算日が連結決算日と異なる場合には，子会社は連結決算日に正規の決算に準ずる合理的な手続によって決算を行わなければならない。ただし，子会社の決算日と連結決算日との差異が3か月を超えない場合，親会社は子会社の正規の決算を基礎として連結決算を行うことができる。この場合，決算日が異なることから生じる連結会社間の取引に係る会計記録の重要な不一致については，必要な整理を行ったうえで連結しなければならない。
(大下勇二)

れんけつざいむしょひょう【連結財務諸表】

consolidated financial statements

2以上の会社が親会社・子会社関係にある場合，両者は法的には別個の

人格をもっているが、経済的には相互に密接な関係にある単一の組織体を形成していると考えられる。このため、個々の会社の財務諸表（個別財務諸表）だけではこれらの会社の経営成績、財政状態およびキャッシュ・フローの状況を必ずしも適正に表示することができない。連結財務諸表は、子会社の個別財務諸表を親会社のそれに統合・合算して作成されるが、その際、企業集団内の会社間の取引は、1会社における本支店間および支店間の取引が内部取引であるのと同様に、経済的単一組織体内の内部取引として消去される。たとえば、連結会社相互間の債権・債務（売掛金・買掛金など）の相殺消去、親会社の投資と子会社の資本との相殺消去、連結会社相互間の取引高（売上・仕入など）と未実現損益の消去などがこれである。　　　　（大下勇二）

れんけつざいむしょひょうかんさ【連結財務諸表監査】

支配従属関係にある二つ以上の企業からなる集団を単一の組織体とみなし、企業集団の財政状態、経営成績およびキャッシュ・フローの状況を総合的に報告するために親会社が作成する連結財務諸表に対し実施される監査である。連結財務諸表は親会社と子会社の個別財務諸表に基づき作成され、子会社の財務諸表監査を他の監査人が実施する場合でも、親会社の監査人は連結財務諸表、個別財務諸表のすべてに対し監査責任を負う。⇨財務諸表監査
（諏訪有香）

れんけつざいむしょひょうげんそく【連結財務諸表原則】

大蔵大臣（当時）の諮問機関である企業会計審議会が、証券取引法の規定に基づく連結財務諸表の作成に関する基準として、昭和50年6月に答申した文書であり、最終改正は平成9年6月である。その内容構成は、第一　連結財務諸表の目的、第二　一般原則、第三　一般基準、第四　連結貸借対照表の作成基準、第五　連結損益計算書の作成基準、第六　連結剰余金計算書の作成基準、第七　連結財務諸表の注記事項である。また同時に答申・改正された連結財務諸表原則注解は、原則本文の補完の役割を果たす。なお平成9年の改正では、連結財務諸表を中心とした国際的に遜色のないディスクロージャー制度を構築するために、「国際会計基準」などの国際的動向を考慮して、連結範囲の拡大や税効果会計の強制適用などが盛り込まれた。⇨連結財務諸表の注記事項
（齋藤真哉）

れんけつざいむしょひょうにかんするかいけいきじゅん【連結財務諸表に関する会計基準】

企業会計基準委員会により、連結財務諸表に関する会計処理及び開示を定めることを目的として平成20年12月に公表された文書であり、その後、平成22年6月、平成23年3月、平成25年9月に改正されている。その会計基準としての内容には、範囲、用語の定義、連結財務諸表作成における一般原則、連結財務諸表作成における一般基準、連結貸借対照表の作成基準、連結損益及び包括利益計算書又は連結損益計算書及び連結包括利益計算書の作成基準、連結株主資本等変動計算書の作成、連結キャッシュ・フロー計算書の作成、連結財務諸表の注記事項、適用時期等が含まれている。ただし、連結株主資本等変動計算書と連結キャッシュ・フロー計算書については、それぞれ独立した会計基準に準拠することが定められている。⇨連結財務諸表　（齋藤真哉）

れんけつざいむしょひょうのちゅうきじこう【連結財務諸表の注記事項】

連結財務諸表の内容を補足的に説明するものである。具体的には，連結の範囲に関する事項，持分法の適用に関する事項，連結子会社の事業年度等に関する事項，会計方針に関する事項，そのほか関連当事者との取引，セグメント情報，重要な後発事象，リース取引，税効果会計，有価証券，デリバティブ取引などに関する事項がある。

(越野啓一)

れんけつじょうよきん【連結剰余金】
consolidated surplus

平成9年の「連結財務諸表原則」では，親子会社等の企業集団において作成される連結貸借対照表に表示される資本準備金以外の剰余金を連結剰余金というと規定されていた。しかし，平成20年の企業会計基準第22号「連結財務諸表に関する会計基準」で，企業会計基準第5号「貸借対照表の純資産の部の表示に関する会計基準」に従い，区分して記載するとされたことから，「連結剰余金」という表示科目名はなくなった。

(桝岡源一郎)

れんけつそんえきけいさんしょ【連結損益計算書】
consolidated income statement

企業集団の経営成績を表す連結財務諸表のひとつである。連結損益計算書は，親会社と子会社の個別損益計算書における収益，費用等の金額を基礎とし，連結会社相互間の取引高の相殺消去，未実現損益の消去等の処理を行って作成される。連結損益計算書の科目分類は，個別財務諸表における科目分類を基礎とするが，企業集団の経営成績について誤解を生ぜしめない限り，科目を集約して表示することが認められる。連結損益計算書には，持分法による投資損益，非支配株主に帰属する当期純損益等の連結損益計算書固有の項目が表示される。⇨持分法，非支配株主持分

(越野啓一)

れんけつたいしゃくたいしょうひょう【連結貸借対照表】
consolidated balance sheet

企業集団の財政状態を表す連結財務諸表の一つである。連結貸借対照表は，親会社と子会社の個別貸借対照表における資産，負債および純資産（資本）の金額を基礎とし，子会社の資産および負債の評価，連結会社相互間の投資と資本，債権と債務の相殺消去等の処理を行って作成される。連結貸借対照表の科目分類は，個別財務諸表における科目分類を基礎とするが，企業集団の財政状態について誤解を生ぜしめない限り，科目を集約して表示することが認められる。連結貸借対照表には，非支配株主持分等の連結貸借対照表固有の項目が表示される。⇨非支配株主持分，連結剰余金

(越野啓一)

れんけつちょうせいかんじょう【連結調整勘定】
⇨連結のれん

れんけつのうぜいせいど【連結納税制度】consolidated tax return system

税制が企業組織再編に対して中立であるように，企業集団を単一の納税主体としてとらえて法人税額を算定し，その税負担を各社に配分する制度である。連結納税制度は，所得金額や税額の集約方式の違いによって，損益通算（狭義の連結納税）型と損益振替型に分かれる。損益通算型は個別会社の所得を親会社で合算して税額を算定し，税負担を個別会社に配分する。この方式は，さらに納税義務との関係で，親会社のみが納税義務者になる方式と，各

個別会社が固有の納税義務者であり，親会社が代理人となる方式に分かれる。損益振替型はさらに，契約に基づいて子会社の所得や欠損金を親会社に拠出し，子会社の所得をゼロにする方式と，個別会社の損失を他の会社に振り替えてその会社の所得から控除する方式に分かれる。いずれの場合も，納税義務は個別会社に残る。　　　（鈴木一水）

れんけつのはんい【連結の範囲】

　親会社は，原則としてすべての子会社を連結に含めなければならない。その場合に，親会社とは，他の企業の財務および営業または事業の方針を決定する機関（意思決定機関）を支配している企業をいい，子会社とは当該他の企業をいう。そして，親会社および子会社または子会社が，他の企業の意思決定機関を支配している場合における当該他の企業も，その親会社の子会社とみなされる。しかし，子会社のうち，①支配が一時的であると認められる企業，②前記以外の企業であって，連結することにより利害関係者の判断を著しく誤らせるおそれのある企業は，連結の範囲に含まれない。また，その資産，売上高等を考慮して，連結の範囲から除いても企業集団の財政状態，経営成績およびキャッシュ・フローの状況に関する合理的な判断を妨げない程度に重要性の乏しい子会社は，連結の範囲に含めないことができる。⇨子会社，非連結子会社，連結会社　（高須教夫）

れんけつののれん【連結のれん】

consolidated goodwill

　連結貸借対照表の作成にあたり，支配獲得日において，子会社の資産および負債のすべてを支配獲得日の時価により評価する方法（全面時価評価法）により評価し，そこにおいて生じる子会社の資産および負債の時価による評価額と当該資産および負債の個別貸借対照表上の金額との差額（評価差額）は子会社の資本とする。その上で，親会社の子会社に対する投資とこれに対応する子会社の資本との相殺消去を行い，その相殺消去にあたり差額が生じる場合には，当該差額をのれん（または負ののれん）とする。なお，のれん（または負ののれん）は「企業結合に関する会計基準」32項（または33項）に従って会計処理する。すなわち，のれんは資産に計上し，20年以内のその効果の及ぶ期間にわたって定額法その他の合理的な方法により規則的に償却するとともに，「固定資産の減損に係る会計基準」に従って減損処理を行うものとされている。一方，負ののれんについては，それが生じると見込まれる時には，子会社の資産および負債の把握ならびにそれらに対する取得原価の配分が適切に行われているかどうかを見直し，それでもなお負ののれんが生じる場合には，当該負ののれんが生じた事業年度の利益として処理する。

（高須教夫）

れんけつもちぶん【連結持分】

　連結持分とは，連結貸借対照表上における親会社株主持分のことをいい，これは連結財務諸表を親会社の財務諸表の延長線上に位置づけ，親会社の株主持分のみを反映させる連結会計観（親会社概念）に立つ場合に意味をもつものである。「連結財務諸表に関する会計基準」においても基本的には親会社概念を踏襲しており，「貸借対照表の純資産の部の表示に関する会計基準」に従い，純資産の部は株主資本と株主資本以外の各項目に区分され，そして非支配株主持分は後者の項目として記載されている。　　（高須教夫）

ろ

ろうどうそうびがく【労働装備額】

従業員1人当たり労働装備額は,

(有形固定資産-建設仮勘定)
÷従業員数

で求められ,従業員1人当たりの有形固定資産額(建設中の資産を除く)を示す。FA,情報システムの高度化による有形固定資産の増大と従業員数の減少により,従業員1人当たり労働装備額は上昇傾向にある。⇨労働装備率

(大矢知浩司)

ろうどうそうびりつ【労働装備率】

労働者の1人当たりに集約投下される設備資本額を評価する比率である。生産設備として保有する設備資本を,労働者(従業員)数で除して求められる。設備資本が多額で,労働者数が少ないほど高い率を示すことになる。労働装備率は,とくに労働生産性(付加価値率)との関係において論じられる。労働装備率に,付加価値を設備資本で除した設備投資効率を乗ずることで労働生産性が算定される。労働装備率は労働生産性の詳細な過程的分析を意図する場合の指標であり,労働生産性を直接的に高める演算的な指標とは区別して考える必要がある。労働生産性の高低を論じるにあたり,労働装備率の意義に関して分析的解釈の相違から,その有用性の有無が指摘されることがある。⇨労働装備額

(吉田康久)

ろうむひ【労務費】labor cost

労働力を消費することによって生ずる原価をいい,労務費はその支払形態によって,労働の対価としての費用である労務主費(賃金,給料,雑給,従業員賞与手当)と,労働力の調達・消費に付随する費用である労務副費(退職給付引当金繰入額,法定福利費)に分類される。また,個別原価計算では,労務費はその消費形態によって,直接労務費と間接労務費に分類される。直接工が製品製造のための直接作業に従事した場合の直接工の賃金は,直接労務費になる。間接工が間接作業に従事した場合の間接工の賃金,直接工が間接作業に従事し,その間接作業で消費した労務費,および給料,雑給,従業員賞与手当,退職給付引当金繰入額,法定福利費は,原則として間接労務費になる。⇨直接労務費

(吉田一将)

わ

わらんとさい【ワラント債】
⇨新株引受権付社債，新株予約権付社債

わりびききゃっしゅ・ふろーほう【割引キャッシュ・フロー（DCF）法】
　資産投資を行うにあたって意思決定の基礎になる資産評価に用いられる技法で，当該資産が将来生み出すと予測されるキャッシュ・インフローとアウトフローを貨幣の時間価値を考慮した割引率で割り引くことにより，当該資産の現在価値を計算する方法である。DCF法による現在価値計算の対象となる資産は，企業全体，事業部，投資プロジェクト，株式，債券，不動産など広汎に及ぶことから，汎用性の高い資産評価技法といえる。　（百合草裕康）

わりびきてがた【割引手形】
note receivable discounted
　約束手形や為替手形などの所持人が，早期の現金化を望んで，手形の決済期日前にこの保有手形を金融機関などに裏書し，譲渡する手形のことである。この場合，譲渡した日（割引日）から支払期日までの期間に対応する利息と手数料が割引料として差し引かれる。所持人のこの割引手形債権に対する支配権は移転しているため，金融商品の売買として認識し，割引料を手形売却損勘定として処理する。なお，手形の裏面に記名・押印することにより，保有手形の譲渡人は裏書人として手形債務の遡及義務を負うため，新たな債務（保証債務）が発生する。

手形の割引時：
（借）現　金　預　金　×××
　　　手　形　売　却　損　×××
　　（貸）割　引　手　形　×××
手形の決済時：
（借）割　引　手　形　×××
　　（貸）受　取　手　形　×××
（三代川正秀）

わりびきてがたかんじょう【割引手形勘定】note receivable discounted account
⇨割引手形

わりびきはっこう【割引発行】
discount issue
　社債や公債の発行を行う際，債券の額面金額と払込金額との関係から，割引発行，平価発行および打歩発行の3形態がある。割引発行は市中金利が高く，それに見合う利息を償還期限まで支払い続けられないと判断した場合に，額面金額より低い価額を払込金額として発行することをいう。払込金額を低くするかわりに，その利率は市場金利よりも低くなる。なお，額面金額と同額を払込金額とする場合は平価発行といい，その利率は市場金利にもとづいて決定される。額面金額より高い価額を払込金額とする場合は打歩発行といい，払込金額を高くするかわりに，その利率は市場金利よりも高くなる。
（三代川正秀）

わりびきりょう【割引料】
discount charge

　手形の所持人が満期に先立って金融機関等に手形を裏書譲渡する（これを手形の割引という）場合の手形額面金額から差し引かれる手形の譲渡日から満期日までの金利に相当する額をいう。この金額は，受取人の当座勘定に振り込まれるにあたって手形代金から差し引かれるか，後日引き落とされる。割引料は，通常，「手形売却損」勘定で処理され，損益計算書上，営業外損益に計上される。⇨支払手形，割引手形
(潮崎智美)

わりまししょうきゃく【割増償却】
additional depreciation

　一定の経済政策を遂行するために，ある特定の減価償却資産の償却限度額を一定の期間，普通償却限度額とその普通償却限度額に一定割合を乗じて計算された特別償却限度額との合計額とする償却制度をいう。割増償却は，償却額の割増しを通じて投下資本の早期回収を図る方法であることから加速償却（accelerated depreciation）の一類型といえる。
(末永英男)

編者紹介

高須　教夫	兵庫県立大学大学院会計研究科教授
倉田　幸路	立教大学経済学部教授
佐藤　信彦	熊本学園大学大学院会計専門職研究科教授
浦崎　直浩	近畿大学経営学部教授

編者との契約により検印省略

平成28年8月15日　初版第1刷発行

新版 現代会計用語辞典

監　修	興　津　裕　康
	大　矢　知　浩　司
編　者	高　須　教　夫
	倉　田　幸　路
	佐　藤　信　彦
	浦　崎　直　浩
発行者	大　坪　嘉　春
印刷所	税経印刷株式会社
製本所	牧製本印刷株式会社

発 行 所　〒161-0033 東京都新宿区下落合2丁目5番13号

株式会社 **税務経理協会**

振　替　00190-2-187408　　電話　(03)3953-3301（編集部）
ＦＡＸ　(03)3565-3391　　　　　　(03)3953-3325（営業部）
URL　http://www.zeikei.co.jp/
乱丁・落丁の場合は，お取替えいたします．

© 高須教夫　倉田幸路　佐藤信彦　浦崎直浩　　　Printed in Japan
2016

本書の無断複写は著作権法上での例外を除き禁じられています．複写される場合は，そのつど事前に，(社)出版者著作権管理機構（電話 03-3513-6969，FAX 03-3513-6979, e-mail : info@jcopy.or.jp）の許諾を得てください．

JCOPY ＜(社)出版者著作権管理機構 委託出版物＞

ISBN978-4-419-06207-1　C3563